PREUVES

DE

L'HISTOIRE

DU CHATEAU ET DE LA CHATELLENIE

DE DOUAI.

Ouvrage tiré à *deux cent dix exemplaires* numérotés.
Il a été tiré en outre :
Vingt exemplaires sur papier fort
Et *cinq* exemplaires sur papier vergé.

N°

LA FÉODALITÉ DANS LE NORD DE LA FRANCE.

HISTOIRE
DU
CHATEAU & DE LA CHATELLENIE
DE DOUAI

Des Fiefs, Terres et Seigneuries tenus du souverain de cette ville,

Depuis le Xe siècle jusqu'en 1789;

Avec de nombreux renseignements généalogiques et héraldiques,

Tirés des chartes et des sceaux.

PAR

FÉLIX BRASSART,

Douaisien

PREUVES.

DOUAI
L. CRÉPIN, ÉDITEUR
rue de la Madeleine, 23.

PARIS	GAND
DUMOULIN, LIBRAIRE,	CAMILLE VYT, LIBRAIRE,
QUAI DES AUGUSTINS, 13.	RUE DES REGNESSES, 1.

1877.

PREUVES.

CHATELLENIE

OU VICOMTÉ DE DOUAI

I.

Hugues, châtelain de Douai, Alolfe et Libert de Douai, frères, assistent à la cérémonie de la dédicace de la crypte de Saint-Amé, célébrée en présence des comtes de Flandre, de Boulogne, etc. — A Douai, 1024.

In nomine S^{cae} et individuæ trinitatis hec carta incipit. Notum est apud eruditos et pene omnes scolasticæ doctrinæ inscios, negligentia vel incuria hominum, oblivioni tradi memoriam gestarum rerum. Quapropter repertus litterarum usus fuisse creditur, ut quod temporis prolixitate a memoria elabitur, earum annotatione teneatur(1). Unde dignum censui ego Baldeguinus marchio litteratim posteris tradita relinquere predia, que tribui sanctissimo confessori Amato ad dedicationem ipsius criptæ : Corpus videlicet Heldengis ecclesiæ et decimam totius terræ inter Nepam et Warna-

---

(1) Cette digression préliminaire sur l'origine et l'utilité de l'écriture employée pour conserver la mémoire des actes, démontre combien l'usage en était encore rare en 1024. On remarquera aussi que c'est le greffier de l'évêque de Cambrai, qui est appelé à rédiger la charte d'un comte de Flandre.

viam et Porcinam Beccam et potestatem Warnestron sitæ(1). Quod ut firmum atque indisruptum maneat in futuro, non tantum *principum eorum* testimonio, verum etiam presulum idoneorum : Gerardi Kamaracensis, Fulconis Ambianensis, Baldeguini Teruuanensis, et abbatum honestorum : Leduguini et Malbaldi, autoritate et excuminicatione, confirmo.

Actum *Duaci*, regnante in Francorum patria rege Rotberto, principante Flandrensibus piissimo comite Baldeguino, sub *horum principum* testificatione, quorum nomina subnotantur in serie.

Signum Heustatii comitis. S. Rogeri comitis. S. Huberti castellani. S. Hugonis castellani. S. Lanberti. S. Helgotis. S. Roberti. S. Alulfi Duacensis et Liberti fratris ejus.

S. Sigheri prepositi et ceterorum.

Fulco, scriptor Gerardi Kamaracensis episcopi, anno ab incarnatione Dni millesimo vicesimo quarto, perscripsi et subscripsi.

<small>Charte originale sans aucune trace de sceau.
Arch. départ. à Lille, fonds de Saint-Amé de Douai.</small>

II.

Le châtelain Hugues, grand avoué de Saint-Amé, et le chevalier Witselin, son vassal, sous-avoué, confirment une donation faite à la collégiale. — A Douai (vers 1035).

... Famuli famulæ que Dei Wiboldus, Tietrada, Odeci-

---

(1) La donation est rappelée en ces termes, dans les diplômes de 1076 : « Balduinus itidem, Pulchra Barba nominatus, in dedicatione cripte S. Amati, dedit : decimam in Heldengis, inter Neppam et Warnaviam et Porcinam Beccam et potestatem Warnestun, sitam ». C'est donc à tort qu'on a cru reconnaître Hinges (à une lieue au nord de Béthune), dans *Heldengis*, lieu situé près de Warneton.

nis, Erliardis, Rainuvvdis, Erchemburgis, Tietberga, Erchemburgis, Alburgis, Osquidis, adamantes patrocinia sanctorum confessorum Amati atque Mauronti, ad principale ipsorum altare donaverunt se suosque posteros, duos nummos in festivitate alterius, quæ est XIII kl. novembris, fratribus eidem altari famulantibus soluturos.

Quibus annuerunt *major* minorque *advocatus*, CASTELLANUS scilicet HUGO milesque ejus Witselinus, Sicherus que prepositus et ceteri fratres, ut et a maritali licentia et a manu mortua et ab omni servili dicione manerent immunes. Quod si quis violentus eos opprimeret eorumque bona injuste auferret, tamdiu excommunicationi fratrum subjaceret donec, vel resipiscens ad satisfactionem veniret, vel, per *advocati justitiam* coactus, injuste ablata juste restitueret.

Acta est hæc cartula *Duaci*, tempore regis Henrici et gloriosi principis Balduini, sub horum testimonio virorum : HUGONIS CASTELLANI, Witselini advocati, Ursionis, Wagonis et aliorum multorum.

Charte originale sans aucune trace de sceau.
Arch. départ., fonds de Saint-Amé.

III.

Le châtelain Hugues, Alolfe et Libert de Douai, témoins d'une charte délivrée par le comte de Flandre, en présence de Bauduin, fils du comte, de Gérard 1ᵉʳ, évêque de Cambrai, de saint Liébert, alors archidiacre.—A Douai, en l'église Saint-Amé (vers 1038), 30 août.

... Baldwinus junior, marchysus, filius Baldwihi marchysi et Odgevæ comitissæ, cum conjuge sua Adala...

(*Il met un terme aux usurpations des avoués de Douchy, village appartenant à l'abbaye de Saint-Pierre de Blandain, à Gand. Les habitants iront en corvée, pour son service, à Valenciennes*, ad castrum Valentianas, *et seront employés au travail des fortifications.*)

Actum publice *apud castrum Duacum*, in monasterio sancti Amati, 3º kal. septembr., Francorum regnum moderante rege Henrico. Signum Baldwini marchisi, qui hanc kartam fieri et firmari jussit. Signum filii ejus Baldwini. Signum Gerardi, episcopi Cameracensis. Signum Lietberti, archidiaconi. Signum Hugonis castellani. Signum Hugonis Valentianensis. S. Amalrici. Signum Adulfi et Eilberti, Helgodi, Adalardi. Signum Reingodi, Werenfridi, Gozwini. Signum Anselmi, Baldwini et Roberti fratrum.

Van de Putte, *Annales abbatiæ S. Petri Blandiniensis;* Gand, 1842, in-4o, page 122. D'après le Livre Censal de l'abbaye de Saint-Pierre de Gand, composé vers 1065.

Un extrait d'une charte semblable a été publié, en 1850, dans les *Arch. hist. et litt.*, 3e série, I, p. 385; elle commence ainsi : « *In nomine sancte et individue Trinitatis, Balduinus, Dei gra, marchisus....* »; le lieu et la date diffèrent : « *Actum publice* apud castrum Isla nomine, XIII kal. februarii. »

M. Louis Debaecker, de Bergues, avait trouvé cette dernière charte dans un cartulaire de Saint-Pierre de Gand, sous l'intitulé : « De libertate ville Douchy facta per Balduinum comitem. » Elle émane assurément de l'un des deux comtes de Flandre, du nom de Bauduin, qui ont tenu le comté de Valenciennes : ou de Bauduin IV *dit* à la Belle-barbe, vers 1002 à 1034, ou de Bauduin V *dit* de Lille, de 1034 jusque vers 1046 ; il est très-probable qu'elle est du dernier.

Cf. Ch. Duvivier, *Recherches sur le Hainaut ancien*, Brux., 1865, in-8o, p. 383.

IV.

Le châtelain Wautier Ier et Hugues, son frère, témoins, avec les comtes de Flandre et de Boulogne, d'une convention passée entre le chapitre de Saint-Amé et le chevalier Robert de Lohes, sous-avoué de Saint-Amé. — A Douai, 26 avril 1051.

... Domnus Azo, S^{ci} Duacensis Amati prepositus, ejusque canonici me Robertum quendam alodum, quem apud Lothas habebant, tenendum spoponderunt communiter. Ego siquidem, pro concessione ejusdem alodi, quaque festivitate S^{ti} Amati, que celebratur XIIII kl. novembris, me :'lis prebiturum. XXIIII. solidos denariorum (1) asserui. Nec constat reticendum quod post me. I. solummodo heredi dictum alodum, eodem pacto quo michi, scilicet quo quaque jam dicta festivitate. XXIIII. solidos tribuat similiter, annuerunt. Tandem vero, hoc seculo herede perempto, ad primam manum redeat idem bonum.

Actum est hoc apud Duacum, anno Dⁿⁱ incarnationis .MLI. vi kl. mai, inditione. IIII. regnante rege Henrico anno. XXI. Ne hæc nostra constitutio ab aliquo pravissimo destruatur vel immutetur, hæc karla nostro jussu scribitur, quin, meo seniore Balduino comite confirmatur, testibus qui his legaliter signantur.

---

(1) Dans le diplôme du comte Robert, de l'an 1076, on lit: *In predicto beati Amati festo,* Duacensis subadvocatus *debet singulis annis xx solidos*». La rente, quoiqu'amoindrie est encore reconnaissable ; donc le chevalier Robert de Lohes, probablement fils du chevalier Witselin (voir charte de 1035 environ), était sous-avoué de Douai, c'est-à-dire de Saint-Amé.

S. Balduini comitis. S. Balduini ejus filii. S. Rotberti istius fratris. S. Eustachii comitis (1).

S. Hugonis. S. WALTERI CASTELLANI. S. HUGONIS EJUS FRATRIS. S. Rotberti militis.

S. *Wagonis*. S. Garderi. S. Gontardi. S. Wicardi

S. Azonis præpositi. S. Morardi. S. Tietberti. S. Rozelini.

<blockquote>
Arch. départ., fonds de Saint-Amé; charte originale sans aucune trace de sceau. Au dos du parchemin, d'une écriture du XIVe siècle: *Lra de Loez p. xxiiij s. de redd. que debentur apud Loez.*
</blockquote>

V.

Le châtelain Wautier, témoin, le premier après les comtes, des diplômes royaux délivrés en faveur de l'abbaye d'Hasnon. — A Corbie, 1065.

1°... Philippus divina propitiante clementia rex... Quia precellentissimi et amabiles marchiones, Balduinus pater, cum filio equivoco, cognato meo, petiverunt, cum omni humilitate et reverentia...

At quod per roborandum, auctoritatis nostre imprimimus sigillum, idoneorum testium auctoritate comprobatum :

(*S. des évêques et des dignitaires de la cour de France.*)

S. Balduini, marchionis Flandrensis. S. Balduini, filii ejus et reparatoris ejusdem loci...

(*S. de comtes et de grands seigneurs de France.*)

S. Eustachii comitis. S. Raingoti Gandensis. S. Arnul-

---

(1) Les noms sont inscrits sur quatre colonnes: dans la première, les princes; dans la seconde, les seigneurs; dans la troisième, les gentilshommes; dans la quatrième, le prévôt et des chanoines.

phi de Aldinarda. S. Walterii de Chimai. S. Walteri, comitis de Hesdin. S. Balduini, comitis de Gisnes. S. Walteri, castellani Duacensis. S. Anselmi. S. Roberti, advocati de Attrebato. S. Johannis advocati. S. Balduini Gandensis. S. Arnulfi de Arda. S. Isaac de Valencien^s. S. Gossuini Montensis. S. Hugonis Havet. S. Iberti de Litesines. S. Walteri de Lens. S. Witerichi de Tornaco.

2°... Ego Balduinus, filius Balduini, Philippi regis Francorum procuratoris et bajuli...

Unde ego Philippus rex, Balduini cognati mei justis assensum præbens petitionibus..., firmo...

(*S. des évêques et des dignitaires de la cour de France.*)

S. Balduini, marchionis Flandrensis. S. Balduini, filii ejus et constructoris ejusdem loci...

(*S. de comtes et de grands seigneurs de France.*)

S. Eustachii comitis. S. Raingoti Gandensis. S. Arnulfi de Aldinarda. S. Walteri maghi. S. Waulteri, comitis de Hesdin. S. Balduini, comitis de Ghinsnes. S. Waulteri castellani. S. Anselmi. S. Roberti advocati. S. Johannis advocati. S. Balduini Gandensis. S. Arnulphi de Arda. S. Ysaac de Valencenis. S. Gossuini Montensis. S. Lietberti de Lietsines. S. Hugonis Havet.

Cartulaire d'Hasnon, en papier, écriture du XVe siècle ; f^{os} lxv ro et lxv vo.

VI.

*Le châtelain Wautier I*ᵉʳ*, témoin, avec des seigneurs du Hainaut, d'une charte de Bauduin, fils du comte de Flandre, et comte de Hainaut à cause de sa femme Richilde, en faveur de l'abbaye de Saint-Ghislain. — 1065.*

..... Ego Balduinus comes..... concessi..... glorioso Christi confessori Gisleno de Cella, in quadam possessione juris nostri, scilicet in silva Baldulii, decimum quercum....., libertatem quoque piscandi in fluvio Hagne à Gamapio usque ad Condatum....., et silvam Richet-Aulnoit nuncupatam. Peticione et consilio comitisse Richeldis eis confirmavi.

Preterea medietatem predicte Hagne, quam ad usum molendinorum suorum antiquitus possidebant, postulante Widrico abbate, sub testimonio *nobilium curie mee*, eidem monasterio renovavi..... Harum rerum testes ydoneos presens carta habet subtitulatos.

Signum Goscewini de Montibus, Gualteri Bolcen et Tiwini filii ejus, GUALTERI DE DOUACO, Segardi de Mochis, Almanni de Vals, Heribrandi de Orsiurnez, Guedrici Bociel, Yzaach de Valencianis, Yberti de Lestines, Baldrici de Roisin, Anselmi Sosre, Wigeri de Tuin.

Actum....., episcopante Lieberto Cameracensi.

Cartulaire de l'abbaye de Saint-Ghislain, rubrique Baudour, aux archives de l'État à Mons (Belgique). — Ch. Duvivier, *Recherches sur le Hainaut ancien*, p. 401; Bruxelles, 1856, in-8°.

VII.

Le châtelain Wautier 1ᵉʳ et Hugues, son frère, assistent à la cérémonie de la dédicace de l'église Saint-Pierre de Lille, en présence du roi de France et des comtes de Flandre et de Hainaut. — 1066 (2 août).

..... Ego Baldewinus, Flandrensium comes marchio, et Philippi, Francorum regis, ejusque regni procurator et bajulus,.... conjugis meæ Adelæ et filii mei Balduini fideli ac salubri acquiescens consilio, basilicam, in honore s. Petri, apostolorum principis, a fundamento construens, congregationem canonicorum in eadem..... institui....., in loco a progenitoribus Illa nominato...... (1)

Actum apud Islam, in B. Petri basilica, coram Philippi Francorum regis presentia, astantibus quam plurimis nobilibus, et idoneis testibus clericis atque laicis.

Ut autem hæc traditio firma atque in omne tempus indissoluta permaneat, prædictus rex eam, rogatu meo, sua manu signavit atque sigilli sui impressione firmavit.

S. Balduini junioris comitis. S. Isaac de Valencienes (2).

(1) La charte démontre qu'avant 1066, Lille était un *castrum*, c'est-à-dire une ville forte, avec son territoire, plat pays ou châtellenie, sa monnaie particulière, son marché, etc. Tel était aussi alors l'état de Douai. Lille n'est donc pas, comme ville forte, aussi récente qu'on le dit généralement. Le comte Bauduin a fondé et construit l'église Saint-Pierre vers 1066; mais c'est à une époque bien plus éloignée, qu'il faut, à notre avis, reculer la naissance de la ville fortifiée. Peut-être devra-t-on lui appliquer aussi ce que nous disons de Douai et de la plupart des *castra* ou villes fortes de ce pays, qui datent, selon nous, des invasions normandes, vers la fin du IXᵉ siècle.

(2) C'est le châtelain de Valenciennes, le seul seigneur du Hainaut qui ait accompagné à Lille, son maître, le comte de Mons et de Valenciennes,

S. Balduini Noviomensis episcopi. (*Suivent les noms des évêques et des clercs.*).....

S. Clarboldi pincernæ. S. Theoderici dapiferi. S. Rengoti de Gand. S. Anselmi calvi. S. Rotberti advocati. S. Johannis advocati. S. WALTERI DUACENSIS. S. HUGONIS, FRATRIS EJUS. S. Radulfi Tornacensis. S. Widerici Tornacensis (1).

Ego Balduinus cancellarius subscripxi.

<small>Arch. départ., fonds de Saint-Pierre de Lille ; original.</small>

VIII.

A la prière du châtelain Wautier 1er, la comtesse Adèle affranchit une terre à Evrelinghem en Weppes, appartenant à Saint-Amé. — Lille (2 août 1066).

Quamvis Adela cometissa (comitis Roberti mater) Heverlengehen, que ad S^{ci} Amati Duacensis preposituram pertinet, toto vite sue spacio, censu xx^{ti} iiij^{or} solidorum, tenere deberet. Tamen WALTERI CASTELLANI et plurimorum fidelium ammonitione, in dedicatione Hislensis ecclesie, S^{co} Amato, illuc delato, reddidit integram et *ab omni advocatie* jugo absolutam.....

immédiatement après lequel il est nommé. Les autres seigneurs cités plus bas sont des vassaux du comte de Flandre.

Dans les chartes d'Hasnon, de 1065, Isaac de Valenciennes occupe un rang ordinaire parmi les seigneurs.

(1) On s'étonne de ne pas trouver ici de châtelain de Lille. Peut-être le comte n'avait-il pas encore inféodé la châtellenie ou l'office de châtelain de sa chère ville. Sur cette question, voir l'excellent travail de M. Leuridan, *Les châtelains de Lille*, Lille, 1873, in-8°.

Cartulaire de Saint-Amé du commencement du XIIIe siècle, f° 20 v°, pièce 27 ; aux arch. départementales. Ce qui précède est le commencement d'une charte, sans date, du prévôt de Saint-Amé Régnier, successeur de Roger, vers la fin du XIe siècle.

Le prévôt Adson avait acquis, vers 1050, cette terre d' « Euvrelengehem », du consentement de l'avoué, *per licentiam advocati.* Même cartulaire, pièce n° 26.

Dans les diplômes de 1076 et de 1081 du comte Robert et de l'évêque Gérard II, la donation faite par la comtesse Adèle en 1066 est ainsi rappelée : « *In Weppis, totam Evrelengehen liberam, quam in dedicatione Islensis ecclesie, presenti corpore S. Amati, comitissa Adela, pro sua domini que redemptione, ab omni comitatu liberavit.* »

En 1157, le douaire d'une châtelaine de Lille comprenait les biens suivants: *Senghin in Weppes, consulatum de Everlengeham, decimam de Petria.* (Bibl. nation., Ms. latin 9930, f^o xliiij.)

En 1400, l'abbaye de Bourbourg possédait un fief « gissans ens le parrosche de Frelenghien, de Vrelenghehem et de Kesnoit ». (Arch. départ., fonds de l'abbaye de Marquette.)

Il s'agit de Verlinghem ou de Frelinghem, arrondissement de Lille.

IX.

Le châtelain Wautier 1er assiste aux funérailles de Baudouin, comte de Flandre et de Hainaut, et à une donation que le fils de ce dernier, Arnoul III, comte de Flandre, fait à l'abbaye d'Hasnon. — 1071.

..... Ego Arnulfus, comes Flandrensium, filius Balduini junioris, filii Balduini, Philippi regis Francorum bajuli.....

Quomodo pro anima patris mei honorificaverim vel ampliaverim de familia nostra (1) ecclesiam Hasuoniensem....., in die tumulationis sue....., primoribus nostris unanimiter suadentibus.....

(1) Il s'agit d'un don de serfs.

Impressione sigilli mei firmavi subscriptorum assertione testium :

S. Lietberti Cameracensis pontificis..... (*Suivent des noms d'ecclésiastiques.*)

S. Roberti advocati. S. Johannis Attrebatensis. S. Clareboldi buticularii. S. WALTERI DUACENSIS. S. Segardi et Arnulphi de Joches. S. Arnulphi de Arda et aliorum quam plurimorum.....

<small>Cartulaire d'Hasnon, f° lxvj.</small>

X.

Le châtelain Wautier 1er concourt aux donations faites à l'église de Watten par le comte Robert le Frison et sa mère Adèle, fille de France.—A Saint-Omer, en l'abbaye de Saint-Bertin, le vendredi 8 juin 1072.

... Ego Robertus, Dei gratia, Flandrensium comes....., ecclesiam Watinensem, novellas plantaciones in terra mea, sub mea suscepi protectione.... Ad peticionem quoque illustris genitricis mee, Athale, Roberti regis Francorum filie, dominicalem curtem, nomine Ballinberg..... do.....

Actum in villa Sithyu, apud cenobium Sancti Bertini, anno Dominice Incarnationis. M.LXXII. Indictione X, vi idus junii, vj feria. Iliis testibus presentibus :

Inghelrano Liliriensi. WALTERO DE DUACO. Ranenmaro de Hardoia. Theoderico dapifero. Baldrico de Colsle. Willelmo castellano. Renigero de Locre et aliis multis....

<small>Arch. départ., Ch. des comptes, carton B 2; vidimus de l'an 1386.</small>

La même charte serait datée de février, au lieu de juin, dans le cartulaire de Watten, XVe siècle et XVIe, conservé à la bibliothèque de Saint-Omer; voir *Annales du Comité flamand*, Dunkerque, 1860, in-8, V, p. 337. — Dans le même cartul. est aussi une charte de l'évêque de Térouane, de l'an 1072, constatant que la princesse Adèle, de concert avec son fils, a donné son domaine de Ballinberg à l'abbaye de Watten, en présence de : Enguerran de Lillers, WAUTIER DE DOUAI, etc. (comme ci-dessus).

XI.

Le châtelain Wautier Ier achète à son frère Hugues, sur le point de partir en Espagne avec Eble, comte de Rouci, la part qu'avait eue ledit Hugues dans les alleux de leurs père et mère, feus Hugues, châtelain de Douai, et Adèle de Cambrai, fille elle-même de Wautier II, châtelain de Cambrai. Adrienne (? ou mieux Ada), femme du vendeur, et Simon, leur fils, approuvent la vente. — Il donne le tout à Saint-Amé. — (Vers 1074.)

..... WALTERUS DUACENSIS..... ex beneficiis subscriptis dotavit thesaurariam Duacensis ecclesie. Quorum vero partem, tempore regis Francorum Philippi Roberti que Flandrensium comitis, cum Ebalus Ruceiensis Hispaniam peteret causa subigendi, a *fratre suo*, concedentibus *Adriana*, videlicet sua uxore, eorum que filio SYMONE, emit.

Emit namque totam partem alodiorum que sibi contigerat, hereditario jure *patris atque matris*. In villa scilicet que Comitatus dicitur, quartam partem ville, in hospitibus et terris, decima, molendinis, cambis, pratis, silvis, aquis, cum appenditiis. Et in Alceel octavam partem ville cum appenditiis. Et Huvlin medietatem alodii videlicet HUGONIS CASTELLANI et *Adeluie* ejus uxoris. Et Fresvilers medietatem cum appenditiis. In Albiniacensi territorio, medietatem ville que vocatur Maisnil, in hospitibus, terris et silvis. In Cameracensi similiter, in villa que vocatur Fins, medietatem alodii predictorum videlicet Hugonis et *Adeluie*.

Archives départ., fonds de Saint-Amé, cartulaire du commencement du XIIIe siècle.
L'original est perdu. En marge, sur le cartulaire, est la mention : *Fallit*.

XII.

Le châtelain Wautier Ier et Ermengarde, sa femme, font une donation pour le luminaire de la crypte de Saint-Amé, en présence des chevaliers Wautier de Douai, fils d'Ursion, et Sohier de Lohes, les fondateurs de l'abbaye d'Anchin. — A Ghyvelde, près d'Hondschoote, en Flandre, 1076, 14 septembre.

Qum non solum spiritualis æcclesie verum etiam corporeæ materiæ parietes construere et eorum reliquiis sanctorum, per quos ignita elogia Dⁿⁱ tenebroso claruerunt mundo temporalibus luminibus, deservire bonum et laudabile est, jam nemo dubitat quin sit danda a D° patre luminum merces facientibus. Horum ergo operum remunerationi WALTERUS CASTELLANUS, satis non incredulus, cum S^{ci} Amati Duacensem æcclesiam pluribus ornamentis honestissime decorasset, addens beneficia beneficiis, terram suæ bercariæ villæ nomine Wimevelt, aumentum scilicet luminarium a se datorum Deo et S^{co} Amato dare vovit. Quod votum ut persolveret, cum *uxore sua* et multo equitatu clericorum et laïcorum, ad supra dictam terram, s^{ci} corpore feretro deportato, perrexit, et concedente ejus terræ comite Rotberto, ac favente immo simul tradente *uxore sua Ermengardi*, dictæ bercariæ terram S^{ci} Amati presentiæ legitime tradidit, coram judicibus et ejusdem regionis scabinis atque aliis auten^{cis} personis.

His videlicet quorum hic nomina subscribuntur :

Fulcradus scabinus, Malgeri filius. Walgerus, filius Ingelmari. Ulricus, Heirini filius. Buechinus, Fredincis filius. Balduinus, filius Guisbaldi. Hermengerus, Berguensis abbas. Uisbaldus, Ravenelli filius. Walgerus, Lettronis filius. Ulricus, filius Walteri scabini. Dodinus, frater ejus. Walgerus, Malgeri filius. Baldranus, Arenbaldi filius. Aquilinus, filius Malgeri. Erenbaldus, filius Ærenbaldi. Ecce nomina Flandrensium.

Duacensium vero clericorum sunt hæc : Raimarus prepositus. Geraldus cantor. Bertuinus thesaurarius. Herbertus, Garderi filius. Gerardus. Gosthuinus. Galbertus. Hauertus. Goismarus. Hugo. Wibertus. Hermannus custos.

Laicorum autem nomina sunt hæc : *Walterus, Ursionis filius. Sehierus de Lohes.* Radulfus, Gosthonis filius. Gummarus. Fulcradus.

Hi omnes et alii quam plures adfuerunt quando terra bercariæ s^{co} Amato tradita fuit.

Hæc autem traditio et confirmatio facta est anno. m. sexagesimo septimo (1) ab incarnatione Dⁿⁱ, in festivitate S^{cæ} Crucis, die scilicet tercia transitus ejusdem s^{ci} Amati. Vivente septimo papa Gregorio, Manasse Rem^{si} archie-

(1) Lisez : septuagesimo sexto.

piscopo, Gerardo Camaracensi episcopo, regnante rege Philipo.

<small>Arch. départ., fonds de Saint-Amé, charte sans aucun vestige de sceau.</small>

XIII.

Le châtelain Wautier Ier obtient du comte Robert la confirmation des biens de la collégiale de Saint-Amé. — Indications relatives aux possessions données par le châtelain. — Lille, 1076.

..... In territorio Duacensi..... In villa Berbere..... molendin..... dimidium (1).

..... Alii quoque homines, pro suarum antécessorum que animarum redemptione, portiones alodiorum subscriptas prefato sancto dederunt.

In territorio Duacensi..... In Flers, xj h. et j h. duas portiones, et tantum terre que potest seri xij modiis frumenti et dimidio, et prata xxiiij fenisecis in die sufficientia, et medietatem quercetus villule videlicet Hasprach..... (2).

In villa que Comitatus dicitur, quartam partem ville, in

---

(1) Cette moitié de moulin à Brebière, près Douai, est placée, par erreur, avec d'autres possessions en ce lieu, parmi les biens patrimoniaux de saint Maurand. La charte du roi et de l'archevêque de 1076, ainsi que la charte n° 1 de l'évêque de Cambrai, de 1081, rectifient l'erreur et placent les alleux de Brebière parmi les donations diverses. C'est la charte n° 2 de l'évêque, qui nous apprend que la part dans le moulin de Brebière fut donnée par le châtelain Wautier Ier.

(2) Voir la charte n° 2 de l'évêque où il est dit que l'alleu de Flers et Asperach provient du châtelain Wautier.

hospitibus, terris, molendinis, pratis, silvis, aquis, cum appenditiis.

In Alceel, viij h. et dim., et viij partem territorii ville et silve.

Apud Huulin, medietatem alodii Hugonis, scilicet Duacensis castellani, et *Adeloie, sue uxoris*, cum appenditiis.

Fresvillers, medietatem cum appenditiis.

In Albiniacensi territorio, medietatem ville scilicet Maisnil, in hospitibus, terris, silvis, libere.

In Cameracensi territorio, Fins, medietatem alodii predictorum Hugonis et *Adeloie*.

In Bergensi territorio, apud villam que vocatur Gimevelt, terram dimidie bercarie et parum plus.

In Pevle, decimam ville que appellatur Bovinies.

In Duaco, libere molendinum Tollevie.

Modium vini, quem habebat Walterus castellanus in prebendarum mutatione, reddidit ecclesie.....

Ego Rotbertus, Flandrensium consul, confirmavi hoc privilegium, sigillo apposito presentibus subscriptis testibus.

S. Raimari prepositi Duacensis..... (*le prévôt de Saint-Amé et des chanoines*).

S. Walteri Duacensis castellani..... (*suivent dix-sept prénoms d'hommes, qui semblent devoir être attribués à des notables laïques de Douai et parmi eux des échevins peut-être*).

Arch. départ., fonds de Saint-Amé.

XIV.

Le châtelain Wautier Ier obtient du roi Philippe Ier, pour la collégiale de Saint-Amé, les immunités assurées aux églises de fondation royale. — Senlis, 1076 (vieux style, 27 février).

..... Ego Philippus, rex Francorum, adquievi petitioni Rotberti, Flandrensium comitis, et nepotis sui Balduini, comitis de Hainau, nec non Richeldis, matris ipsius Balduini, canonicorum etiam ipsius Sci Amati Duacensis : qui virum religiosum, Raimarum, ipsius ecclesie prepositum, et GUALTERUM CASTELLANUM, *de rebus predictæ ecclesiæ augendis et conservandis multum sollicitum*, ad me miserunt, exorantes ut res s^{co} Amato donatæ sive donandæ meæ dominationis auctoritate confirmarentur.

Confirmavi itaque, precepto potestatis regiæ.....

Ego Gausfridus, regis cancellarius et Parisiensis episcopus, hoc privilegium scripsi.....

<small>Le sceau royal, en placard, perdu. Archives départ., fonds de Saint-Amé.</small>

XV.

Le châtelain Wautier Ier obtient du roi de France et de l'archevêque de Reims la confirmation des biens de la collégiale de Saint-Amé. — Enumération des donations faites par lui. — Senlis, 27 février 1076 (vieux style).

..... Alii quoque homines..... portiones alodiorum subscriptas prefato sancto dederunt.

In Duaco....., in loco qui dicitur Vinea vij h. liberos..... (1).

In territorio Duacensi..... In villa Berbere..... molendin..... dimidium..... (2).

In Flers, xj h. et j h. duas portiones..... (3).

..... Modium vini quem habebat Duacensis castellanus nomine Walterus, in prescripti sancti prebendarum mutatione reddidit ecclesie.

Qui vero, in Bergensi territorio, apud villam que vocatur Gimevelt, prefato sancto dedit terram dimid. bercarie et parum plus.

Item. In Pevle, decimam ville que appellatur Bovinies.

Et in Duaco, libere molendinum Tollevie.

Item. In villa que Comitatus dicitur, illam quartam partem ville, in hospitibus, terris, pratis, molendinis, silvis, aquis, decima, cum appenditiis, quam a fratre suo videlicet Hugone emit.

Rursus, in Alceel, viij h. et d. et viij partem territorii ville et silve.

Et in Huulin, mediatem alodii Hugonis scilicet Duacensis castellani et *Adeloie, sue uxoris*, cum appenditiis.

Et in Fresvilers, medietatem cum appenditiis.

Et in Albiniacensi territorio, medietatem ville videlicet Maisnil, in hosp., terris, silvis, libere.

(1) C'est la charte n₀ 2 de l'évêque Gérard II de 1081 qui nous apprend que ces sept « francs-hôtes » de Douai avaient été donnés par Wautier.

(2) Cf. le diplôme du comte Robert, 1076, et la charte n° 2 de l'évêque Gérard II, 1081.

(3) Id.

Et in Cameracensi territorio, Fins, med. alodii prescriptorum Hugonis et *Adeloie*, que prescriptus Walterus a prefato Hugone emit..... (1).

..... Philippus rex.....

Ego Gauffridus, regis cancellarius et Parisiensis episcopus, subscripsi.

Ego Manasses, archipresul Remensis ecclesie, confirmavi hoc privilegium, testibus subscriptis.....

> «L'original, qui existait encore à Saint-Amé en 1750, manque aujourd'hui aux archives départementales. Il y a deux vidimus de 1568 et de 1750. Le diplôme est copié dans le cartulaire du XIIIe siècle.

XVI.

Le châtelain Wautier Ier excommunié. Son voyage en Italie auprès du pape Grégoire VII. — 1077, mars.

(Extrait et traduction d'une lettre du pape à Geoffroid (*Josfredus*), évêque de 'Paris. — A *Bibianello*, 25 mars 1077.)

Le porteur des présentes, Wautier de Douai (*vir iste, videlicet præsentium portitor*, Walterus de Duaco), est venu à nous pour nous supplier de vouloir bien, par la miséricorde de la bonté apostolique et notre droit d'absolution, intervenir en sa faveur auprès de notre confrère l'archevêque de Reims (Manassès) qui l'avait excommunié :

(1) Toute cette énumération est reproduite textuellement dans la charte n° 1 de l'évêque Gérard, où nous n'avons relevé qu'une seule variante : *Gualterus*, au lieu de *Walterus*.

car il prétend s'être offert à maintes reprises, tant avant qu'après l'excommunication, d'accepter tout débat et toute sentence sur la cause pour laquelle il a été excommunié (*indicans nobis quod, de causa propter quam excommunicatus sit, multoties ad disceptationem et faciendam justitiam, ante excommunicationem et post excommunicationem, se paratum obtulerit*). Toutefois, ne trouvant ni prudent ni raisonnable de nous en rapporter sans contrôle à ses dires, nous n'avons pas voulu rendre une sentence définitive sur son absolution ; seulement, en faveur des apôtres Pierre et Paul, aux sanctuaires desquels il était venu, nous lui avons accordé qu'il puisse recevoir la sainte communion durant son voyage (*in eundo et redeundo*), et encore huit jours après son retour chez lui. Cependant, ne voulant point que, pour quelque motif insuffisant (*aliqua indigna occasione*), il demeure davantage dans les liens de l'excommunication, nous vous faisons savoir, en vertu de l'autorité apostolique, que, muni de nos présentes lettres, vous vous efforciez de rencontrer l'archevêque, afin d'enquérir et de connaître toute la vérité dans cette affaire ; alors, si Wautier de Douai, soit à cause de son innocence (*aut pro sua innocentia*), soit parce qu'il se déclarerait prêt à donner toute satisfaction convenable, vous paraîtrait devoir avoir l'absolution, aussitôt vous avertirez l'archevêque, de notre part, qu'il ait à l'absoudre sans contredit ; si, pour un motif quelconque, il s'y refusait, vous ne manquerez point d'absoudre, en notre lieu et place, Wautier de Douai. Mais dans le cas où ce dernier serait trouvé coupable et qu'il ne voulût pas se soumettre à la justice, nous décrétons que jusqu'à satisfaction pleine et entière il reste dans les liens de l'excommunication.

En outre, un chanoine de l'église Saint-Amé de la même

ville de Douai, nommé Azon (*Azo*), nous a fait savoir que, pour quelque parole, à la vérité trop légère et irrévérencieuse (*pro quodam dicto, licet vero nimis leviter et irreverenter prolato*), il a été chassé de la compagnie de ses confrères (*a consortio fratrum*); lui aussi (*similiter*) implore la clémence de la compassion apostolique pour obtenir sa réconciliation. C'est pourquoi nous vous commettons encore pour rechercher s'il n'est pas sous le coup d'une accusation plus grave que celle-là, et, la preuve faite, pour le faire réadmettre charitablement dans la société de ses confrères, après toutefois que, pour sa punition, il ait reçu la discipline claustrale en plein chapitre........

Epistolæ Gregorii papæ VII. Recueil des historiens, Paris, 1806, in-fo, XIV, pp. 603-604. — Cf. Buzelin, *Annales Gallo-Flandriæ*, Douai, 1624, in-f°, p. 184 B et C.

XVII.

Le châtelain Waulier Ier *obtient de Gérard II, évêque de Cambrai et d'Arras, deux diplômes en faveur de l'église Saint-Amé. — Nouvelle énumération des donations faites par lui à la collégiale. — Arras, 23 mai 1081.*

1°..... Modium vini quem habebat DUACENSIS CASTELLANUS nomine WALTERUS.....

..... Ego secundus Gerardus Camaracensis ecclesie episcopus.....

Testes.... : S. ipsius WALTERI CASTELLANI. S. Warini militis de Durges. S. Widonis militis. S. Nicholai militis.

Actum Atrebati, in die Pentecostes anno.....*1081*.....
Regnante Philippo rege Francorum et Rotberto comite prebente ducatum Flandrensibus.

>En double original aux archives de Saint-Amé.
>
>L'énumération des biens, de même que l'historique de la collégiale, sont copiés textuellement sur le diplôme du roi et de l'archevêque. Il n'y a qu'une seule addition: un « més » ou manoir, *mansus*, dépendant du fief du chantre, à Douai, « *in castro juxta ecclesiam S. Amati.* ».

2°..... Et ne in futuro inter thesaurarium et prepositum de debitis consuetudinibus lis aut altercatio oriatur, sua unicuique officia consuetudinesve scriptis separatæ sunt, precipientibus videlicet Raimaro preposito et comite Rotberto, WALTERI CASTELLANI et omnium canonicorum communi consilio.....

GUALTERUS DUACENSIS CASTELLANUS ditavit thesaurariam supradictam ex subscriptis beneficiis :

In Duaco, juxta Vineam, sex hospitibus liberis, et in Burgo. I. nec tam libero. In territorio Duacensi, in villa quæ dicitur Berbiere, dimidietate molendini.

In villa quæ Comitatus dicitur, quarta parte villæ, in hospitibus, terris, molendinis, pratis, silvis, aquis, cum appenditiis, libera. Et in Aceel, viij. hospitibus et dimidio et octava parte territorii ville et silvarum. In Huuling, medietate alodii HUGONIS CASTELLANI et *Adeluie uxoris ejus*, cum appenditiis. Et Fresviler, medietate cum appenditiis. In Albiniacensi territorio, medietate villæ id est Maisnil, in hospitibus, terra, silva, libere.

In Cameracensi, apud Fins, medietate alodii *Gualteri Cameracensis et Adeluie, filiæ ejus*.

In Bergensi territorio, juxta Gimevet, terra dimidiæ berquariæ et parum plus.

Et juxta Duacum, in villa quæ dicitur Flers et in villa quæ dicitur Asperach, alodio quod dedit *Ivo* Gualtero castellano, in terra, in pratis, in mares et in silva.

His beneficiis et alodiis, ad luminaria s^{co} ministranda, Gualterus castellanus, *æcclesiasticæ dignitatis sublimator egregius, æcclesiam St Amati obnixe decoravit et ab omnibus incursationibus raptorum, quoad vixit, eandem æcclesiam pro posse suo defendit.*

Igitur karissimi fratres et domini, vobis inquam canonicis, si aliquis miles sive quilibet laïcus, secularibus negotiis irretitus, taliter, ut dictum est, honorare decreverit æcclesiam, vos qui ad hoc electi estis quanto impensius condecet venerari. Ergo a lupis rapacibus temporalia bona glutire volentibus, vos et fideles æcclesie pro posse defendere curetis, quatinus cum beato Amato in cœlis perhenniter gaudeatis. Ne videlicet si in hoc negligentes fueritis, et hic temporaliter excommunicemini et post modum sempiterno anathemate a consortio sanctorum separemini.

Hæc beneficia sunt tradita s^{co} Amato et confirmata, temporibus videlicet septimi Gregorii papæ, Manasse Remorum archiepiscopi, Gerardi Cameracensis episcopi jam electi (1), regnante vero Philippo rege et comite Rotberto concedente, qui tunc Flandriæ preerat, tempore quoque Gualteri *supradicti*, Raimari, ejusdem æcclesie prepositi, Geroldi cantoris, Rozelini decani, Bertuini thesaurarii, viventibus canonicis: Rodulfo, Gualberto, Gualtero, Carino, Herberto, Geraldo, Durando, Gozuino, Hugone, Goizmaro,

---

(1) Gérard II fut appelé l'*élu* de Cambrai (c'est-à-dire non encore consacré évêque), en l'an 1076.

Azone, Herimanno custode, Haverto, Guiberto, Fulberto, Ingelrico, Heriberto, Hatone scolastico. Hæc supradicto tempore facta sunt.

Postmodum vero, ego secundus Gerardus, Cameracensis æcclesiæ, gratia Dei, episcopus, propria manu confirmavi, et quicumque datorum vel etiam dandorum aliquid subtraxerit, tamdiu excommunicationi subjaceat donec ad satisfactionem veniat.

Huic autem confirmationi affuerunt testes subscripti. S. Mazelini archidiaconi. S. Gerardi archidiaconi. S Guidrici archidiaconi. S. Cristiani prepositi. S. Adolardi capellani. Goiffridi. Heroardi. Cantuini, Oilbaldi. S. GUALTERI CASTELLANI.

Actum est hoc in die Pentecostes anno ab incarnatione D^{ni} nostri millesimo octogesimo primo, indictione quarta, epacta vij^{ma}, concurrente iiii^o, presidente Romanæ sedi vij Gregorio papa, Manasse Remorum archiepiscopo, regnante Philippo, rege Francorum, et Rotberto comite Flandrensium.

A gauche, sceau de l'évêque, en placard. Au milieu, vestiges d'un sceau en cire jaunâtre pendu à double queue de parchemin, avec contre-sceau, sous cette inscription : *Sigillum S. ep^i Amati.*
Arch. départ., fonds de Saint-Amé.

XVIII.

Le châtelain Wautier Ier, dépouillé de ses biens et réfugié à Valenciennes auprès du comte Bauduin de Mons, le prétendant au comté de Flandre, est principal témoin au testament de la comtesse Richilde et assiste à des actes de

libéralité du comte en faveur de l'abbaye d'Hasnon. —
1086, 1087.

1°..... Ego Balduinus, comes Montensis castri, filius illius Balduini qui cenobium Hasnon. restauravit.....Mater mea Ricildis comitissa..., ut heres fieret beate immortalitatis, Deum heredem instituit terrene sue hereditatis. Et me accito, assensu et concessu meo, tradidit s^{co} Petro supradicti cenobii villam que dicitur Montiniacus (1)..... Et hoc ut in futurum firmius maneret, *hos idoneos* advocavit *testes :* WALTERUM DE DUACO, Anselmum de Ribodimonte, Walterum de Mauritania, Balduinum, filium Bonifacii.....

Post decessum matris mee....., *coram supradictis testibus* et aliis infra positis, quod ipsa firmaverat integrum concessi et ipse idem firmavi et sigillo meo signavi. Isti sunt *testes* mee confirmationis : Walterus de Monte, Theodoricus de Avesnes, Gossuinus de Monte, Walterus Volg...nius, Letvininus, filius ejus, Godefridus, castellanus de Monte, WALTERUS DE DUACO, Clarebaldus, Segardus......

Ego secundus Gerardus, Cameracensis episcopus, favens petitioni Balduini comitis, quam ad nos direxit, videlicet ut hanc cartam, testimonio Clareboldi et Segardi....., jam ab ipso factam, auctoritate nostra confirmaremus, libenter annuimus et nostro sigillo roboravimus..... Actum est hoc anno ab incarnatione Domini M°LXXXVI°, apud Aquiscinctum (2), in die dedicationis ejusdem.

---

(1) Montignies-lez-Lens, près de Mons.

(2) En l'abbaye d'Anchin, le 15 octobre 1086, jour de la cérémonie de la dédicace de l'église.

Collection Moreau à la Bibl. nation., vol. 34, f° 211. Extrait par dom Queinsert, le 1er août 1771, du cartul. de l'abbaye d'Hasnon, f°s 86 v° et 87, ledit cartul. reposant au chartrier de l'abbaye « étant entre deux voûtes dessus la sacristie, du côté du soleil levant »; ce cartul. contenant « 188 feuilles en papier quasi gris, larges de sept poulces sur dix poulces et demi de hauteur, d'une reliure fort usée et défectueuse, couvert d'un carton contrecouvert d'un vieux et sale parchemin ».

2o..... Balduinus, dono Dei comes de Montibus, castello sito in pago Hainauco, cunctis principibus sui comitatus..... Ego itaque Balduinus comes, filius Balduini, Flandren* monarchi, cujus pater, meus scilicet avus, Philippum regem Francie nutrivit, manifestum fieri volo universis ecclesie Dei filiis, quod..... ego et mater mea Ricildis, satis religiosa femina et elemosinis valde intenta, edificare cepimus quoddam oratorium, in honore s. Marie matris Domini et fidis s. Virginis pro voto nostro consecrandum, ir possessione nostra videlicet secus castrum oppidi Valentianarum.....

Sed postquam mater mea ex hac vita decessit, exoptans supradictum locum ad honorem Dei amplificari....., annuente domno Gerardo, Camaracensi episcopo, atque favente....., locum illum..... tradidi S. Petro principi apostolorum cenobii Hasnoniensis, sub manum abbatis......

Quam traditionem vel donationem firmam inviolatam que ab omnibus confirmari volo, et cum *testium* astipulatione subscriptorum, tum etiam sigilli nostri impressione confirmo.....

Hujus donationis *testes* : Seggardus et Arnulphus de Ciocis. Hugo, filius Christiani, et Ursio, frater ejus. Almannus. Heribrandus. Elgerus. Baldricus et Walkerus, frater ejus. Wiggerus de Tudin. Manasses. Walterus de Mauritania. WALTERUS DUACENSIS, VOLUNTARIE PAUPER. Udo major.

Anno ab incarnatione Domini nostri Jhesu Christi MLXXXVI, indictione IX, epacta XIV, concurrentibus III*, anno imperatoris Henrici ab obitu patris sui XXXII, a benedictione vero sui in regem XXXV, confirmata est hec carta. Et a fratre Walardo dicto, monacho s. Petri, principis apostolorum, conscripta et testimonio etiam ipsius corroborata.

Cartul. d'Hasnon, en papier, XV* siècle, fo lxviij.

3*..... Ego Balduinus, Valentianarum comes, filius Balduini junioris, qui Philippum Francorum regem, regalis insignivit militie armis..... Quomodo condescenderim venerabilis Lotberti, abbatis cenobii Hasnoniensis petitioni non injuste. Abbas prefatus emit ab Odone villico (1), de duobus molendinis unum..... Ego vero Balduinus.... libenter concessi. Et ne qua in posterum parva vel magna persona irritaret concessum vel obstrueret fossatum..... aque decurrentis ab alveo Scaldis, quo molendina volvuntur....., molendinum in manu mea ab Odone recepi.

Quod negotium ut maneat inviolabile, sigilli mei auctorizavi impressione et *fidelium meorum* fideli attestatione: S. Hugonis monachi (2). S. Segardi de Joches. S. WALTERI DUACENSIS. S. Arnulphi. S. Willermi d'Anzen..... S. Ernulphi de Joches. S. Walteri de Sart. S. Manasse de Bitune. S. Waulteri, fratris Onulphi. S. Johannis.

Actum Valentianis, in claustro s. Marie, anno ab incarnatione Domini millesimo octogesimo septimo, X indictione.

Cartulaire d'Hasnon, en papier, XV* siècle, fo lxviij v°.

(1) Odon, *villicus*, maire ou mayeur de Valenciennes; probablement le même que *Udo major*, nommé en la précédente charte.

(2) Hugues de Maroilles dit le moine.

XIX.

Le châtelain Eudes figure parmi les chevaliers du comte de Flandre Robert II, lorsque ce dernier confirme à l'abbaye de Ribemont la donation qui était faite à celle-ci d'une bergerie située près de Bourbourg. — A Bruges, au palais du comte, 8 janvier 1087 (vieux style).

..... Ego Rainardus, abbas et pater monachorum de Monte Ribodonis.....

..... Anselmus de Monte Ribodonis, pro salute anime sue et patris sui Anselmi....., berquariam quandam, quam in beneficio a comite Roberto, filio comitis Roberti, libere possedit, eidem Roberto, d^{no} suo, reddidit, conditione illa predicta, ut in usum victus nostri ac vestitus libere traderetur..... Pertinet autem hec berquaria ad comitatum de Brotburch, parrochie de Lohn, ad decimata. Hujus allodii prima traditio facta est Cortriaci, anno millesimo octuagesimo VII., XIIII kl. januarii. Secunda traditio facta est Bruggis, in lapidea domo comitis, tempore supradicti anni, VI idus januarii, luna XI (1), epacta XXV (2), concurrentibus IIII. Ut hec traditio firma et rata omni tempore permaneat, signa militum comitis Rotberti circunstancium et istud attestancium subscripsimus.....

Signum Anselmi, comitis Ribodonis Montis. S. Rabodi, Noviomensis ep^i. S. Alardi de Spinorth. S. Balduini de Warthenbek. S. Rotgeri, Hislensis castellani. S. Gerardi

---

(1) Erreur; lisez : II.
(2) Lisez : XIV.

de Vlorenbek. S. Cononis Densch (?) et Evrardi, Tornacensis castellani. S. Eustacii de Visven (?). S. Lamberti de Cortheh (?). S. Stephani de Boulers. S. Ingerranni d'Hesnes. S. Archembaldi ejusdem loci. S Odonis, de Duaco castellani. S. Lamberti de Aschach (?). S. Vulnerici, filii Tetboldi d'Yprech.

Signa clericorum hoc quoque attestantium. S. Raineri, prepositi Bruggensis suo que canonicorum Bertulfi capellani, Raineri Parvi, Tanchradi. S. Walteri, Tornacensis archidiaconi. S. Widonis, cancellarii Noviomensis episcopi. S. Lamberti, Hislensis canonici. S. Theodorici (1) de Oldenardeh. S. Roberti, filii ejus. S. Lamberti, item filii ejus.

<small>Bibl. nation., collection Moreau, vol. 31, fo 252. Copie très-défectueuse prise au XVIIIe siècle par dom Grenier sur un cartulaire de l'abbaye de Saint-Nicolas de Ribemont, format in-4°, écrit sur parchemin vers le milieu du XIIIe siècle, fo 25 v°.</small>

XX.

L'ex-châtelain Wautier Ier, pair de la châtellenie d'Aubigny et vassal du comte Robert II, est nommé dans deux chartes de ce prince en faveur de l'abbaye de Ham-lez-Lillers. — A Aire, 1092, et à Bourbourg, 1093.

1°. In nomine Dei omnipotentis. Ego Robertus, gr^a Dei Flandric comes..... Egregius vir Ingelramus, castri Lileriensis dominus, et nobilis uxor ejus Emma, licentia et

<small>(1) Thierry d'Audenarde et ses deux fils sont évidemment des laïques, qu'il faut ajouter à la série des chevaliers nommés ci-dessus.</small>

voluntate mea, construxerunt cenobium.... in loco qui vocatur Ham..... Quia vero prefatus locus de Ham infra vice comitatum castri de Albinni situs erat, ut ipse locus omni libertate ditaretur, tres seniores castri Albiniensis : Hugo scilicet dictus de Albinni, WALTERUS DUACENSIS nec non Hugo cognomento Havet, cum prefato Ingelramo, in presentia nostra, apud Ariam venerunt, et prefatam ecclesiam omni prorsum libertate ditaverunt.....

Actum anno d^{ni} m° xc° secundo. Testes : Robertus, advocatus Bethunie. Robertus pincerna. Bernardus de Baillol. Johannes Attrebatensis. Wenemarus de Ysel et c^a.

<small>Arch. départ., Ch. des comptes, 1er cartul. d'Artois, reg. B 1593, pièce cclxviij, f° 99.</small>

2°..... Ego Robertus, gr^a Dei Flandrie comes. Notum facio quod nobilis Ingelramus, homo meus, terrenus castri Lilleriensis dominus, consensu et consilio patris mei, sed et voluntate mea, cenobium monacorum edificavit in propria possessione sua, que vulgo dicitur Ham..... Sed q^m prescriptus Hamensis locus..... infra Albiniensis castri vice comitatum situs erat, a tribus ejusdem castri senioribus, id est Hugone Albiniensi et GUALT° DUACENSI nec non Hugone cognomento Havet, eidem ecclesie concessus, et in manu nostra deinceps per succedentia tempora commissus est.....

..... Presentem paginam inde conscriptam sigilli nostri munimine et testibus subscriptis corroboravimus. Acta sunt hec apud opidum Broburch, anno dominice incarnationis m° xciij.

Arnulfus, S^{ci} Audomari prepositus. Manasses, comes Gisnensis. GALTERUS DUACENSIS. Hugo Havet. Rotbertus pincerna. Onulfus, dapifer Arie. Johannes Attrebatensis. Wenemarus de Isel. Odechin. Elbodo mareschal.

Ipse Ingelramus et homines ipsius......

<small>Arch. départ., Ch. des comptes, 1er cartulaire d'Artois, reg. B 1893, pièce cclxvij, f° 97 v°.

A la suite de la copie de cette charte de l'an 1093, on trouve, au f° 99r°, ces lignes : « Hoc autem privilegium vidimus in prima figura, verum et imunitatum. Actum anno Dni m° cc° tricesimo secundo, mense novembri ». Tout ceci se rapporte évidemment à un vidimus de la charte de 1093, donné en novembre 1232 ; seulement le scribe n'a transcrit dans le cartulaire que la date finale du vidimus, oubliant sans doute qu'il en avait omis l'intitulé.</small>

XXI.

Relation du voyage à Rome fait par Wautier Ier, ex-châtelain de Douai, avec l'évêque d'Arras, Lambert. — Décembre 1093 au 28 mai 1094.

...... (*Lambert, élu évêque d'Arras, était parti de Reims le IX des kalendes de janvier, 24 décembre 1093*)...... Usque Molismum in terram Odonis ducis, cum pace pervenit, ibi que DOMNUM GUALTERUM, DUACENSEM ALIQUANDO CASTELLANUM, *virum religiosum licet laïcum*, expectavit. Lætificatus tandem et consolatus ex adventu DOMINI GUALTERI DUACENSIS, laborem viarum et difficultatem aggreditur, et apud Divionem, memorabile ducis Burgundiæ castellum, propter recreandos et equos et equites suos, per duos hospitatus est dies...... Post multa viarum et hyemis discrimina, porticum B. Petri apostolorum principis, feria sexta ante Dominicam : *Esto mihi in Deum protectorem*, ingrediuntur..... Confirmatus autem episcopus Atrebatensis, sicut canonicum est, privilegio et auctoritate apostolicæ sedis, premisit Drogonem cum quibusdam sociis suis, postmodum vero Odonem cantorem et Achardum magistrum scholarum. Ipse vero associatus domno Radulpho, Turonensi archiepiscopo, retento secum Gualtero Duacensi, in sexta feria de Dominica : *Quasi modo geniti*, Romam egreditur et apud Ostiam mare intrat, et post aliqua tempestuosa pericula, portum Pisanum satis desideratum occupant, et inde Odonem cantorem et Gualterum Duacensem ad Clusam præmittunt..... Turonensis et Atrebatensis comperegrini, apud Clausam Longobardorum associati *conviatoribus* Odoni cantori et Gualtero Duacensi, usque Lugdunum prospere perveniunt, ibique discedunt. Et sic, Deo miserante, domnus Lambertus in die Pentecostes a clericis et civibus Atrebatensibus devote suscipitur.....

Epistolarum Urbani Appendix prima. De Atrebatensi episcopatu ab Urbano II restituto. — *Recueil des hist.*, Paris, 1806, in-fo, XIV, pp. 745-746.

XXII.

*L'ex-châtelain Wautier I*ᵉʳ *et Hugues, son frère, châtelain de Cambrai, en présence du comte et de la comtesse de Flandre, jugent un différend entre le comte et l'abbaye de Saint-Martin de Tours, au sujet d'une rente que cette abbaye avait à Baralle. — A Arras, au cloître de Saint-Vaast, 3 février 1096 (v. st).*

..... Ego Robertus, Dei gratia comes Flandr..... Cum essemus apud Atrebatum civitatem, venit ad nos quidam canonicus beati Martini Turonensis ecclesie, nomine Eugerius, querimoniam super nos faciens, nos videlicet injuste et contra Deum facere de terra sancti Martini, que Barale, Tamarzicensis (*sic*) pagi ville, adjacet, quod censum x scilicet libras, quas ipsius sancti Martini ecclesie vyolenter subtrahebamus, nec ex consuetudine antecessorum nostrorum et patris mei persolvebamus.....

Convocatis igitur episcopis, abbatibus, procuratoribus nostris nec non ipsis quibus rem esse notam audieram, re ipsa nobis ab ipsis declarata, eorum consilio et judicio recognovi canonici supradictam esse ex vero adversum nos objectam querimoniam. Quocirca concedimus...... nos et successores nostros supradictum censum..... reddituros in media quadragesima, canonicorum cuilibet ipsius ecclesie..... Et ut hoc firmum et inconvulsum maneat, sub *istorum subscriptorum testium* presentia confirmamus.

Signum Roberti comitis. S. Clemencie comitisse.

S. episcopi Morinorum Gerardi.....

S. Gautherii, prius castellani Duacensis, modo autem clerici. S. Hugonis, fratris ejusdem, Cameraco. S. Rogeri, castellani de Insula. S. Frimoldi de eadem Insula. S. Onulfi, dapiferi comitis ipsius.

Actum est autem Attrebati, in claustro beati Vedasti, IIIº non. februarii mensis, XCVI anno (1), indictione IIII, regnante Philippo, rege Franchorum, Roberto, comite Flandr.

---

(1) Cette charte prouve que le comte Robert ne partit pour la croisade qu'en 1097, attendu que, durant l'hiver de 1096-1097, il était encore dans ses Etats, auprès de son épouse, la princesse Clémence.

Archives départ., Chambre des comptes, deuxième cartulaire de Flandre, pièce 215.

XXIII.

L'ex-châtelain Wautier Ier obtient de l'évêque d'Arras Lambert le don de l'autel de Saint-Albin-lez-Douai, en faveur du chapitre de Saint-Amé. — Arras, 8 juillet 1097.

..... Ego igitur Lambertus, licet indignus, Dei gratia Atrebatensis episcopus, qualiter paci æcclesiarum et quieti consuler., Duacensium kanonicorum et *maxime* DOMNI GUALTERI, ALIQUANDO DUACENSIS CASTELLANI, petitionibus satisfaciens, immo nostris archydiaconis videlicet : domno Clarenbaldo, domno Johanni, digna suffragatione consiliantibus, congregationi etiam sanctæ Mariæ Atrebatensis, pia vice idem exoranti, adquiescens, sanctæ Dei genitrici Mariæ et glorioso confessori Amato de Duaco, altare sancti Albini, in extremo prenominati castri, quasi suburbio, situm, dederim, perpetuo habendum et sine persona tenendum, salvo jure episcopali et redditibus nostris et ejus provintiæ archydiaconi atque decani. D{i} autem et nostra auctoritate et sanctorum kanonum, sub anathemate interdicimus ne quis hujus nostræ conscriptionis audeat violator existere. Ut denique hæc traditio in posterum vigeat firmius, sigilli nostri impressione testium etiam subscriptione firmamus.

S. domni Clarenbaldi, Obstrevandensis archydiaconi. S. domni Johannis, Atrebatensis archydiaconi. S. Aloldi, Atrebatensis abbatis. S. Richardi, Marciensis abbatis. S. Hamerici, Aquiciensis abbatis. S. Alberti, Hanonensis abbatis. S. domni Odonis, Sanctæ Mariæ Atrebatensis prepositi. S. Guiberti, decani Atrebatensis. S. Gualteri, ejusdem æcclesiæ custodis. S. Roberti, lectoris ejusdem æcclesiæ. S. Anastasii, ejusdem æcclesiæ cantoris. S. cæterorum kanonicorum ejusdem æcclesiæ, Algisi, Guidonis, Guilleberti, Hugonis, Balduini, Bernardi, Alulfi, Rodulfi, Bertulfi, Andreæ, Herberti, Goberti, Roberti, Morengi, Anselli, Ernoldi, Arnoldi, Gerardi, Hugonis. S. domni Cononis de Arida Gamantia.

Actum est hoc Atrebati, anno D^i Xp^i. m. xcvij. viij. idus julii, anno episcopatus domni Lamberti, Atrebatensis episcopi, iiij. Regnante Philippo rege in Francia, Roberto juniore principante in Flandria.

Magnifique charte ; sceau de l'évêque, en placard.
Arch. départ., fonds de Saint-Amé.

XXIV.

L'ex-châtelain Wautier 1er témoin à un traité conclu entre le chapitre de Saint-Amé et le chevalier Nicolas d'Aubigny, au sujet du village de La Comté. — *1111.*

..... Nicholaus Albiniacensis, miles..... Quatenus in villa quæ dicitur Contez, Nicholaus quartam partem (1) ab æcclesia sancti Amati obtineret, in omnibus hospitibus, molendinis, cambis, agris, pratis, silvis, quod totum ad feodum thesaurarii (2) pertinet, pro ea singulis annis, in

(1) Ce quart de La Comté provenait au chapitre de la libéralité faite, vers 1074, par le châtelain Wautier. Voir la charte no XI.

(2) Le trésorier était un des dignitaires de la collégiale. La féodalité avait tellement envahi l'église, que l'on voit souvent des bénéfices ecclésiastiques qualifiés fief; mais ils ne l'étaient que de nom, attendu qu'on ne les transmettait point par hérédité.

festivitate sancti Amati, quæ XIIII kl. novembris, marcam et dimidiam argenti thesaurario redditurus per se vel per legatum suum ad æcclesiam deferens.....

S. Roberti, prepositi æcclesiæ sancti Amati. S. Heriberti decani. S. Odardi thesaurarii. S. Guerinboldi cantoris. S. Amandi magistri. S. GUALTERI QUONDAM CASTELLANI. S. Gualteri prepositi æcclesiæ sancti Petri (1). S. Bertuini..... etc. S. Gualberti, Islensis canonici. S. Roberti, ejusdem æcclesiæ canonici. S. Radulfi, ejusdem æcclesiæ canonici.

S. Hugonis de Foro. S. Radulfi de Duiolo. S. Hugonis villici. S. Rainoldi, villici de Espumerel. S. Rainelmi, villici de Everlengehem. S. Gerrici de Iser. S. Ingelranni de Guelesin. S. Alberti Bucel. S Azonis de Escleven. S. Otranni de Caventin. S. Girardi Albi. S. Hezelini. S. Elberti Frigoris. S. Bernardi de Fonte. S. Raingeri. S. Burgisi. S. Fulcuini.

 Sur la tranche droite du parchemin, on aperçoit la première moitié de chacune des lettres formant le mot *Cirographum*. Pas de trace de sceau.
 Arch. départ., fonds de Saint-Amé.

XXV.

*Note sur les chartes fausses contenues dans les Preuves de l'*Histoire de Cambray, *par Carpentier, et où il est question des châtelains de Douai et de leur maison* (2).

(1) Ce Wautier, appartenait-il à notre seconde collégiale ou à celle de Lille ? La présence de plusieurs chanoines de Lille nous fait penser qu'il était plutôt prévôt de Saint-Pierre de Lille. D'après les listes des prévôts, Wautier serait mort en 1095 ; mais cette date est peut-être erronée.

(2. Nous ne nous donnons pas la peine de relever toutes les fausses indications et les inexactitudes contenues dans le livre de Carpentier, à l'article spécial de la maison de *Douay*, II, page 507, ainsi que dans les autres endroits.

Page 6. — 1047. *Walterus Duacensis*, témoin d'une charte de Bauduin, comte de Flandre. (Archives de Marchiennes.)

P. 9. — 1065. *Walterus, castel. Doiacensis, Hugon. frat.*, cautions de Hugues, châtelain de Cambrai. (Archives de l'archevêché de Cambrai.)

P. 10. — 1071. *Hugo Duacensis*, témoin d'une charte de l'évêque de Cambrai, Liébert, en faveur de l'église de Lens. (Idem.)

P. 12. — 1080. *Walterus Duacensis*, témoin d'une charte de son cousin Sohier *dit* le Roux de Vermandois. (Archives de l'église de Sainte-Croix.)

P. 15. — 1096. *Berinardus de Duaco*. Tournoi d'Anchin.

XXVI.

Le châtelain Wautier II juge, avec les barons du comté de Flandre, un procès intéressant l'abbaye de Saint-Vaast. — Arras, 1122.

..... Carolus, comes Flandriarum..... Quoddam memorabile elaboratum, in ecclesia Sancti Vedasti, Deo donante, curia nostra dictante, litterarum artificio signandum consilium fuit.....

Item nomina eorum qui apud Atrebatem judicarunt.....

Sig. Roberti advocati. S. Balduini dapiferi. S. Balduini constabilis. S. Frooldi, castellani Bergensis. S. Ratzonis de Gavera. S. Balduini Micule. S. Balduini, castellani Atrebatensis. S. Alelmi de Mercato. S. Nicolai fratris ejus. S. Eustachii Becchet. S. Bernardi Vacce. S. GUALTERI DUACI (1).

S. Henrici abbatis. S. Gerardi prioris (2). S. Guillelmi camerarii. S. Haymonis prepositi. S. Berneri cellerarii. S. Henrici capellani. S. Dragonis et Sequani. S. Mambodonis et Hugonis. S. Johannis et Adelelmi. S. Guillelmi et Anscheri.

. . . .

Le chanoine Van Drival, *Cartul. de Guimann*, Arras, 1875, in-8o, p. 182. — *Mémoires de l'Académie d'Arras*, XXXI, pp. 431-434, Arras, 1859, in-8 ; d'après le cartul. de Saint-Vaast, XVIe siècle, conservé aux archives départ. du Pas-de-Calais.

La charte de 1122 est l'un des documents les plus curieux que nous connaissions sur la question des serfs au moyen âge.

Elle contient aussi une relation d'audience, minutieusement détaillée, qui est très-intéressante.

XXVII.

Le châtelain Wautier II témoin à la charte du comte Thierry en faveur de l'abbaye d'Hennin-Liétard. — 1146.

..... Ego Theodericus, divina gratia, Flandrensium comes..... Quod Balduinus cognomine Brochet (3) et

(1 et 2) Dans le cartulaire de Saint-Vaast, Wautier de Douai est nommé entre le prieur Gérard et le camérier Guillaume, c'est-à-dire parmi les dignitaires de l'abbaye ; mais nous croyons à une erreur de scribe et nous pensons pouvoir la rectifier en plaçant Wautier de Douai après Bernard Le Vacque, seigneur en partie d'Hennin-Liétard, c'est-à-dire parmi les juges de la cour du comte.

Une lecture attentive de la charte démontre qu'après les barons de Flandre doivent venir l'abbé, le prieur, etc., puis les moines, désignés ici deux à deux: *Drago et Sequanus, Mambodo et Hugo*, etc., tous ceux-ci sans surnom de lieu ni autre. Evidemment Wautier de Douai, un laïque, s'égare au milieu de ces moines.

Voir, en 1146, où Watier de Douai est témoin d'une charte dans laquelle Bernard Le Vacque est partie ; no XXVII.

(3) Bauduin Brochet ou Becket, seigneur d'Hennin-Liétard, fils de Liétard et successeur de feu Eustache Becket, son frère.

Gerberga, uxor ipsius, pratum...., consensu precibusque Balduini dapiferi (1), a quo supra nominata in feodum obtinuerant, assensu quoque Bernardi qui vocatur Vacca (2), filiorumque suorum Balduini et Lethardi (3), ecclesie S. Martini de Hennin..... contulerint.

..... Actum est .... sub his testibus :

Radulfo, castellano Brugensium. Amalrico de Landast. WALTERO, CASTELLANO DUACENSIUM. Waltero de Rispelgi. Christiano de Stracele. Alelmo de Attrebato. Goifrido de Hameleincourt. Nicolao de Baliol. Ingelrammo de Berbere et ceteris nobilibus quos enumerare longum est.

. . . .

Dancoisno, *Rech. hist. sur Hénin-Liétard*, Douai, 1847, in-8o, p. 219.

XXVIII.

Le châtelain Waulier II juge, avec d'autres barons de Flandre, sous la présidence de la comtesse Sibille, assistée de son jeune fils Bauduin, un procès intéressant l'abbaye de Saint-Vaast. — Arras, en la chambre de l'abbé, 1148.

..... Ego Sibilla comitissa..... Charissimo itaque domino et marito meo, venerabili Flandrensium comite Theoderico, et domno Alviso, Atrebatensi episcopo, in Jerosolimitano exercitu Dei, cum laudabili rege Francie Ludovico, profectis, ego Sibilla, cum filio Balduino, jam in comitem designato, de totius gubernatione comitatus sollicita......,

(1) Le sénéchal de Flandre, alors suzerain du seigneur d'Hennin.

(2) Bernard Le Vacque, seigneur d'une partie d'Hennin.

(3) Bauduin et Liétard, fils desdits Bauduin Becket et Gerberge.

cun decenti comitatu Atrebatum veni. Et perveniens, ecclesiam beati Vedasti miserabiliter aggravari a quodam milite suo, Heluino...., audivi et merito dolui. Quapropter curiam meorum et ecclesie virorum..... convocavi..... Ego igitur Sibilla, Dei gratia Flandrie comitissa, adjuratis *baronibus meis*, et abbas suis, precepi ut, quid abbati et ecclesie, quid Heluino, facere deberem, studiosissime judicarent..... Ego igitur...., ex authoritate carissimi domni et mariti mei, honestissimi comitis Theoderici, et filii nostri Balduini, jam in comitem designati, hoc judicium confirmavi..... et nomina judicum..... subjungi decrevi :

Signum Balduini pueri, in comitem designati.

(*S. des abbés et des archidiacres*).....

S. Anselmi dapiferi. S. Ratzonis pincerne. S. Theoderici camerarii. S. Michaelis constabilis. S. Gotsuini de Odingehem. S. Arnulfi de Orscam. S. Gualteri, castellani de Duaco. S. Gisleberti de Nivella. S. Guillelmi de Bundu.

Homines sancti Vedasti : Werinfridus de Atrebato.....

<small>Van Drival, *Cartul. de Guiman*, Arras, 1875, in-8o p. 185. — *Mém. de l'Acad. d'Arras*, XXXI, pp. 434-436, Arras, 1859, in-8.</small>

XXVIII bis.

Le châtelain Wautier II témoin de la charte du comte Thierry exemptant du droit de gavène les maisons qui seront construites à Baudimont, terre de Saint-Vaast d'Arras. — 1150 (à Arras?).

..... Ego Theodoricus, Flandriarum comes.....

..... Legitimis subsignatis testibus :

Signum Sibille comitisse. Signum Philippi comitis. Signum uxoris ejus Elisabeth. Signum Roberti, advocati de Betunia. Signum Rogerii, castellani de Courtrai. Signum Walteri, castellani de Sancto Audomaro. Signum Reinaldi, castellani de Insula. Signum WALTERI, CASTELLANI DE DUACO. Signum Hugonis, castellani de Batpalmis. Signum Baldewini, castellani de Atrebato. Signum Alardi de Spinoit. Signum Henrici de Borbure. Signum Balduini de Baillol et Balduini filii ejus. Signum Bernardi de Resbais. Signum Eustachii de Graminiis. Signum Elberti de Carenci. Signum Warnerii et Guuiffridi de Hamelincurt. Signum Walteri de Noella.

. . . .

Annuente Rogero de Wavrin et filio ejus Hellino, qui ipsum gavelum a comite Flandrie tenebat in feodum.

<small>Le chanoine Van Drival, *Cartulaire de Guiman*, Arras, 1875, in-8°, p. 326 ; d'après la charte originale conservée aux arch. départ. d'Arras, fonds de Saint-Vaast.</small>

XXIX.

Le châtelain Wautier II et son parent Simon, châtelain de Cambrai, sire ou baron d'Oisy, assistent aux noces du comte de Saint-Pol et d'Ide d'Avesnes, célébrées à La Fère, vers 1150, en présence du comte Thierry et de son fils Philippe.

Ego Theodoricus, Flandrensis comes, et Philippus, filius meus. Notum facimus tam præsentibus quam futuris curiæ Flandrensis baronibus, negocium Ingerranni, comitis Sancti Pauli, et Nicolai de Avesnis, in præsentia nostra consummatum.....

Ingerrano et Nicolao, cum amicis et proximis suis, apud Fares, in nostro conspectu convenientibus, Ingerranus, consilio et cura Rogeri, dapiferi Flandriarum, filiam Nicolai obtinuit in sponsam sibi..... Ego et filius meus plegiæ fuimus.....

Præterea adfuerunt testes et plegiæ :

Castellanus Insulensis. CASTELLANUS DUACENSIS. llbertus de Carenci. SIMON DE OISY. Robertus, advocatus Bethuniæ.

<small>Le Mire et Foppens, I, p. 704, attribuent, par erreur, la date de 1160 environ à cet acte anténuptial. Le P. Thomas Turpin la rectifie, p. 76 de son histoire des comtes de Saint-Pol, *Comitum Tervanensium... Annales historici*, Douai, Derbaix, 1731, in-8o. — Cf. Du Chesne, *Hist. généalog. de la maison de Béthune* (Paris, 1639, in-4o), *Preuves*, p. 28.</small>

XXX.

Le châtelain Wautier II témoin, avec les barons de Flandre, de la charte du comte Thierry, par laquelle celui-ci règle les droits et les devoirs du prévôt héréditaire de la ville de Saint-Amand, vassal de l'abbé. — Arras, 1154.

..... Ego..... scriptum presens sigilli mei impressione signari jussi et *baronum meorum* qui interfuerunt nomina subter annotari.

S. Sibille, Flandrie comitisse. S. Philippi, filii mei. S. Henrici de Broburc, conestabuli. S. Rogeri de Wavrin. S. Rogeri, castelli de Curtrai. S. Rogeri de Cyson. S. Hugonis de Bapalmes. S. Stephani de Landast. S. Amulrici de Landast. S. GUALTERI, CASTELLANI DE DUACO.

Actum apud Attrebatum, anno d^{ni} m^e c^o liiij^o.

Liber albus S. Amandi, fo 17 vo, aux Archives départementales.

XXXI.

Le châtelain Wautier II témoin, avec les barons de Flandre, d'une charte du comte Thierry, par laquelle il est interdit d'élever un château fort à Courcelles-le-Comte, contre la volonté de l'abbé d'Eaucourt. — A Bapaume, 1156.

Ego Theodoricus, Dei gratia, Flandrensium comes.....

Inter Aiulcurtensem ecclesiam et quendam militem, Stephanum nomine, querela..... Miles, in villa que dicitur Corcellis comitis, firmitatem quandam, contra vetitum ecclesie, facere temptavit.....

Judicio *baronum meorum* declaratum simul est atque sancitum, quod in tota potestate ejusdem ville, nulli munitionem aliquam, absque voluntate et licentia ejusdem ecclesie, facere licebat.....

Baronum meorum, qui interfuerunt, attestatione.....

S. Rogeri dapiferi et Hellini, filii ejus. S. Eustachii camerarii. S. Arnulfi pincerne. S. Anselli de Hosden et Roberti, filii ejus. S. Hugonis, castellani de Bathpalmis. S. WALTERI, CASTELLANI DE DUACO. S. Guarneri de Hamelaincurt. S. Guisfridi de Hamelaincurt. S. Johannis de Walencurt. S. Wagonis de Novavilla. S. Alardi de Croisiles.....

Actum Bathpalmis..... 1156, ind. vj.

Bibliothèque nationale, collection Moreau, vol. 68, fo 82; copie tirée des archives de l'abbaye d'Eaucourt.

XXXII.

Roger, frère cadet du châtelain Michel, figure avec d'autres barons de Flandre dans une charte du comte Thierry. — (*Vers 1160*).

Ego Theodoricus, Dei g^a comes Flandrensium, et Philippus, filius meus.....

(*Don ou vente de la dîme de* Buniastra, *au profit de l'abbaye d'Anchin.*)

Legitimorum virorum..... nomina : Rogerus de Landast. Guifridus de Hamalaincurt. Hugo de Barncurt. Rogerus, frater Michahelis, castellani Duacensis. Godescalcus de Buniastra. Symon, frater ejus. Gerardus Truia. Theodoricus, filius comitis Theoderici (1). Walterus de Hainau.

<small>Arch. départ., fonds d'Anchin.</small>

XXXIII.

Le châtelain Michel et son frère Hugues, prévôt de Saint-Pierre de Douai, assistent à un acte du comte Thierry relatif aux possessions qu'avait à Vitry l'abbaye de Saint-Aubert. — *1161.*

..... Ego Theodericus, Dei miseratione Flandrensium comes..... Predecessor meus, memorandæ memoriæ comes Robertus...., fratribus æcclesiæ sancti Auberti.....

(1) Paraît être un bâtard du comte de Flandre.

hoc largitus est donum. In villa Vitriaco, de censu comitatus iiij modios frumenti, ad mensuram comitis, et iij modios avenæ, ad augmentum ususfructus eorum, quotannis recipiendos, constituit..... Ego igitur...., ut obtentu temporanæ pacis, pacis Jhrl^m perfruar bono...., corroboro. Insuper iij curtilia, in procinctu *domus castellani Vitriacensis* (1) consistentia, quæ annuali censu V solidorum redimuntur, in infinitum pace non finita tenenda confirmo, sigilli quoque mei impressione et subsignatorum testium astipulatione perpetualiter astipulo.

S. mei ipsius qui huic scripto manum apposui. S. filiorum meorum, comitum Philippi et Mathei. S. Rogeri de Wavrin. S. Hellini, filii ipsius. S. Michaelis constabularii. S. Symonis, castellani de Oisi. S. Hugonis, castellani de Pulchro Manso. S. Michaelis, castellani de Duaco. S. Hugonis de Inci. S. Rogeri de Chisonio. S. Goiffridi de Hamlencurt.

S. Martini, abbatis de Sancto Vedasto. S. Hugonis, abbatis de Sancto Amando. S. Gossuini, abbatis Aquiscincti. S. Desiderii, prepositi Sancti Amati. S. Hugonis, prepositi Sancti Petri Duacensis.

Arch. départ., fonds de Saint-Aubert de Cambrai, original scellé.

XXXIV.

Le châtelain Michel, le prévôt Gérard Ier, Simon, sire d'Oisy, châtelain de Cambrai, et d'autres membres de la maison de Douai assistent, en qualité de barons du comté de Flandre, à la cession du gavène de Sailly en Ostrevant,

(1) Le manoir du châtelain de Vitry, c'est-à-dire le château fort de ce lieu, dont la garde appartenait au châtelain de Douai.

village appartenant à l'abbaye de Marchiennes; ladite cession faite à l'abbaye par les chevaliers Hugues de Saint-Aubin et Wautier d'Auby. — A Douai, au cloître Saint-Amé, 1162.

1°. Ego Theodericus, Dei gratia comes Flandrensium.....

Hugo de Sancto Albino gavlum de Sali, villa sancte Rictrudis, quod tenebat in feodo de Waltero de Albi, et Walterus de me, jure hereditario, in presentia mea et filiorum meorum, Philippi et Mathei, et procerum meorum, ipse Hugo de Sancto Albino reddidit Waltero de Albi et Walterus michi.....

(*Le comte transporte ce bien à l'abbaye de Marchiennes.*)

.... Sigilli mei et filii mei Philippi impressione et testium annotatione corroboravi.

S. Mathei, comitis Bolonie. S. Symonis de Oisi. S. Bernardi de Sancto Walerico. S. Eustachii camerarii. S. Hugonis de Ulmo. S. Rogeri, castellani Curtracensis. S. Rogeri dapiferi. S. Michahelis, castellani Duacensis. S. Rogeri de Cison. S. Walteri de Rasci. S. Gerardi, prepositi Duacensis. S. Hugonis, fratris Walteri de Albi.

.... Duaci, in claustro sancti Amati.....

2° .... Godescalcus, Attrebatensis episcopus.....

Il confirme la cession précédente, qui a été faite en présence des grands).... presentibus *principibus* : Matheo, comite Bolonie, Symone de Oysi, Bernardo de Sancto Walerico, Rogero, castellano Curtracensi, Rogero dapifero, Gerardo, preposito Duacensi, Waltero, castellano de Rascia, Michahele, castellano Duacensi, Hugone de Albi, Hugone de Ulmo.....

.... Secundum petitionem ejusdem Hugonis, sub anathemate prohibemus.....

1163, die festivitatis sancti Martini, iij° id. nov. Actum Aquicincti.....

<small>Arch. départ., fonds de Marchiennes, originaux.
Dans le Répertoire de Marchiennes, inventaire des titres de l'abbaye dressé au XVIIe siècle, les chartes de 1162 et 1163 sont indiquées comme relatives au « fief des gavènes de Sailly en Ostrevant », *gavlum de Sali.*</small>

XXXV.

Le châtelain Michel témoin d'une charte du comte de Flandre en faveur de l'abbaye d'Hennin-Liétard.—Maele, 1169.

..... Ego Philippus, Flandrie et Viromandie comes.....

Ecclesiam de Hennin ea libertate dono, quam ei pater meus Theodericus (1) et predecessor ejus, honeste memorie comes Karolus, concesserunt....

Subscriptorum testimonio confirmo :

Roberti, ecclesie sancti Audomari prepositi, et Haket, Brugensis decani, et Lamberti notarii.

Et de : Willelmi de Domo (? S^{co} Audomaro ?), et castellani Brugensis Cononis, et camerarii Eustachii, Rodberti advocati, Hellini dapiferi, Alardi de Spinoi, MICHAELIS DE DUAI, Eustachii, castellani de Lens, Balduini de Roshec.

. . . .

<small>Dancoisne, *Recherches hist. sur Hénin-Liétard*, Douai, 1847, in-8°, p. 221.</small>

<small>(1) Charte de 1146, où figure le châtelain Wautier III. *Preuves*, n° XXVII.</small>

XXXV bis.

Le châtelain Michel est témoin d'une charte du comte Philippe au profit de l'abbaye de Saint-Vaast d'Arras et relative à la terre de Biache, voisine de Vitry. — 1174 (à Arras ?).

..... Philippus, Dei gratia, Flandrie atque Viromandie comes..... In presentia *baronum meorum* et totius curie frequentia..... Testibus qui presentes approbaverunt ex nomine subsignatis.....

Signum Phylippi, Flandrie atque Viromandie comitis incliti. Signum Elizabeth comitisse.

Signum Roberti, electi Cameracensis et cancellarii Flandrie.

Signum Hellini dapiferi. Signum Roberti advocati. Signum Walteri de Locris. Signum Henrici de Morsella (*Formosella?*). Signum MICHAELIS CASTELLANI DE DUACO. Signum Walteri de Atrebato. Signum Johannis de Waencourt. Signum Guiffridi de Hamelencourt.

. . . .

Le chanoine Van Drival, *Cartulaire de Guiman*, Arras, 1875, in-8o, p. 414; d'après la charte originale reposant aux arch. départ. d'Arras, fonds de Saint-Vaast.

XXXVI.

Le châtelain Michel et Gérard II, prévôt de Douai, témoins d'un traité conclu entre l'évêque d'Arras Frumaldus et le comte de Flandre. — 1177 (à Arras ?).

.... Ad sopiendas contentiones que emergere

solent super contractibus vel compositionibus, que fieri solent inter aliquos, propter hominum labilem memoriam, veterum auctoritas scriptis committere decrevit..... Cyrographum istud fieri et sigillis nostris corroborari voluimus, de compositione facta intei nos, de discernendo jure nostro, in his tantum modo que ad secularem justiciam pertinent.....

Huic compositioni interfuerunt : Balduinus, comes Hadnoniensis. Robertus advocatus. Micahel comes stabuli. Hellinus dapifer. Jacobus de Avednis. Rogerus, castellanus de Cortrai. Johannes, castellanus Insulanus. Guillelmus, castellanus de Sancto Audomaro. MICHAEL, CASTELLANUS DE DUACO. Raso de Gavela. Henricus de Formosella. Guillelmus de Hatsci. Gualterus de Locres. Gualterus de Atrebato. GERARDUS, PREPOSITUS DUACENSIS. Gillebertus de Area. Johannes de Waencort, pater, et Johannes, filius. Petrus de Buscu. Gerardus de Sorel. Eustachius de Novavilla.

Gerardus de Mescines (1). Petrus capellanus. Radulfus archidiaconus. Johannes, cantor Duacensis (2). Martinus, Tybertus et Guasso, capellani. Milo et Durandus, decani, et alii quam plures.

. . . .

Cartulaire de l'église d'Arras, fo⁹ xxj v° à xxij v° ; XIIIe siècle.
Bibl. nation., ms. du fonds latin; n° 9930 de l'inventaire Delisle.

XXXVII.

Le châtelain Michel juge, avec les barons du comte de Flandre et sous la présidence de celui-ci, un procès de

(1) Notaire du comte; devint prévôt de Saint-Pierre de Lille.
(2) Chantre ou dignitaire de la collégiale Saint-Amé.

l'abbaye de Saint-Vaast contre Jean de Baylool *et Héluin* Lameth, *petit-fils* (nepos) *d'Héluin Durlens. — A Arras, en plein chapitre de Saint-Vaast,* 1180.

.....Testes homines comitis : (Heluinus) Japifer. Eustachius camerarius. Rasso buticularius. Michael constabularius. Robertus, dominus Bethunie, advocatus Atrebatensis, et Robertus, filius ejus. Gillebertus et Rainaldus. (Willelmus,) castellanus de Sancto Audomaro. Johannes, castellanus de Insula. Michael, castellanus de Duaco. Balduinus, castellanus de Atrebato. Petrus de Maisnil. Johannes de Waencurt. Eustachius de..... Rogerus de Carenci.

Atrebati, in capitulo beati Vedasti.....

<small>Bibl. nation., collection Moreau, vol. 83, fo 174; copie tirée des archives de Saint-Vaast d'Arras.</small>

XXXVIII.

Le châtelain Michel reconnaît devoir à l'abbaye de Saint-Aubert une rente sur des dépendances de son château de Vitry. — A Douai, en l'église Saint-Pierre, 1184.

Radulfus, per Dei gratiam ecclesie sancte Marie Attrebatensis archidiaconus, omnibus ad quos littere iste venerint, salutem in Domino. Notum esse volumus quod nobis Duaci, in ecclesia sancti Petri, in jure sedentibus, Michael, castellanus de Duaco, recognovit, in presentia clericorum nostrorum et nostra, v solidos Duacensis monete se debere, annis singulis, ecclesie sancti Autberti canonicorum, in nativitate Domini persolvendos, pro tribus curtilibus que infra castellum de Vitri inclusa continentur. Unde prefate ecclesie jus observare et ejus indempnitati, prout nostri interest officii, in posterum providere volentes, recognitionem istam, ordine legitimo celebratam, scripto, sigilli nostri protectione munito, annotare et testibus qui presentes fuerunt duximus roborare.

S. mei ipsius. S. Roberti decani. S. magistri Elberti. S. Assonis, presbiteri de Vitri. S. Thome de Sancto Albino. S. Reinaldi, fratris decani. S. Aumandi de Golesin. S. Leonis d'Ercin. S. Wissonis de Sin. S. Theobaldi de Streies. S. Thiessonis, capellani Thome de Sancto Albino.

Actum anno Domini m°.c°.lxxx°iiij°.

Légende du sceau : *Sigill. Rad.... ... hidiaconi Ostreransis* (cf. Demay, *Sceaux de la Flandre*, n° 6095).
Arch. départ., fonds de Saint-Aubert de Cambrai.

XXXIX.

Le châtelain Michel juge en la cour féodale d'Oisy, avec les hommes liges de son parent Hugues d'Oisy, châtelain de Cambrai, un procès entre l'abbaye du Mont-Saint-Eloy et le seigneur d'Escoives. — Au châteu d'Oisy, 1187.

Ego Hugo, castellanus Cameracensis et dominus de Oisi.....

Progenitores mei quicquid juris in villa de Monte sancti Eligii habebant, bannum videlicet, sanguinem, latronem, molnagium, servitia, coroias, totamque justitiam, quieti et tranquillitati et paci fratrum ibidem Deo servientium providentes, pro sua suorumque salute, eisdem fratribus libere et absolute reddiderunt. Quam ego donaticuem et concessionem ratam habens, scripto meo roboravi et sigillo confirmavi.....

(Depuis lors, procès s'étant élevé entre l'abbé et Jean, seigneur d'Escoives *(de Squaviis)*, qui prétendait que les sujets de l'abbaye devaient venir moudre à son moulin, à raison du fief qu'il tenait du châtelain d'Arras, vassal lui-même, en cette partie, du sire d'Oisy ; la cour du comte de Flandre s'étant déclarée incompétente et renvoi ayant été fait à la cour du sire d'Oisy, le châtelain d'Arras condamna, devant ses pairs d'Oisy, la prétention du seigneur d'Escoives.)

Actum est hoc in domo mea apud Oisi, presentibus hominibus meis qui hujus cognitionis et facti testes sunt..... :

MICHAEL, CASTELLANUS DUACENSIS. Stephanus de Lambres. Alardus de Salci. Alardus de Paluel. Landricus d'Allues. Robertus de Oisi, advocatus de Rumalcort. Eustachius d'Ahilcort. Petrus Canis. Arnulfus Bucars. Stephanus d'Ahilcort. Hugo Papelart. Nicholaus Berthimers.

Johannes, abbas de Monte sancti Eligii..... *etc.*

Grand sceau équestre, bouclier au lion. Contre-sceau aux armes. Bibl. nation., collection Moreau, vol. 89, f° 224 ; copie tirée des archives de l'abbaye du Mont-Saint-Eloy.

XL.

Le châtelain Michel est témoin, avec plusieurs barons du comte Philippe, de la charte de celui-ci, contenant un traité avec l'évêque d'Arras, au sujet de l'Estrée, entre Arras et Cité, au sujet de Vitry, etc. — A Arras, 1187.

..... S. S., abbatis Acquicin^s..... S. J., prepositi Duacensis.

S. R., Atrebatensis advocati. S. J., castellani Insulensis.

S. M., castellani Duacensis. S. B., castellani Atrebatensis,
S. C. de Aria. S. B. de Robais.

Actum Atrebati......

<small>Collection Moreau, vol. 90. fo 175, copie tirée des archives de l'évêché d'Arras.</small>

XLI.

Compte du domaine de Douai, rendu à Ypres, en l'hôtel du comte de Flandre. — Il y est question de la Vieille tour, de la Neuve tour, de la mairie de Douai, de la mairie et du gavle de Deuyeul, de la monnaie, du tonlieu et du forage de Douai, etc., du châtelain, du prévôt, du chevalier Pierre de Douai, gouverneur et bailli de la ville, etc. — 1187 (mercredi 3 juin).

Duacum.

Anno m⁰ c⁰ lxxx⁰ vij⁰. R(ati)o Lanvini, Ypris, in domo co(mit)is, eodem die, ex eodem anno.

Caput ejus tr(itici). lj. mo(dios). v. r(asieras) .j. coupp(am). Ex portar(io) nichil h(oc) anno. Ex novo molino, tr. .vj. m⁰. Totum : lvij. m⁰. v. r. j. coupp(am).

Caput av(enæ). xc m· v 1/2 r. j coupp. Ex inc(re)m(en)to j. m⁰ iij r. Ex portar(io) iiij r. hoc anno. Totum av. xcij coupp.

Caput mouth(uragii) lxxx. m⁰. Ex portar(io) mouth(uragii) nichil hoc anno.

Caput nummor(um). Ex jus(t)icia Duaci. xx. l(ibras). Datum Petro, in feodo, ad custodiendum novam t(ur)ri(m).

Ex justicia Duaculi. ix. l. Ex theloneo Duaci xiiij. l. Ex preposito Duaci .xviij. l. Ex moneta .x. l. Ex scensu Sin .x. l. ix s. Ex p(ra)tis Sancti Albini .iiij. l. et cappon(es) .lxxx. Ex p(on)tagio .j. l. Ex gabalo Duaculi. xvj. s. Ex h(er)bagio. viij. s. Ex foragio .xiij. l. Datum PETRO, in feodo, ad custodiam nove turris.

[Nota hoc pertinere ad officium de Orchies: Ex placitis de Sin. xiiij s. vij 1/2. d. Ibidem cappones cccc 1/2. Ex hoc pertinere ad officium d'Orchies : Ex coquina Duaci xxx viij capones.]

Totum nummor. cj. l. vij s. vij 1/2 d.

In domo, tr. iij. m°. Datum ad custodiam veteris turris, tr. x m°. Datum PETRO, ad custodiam nove turris. vj. m°. For(is). S(uper) Alfridum, i(n)p(er)at..... ij. m°. Totum datum et insin. tr. xxj. m°.

R(ation)em sub eo tr. xxx. vj m°. v. r. j. couppam. Hoc est : cv. l.

In domo, av(enæ) xvij. m°. ij couppas. For(is).S(upe)r monachos Goi. vij. m°. S(uper) villicos. j 1/2 m°, i(n)p(er)at. Totum av. dat. et insin. xxv 1/2. m° j couppam.

R(ation)em sub eo av(enæ) lxvj 1/2 m° p(lus). ij. couppas. Hoc est : lij. l. xv s.

Mouth(uragium) sub eo. Hoc est : lvij l.

Datum ad conficiendum sacrificium altaris. Sanctæ Mariæ Tornacensi. ij. l. Sancto Amando. iij l. Monachis de Marchines. iij. l. Sancto Amato Duaci. xxv s. Monachis de Aquicinio. iij. l. Sancto Petro Duaci (1). xxv s. Totum hujus elem(osinæ) : xiij 1/2 l.

(1) Ces communautés religieuses de Douai et des environs sont rangées suivant l'ordre de l'antiquité de leur fondation; la collégiale de Saint-

Capellano veteris turris. x. l.

For(is). S(upe)r monetam. x. l. S(uper) justiciam Duaci. xx. l. S(uper) foragium. xiij. l. S(uper) gabalum Duaculi. xvj s. S(uper) h(er)bagium. viij. s. S(uper) cast(e)ll(anu)m, ex censu Sin .iiij. s. i(n)p(er)at. S(uper) gabalum de Goy. vj s. S(uper) scabinos de Sin .iij. s. [Mota de Orchies : Monachis de Marchines, pro veteri turre .v. s.] S(uper) capellam de Dichi ij. s. Totum datum et insin. lx viij. l. xiiij. s.

R(ation)em sub eo ex nummis : xxxij. l. xiij s. vij 1/2 d.

Capones sub eo : [Mota de Orchies : p(lus) iiij. s(upe)r capellam de Dichi.] lxxx. Hoc est : xliiij. s. iiij. d.

Tot(um) q(uo)d debet co(mit)i .cc. xlix l. p(lus) .viij d. Inde datum comiti c. vad. c. xj l. R(ation)em sub eo .c. xxxviij 1/2 l. p(lus) viij d. Q(uo)d totum solvit.

Fragment de *rotulus* en parchemin, écrit des deux côtés, trouvé dans un carton numéroté : *anno* 1300. Arch. départ.. supplément de la Chambre des comptes.

Ce document fort curieux est un résumé des comptes qui furent rendus à Ypres, en la chambre du comte de Flandre, au mois de juin 1187 ; il est divisé par chapitres ou offices, et chacun de ceux-ci porte, comme intitulé, un nom de localité. Au recto, le commencement manque ; on n'aperçoit que le milieu ou la fin d'un chapitre où il est question des localités suivantes : « *Condescura, Fleterna, Hasebroch, Stegerbroch, Stenvorde.* » Suivent les chapitres ou offices intitulés :

« *Aria. R(ati)o Will(elm)i Berengarii.* »

« *Dvaerm.* »

« *Sclusa. R(ati)o* PETRI DE DUACO, *Yprit, in domo comitis, feria* v¹ª *post sanctorum Marcelleni et Petri.* » C'est le jeudi 4 juin ; il s'agit de Lécluse près Douai, dont le chevalier Pierre de Douai était bailli ou gouverneur.

« *Bapalmis. R(ati)o Balduini Pastes.* »

Pierre de Douai vient après l'abbaye d'Anchin ; or, celle-ci ayant été fondée en 1079, il s'ensuit que l'érection de Saint-Pierre en collégiale ne saurait être antérieure à 1080, sous le comte de Flandre Robert le Frison.

« *Covdescvra. R(ati)o Sigeri.* »

« *Hasabroch. R(ati)o Radulfi.* »

« *Lilerivm.* »

« *Watva. R(ati)o Gelini.* »

« *Lens. R(ati)o Rogeri.* » Nous avons remarqué ces mentions : ....« *Ex maeria. Ex moneta.* »

« *Densa. R(ati)o Henrici.* »

« *Hesdinvm. R(ati)o Gerardi. Feria vjta post sanctorum Marcellini et Petri.* » C'est le vendredi 5 juin. — Ce chapitre finit le recto du *rotulus*.

Le verso commence au milieu d'un long chapitre où il est question de beaucoup de maisons religieuses de Gand et de Bruges. Parmi les articles de dépenses, il y a celui-ci : « *Comitisse de Moriana, c. l.* » Gertrude de Flandre, ex-comtesse de Maurienne, était la sœur du comte de Flandre Philippe.

« *Belris. R(ati)o Egidii.* »

« *Furnis. (Rati)o Erembaldi Mosin.* »

« *Furnis. R(ati)o Gvill(elm)i, ex lardrio.* »

« *Furnis. R(ati)o Guidonis. Feria iija ante Barnabe apostoli.* » Mardi 9 juin 1187.

« *Furnis. R(ati)o Leonii.* »

« *Ypris. R(ati)o Henrici de Paskendale.* »

« *Orchies. R(ati)o Pitini.* » Il y a, dans le compte de cet office, plusieurs indications concernant Douai : « *Ex Sin .xiiij. s. vij 1/2 d. — Ex hospitibus de Duaci .xij. d. — Ex p(on)tagio Raisa .xxvij. d. — Ex hospitibus Duaci .ij. capones. — Ex Sin, caponum cccc 1/2 ;* » cet article de recette est rayé, quoiqu'il figure dans le total de la recette en chapons. — « *Ex coquina Duaci .xxxviij capones. — Tritici viij raserias, datas* PETRO DE DUACO *ad custodiam novæ turris. — Datum monachis de Marchines pro veteri terre .v. s. — For(is). Caponum. S(upe)r capellam de Dichi .iiij* » ; cet article de dépense est rayé, bien qu'il soit compté dans la dépense.

Ce précieux document du XIIe siècle est d'une lecture facile ; mais le sens est souvent difficile à saisir, à cause des nombreuses abréviations.

On nommait « les renenghes de Flandres », cette vérification générale des comptes des différents domaines du prince, laquelle se fit, cette année-là, au commencement de juin et à Ypres, où le comte se trouvait probablement. Plus tard, des assises et un siége fixes ont été attribués aux « renenghes » ; le mois de juillet et la ville de Lille leur furent, pendant longtemps, assignés ; c'est ce qui avait encore lieu au commencement du XVIe siècle.

XLII.

Le châtelain Wautier III, étant à Lille, avec le comte Bauduin de Constantinople, assiste à la délivrance d'une charte en faveur de l'abbaye de Loos.

Ego Balduinus, Flandrie et Hainoie comes...., eandem libertatem, quam predecessores mei, videlicet : comes Theodericus et pie memorie dominus et avunculus meus, comes Philippus, ecclesie beate Marie de Los contulerunt, et ego simili modo concedo..... Presentem paginam sigilli mei impressione et testium annotatione confirmavi.

Testes : Castellanus de Duaco. Polo de Vileirs. Robertus, avunculus de Sengin.

. . . .

Arch. départ., fonds de l'abbaye de Loos, original scellé.
Il y a, dans le même fonds, une autre charte de la même date et absolument semblable à celle-ci, mais où le comte s'institule seulement: *Balduinus, Flandrie comes*; le sceau manque. Bauduin de Constantinople fut comte de Flandre, après sa mère, en novembre 1194, et comte de Flandre et de Hainaut après la mort de son père, en décembre 1195.

XLIII.

Le châtelain Wautier III signe l'alliance conclue contre la France par le roi d'Angleterre et le comte de Flandre et de Hainaut. — Au château de La Roche-Andelys, 18 août 1199.

..... Hoc est fedus et conventio inter Johannem, regem Anglie, et Balduinum, comitem Flandr. et Hanon., consanguineum suum..... Hoc fedus et hanc conventionem bona fide tenendam juravit predictus B., comes Flandr. et Hayn., manu propria in animam suam.

Et alii, quorum nomina subscripta sunt, juraverunt in animas suas, idem fedus et eandem conventionem bona fide tenendam pro ipso comite, videlicet :

Henricus, frater comitis. Willelmus, avunculus comitis. Saherus, castellanus de Gant. Hugo de Sancto (Amando) Auberto (1). Renerus de Trit. Reginaldus de Aria. Guillelmus, castellanus de Bellomonte. Daniel de Curtraco. Prepositus de Bruges. Balduinus de Cumines. Henricus de Bailliol. Terricus de Beverne. Gerardus de Rodes. Walterus de Sotenghien. Bokardus de Burgellis. WALTERUS, CASTELLANUS DE DUACO. Osto de Arbre.

Acta sunt ista, coram ipso rege Anglie, apud castrum de Ruppe Andeliaci, xviij° die augusti, regni sui anno primo.

<small>Arch. départ., Ch. des comptes, premier cartulaire de Hainaut, reg. B 1582, page 327, pièce clxj.</small>

XLIV.

Le châtelain Wautier III ratifie et augmente la fondation pieuse faite par le châtelain Michel, son père, en faveur de la chapelle de la vieille tour, en la paroisse Saint-Amé. Passé en présence des chevaliers Wautier d'Auberchicourt et Bauduin de Marquette, ses oncles, du chevalier Wagon de Saint-Aubin, etc. — 1199, 1ᵉʳ octobre.

<small>(1) Il y a dans le texte : *Hugo de Sancto Amando Auberto*. Supprimez : *Amando*. Il s'agit du puissant baron de Hainaut, Hugues de Saint-Aubert.</small>

WALTERUS, CASTELLANUS DUACENSIS, omnibus tam futuris quam presentibus imperpetuum. Noverit universitas vestra quod MICHAEL, CASTELLANUS DUACENSIS, PATER MEUS, dum suum ordinaret testamentum, capellarie veteris turris Duaci, duos modios tritici ad grangiam de Cawentin, et duodecim anseres apud Brellon totidemque capones apud Duacum, singulis annis accipiendos, imperpetuum assignavit.

Ego autem, post decessum ipsius, in presentia decani et capituli Sancti Amati constitutus, eandem elemosinam recognovi et concessi.

Procedente vero tempore, triticum quod ad grangiam de Cawentin erat sumendum, illud ad redditus tritici mei de Syn accipiendum imperpetuum assignavi. Quia autem triticum reddituum meorum de Syn longe melius est tritico grangie de Cawentin, ego, assensu Stephani, predicte capellarie capellani, stabilivi quod capellanus de veteri turre, in qua prefata est capellaria, decano Sancti Amati duodecim numnies et duos capones, pro camba Walteri clerici, ex parte castellani, singulis annis persolvet.

Ad tutelam igitur prenominate elemosine fortiorem, ego ipsam, in presentia decani et capituli Sancti Amati, denuo recognoscens, presenti pagine sigilli mei apposui munimentum. Capitulum etiam Sancti Amati eandem paginam sigillo suo feci roborare, ut duplici munimine roborata veritas firmior permaneret.

Eos autem qui presentes affuerunt suis nominibus dignum duxi exprimendos. Bernardus, decanus Sancti Amati. Thomas thesaurarius. Bernardus senior. Thomas, filius Adonis. Robertus de Gondecort, canonici. Stephanus, jam dicte capellarie capellanus. Michael, Sancti Amati presbiter parrochialis. Werricus, Lambertus, presbiteri et Sancti Amati vicarii.

Henricus de Mausni. WALTERUS DE OBRECHICORT. BALDEUINUS, FRATER EJUS. WAGO DE SANCTO ALBINO, milites, et Boidinus de Guelesin. Hii omnes presentes affuerunt.

Actum ab incarnatione D^{ni} anno millesimo centesimo nonagesimo nono, kl. octobris.

<small>Le premier à gauche, sceau équestre brisé; sur le contre-sceau on entrevoit le chef d'hermines. Le second sceau, posé à droite, est celui de la collégiale, représentant le buste de saint Amé. — Arch. départ., fonds de Saint-Amé.

Dans un acte de l'an 1698, il est question « d'une rasière de terre labourable, au terroir de Sin-le-Noble, appartenant à la chapelle foraine de la vieille tour, jointe à la prébende des enfants de chœur de Saint-Amé, tenant au chemin des Allemands, à celui menant de Sin à Férin et à une rasière du s^r de Jumelles ».</small>

XLV.

Le châtelain Wautier III et d'autres membres de sa maison siégent au château de Mons, parmi les seigneurs du comté de Hainaut assemblés pour la rédaction des coutumes féodales de la cour de Mons, sous la présidence du comte Bauduin. — 1200, 28 juillet.

Cest li declarations des lois en le court et contet de Hayn., par le kemun consentement, conseil et deliberation, et saine recordance des homes nobles et ministrans (*ministerialium*), à la contet de Hayn. appartenans, plus desiretement (*discretius*) escrites, et des sayaux (*sigillis*) et sairemens (*juramentis*) Mgr Bauduin, conte de Flandres et de Hayn., et de ses fiaubles (*fidelium*) homes, à le contet et domination de Hayn. appartenans, à perpetuel observation confremée.....

Et me sires li cuens Bauduins de Flandres et de Hayn., et si foyable home, c'est assavoir :

Phelippes, marcis de Namur, frere germain audit conte. Henri, aussi de celui conte freres germains.

Watier de Avesnes. Alars de Chismay. Rasse de Gawre. Gerars de Jauche. Nicolas de Barbençon. Wistasses dou Rues. Willaumes, oncles dudit Mgr le conte. Willaumes de Kievy. Reniers de Trit. Nicolas de Rumigny. Watiers de Kievraing. Gilles de Trasegnies. Englebert d'Enghien. Henris, oncle audit Mgr le conte. Gerars de Saint-Obiert. Will^{es} de Haussi. Adam de Walincourt. Gilles de Bierlaimont. Ernouls d'Audenarde. Watiers de Sotenghien. Ostes de Waudripont. Watiers de Villes. Nicoles de Condet. Gilles de Brayne. Henri, castelains de Binch. GERARS, PREVOS DE DOUAY. WATTIER, CASTELLAINS DE DOUAY. PIERES DE DOUAY. Gerars, senescaus de Bouchaing. Estievenes de Denaing. Ernouls de Kievraing. Hues de Saint-Obiert. Will^{es} de Gomignies. Ghillains, castellains de Biaumont. Henris, castellains de Mons. Ostes d'Arbres. Hues de Gaige. Renaus d'Estrepi. Hacars de Verli. Hues de Crois et pluseur autres. Toutes ces coses, touchiés les saints (*tactis sacrosanctis*), jurerent à warder.....

Delattre, *Charles du Hainaut*, Mons, 1822, in-8°.

XLVI.

"*Le châtelain Wautier III, assisté de plusieurs chevaliers, ses parents ou amis, reconnaît que l'abbaye de Saint-Aubert a, à Vitry, une rente en blé et en avoine. — (A Vitry), mai 1204.*

Ego WALTERUS, DUACENSIS CASTELLANUS..... Ecclesie

sancti Auberti Cameracensis teneor solvere, et heres meus....,
quatuor modios frumenti et tres modios avene, de censu
comitatus Vitriaci..... Memorate ecclesie litteras meas
dedi sigilli mei caractere et testium annotatione roboratas.

S. magistri Assonis, canonici Atrebatensis. Stephani,
presbiteri de Victriaco. Nicholai, capellani ejus.

Signum PETRI DE DUACO. Hugonis Cervi. Nicholai. Henrici de Mauni, militum.

S. Aufridi, scabini de Victriaco. Willovl. Hugonis, prepositi dni Atrebatensis electi.

<small>Sceau équestre, bouclier au chef très-effacé; contre-sceau : un chef d'hermines. Arch. départ., fonds de Saint-Aubert.
Cf. la charte du comte, 1161; *Preuves*, n° XXXIII.</small>

XLVII.

Les fondations d'obits à Saint-Amé, faites par feu les châtelains Wautier III et Michel son père, avec affectation sur la seigneurie de Cantin, sont approuvées par Raoul, évêque d'Arras, à la prière du chevalier Bauduin de Marquette, oncle paternel, et du châtelain d'Arras, frère de Wautier IV. — 1208.

R., divina permissione Atrebatensis ecclesie sacerdos humilis, omnibus presentem paginam inspecturis in Domino salutem. Noverit universitas vestra quod GALTERUS, CASTELLANUS DUACENSIS, cum in extremis laboraret, assignavit in elemosinam ecclesie sancti Amati Duacensis, ad faciendum obitum suum, unam marcam accipiendam super omnia que habebat apud Cauentin et ab herede suo, qui tenebit Cauentin, annis singulis, ad festum sancti Remigii, in perpetuum persolvendam. Recognovit etiam quod MICHAEL, *pater suus*, assignaverat eidem ecclesie dimidiam marcham, ad obitum suum faciendum, accipiendam similiter annuatim ad Cauentin et ad eundem terminum persolvendam. Nos itaque premissam elemosinam gratam habentes et ratam, ad petitionem tam *amicorum castellani* quam ecclesie, eam presentis scripti patrocinio et sigilli nostri appensione duximus roborandam et testium nomina subscribenda. Testes autem his fuerunt: Stephanus, presbiter de Viteri, BALDEUINUS *miles* DE MARKETA, *patruus ipsius castellani*, et *castellanus Atrebatensis, frater ipsius*. Actum anno ab incarnatione Dni. m°. cc°. octavo.

Sceau de l'évêque. Arch. départ., fonds de Saint-Amé.

XLVIII.

Agnès de Beaumez, veuve du châtelain Wautier III, châtelaine douairière de Douai.—Actes relatifs à son douaire, dans lesquels interviennent plusieurs membres de la maison de Douai. — 1200 environ et 1209.

Jou PIERES DE DOUAY fas savoir à tous chiaus qui sont et qui avenir sont, que jou fui presens, si comme baillius à madame le roine Mehaut, feme de tres noble homme Philippon, jadis conte de Flandres, u WAUTIERS, mes nies, CASTELAINS DE DOUAY, dowa *Agnes*, fille le castelain de Bapaumes, entirement de toute le castelerie de Douay, et de le vies tour de Douay et de toutes les choses qui appartienent à le castelerie et à le vies tour de Douay, en Douay et hors, sil est assavoir : de x muis de fourment de rente qui sont pris à le noeuve tour de Douay, del euuaige, et de toutes les rentes en Douay appartenans à le castelerie et à le vies tour devant dite, de xx muis davaine en Pevele, de xv lb. douisiens et du pont de Raisse et de toutes les autres rentes de Pevele. Ensement il doua celi meismes *Agnes*, de Brillon, avoec toutes les appendances. En sur que tout et de tous waiges et aques que leur vinrent ensamble. Ichieus douaires fuis fais et loés devant hommes me dame le royne Mehaut, feme de tres noble homme Philippon, jadis conte de Flandres, sil est assavoir devant : mons' BAUDUIN DE MARQUETE, men frere, GOSSUIN DE SAINT AUBIN, Huon de Lambres, Estevenon d'Aubenchuel, Alard de Gheulesin, Robert l'oncle de Wauering, Pieron du Maisnil. Ensement devant le castelain de Bapaumes et devant Robert de Montigni (*vers 1200*).

Jou reconnut tel douaire, puis que jou repairoi de Constantinoble, devant le royne Mehaut, contesse de Flandres, et devant ses hommes, sil est assavoir : BAUDUIN, mon frere DE MARKETE, et ses ij fius GILLON et PIERON, Grart d'AUELIN, Nicholon d'Armentieres, Robert de Montigni, WAUTIER DE REMI. Et ensement devant ij prestres, sil est assavoir : Pieron, capelain de le vies tour de Douay, et Bauduin de Gand, capelain de Saint Amé. De rekief je reconnut tel douaire devant mes neveus Henri de Mausni, WAUTIER DE AUBRECHICOURT et JEHAN, men fil. Ensement devant mons' Nicholon de Bruile, arched· de Cambray, et devant pluiseurs autres. Et pour ce que chis fais par pruchés de tans (1) ne puist estre empecchiés, icelui, si comme il fu fais, jou le fis mander en lettres et estre enforchier de warnissement de men seel. Ce fut fait en lan del incarnation notre Signeur m. cc et ix.

(1) *Processu temporis.*

Archives départ., troisième cartulaire de Flandre, sur papier, du commencement du XIV° siècle, pièce 99, f°s 22 v° et 23, sous cette rubrique : « C. Agnes, fille le chastelain de Bapaumes. »

Dans le même cartulaire se trouvent plusieurs chartes latines, ce qui nous fait croire que la nôtre n'est pas une traduction.

XLIX.

Le châtelain Wautier IV donne à une chapelle de Saint-Amé, fondée par son grand-oncle, le chevalier Pierre de Douai, une rente de deux muids de blé sur sa terre de Vitry qu'il tenait de l'évêque d'Arras. — 1216 (v. st.), mars.

R., divina permissione Attrebatensis ecclesie sacerdos humilis. Omnibus quibus litteras istas videre contigerit in Dno salutem. Noverit universitas vestra quod WALTERUS, CASTELLANUS DUACENSIS, concessit in elemosinam cuidam capellanie ecclesie sancti Amati Duacensis, quam instituit PETRUS DE DUACO, MILES, duos modios bladi, de tali quale est bladum decime, super omnia que habet apud Vitriacum, reddendos singulis annis in festo omnium sanctorum, Duaci, ad opus capellanie memorate. Ita tamen quod censa nostra primo nobis reddetur, et de decima quadam, que erat dicti castellani, in eodem territorio, et de residuo cense solventur duo modii supradicti, quamdiu idem castellanus vel heredes sui censam habebunt. Actum anno dominice incarnationis. m°. cc°. xvj°. mense martio, quinta feria post Oculi mei.

Original, sceau perdu, et vidimus scellé de l'évêque Asson, 1240, avril, *feria tercia post Quasimodo.* Archives départ., fonds de Saint-Amé.

L.

Le châtelain Wautier IV, avec sa mère Agnès de Beaumez et sa femme Hawit, vend une rente de deux muids de blé à l'abbaye des Prés.—Il assigne en garantie d'une dette le revenu de son Pontenage de Rache. — 1221.

1º..... Ego WALTERUS, CASTELANUS DE DUACO, et *Havidis*, uxor mea, dedimus....., per glebam et ramum super altare, duos modios frumenti de redditu, quos debebat nobis Bartholomeus miles de Aubi..... (1). Ego vero uxori mee, pro altero modiorum quod ad dotem suam pertinebat, sexaginta libras parisienses promisi me daturum, nisi ipsi modium frumenti de pagamento ab instanti festo sancti Remigii in annum ad libitum suum emissem. Et erga ipsam super hoc me plegiarunt: d[us] PETRUS DE DUACO et filius ipsius PETRUS, clericus, et Henricus de Mauni et WALTOLDUS DE OBRICICORT, milites..... (*1221*).

Grand sceau équestre et contre-sceau armorial.

2º. S., divina permissione archidiaconus Ostrevan.....
GALTERUS, CASTELLANUS DUACENSIS, ob anime sue ac predecessorum et successorum suorum salutem, duos modios frumenti, quos nobilis vir Bartholomeus, d[us] de Prouvi(*sic*), et ejus heredes ei debebant....., dedit in elemosinam..... Preter hec idem castellanus assignavit eandem ecclesiam de centum libris alborum, quas ei debebat, ad proventum tra-

(1) En 1242, le chevalier Aléaume d'Aubi, fils de Barthélemy, s'acquitta de cette rente envers l'abbaye, au moyen d'un échange. Voir ci-après, nº LVII 1º. La rente grevait le vivier de Rache.

versi sui de ponte de Rasse, ab instanti festo beati Remigii infra quatuor annos accipiendas.....

Nobilis vero mulier *Agnes* castellana, mater ejus, que presens fuit....., in quibus dotalicium jurem habebat, creantavit..... Interfuerunt : magister Robertus de Duaco, scholasticus et officialis. Galterus de Gasnain, canonicus Attrebatensis. Johannes de Lens, clericus. Werin Mules, laïcus. Elissendis, abbatissa de Pratis. Usilia et ELIZABETH'(1), ejusdem loci sanctimoniales.

Actum Attrebati..... (*1220*), decimo kl. aprilis.....

<small>Sceau de l'archidiacre Simon.</small>

5° (*Charte confirmative de la comtesse Jeanne.*)

..... WALTERUS, CASTELANUS DUACENSIS, et *Havidis*, uxor ejus....., dederunt in elemosinam monasterio de Pratis juxta Duacum duos modios frumenti, quos Bartholomeus de Aubi, miles, debebat ei, hereditarie possidendos.....

(*1220*), mense martii.....

<small>Arch. départ., fonds de l'abbaye des Prés de Douai, originaux.</small>

LI.

La châtelaine douairière, Agnès de Beaumez, donne à l'abbaye des Prés, dont sa fille Isabeau était abbesse, une terre sise à Flecquières-lez-Cantin, qui avait appartenu à Hugues de Douai, élu évêque de Cambrai.— 1225, 25 juin.

..... Ego *Agnes*, castellana Duacensis, pro salute

<small>(1) Isabeau, sœur du châtelain, abbesse en 1225.</small>

anime mee et antecessorum et successorum meorum, dedi in elemosinam Deo et ecclesie beate Marie de Pratis juxta Duacum, totam terram meam de Flekieres, que fuit *bone memorie* Hugonis, *quondam Cameracensis electi* (1), acquisita ab ipso Hugone, in qua sunt quatuor et dimidia circiter modiate terre, ad mensuram Duacensem, que d⁰ Waltero, quondam castellano Duacensi, *marito meo*, et michi similiter ejus uxori, a fratribus ipsius electi et ejus heredibus, est concessa, de mutuo eorum assensu, et post mortem dicti mariti mei ad me ex toto, secundum legem patrie, devoluta. Hanc autem elemosinam feci eidem ecclesie, in primis propter Deum, et quia Elysabeth, filie mee, que erat abbatissa loci illius, et ipsi ecclesie contulerat omnia que habebat, subtracte fuerant, de hiis que sibi assignata erant de maritagium suum, plus quam sexcente libre alborum..... In vigilia sancti Johannis Baptiste.

Grand sceau ovale à la légende : S' *Agnetis castellane Duacen.*; figuré à la p. 75 du t. II, no 5525, de l'*Inventaire des sceaux de la Fl.* de M. Demay, Paris, 1873, in-4o. Contre-sceau armorial fruste. — Arch. départ., fonds de l'abbaye des Prés de Douai.

Dans le cartul. de l'abbaye, pièce 46, se trouve la traduction de cette charte : « *Agnies*, castelaine de Douai, » donne à l'abbaye sa terre de Fleskieres, « ki fu seigneur Huox, eslit de Cambrai, en laquele il a quatre muies de terre et demi à le mesure de Douai, liquele terre eschai et fu otroié, des freres l'eslit, au castelain, men baron, et à mi apres, selon le loi du pays ». Guilmot, Extraits mss., I, p. 527, aux archives municipales.

(1) Hugues, élu évêque de Cambrai, 1197-1199, était fils du châtelain Wautier II et oncle de Wautier III ; il avait été précédemment prévôt de l'église Saint-Pierre de Douai.

LII.

Le châtelain Wautier IV se charge de la garde de sa vieille tour de Douai, au lieu de sa mère Agnès, châtelaine douairière; il fait hommage au comte e. lui promet fidélité, sous les peines de droit. — 1229 (v. st.), janvier.

Ego WALTERUS, CASTELLANUS DUACENSIS. Omnibus notum facio presentes litteras inspecturis quod cum nobilis vir Fernandus, Fland. et Hain. comes, d^{us} meus, et karissima d^{na} mea Johanna, Fland. et Hain. comitissa, uxor ejus, ad preces et ad instantiam meam, dilectam matrem meam *Agnetem*, castellanam Duacensem, a custodia prisonum de Duaco, quos ratione dotis sue, ex parte ipsorum comitis et comitisse, custodire tenebatur, et etiam ab omni servitio quod ipsa eis inde debebat, quitaverint ex toto. Ego, de custodia et servitio antedictis, erga dictos comitem et comitissam obligo me faciendis et ad me inde se debent tenere. Et si aliquo casu contingente, de custodia et servitio antedictis in aliquo deficerem, volo et concedo spontanee quod dicti comes et comitissa se teneant ad me et ad omnia feoda que de ipsis teneo, donec hoc plenius fuerit emendatum. In cujus rei memoriam et munimen presentes litteras sigillo meo duxi roborandas.

Actum anno domini millesimo ducentesimo vicesimo nono, mense januario.

Au dos, d'une écriture postérieure : *De quitatione custodie Agnetis, castellane Duacensis.*
Sceau enlevé. Arch. départ., Chambre des comptes.

LIII.

Le châtelain Wautier IV, seigneur en partie de Cantin, restitue à l'église une part de la dîme de Cantin. — 1236 (vieux style), janvier.

(Charte confirmative de la comtesse Jeanne.)

..... WALTERUS, CASTELLANUS DUACENSIS, et Gozuinus de Jauche, prepositus Sancti Amandi, servitium et homagium in quo tenebatur eis Johannes Parens pro decima quam tenebat de ipsis, in parochia de Cawentin, coram suis hominibus, qui super hoc judicare habebant, Johanni..... quictaverunt..... Cum ipsa decima de feodo nostro descenderet, quem tenent de nobis *milites* supra dicti.....

(*Ledit Jean Parent cède la dîme à l'abbaye d'Anchin*), in cujus personatu jacebat.....

Biblioth. nationale, Collection Moreau, vol. 152, f° 93. Extrait du cartul. d'Anchin, XIIIe siècle, f°s 20 et 21.

LIV.

Le châtelain Wautier IV, du consentement de sa femme Hawit, et de ses enfants, vend à l'abbaye des Prés une terre sise à Flesquières-lez-Cantin. — La châtelaine ratifie la vente devant l'évêque d'Arras. — 1237, août et décembre.

1°. Jou WAUTIERS, CHEVALIERS, CASTELAINS DE DOWAI, fac savoir à tous ceus ki sunt et ki avenir sunt, que jou, par lasentement et par le volenté de *Hawit,* me *feme,* et de *mes enfans*, ai vendut bien et loialment à leglise N^re Dame des Preis dencosté Dowai, del ordene de Cysteaus, cinc muis de tere, pau plus pau mains, ki gist el teroir de Flechieres, lequele tere on tient del abeesse de Mauboege, ki se justice par leschevinage d'Ercin. Et il est à savoir que jou, Wautiers, castelains devant dis, et Hawis, me feme, et *mi enfant ki lor eage unt*, avomes werpi et quite clameit perpetuelment cesti tere devant dite à leglise des Preis ki devant est nomée. Et li eglise est mise et entrée en ceste tere, par no volenté, bien et loialment par loi. Et s'il avenoit cose, ke jà naviegne, ke li eglise des Preis, ki devant est dite, avoit en aucun tans paine ne coust ne damage dendroit le vendage et le werpissement de cesti tere, par mi u par Hawit, me feme, u par mes oirs u par autrui de le noe partie, jou et li miens li seriens tenut à rendre et à restorer tous les cous et tous les damages que ele i auroit par locoison de nous, en quele maniere ke ce fust.

Toute cesti covenence ai jou encovenent bien et loialment à tenir à leglise ki deseure est nomée. Et pour cou que je voel que tout cou soit à tostans mais bien et fermement tenut et de mi et de mes oirs, jou ai ceste presente cartre confermée de men seel. Ce fu fait en lan del incarnation nostre segneur. mil ans et cc. et trente et set ans, el mois de aoust.

2°. A., divina miseratione, Attrebatensis ecclesie minister humilis.....

Nobilis mulier Hawidis, uxor WALTERI, CASTELLANI DUACENSIS, recognovit personaliter coram nobis, quod maritus suus, ipsa..... prebente assensum, vendiderat bene ac legitime..... quinque modios terre, parum plus vel minus, site in territorio de Flekieres, que tenetur ab abbatissa de Malbodio..... Insuper spontanea fidem dedit corporaliter et juravit quod, nomine dotis vel alias, constante matrimonio vel soluto, in dictam terram nichil omnino de cetero reclamabat..... Renuntians omni consuetudini locali sive communi, juri canonico et civili, in favorem sexus aut dotis tam specialiter quam generaliter introductis. Ad petitionem autem ipsius, has nostras litteras, perhibentes testimonium evidens de premissis, ecclesie dedimus antedicte. Datum anno D^{ni}. m°. cc°. xxx° vij°. mense decembri.

<small>A chacune des deux chartes, le sceau est perdu. Arch. départ., fonds de l'abbaye des Prés.</small>

LV.

Le châtelain Wautier IV, de concert avec son fils aîné Wautier, crée le fief du Vieil-Châtel d'Hamblaing, à tenir du châtelain de Douai au relief de sept sols six deniers parisis, avec service de plaids en sa cour trois fois l'an. Il se réserve la justice vicomtière. — 1238, juin.

Ego WALTERUS, CASTELLANUS DUACENSIS, et WALTERUS, FILIUS MEUS MAJOR NATU. Notum facimus universis tam presentibus quam futuris, quod nos concessimus in feodum Egidio Castelet, civi Attrebatensi, ab eo et heredibus suis perpetuo et pacifice possidendam, aquam et omnes proventus aque de Hamblaing, a loco qui dicitur vadum de Exclusa usque ad Sailli et ad Hamblaing, retenta nobis sanguinis et latronis justitia. Concessimus etiam ei, quod navis sua libere currat per totam aquam nostram, usque ad Vitriacum et ad Stancam de Byarc. Hoc autem concessimus, cum manso suo, sito apud Hamblaing, quod dicitur Castrum, tanquam capite hujus feodi, eidem E. libere et absolute, pro septem solidis et dimidio de relevio, et ter venire ad placita nostra in anno, si per pares sues citatus fuerit in eodem manso. Si vero citatus non venerit, hoc nobis tenetur emendare dictus E. per decem solidos, si ita fuerit a paribus suis judicatum. Nec aliquid amplius possumus requirere, occasione dicti feodi, a dicto Egidio vel heredibus suis.

Si autem dictum Egidium aut heredes ejus submoneremus aut in causam traheremus, aut super ipsos clamum faceremus, per nos vel per aliquem justitiarium ex parte nostra, pro aliquo forisfacto, ad nos, occasione dicti feodi, pertinente, seu occasione pudoris corporis nostri seu alia quacumque causa, et super hoc dictus Egidius vel heres ejus, post decessum ipsius, in aliquod delictum inciderent vel etiam incidissent, quiti debent remanere per decem solidos parisienses, si a paribus eorum judicaretur esse forisfactum.

Hoc autem homagium et ista conventio facta fuit coram hominibus nostris, quam conventionem creantavimus dicto E. et heredibus suis usque in perpetuum legitime tenendam et possidendam. Ut autem hec omnia predicta rata et stabilia usque in perpetuum permaneant, presentes litteras fecimus sigillorum nostrorum munimine roborari. Actum anno verbi incarnati, millesimo ducentesimo tricesimo octavo, mense junio.

<small>Deux sceaux en partie brisés : 1o grand sceau équestre, cavalier galopant à gauche, bouclier au chef d'hermines, contre-sceau armorial; 2o sceau armorial au chef d'hermines brisé d'un lambel de plusieurs pendants. Archives de la ville, no 41 de la *Table*.</small>

LVI.

Le châtelain Wautier IV, du consentement de son fils aîné Wautier, cède à l'abbaye d'Anchin une terre sise à Cantin, pour laquelle il consent à devenir vassal de l'abbaye. — 1241, décembre.

1°. Ego WALTERUS, CASTELLANUS DUACENSIS, miles,...duas modiatas terre mee, in territorio de Cauentin, juxta viam Molendinariam..., quam terram abbas et conventus mihi et heredibus meis solummodo *castellanis Duac.*, ad liegem homagium, secundum usum Flandrie, hereditarie in feodum reddiderunt.....

Sceau équestre, brisé.

2°. Ego WALTERUS, PRIMOGENITUS FILIUS CASTELLANI DUACENSIS.... VIR NOBILIS W., PATER MEUS, CASTELLANUS DUACENSIS, per assensum meum.....

Sceau armorial, au chef d'hermines et au lambel de cinq pendants. N° 5526 de l'*Invent. des sceaux de la Flandre*, par M. Demay, Paris, 1873, in-4°, t. II.
Originaux dans le fonds d'Anchin, aux arch. départementales.

3°. Jou GOSSEWINS DE SAINT AUBIN, chl'r;..... Je fui à Douai, devant le balliu de Douai, com hom le conte, là où WATIERS, LI FIELS LE CASTELAIN DE DOUAI, rendit en le main ledit balliu ij muis de terre à Cantin, leq^{le} terre ledit ballius rendit audit W., por faire se volenté.....

Bibliothèque nationale; collection Moreau, vol. 159, f° 97, Extrait du cartul. d'Anchin, XIII° siècle, f° 142.

4°. « Feria proxima ante Quasimodo », 1241 (6 avril), à Douai. Le comte Thomas autorise son cher et féal W., CHATELAIN DE DOUAI, à faire à sa volonté de deux muids de terre à *Cawentin*, du fief qu'il y tient de lui.

5°. « Dominica post Quasimodo » , 1241 (14 avril), à Douai. La comtesse Jeanne donne semblable autorisation.

<small>Originaux dans le fonds d'Anchin.</small>

LVII.

Le châtelain Wautier IV et le chevalier Gossuin de Saint-Aubin témoins d'une charte du comte de Flandre en faveur de l'abbaye des Prés. — 1243 (v. st.), février.

1°. Jou Aleaumes de Aubi, chevaliers, et jou Hellins d'Aubi, ses fiuls, chevaliers, et nos Alars et Bertouls, fil mon segneur Aleaume d'Aubi....., avons quite clameit tout frankement..... toute le rente entirement ke li eglise devant dite nos devoit pour le piece de tere là u li abeie des Preis siet, liquele piece de tere tient viiij rasieres de tere, pau plus pau mains, et pour celi tere nos devoit li eglise devant numée, cascun an, de rente xviij rasieres de bleit et viiij rasieres davaine..... Et si avons clamé quite al eglise devant dite vj coupes de bleit ke ele nos devoit par an de rente sour iij coupes de tere, pau plus pau mains, ki gist entre Doregni et les Matounières. Et avoec tout cou, nos avons clameit quite à cele meisme eglise des Preis vj coupes davaine et ij capons ke ele nos devoit par an de rente sour une rasiere de tere ki fu Bauduin Porcelet, ki gist devant les Matonières. Si est à savoir ke nos avons quite clamées toutes ces rentes devant dites à tost ans mais, al eglise ki ci devant est nomée, pour escange de rente ke nos deviens cascun an à celi meisme eglise, en tele maniere ke ele a clameit quite nos et nos oirs, à tous jors mais, de ij m° de bleit ke nos li deviens par an de rente sour. le vivier de Raissce et sour toutes les apendances del vivier et sour tous les tenemens sour que nos les soloiens devoir LE CASTELAIN DE DOWAI (1), à qui li eglise devant nomée acata les ij m° de bleid deseure nomeis.

Le quitance et le werpissement de toutes ces rentes avons fait et otroiet bien et loiaument al eglise des Preis qui soyent est devant nomée, devant les homes le conte de Flandres, cest à savoir : mon segneur GOSSUIN DE SAINT AUBIN et mon segneur PIERON DE DOWAI, chevalier.....

Jou Alleaumes d'Aubi, ch^{r}^{s}, devant dis, por mi et por tous mes fiuls devant nomeis ki navoient nul propre seel, à leur requeste et à leur pryere, ai ceste presente carte confermée de men seel.....

1242, el mois de setembre.

   Sceau armorial : un écu en abime, avec un bâton en bande brochant sur le tout. Contre-sceau, mêmes armes. Cf. DEMAY, *Sceaux de la Fl.*, n° 451. — Le même acte en latin, *mense novembri.* — *Alelmus d'Aubi....., Bertulphus,* etc.

2°. (*Charte des comtes Thomas et Jeanne.*)..... Cum abbatissa et conventus de Pratis..... tenerentur d^{no} Alelmo d'Aubi, militi, in octodecim raseriis bladi et novem avene, que a nobis tenebat dictus A. de feodo suo, et idem miles deberet predictis abbatisse et conventui duos modios

---

(1) La rente de deux muids de blé sur le vivier de Rache était due primitivement au châtelain de Douai qui, en 1221, la vendit à l'abbaye. *Preuves,* n° L.

duri bladi. Coram nobis et hominibus nostris, videlicet: WALTERO, CASTELLANO DUACENSI, et GOSSUINO DE SANCTO ALBINO, milite, dicti abbatissa et conventus, ex une parte, et predictus A., miles, ex altera......, excambium fecerunt..... Prefatus autem miles dictum excambium de duobus modiis duri bladi a nobis in feodum recepit cum alio feodo quod tenebat de nobis..... *1243*, mense febr°.

Deux sceaux du comte et de la comtesse. Originaux aux arch. départ., fonds de l'abbaye des Prés de Douai.

LVIII.

La châtelaine douairière Hawit, veuve de Woutier IV, approuve une donation faite à l'abbaye de Sin. — 1254 (v. st.), février.

..... Soror Margareta, filia quondam Walteri dicti Juvenis de Sin, et Gheberga, relicta quondam Walteri le Clerc:.... (*Elles donnent à l'abbaye*) duo managia insimul tenentia apud Syn, in vico dicto del Buhot sita, et unum quarterium terre in territorio de Syn.....

Ego *Havydis*, relicta quondam WALTERI, CASTELLANI DE DUACO, militis, laudo..... (*à la charge de rente et de relief*) decem cupas et quartam partem cupe bladi, et unum caponem et dimidium. Si abbatissam..... ab officio suo removeri seu etiam mori contigit,..... pro relevagio iiij denarios Duacensis monete......

Ego H. predicta, ut dotem meam teneo et de cetero usque ad decessum meum tenebo.....

Le sceau manque. Original dans le fonds de Sin, aux arch. départementales.

Dans le « cœuilloir » des rentes de l'abbaye, XIII° siècle, seconde moitié, on trouve cette mention : « *Au castelain de Douai*, six coupes de blet et un quaregnon, pour no cortil dou Buhot. »

L'un des fiefs que les châtelains de Douai possédaient de haute antiquité à Sin, était tenu du seigneur de Montigny; il fut aliéné vers 1360, lors de la décadence de cette maison; il passa ensuite aux Audefroy de Douai et aux d'Aoust de Jumelles.

LIX.

Hugues de Douai, fils de la châtelaine douairière Hawit et frère du châtelain Wautier V, est arrêté dans le château de sa mère à Vitry, par ordre du roi de France et pour raison de guerre. — 1257, juillet.

(Gui de Châtillon, comte de Saint-Pol et sire d'Arras, dominus Attrebatensis, c'est-à-dire tuteur du jeune Robert II, comte d'Artois, fait une déclaration de non-préjudice pour la juridiction de l'évêque d'Arras à Vitry).

..... Noverit universitas vestra quod cum, in villa de Vitriaco, que est episcopi Attrebatensis, in domo in qua moratur *castellana de Duaco*, quam tenet ad censam a dicto episcopo, HUGONEM, *filium dicte castellane*, ceperimus et de terra ipsius episcopi eduxerimus. Hec fecimus ratione guerre et de precepto illustris regis Francorum, non ratione dominii vel justicie alicujus, que ad episcopum Attrebatensem pertinere noscuntur..... *1257*, in die beate Marie Magdalene.....

Bibl. nat., collection Moreau, vol 179, fo 69. Copie tirée des archives de l'évêché d'Arras.

LX.

Le châtelain Wautier V fonde, en l'église Saint-Amé, un obit pour lui et Jeanne, sa femme; il assigne à cet effet une rente de vingt sols sur le fief de la châtellenie. — 1259 (v. st.), janvier.

Jou WATIERS, CHEVALIERS, CASTELAINS DE DOUAY, faic à savoir à tous ciaus ki ces letres verront et oront, ke je doins. xx. s de par' à le glise saint Amé de Douay, por faire lobit, cascun an, de mi et de *Jehenain, me feme, castelaine de Douay*, cascun an, à paier au Nouel, cele rente à prendre à men oir ki tenra le castelerie de Douay, à lui u au sien, par tout u ke il lait, à tous jors de rente, apriès men deciès, à prendre au termine devant dit. Et pour cou que ce soit ferme cose et estable et bien tenue, je ai ces presentes letres saielées de men saiel. Ce fu fait lan del incarnacion nostre signor. m. cc. l et nuef, el mois de jenvier.

<small>Sceau manque. Petite charte en parchemin, aux arch. départ., fonds de Saint-Amé.</small>

LXI.

Le châtelain Wautier V cède au chapitre de Saint-Amé une parcelle de son manoir de la Vieille tour, pour agrandir l'école Saint-Amé. — 1260, mai.

Jou WAUTIERS, CASTELAINS DE DOUAY, chevaliers, fach savoir à tous chiaus ki cest escrit veront et oront ke jou ai dounet et otryet à le glise de saint Amet de Douay, por

Dieu et en aumosne, à tenir iretaulement, une pieche de
tere deles me vies tor de Douay, devers latre, liquele estoit dou tenement de me tor devant dite. Cest à savoir de
larestel de le maison Kikart Taion, sor latre, en lonc et en
le ensi cou il est bousné et li glise la enclos. En tele maniere ke li glise devant dite doit faire, de lensaigne devers
le fontaine à larestel de le maison devant dite, à ligne .j.
mur de piere u de tere de .ix. piés u .x. de haut deseure
tere, sans huis, sans fenestre, sans nule veue, sans salie,
sans basecambre et sans nokiere, par devers le tor devant
dite, par quoi li ewe de le nokiere kiece sor me tere. Ne si
ne puet li glise faire voie, au les par devers le fontaine et
lewe, ne salie, ne basecambre, ne nokiere, par quoi li ewe
de le nokiere kiece sor me tere, ne veue ki nait .xij. piés
de haut de laire de lescole. Et doit estre cele vue devers le
fontaine et le ewe. Et celui mur, si cou il est enclos, doivent cil de saint Amet retenir à leur cost, ne abaisier il ne
le puent, mais haucier à leur volonté. Sauf cou ke je doi
faire une porte, en quel lieu ke je vaurai en ce mur, le
premiere fie, et là doit ele demourer à tous dis, tant cou
jou et mi oir vauront avoir porte en celui mur, por aler et
por venir parmi latre, à karete u autrement. Et si doi
avoir .j. puestic en celui mur au les pardevers le maison
Rikart devant dite, por aler et por venir parmi latre, et si
doit cieus puestis là demourer tant cou jou ne mi oir vaurons avoir puestic en celui mur. Et cele piece de tere, ensi
cou ele est deseure devisée, doune jou et otroie à le glise
devant dite, et li cuitons jou et mi oir tout le droit ke nous
i avons, ne ke nous j poons avoir en le tere enclose devant
dite, parmi .ij. mars diretage ke li glise devant dite et li
segneur du capitle me doivent rendre cascun an au marc.
Et sil avenoit cose ke jou u aucuns de mes oirs, en aucun

tans, alisciemes contre le don et le cuitance devant dite, jou otrie ke li doiens et li capitles de le glise devant dite puiscent demander à mi ou à men oir .c. lib. de pair. de bone dete et loial, avoec le convenence devant dite. Et tout cou ai jou promis à tenir et à warder par fiance, comme loiaus chevaliers, sauf cou ke cou soit grés le signieur de cui je tieng le tenement de le tor devant dite. Et sil avenoit cose ke jou castelains devant dis ne mi oir aviemes, en aucun tans, coust ne damage par le defaute de le glise de saint Amet devant dite, ne des signeurs du capitle devant dis, kil ne reteniscent bien et loiaument cou ke deseure est devisé, et paiascent le rente, il me renderoient tous cous et tous damages ke jou i aroie en quele maniere ke ce fust, avoec le convenence devant dite, par le dit de predommes. Et por cou ke ce soit ferme cose et estaule à tous dis, jai ces presentes letres dounées au doien et au capitle devant dis seelées de men seel. Et ce fu fait en len de lincarnation nostre signeur .m. cc. et sexante, el mois de mai.

    Sceau équestre, cavalier galopant à gauche, bouclier et caparaçon aux armes; contre-sceau armorial, au chef d'hermines.
    Au dos : *Littere castellani Duacensis de terra juxta turrim, et comitisse Flandrie.* Idem : *Littera castellani Duacensis pro domo et muro scolarum Sancti Amati.*
    La « lettre » confirmative de la comtesse est du mois de juin.
    Arch. départ., fonds de St-Amé.

LXII.

Le châtelain Wautier V autorise l'abbaye d'Hasnon à amener en franchise, par eau, dans Douai, les bois, fagots, etc., à l'usage des religieux. — 1261, juin.

Jou WAUTIERS, CHASTELAIN DE DOUAI, chl^r....., donne à l'eglise d'Hasnon, qu'elle puist amener à Douai franquement, en se propre nef, chacun an, sept millier de faissaulx et v^c de raime, pour faire se volenté, sans vendre. Si poeult amener mairien pour sen maisoner, si comme à Douai, à Monchy, à Tregolt et à Courrieres, et pour ces lieux à retenir. It. Tel droit que jou ay ès droitures de l'ewe de l'Escarp, de me partye.....

Collection Moreau, vol. 184, f° 117, à la Bibl. nationale. Extrait d'un cartul. de l'abbaye d'Hasnon, fo 83.

LXIII.

La châtelaine douairière Hawit, veuve de Wautier IV, avec son fils, le chevalier Gille de Brillon, et autres, cautionne l'abbé de Saint-Aubert envers le chapelain du castel de Vitry, à raison des revenus de la chapellenie. — 1262, mardi 30 mai.

.... Jou *Havis, castelaine de Douai*, dame de Viteri et de Montegni, mesires GILLES DE BRILLON, chevaliers, mesire Thiebaus de Builli (1), chevaliers. Engrebrans Fremeri d'Oupi, Engherrans, ses fieus. Jakemes Boukiaus d'Oupi. Robiers Becons de Fraisne. Nicholes de Fraisnoi et Mikieus Jolis, ses freres, et Pieres delAubiel de Mauvile. Plegoumes et faisoumes no deto de .xl. livres de paresis pour mon signeur Thieson de Fraisne, enviers mon signeur labé de Saint Obiert de Cambrai et enviers le couvent. En tele maniere ke sil avenoit cose ke me sire Thioses li devant dis esmouvoit plait ne traisist en cause mon signeur labé..... de soufisance demander de la capelerie dou castiel de Viteri,

(1) Carpentier, *Hist. de Cambray*, II, pp. 336 et 507, a lu sur la charte : *Buissy.*

plus kil nest en nombre, Il est à savoir, xviij menkaus de
de blé et les .ij. pars dun menkaut, et .x. menkaus davaine,
à le mesure de Douai, et toutes les oblations de lautel, et
.xx. saus de paresis, et toutes les dismes dou pourpris dou
castiel et .ij. autres mansions hors dou castiel, et tous les
aumones et les eskances kon donra à le capelerie, et en tel
maniere ke li ancisseur les ont tenues dou don labé de
Saint Obiert et le couvent.

Et jou Havis et tout li plege devant dit soumes tenu de
rendre ces .xl. livres de paresis devant noumées à mon se--
gneur labé......, pour metre en acroisement de le capelerie devant dite. Et si doit li abés et li couvens retenir le
canciel de celi capelerie devant dite de couverture et refaire sil caoit. Et sil estoit ensi ke mesire Thieses..... ne
les enplaide ne ne trait en cause pour le soufisance devant
dite, mesire li abés ne li couvens devans dis ne pueent nule
cose demander à me dame le castelaine ne as pleges devant noumés.

A ceste plegerie furent comme eskievin de Viteri, Willaume Bengars..... (*Sept noms d'échevins.*)

Et pour cou ke ce soit ferme cose et estaule, jou Havis
devant noumée ai ces presentes letres seelées de men
seel. Ce fu fait en lan del incarnation nostre signeur Jhesu
Cris mil et . cc. et lxij. el mois de mai, le demars de le
Pentecouste.

 Sceau brisé de la châtelaine ; il représente une dame tenant une branche ou un rameau de la main droite, la main gauche appuyée contre la poitrine; pas de contre-sceau. — Au dos du titre : *Pro suffragio capellaniæ de Vitriaco.*
 Arch. départ., fonds de Saint-Aubert de Cambrai.
 La comparaison entre cette charte et l'analyse qu'en donne Carpentier, pages 336 et 507 du tome II de son *Hist. de Cambray*,
offre l'un des très-nombreux exemples du parti pris de cet auteur

de falsifier les documents qui lui passaient sous les yeux : grâce à lui, tous les *pleges* de l'acte de 1262 deviennent des chevaliers ou des écuyers, jusqu'à « Thiesson de Fraisne, » le chapelain de Vitry, tandis qu'évidemment tous ces gens « d'Oupi, de Fraisne, de Mauvile », c'est-à-dire d'Oppy, de Fresnes-Montauban, de Mauville (village détruit, dépendant aujourd'hui de Fresnes), localités voisines de Vitry, étaient des tenanciers de la châtelaine.

A la page 507, Carpentier cite une autre charte de Saint-Aubert, de l'an 1261, que nous n'avons pas trouvée dans le fonds de cette abbaye aux archives départementales ; il y serait question de la châtelaine, de ses fils et de plusieurs individus, que Carpentier dit être des gentilshommes du pays d'Artois.

LXIV.

Le châtelain Wautier V, du consentement de sa femme, Jeanne de Roisin, vend à la ville ses menus tonlieux, excepté ceux qu'il percevait sur la Scarpe. — Détail des marchandises vendues par les éculiers, vaniers, hugiers, etc., et soumises à des redevances dont la moitié appartenait au châtelain et l'autre moitié à l'Eculier-le-comte. — 1263, décembre.

Nous Watiers, chastelains de Douai, chevaliers, et Jehane, se feme, faisons savoir à tous caus ki ces lettres veront et oront, ke nous avons vendu bien et loiaument, et par droit pris dont nos nos tenons à paié, pour no grant pourfi, par le gré et lotroi de no chiere dame Margritain, contesse de Flandres et de Hainau, as eschievins de Douai, aoes (1) le communité de le vile devant dite, tous nos menus tonlius, fors de liauwe, ke nos aviens et poiens avoir et demander en le vile et el pooir de le vile de Douai devant dite, ke nos tenions en fief de no dame devant dite.

(1) Au profit de. — Nous avons vu quelque part faire dériver ce mot du latin *avus*, aïeul ; c'était dans un travail généalogique, et l'on obtenait ainsi une ou deux générations de plus. *Aoes* figure dans tous les dictionnaires de la langue romane avec sa vraie signification.

Cest à savoir en hanas de madre et de fust, en escueles, en tailes, en platius, en pos, quel kil soient. En mais, en aubes, en palius, en peles, en cournespeles, en fourkies, en retines, en ramons, en coerbisons, en panieres, en vans, en coerbilles, en barisiaus, quel kil soient. En estandars, en taules, en berlens, en eskieles, en chivieres, en brouetes, en espois, quel kil soient. En verghes, en fauchilles, en voiles, en lanternes, en pignes et en toutes fustailles. Et quankes nos aviens et poiens avoir destalages à merchiers, à esculiers, à potiers, à vaniers, à mairouniers, à hugiers, à kestiers et à quel ke soit estaliers ki à ces choses apartienent, et en totes les apartenances de toutes les choses devant dites.

Tout le droit ke nos aviens et poiens avoir en cel tonliu, tout ces estalages et en toutes ces choses devant dites, nos avons porté et mis en le main de Thibaut de Le Vincort, ki baillius estoit adont de Douai, et ki pour cesti chose estoit el liu de no dame le contesse devant dite, aoes les eschievins et le communité de le vile devant dite, par devant les homes no dame le contesse devant nomée, ki no per et jugeur sunt de ces choses, ki disent, par le conjurement du bailliu devant dit, ke nos estiens issu de ces tonlius, de ces estalages et de toutes les choses devant dites, bien et par loy, et jamais riens, ne nos hoirs, ni poiens demander. Et li devant dis baillius les rendi et raporta, devant les homes devant dis, en le main des eschievins, aoes le communité de le vile devant dite, pour deus deniers dowisiens de cens et de rente cascun an, ke li communités de le vile de Douai devera au segneur de Flandres, à paier, cascun an, à sen bailliu de Douai, le jour saint Remi. Et son ne paioit ceste rente cascun an, le jour saint Remi, on en deveroit double rente, cest à savoir quatre deniers dowisiens de celi anée con en defaurroit.

Et si est à savoir ke jo Watiers devant només ai en covent ke se Jehane, me feme devant nomée, u ame de le sive partie, traioit en aucun tans à cel tonliu, à ces estalages et à ces choses devant dites, en tout u en partie, pour locoison de sen dowaire, je et mes hoirs seriens tenu, dont jai assené et assenne les eschievins de Douai, aoes le communité devant dite, sour tout chou ke je tieng à Douai en fief de me dame le contesse deseure dite, de rendre quatre livres de par* de rente par an, et ke li esch* devant dit les aient et prengent, cascun an, sour celui fief, tant longement ke Jehane, me feme deseure dite, vivera. Et cest assenement ai jou gréé et loé et fait par devant le bailliu et les homes me dame le contesse devant nomée, ki deseure sunt dit, mes pers, liquel home, sour ce conjuré dou bailliu devant dit, disent ke li assenemens devant només est bien et à loi fais.

Toutes les covenences deseure devisées, nos Watiers et Jehane devant nomé avons en covent bien et loiaument, par foi et par seremens de nos cors prope, en tout en partie à tenir. Et pour ce ke ce soit ferme chose et bien tenue de nos et no hoirs, jou Watiers devant només ai ces presentes lettres seelées de men seel. Données lan del incarnation nostre segneur mil .cc. sexante et trois, el mois de decembre.

<small>Grand et beau sceau équestre; cavalier galopant à gauche; bouclier et caparaçon au chef d hermines. Pas de contre-sceau. No 5527 de l'*Invent. des sceaux de la Fl.*, par M. Demay.

Archives de la ville, no 136 de la *Table chronologique*.</small>

LXV.

Le châtelain Waulier V et Jeanne de Roisin, sa femme, terminent une contestation qui s'était élevée entre eux et l'abbaye de Saint-Aubert, au sujet d'une rente sur leur domaine de Vitry. — 1269, décembre.

Jou WATIERS, chevaliers, CASTELAINS DE DOUAI, et jou *Jehane de Roisin*, femme mon segneur Watier devant dit..... Comme debas fust entre nous, dune part, et labbé et leglise de saint Obiert de Cambrai, d'autre part. Sour cou ke nous disiens ke le rente de blet et davaine ke nous devons à leglize de saint Obiert devant dite, pour li et pour le priestre parrochial de le parroche de Nostre Dame de no maizon de no castiel de Viteri, à prendre en no grange dou castiel de Viteri, ke nous nen devons ke quatre muis de blet et trois muis davaine. Si com il est contenu en le carte le conte Thieri (1) ke li eglize devant dite warde, à le mesure le conte, ki adont estoit quant li carte fu faite, et ki encor est et keurt encore en pluseurs lius ou pays. Et est asses plus petite ke li mesure ki ore est à Viteri. Et dautre part, sour chou ke li abbet et li eglise devant dite de saint Obiert disoient et demandoient ciunquante et sis rasieres de blet et trente rasieres davaine....., à le grant mesure ki ore keurt, et ensi ke no anciestre leur ont adies paiet cascun an, par ciunquante ans et plus, de si lonc com il puet souvenir. Et ciunc sol. de douesiens, ki sont contenu en le carte le conte Thieri.

En le pardefin, pour bien de pais et pour concorde, pour

(1) En 1161. Voir n° XXXIII.

chou ke nous amons labbé et leglize devant dis, et pour chou ke nous ne leur vorriens nul tort faire, ne ke leur bien fussent amenusiet par nous.... Nous, pour Diu proprement et pour aumosne, volons..... ke li abbés et li eglize..... aient à tous jours et rechoivent, à le grant mesure de Viteri ki ore est, trente siet rasieres et les deus pars de demie rasiere de blet et vint rasières davaine, cascun an dedens Noel, et ciunc sols de douesiens au Noel à paier. Et li priestres et li parroche devant dite de no maizon de Viteri, dise wit rasieres et demie, et le tierce part de demie rasiere de blet et dis rasieres davaine, cascun an dedens Noel, à le mesure devant dite à paier.....

Et prions et requerons à no reverent pere le evesque d'Arras, par ces propres letres, kil voelle et conferme ces coses devant dites, si comme sires et si com ordenaires dou liu, et en doingne ses letres à leglize devant dite, teles com il sara ke boin iert.

Et sest à savoir ke li abbés et li eglise de saint Obiert devant dit doivent retenir le canchiel de le parroche devant dite de no maizon de Viteri, comme patron dou liu, en tele maniere com il retienent les canchiaus des autres parroches kil dounent.

..... mil ans deux cens et sissante nuef, el mois de decembre.

<sub>1o Beau sceau équestre, avec contre-sceau ; 2o sceau de forme ovale représentant un écu au chef d'hermines ; no 5528 de l'*Invent. des sceaux de la Fl.*, par M. Demay.
Arch. départ., fonds de Saint-Aubert de Cambrai.</sub>

LXVI.

Le châtelain Wautier V et Jeanne de Roisin, sa femme, fondent une chapellenie en la Vieille tour de Douai ; le chapelain, chargé de chanter messe chaque jour, sera nommé par les fondateurs et par l'aîné de leurs enfants, futur châtelain ; après eux la collation de la chapellenie appartiendra au chapitre de Saint-Amé. — 1273, octobre.

Jou WATIERS, chevaliers, CASTELAINS DE DOUAY, faic à savoir à tous chiaus ki ces letres veront u oront, ke jou ai douné perpetuelment pour lame de mi et de me feme et de mes enfans et de men pere et de me mere et dou singneur de Roisin et de le dame de Roisin, ki pere et mere furent *Jehanain*, me feme, .j. mui de me tiere ki siet entre Douai et Wasiers, con tient dou provost de le glise saint Amet de Douay, pour faire une capelerie ke on desiervira en me mason à Douay, en le vies tour. Saus chou ke Jakemes Raskes de Wasiers et se feme en tenront iiij. rasieres de ce mui devant dit, toutes leur .ij. vies, et après le dechiés de Jakemon et de se feme devant dit, cel iiij. rasieres de tiere de ce mui devant noumé venront à le capelerie devant dite. Et les autres viij rasieres de tiere de ce mui devant dit, li capelains, ki desiervira le capelerie devant dite, en sera ore et perpetuelment tenans et prendans, par ensi ke il paiera le rente ke li tiere doit. Cest à savoir pour cascune rasiere de tiere dou mui devant dit, de quoi il sera tenans et prendans .iij. coupes davaine cascun an, au provost de le glise saint Amet devant dit, et les coustumes et les droitures ke li tiere doit. Et si doune ij rasieres de tiere, l.

vregieles mains, ke jai, ki sieent ou tieroir de Wasiers, ke jou Watiers, chevaliers, castelains de Douay, tenoie del abé et de le glise de Marchienes, as us et as coustumes ke li tiere doit, les keules .ij. rasieres .I. vregieles mains, li capelains, ki desiervira le capelerie devant noumée, sera ore et perpetuelment tenans et prendans, et ces ij rasieres de terre .l. vregieles mains, tient li capelains devant dis à rente del abé et de le glise de Marchienes, parmi .iij. s. de douesiens kil doit par an de rente à le glise de Marchienes devant noumée, ki li capelains devant dis paiera cascun an. Et sil avenoit ke ces xiiij rasieres de tiere devant dites ne valoient .xvj. lb. de par* par an, apriès le dechiès Jakemon et se feme, jou u mi oir, se de mi estoit defailli, i devons metre .xl. s. de par* par an, pour parfaire les xvj.lib. devant dites, se li tiere ne le valoit, se tant i couvenoit metre apriès chou ke de Jakemon et de se feme seroit defailli. Et de ceste capelerie avons nous le don, jou et Jehane, me feme, et nos premiers oirs ki tenra le castelerie apriès nous. Et apriès le dechiès de nous trois, li doiens et li capiteles de saint Amet devant dit donrront le capelerie devant dite. Et si sont toutes les offrandes ke on offerra à le messe ou liu devant dit, au capelain ki le capelerie tenrra, saus ce ke li glise saint Amet de Douay ara les offrandes des iiij. nataus de lan. Et doit li capelains desiervir par lui u par autrui le capelerie et chanter messe cascun jour en me mason à le vies tour à Douay. Et doit li capelains livrer clerc à sen coust, ki li aidera à chanter. Et sil avenoit ki li capelains ki tenroit le capelerie, ne le desiervoit ne ne fasoit ce ke deseure est devisé, li doiens et li capiteles de Saint Amet devant dit le pugniroient par saisine des biens de le capelerie devant dite, selonc chou ke il afferroit, et le feroit on desiervir, ensi ke deseure est devisé, des biens de le capelerie. Et sil avenoit ke li capelains ki tenroit le capelerie ne peust goir de le tiere devant dite, li doiens et li capiteles de saint Amet ne serroient de nulle chose tenut au capelain, ne ne seroient mie tenut de faire desiervir le capelerie, duskes adont ke jou u mi oir ariemes rastauli autre, tant ke li tiere devant dite vaurroit, de quoi li capelains aroit damage. Et pour chou ke ce soit ferme chose et estaule et bien tenue, jou Watiers, chevaliers, castelains de Douay devant dis, ai ces presentes letres saelées de men saiel. Et à me priere et à me requeste, li doiens et li capiteles de saint Amet devant dit ont mis leur saiel aveuc le mien. Ce fu fait en lan del incarnation notre signeur. m. et cc. et lxxiij, el mois doctembre.

<blockquote>
1o Sceau équestre avec contre-sceau; 2e sceau représentant le buste de saint Amé.

Au dos : « L^{re} du castellain de Douay de le cappelle de le viese tour. »

Y infixé un chirographe, de la même date, passé devant Amourri Mourot, maire, devant *jucheurs* (juges cotiers) de l'abbé de Marchiennes, constatant la donation faite par le châtelain « à la capelerie ke il estorée à se mason à Douay de le vies tour », de sa terre de « Wasiers, entre les Hauwis, ke il tenoit de labé ».

Arch. départ., fonds de Saint-Amé.
</blockquote>

LXVII.

La châtelaine douairière, Jeanne de Roisin, veuve de Waulier V, donne des lettres de non-préjudice à l'évêque d'Arras, au sujet du château de Vitry qu'elle habitait. — 1286, 23 mai.

(*Chirographe passé devant échevins de Vitry*), le jour de le sainte Assention.

..... Medame *Jehane de Roisin*, castelaine de Douai, a connu pardevant eskievins de Viteri ke ele doit vidier, à la venue Mgr leveque d'Arras, quant il vient à Viteri....., toute le maison quele tient de Mgr leveske, ki se juge par eskievins de Viteri....., et toutes les offechines de celi maison, de toutes les choses. Et pour cou ke aucunes de ses choses estoient demourées à la première venue de Mgr leveske Willaume d'Arras....., elle pria à Mgr ke de grasce les choses qui y estoient y demouraissent.....

Collection Moreau, vol. 208, f° 130, à la Bibl. nationale. Copie tirée des archives de l'évêché d'Arras.

LXVIII.

Le châtelain Wautier VI sera indemnisé en Flandre pour la perte de sa terre de Vitry en Artois, confisquée par le roi de France, à cause de la guerre. — 1296 (v. st.), mars.

Nous Willaumes, fieus au conte de Flandres, faisons savoir à tous ke nous, à notre chier et amé WATIER, CASTELAIN DE DOUAY, ou à ses hoirs, pour se tiere ke il a à Viteri ou ailleurs, hors de le tiere de Flandres, de lequelle il est dessaisis ou poroit estre dessaisis, pour loccoison du sierviche ke il fait ou a fait en ceste wiere, ke li rois de Franche a meut contre nostre chier singneur et pere. Avons en couvent à rendre la value en deniers, en le tiere de Flandres, de autretant de tiere comme se ditte tiere de Viteri ou ke il a alleurs, hors de le tiere de Flandres, vaut par an, par loial pris, avoec tous muebles et cateus, dont il a eu ou poroit avoir damage, juskes à dont ke lis dis castelains ou si hoir raront leur ditte tiere de Viteri ou ke il ont ailleurs, hors de le tiere de Flandres, en leur mains pasiulement. Sil avenoit ke li contées de Flandres meskait.

En tesmoing de laquel chose, jou ai ces presentes lettres saiellés de men sayel, ki furent faites en lan de grasce mil dues cens et quatre vins et seze, el mois de march.

Fragment de sceau équestre, le bouclier au lion de Flandre, et pour brisure un bâton posé en bande et brochant ; caparaçon aux armes ; contre-sceau armorial, aux mêmes armes.

Archives de la ville, layette aux anciens priviléges, n° 207 de la *Table chronologique*.

Le châtelain avait dû obtenir du comte et de son fils aîné d'autres promesses de garantie : sinon l'obligation de Willaume de Flandre, fils cadet du comte Guy, eût été sans valeur, puisque ce prince ne s'engageait envers Wautier VI, que pour le cas, très-peu probable, où il deviendrait comte de Flandre : « S'il avenoit ke li contées de Flandres m'eskaist. » Quoiqu'elle soit muette à cet égard, la charte de Willaume de Flandre était destinée à corroborer quelque autre promesse de son père ou de son frère aîné.

LXIX.

Le châtelain Wautier VI est en contestation avec le chapitre Saint-Amé au sujet de l'interprétation du contrat passé au mois de mai 1260, entre feu son père Wautier V et le chapitre, touchant le mur de grès qui séparait le manoir de la Vieille tour et l'école Saint-Amé. — 1300 (v. st.), février.

Jou WATIERS, CASTELLAINS DE DOUAY, fai savoir à tous chiaus ki ces presentes lettres verront et oront. Com debas soit entre mi et discrés homes le capitle del eglise saint Amé de Douay, dendroit le refaiture dune porte, qui est en un mur de piere qui siet entre me vies tour et lattre saint Amé devant dit. Car jou di que, par le vertu dune ordenance qui fu faite lan. m. cc. et lx. el mois de may (1), entre MON CHIER PÈRE WATIER, ch`r`, JADIS CASTELLAIN DE DOUAY, et le capitle saint Amé devant dit, de coi lettres sont parlans de le dite ordenance mot à mot, seelées dou seel mon dit pere, li dis capitles doit refaire le porte à sen coust. Et li dis capitles dist quil niest mie tenus. Or est ordené, del assentement des dites parties, pour bien do pays, sans us et sans coustumes, ke li dis capitles doit prester les deniers de refaire le dite porte, ceste premiere fie. Sans cou que on doit, toutes les fois que li dis capitles vaurra, par preudommes qui à cou seront deputé de mi et dou dit capitle, u par jugement de chiaus qui jugier le doivent, certefyer et esclaroir le lettre deseure dite parlans de le dite ordenance. A ceste fin que sil apert, par le dit des preudommes ou par le jugement devant nommet, que jou soie tenus de refaire le porte deseure dite, jou oblege mi, le mien, mes hoirs et mes successeurs à rendre et à restablir audit capitle cou quil pora moustrer par raison quil a mis en le dite porte refaire, de dont en avant jou serai tenus de le dite porte refaire. Et sil apert que li dis capitles i soit tenus à droit, par les lettres qui sont seelées dou seel dou capitle, il la faite refaire et en est tenus dore en avant dou refaire.

Et est asavoir que si tost que li esclairemens ert fais, que ceste lettre ert de nulle valeur.

Et pour cou que cou soit ferme cose, estable et bien tenue, jou Watiers, ch`r`, castellains de Douay, ay ces presents lettres seelées de men sayel. Données lan de grasce. m. c.. el moys de fevrier.

(1) Voir n° LXI.

PREUVES.
7.

Sceau équestre élégant, bouclier et caparaçon aux armes; en partie brisé; pas de contre-sceau.

Arch. départ., fonds de Saint-Amé.

LXX.

Le châtelain Gilles Ier, au service du roi Philippe le Bel, dans la guerre contre les Flamands, reçoit une gratification, par ordre d'Enguerrand de Marigni. — 1314, 14 septembre.

Je GILLES, chrs, CHASTELAINS DE DOUAY, ai eu et receu de Regn. Buhure, clerc des arbal. notre s. le roy, par la main François de Lospital, en don, du commandement monsr de Maregni, outre la somme de mes gages et mes genz, deservis en lestablie de Douay, soixante quinze lb. sept sol. six deniers tor. Donn. à Douay. xiiij jours de sept. lan iij^c quatorze.

Le sceau, qui pendait à simple queue de parchemin, a été enlevé.

Bibliothèque nationale, manuscrits, fonds de Clairembault, titres scellés, vol. 41, p. 3087.

LXXI.

Le châtelain Jean vend sa châtellenie à Mahaut de Le Vingne, sa future épouse. — 1368, 14 juillet.

A tous cheulx qui ches presentes lettres verront ou orront. Tristrans du Bos, sires de Faumechon et de Raincheval, ch^{lrs} le roy noss., gouverneres et baillius de Douay, et souverains baillius de Lille, de Douay et des appartenances. Salut. Sacent tout que pardevant nous, come bailliu et justice pour ce faire qui sensuit, et pardevant les hommes de fief du roy notre dit seigneur de son chastel de Douai, chi après nommés, est assavoir : Jehan Caron dit Le Merchier, Willaume Boinnebrocque, fil de feu Watier, Simon de Bruille et Jaque Le Watier. Sont venu et personnelment comparu :

Nobles homs messire JEHANS, CHASTELLAINS DE DOUAY, ch^{lr}, dune part. Et demiselle *Mehauls de Le Vingne*, dautre part. Liquelz chastellains recongnut..... que..... il avoit et a vendu, quitté et werpy bien loialment et à tous jours, parmi certain et juste pris de deniers, est assavoir pour le somme de deux mil florins dor con dis frans, dou quing et forge du roy noss., que pour ce il en a eu et receu comptant et dont il sest tenus et tient pour contens, absolz et bien payés, si quil a dit et recogneu.

A ladite demoiselle Mehault, tout son fief et chastellerie de Douay, que il tenoit du roy noss. de son chastel de Douay, à dix livres de relief, avoeuc toutes les appendances, membres, revenues et appartenances dudit fief et chastellerie, en quelconques chose, explois, seignourie, value ou revenue que ce soit ou puist estre, ne comment que on le sace ou puisse nommer, sans riens retenir, excepter ne mettre hors, mais que tant seullement les proffis, emoluments et revenues dudit fief et chastellerie audit chastellain, tout le cours de se vie durant, avoeuc aucunes querques chi après declarées. Pour de tout ledit fief et chastellerie, entirement et closement, et de toutes les appendances, membres, revenues, explois, seignourie, hommages et appertenances dicelli, avoir, tenir, goir et possesser, lever, percevoir et emporter par ladite demoiselle, ses hoirs, successeurs ou ayans cause....., tantost après le dechès dudit vendeur et nient anchois, as querques et empeechemens dont chi desoubz est faitte mencions, se avant le trespas dudit chastellain li dis fiefs et chastellerie nen estoit desquerquié.....

Et recognut, jura et fiancha lidis castellains, par le foy de sen corps, mise et fianchié corporelment en notre main, present les dis hommes, que sur ledit fief et chastellerie..... il ne savoit ne avoit fait about, assenement, couvenenche, vendage ne empeechement aucun, autre que cestui present vendage et werp, et les choses et parties qui sensuient.

Est assavoir. Un vendage par lui fait à Jehan Caron dit Le Merchier, de six muis et dix rasieres de bled de rente par an, tout le cours des vies dudit Jehan Le Merchier et de demis. Marie Daghenet, se femme, et du darrain vivant diaulx deux, que il prendent et rechoivent, chascun an, en et sour noeuf muis et onse couppes de bled deus par an audit chastellain, à cause de ladite chastellerie, sour le gavene de Douay, appartenant à noble demiselle demis. Marie de Meleun, prevoste de Douay. Et les autres vint huit rasieres trois couppes, pour le parfait des noeuf muis et onse couppes de blet dessus dit, tiennent, goent et possessent li hoir ou ayant cause de feu Jehan Catel (1).

Item. Une obligacion et debte de noeuf cens et dix florins dor à l'escut Johannes, dont et en quoy il chastellains estoit et est lyés et obligiés envers ledit feu Jehan Catel, par lettres de baillie, et pour lequel chose, par certainne commission et sergant, li mains du roy notre s. avoit esté et estoit mise et assise à tout ledit fief et chastellerie. Liquelle mains, par le gré, accord et consentement de Watier Picquette, ou

(1) Voir 6e chapitre, art. IV 2e.

nom et comme porteur desdites lettres de baillie, fu levée
et ostée en jugement, present les dis hommes, de tout ledit
fief et chastellerie, excepté le fons et propriété des noeuf
muis et onse couppes de blet de rente deus sour ledis gavene, à quoy ladite mains demeure mise et assise, à le
conservacion de la dite obligacion, et par condicion que li
dis chastellains et tous li siens demeure obligiés en ladite
debte. Et voeult et accorde li dis chastellains que chose qui,
par le dit porteur des dites lettres, ait esté accordé de la
dite main lever, ne face ou porte novacion, empirement ne
prejudice au contenu des dites lettres obligatoires, ne as
hoirs ou ayans cause dudit feu Jehan Catel.

Et les proffis et emolumens du wynnage du pont de
Raisse, que tiennent et doivent possesser nobles homs messire d'Esquencourt et ma dame sa feme, le cours de leurs
vies durant et le darrain vivant diaulx deux......

En tesmoing des choses dessus dites, nous avons ces presentes lettres seelées dou seel de le baillie de Douay, saulf
tous drois. Si prions et requerons as hommes de fief dessus
nommés, que en approbacion de vérité des coses dessus dites, voeullent mettre leurs seaulx à ces presentes lettres,
avoeuc le scel de ledite baillie. Et nous li homme de fief
dessus nommé, qui as choses dessus dites faire, dire et recognoistre, fumes present et avons esté appellé comme
home de fief du roy notre s., et qui les jugemens en feismes,
au conjurement de no chier et amé seigneur mons. le
gouverneur dessus nommé, avons, à se pryere et requeste,
en approuvant les choses dessus dites, mis nos seaulx à ces
presentes lettres avoeuc le scel de le dite baillie. Che fu fait
le quatorsime jour dou mois de jullé lan de grace mil trois
cens soixante et huyt.

(Sur le repli :) Seel de le baillie de Douay (sceau en cire verte, brisé). S. Jehan Caron dit Le Merchier (trois ruches). S. Simon de Bruille (manque). S. Jaque Le Watier (trois roses sous un chef au lion issant; cf. Demay, no 2427). S. Will⁵ Boinebroq., fil de feu Watier (manque).

Arch. de la ville, no 546 de la *Table chronologique.*

LXXII.

Le châtelain Jean sert au comte de Flandre le dénombrement de la châtellenie de la ville de Douai. — 1369, 15 août.

Chest li rappors que jou JEHAN DE DOUAY, ch¹ʳˢ et castellain de ledite ville, fay à hault, noble et poissant et exelent prince mon très chier et redoublé seigneur Mᵍʳ de Flandre, duch de Brebant, conte de Neviers, de Retiers, et seigneur de Mallines, de me dessus dite castelenie de Douay et des appartenances et dependances dicelle que je adveue à tenir de men dessus dit seigneur en fief et en honmage, dont ly grandeur dessus dit fief sensuit.

Preumiers. Le manoir que jou ay seant en ledite ville de Douay, les iiij cors et le moyllon, ensy que il siet et sestent, ouquel manoir siet une tours que anciennement est appellée le viese tours. Et ay au droit de me castelerye appertenans à men droit, que toutes les personnes qui par le bailly ou sergant de mendit seygneur ou wette de nuit sont prises, doivent estre amenées, par les dessus dis arressteur ou par lun diaus, pardevant vos eschevins de Douay, sans recreanche fayre, et, yceus amenés par devant eschevins, se ly eschevins ordennet que il soient menet en prison, amener les doivent li bailly ou sergans en me prisont en le viese tour, sans recreanche aucune faire, comme dit est, se pour cas civil sont arresté. Et ce cest pour cas criminel, venir doivent doy eschevin, avoeuqs le bailly ou sergant qui les mainent et doivent aydier à mettre en prison freumé chiaus qui envoiet y sont, en fers, en buies, en cep ou en carcan, si fort que je men tiengne, ou mes tourreis, pour bien aseurès. Et warder les doy à mes prieus, jusques adonc que, par vosdis eschevins, soient remandé. Et à mes prius, leurs puis eslargir leur prison. Et quant il sont remandé, il paient v deniers et maille parisis et les fres que fait ont en ledite prisont, en acquitant le tourier qui les prisons warde.

Et doy avoir en ledite ville iiij sergans, portans blanques verghes, qui, par vous ou par vo bailly et par my, font serment à warder vo droit et le mien, sour le warescais de le ville de Douay et oudit eschevinage et en le rivière mouvans dou pont que on dist le Castellain, en allant tout parmi le riviere, jusques au liu que on dist Ou Queviron.

Itemp. Aige de men droit, par tout le warescais de ledite ville et eschevinage dicelle, que se aucuns pourciaus ou pluiseurs sont treuvés ès warescais de ledite ville et eschevinage, sans estre anelet, jay, pour cascun pourciel, iij s. de douisiens. Et cascune brebys qui est trouvée ès pasturage et warescais dessus dis, de gens de forain, iij s. douisiens. Et ossy, se aucuns hons ou femme, qui ne soient bourgoys ou manant de ledite ville, mainet bestes quelconques ès pasturage et warescais de ledite ville et eschevinage, cascune beste est à iij s. douisiens. Et ne peut on prendre tierre, savelon, cron ne vason ès warescais de ledite ville et eschevinage, sans le congiet de my ou de men lieutenant, sour le fourfait de l. s. douisiens, à cascune fois que on y fouroit, et le harnas, baquet, car ou brouette perdut et tout aultre harnas.

Item. Ne peut aucuns faire ne mettre en le riviere aucun empeccement de plantis ne en autre maniere. Et se par mes sergant sont trouvet en ledite riviere, ne osy sour les warescais dessus dis, rapporter les doivent pardevant my ou men lieutenant et pardevant vos eschevins, et à le requeste de mi ou de mes gens, ly eschevin doivent aler fayre veue sour le lius, et le veue fette, se ly enpeccement sont tel, que de forche doivent estre ostet, li eschevin le doivent dire. Tant pour vo droit warder et le mien et le droit de le ville, à me requeste, vous ou vos bailly et li eschevin avoeuques vous, et ossy li communautés de le ville, deves venir avoeucques my sour les lius où ly empeccement sont, et deves ferir le prumier cóp ou vos bailly, et je doy ferir le second, et après le quemuns abat et met tout au nient ce que trouvet y est dempeccement, et le profit qui de ce istera appartient à mi comme chastellain, avec amende de lx. s. Et ce que dit est, me deves vous faire toutes fois que ly cas sy offre.

Item. Se aucuns voelt navier en le riviere aval, pour ramener faissiau ne laingne, il convient que, par devers my ou men lieutenant, il maiche se nef en euage pour certain feur dargent qui sour ce est ordennées, et che doit estre fait au jour saint Jehan Baptiste, auquel jour tout bourgois sont receut de le ville de Douay, cely jour et lan aval. Et ly de forain, se il voeilt mettre nés ou baqués euage, il faut quil viengne le jour saint Jehan et baille plegs de bourgois, ou aultrement je ne sui tenus du rechevoir, et ledit jour passé, je ne recoip, tout lan aval, nul de forain en euage par pleges ne autrement, se ille ne me plest. Et se par mi ou mes sergans ad ce comis saucunne nés ou baqués, qui ait plus d'une ais de fons, sont trouvée en ledite riviere, entre ledit pont et ledit Queviron, qui ne soit en ewage, il est acquis à my et à me droit. Et se aucunne nés ou bacqués est effondré, soit quil soit mis en ewage, et il soit trouvés ou tirwée, arrester le puis ou mes gens, et apliquier à men droit, proeucq que ly vaissiaus ait esté an et jour en le riviere arestez.

Aige cel droit, en ledite riviere de Douay, entre le dessus dit pont et Kuieviron, que se aucuns pesquierez pesque de harnas qui ait autre maille que le maille que on soloit dire *le maille du roy*, ly harnas est confiquiés à my. Et ce fu ordonné par vos devauchiers, comtes ou comtesses de Flandre, pour ce que ly dite riviere fust plus peuplée de pisson. Et ossy, se ly pesqueur font tentes en ledite riviere, et il tendent nasses, jou ou mi sergant poons les naces lever et les tentes et hug[s], et est tout confiquiet à my, et ly pissons qui pris y est, et ly pesquiers à lx. s. damende.

Item. Le jour saint Jehan que ly anée doit recommenchier, tout cil qui ont mis vaissiaus en euage, comme dessus est dit, doivent venir compter à my ou à men lieutenant en ledite viese tour, et là me doivent payer le droit qui à my appartient comme dessus est dit. Et se ils ne viennent payer audit jour, je puis oster le hamestocq, et tenir en ce point, tant que satisfactions me sera fette.

Item. Aige en ledite riviere franquise telle que ly prevos de Douay, ne se justiche, ne sy poient embatre pour faire arrest ne saisinne aucune, mais son voelt avoir droit daucuns biens ou daucune personne, qui soient sour ledite riviere, il convient que chius qui en voelt avoir droit le prenge par my o par mes gens. Et là, en aide de droit, je le doy mettre en le main de le justice.

Item. Aige, en ledite riviere, le winage de faissiel, de ramme, de sel, dongnons, daus, de puns, de tous fruis et dautre cose, qui declairiez sont plus plainement en une maisiere et parroit qui est en le halle de vostre ville de Gand, seloncq lequel escript mi devanciers et jou lavons recepu, et declaré, se mestiers est, par un certain rolle sur che fet.

Item. Aige ix muis et xj couppes de fourment à prendre sur le gavene de Douay.

Item. xiij sols parisis de cens, que li hoirs Jehan Picquette doivent cascun an, pour xiij rasieres de terre quil tiennent de my, sen soit on iij sols dissue et iij sols dentrée. Item. xxiij capons vj sols douisiens de rentes sur pluiseurs terres, manoir et hiretages que pluiseurs gens doivent.

Item. Aige, en le riviere de Douay, les clains et repeus et amende de lx sols j denier de douisiens.

Item. Ne poet nulz tendre as oisiaus ou marés de Rasse, as oissiaulx de riviere ne à quelconques aultre volille, se nest par le congiet de my ou de men bailly.

Item. Aige ix hommes de fief qui tiennent de my certain heritages en fief, à certain relief, ly aucun à lx sols et li autre à vij sols et demi de parisis.

Item. Aige en rentes de douisiens xvj livres iiij sols et iiij deniers de douisiens. Sen doit li pruvo 'e Douay xiiij libres, de quoy il est hons liege à my, de le basse justice. Et les aultres xliiij sols et iiij deniers. Doit Jakⁿ de Goy, fieus Jaquemon de Goy, sur se maison à Dewioel, qui fu le Monne de Mons, sy ay le justiche, se doit les xl sols. Et Mehaus Pictdargent doit ij sols, sour se maison du Pont à lierbe, se le tient Bietremieux Durdeniers. Et xxviij deniers de douisiens, sur une maison en parosse saint Amet, et fu maistre Simon de Rousaucourt, sy demoura li tresoriers de saint Amet.

Et sy doit li capitles de saint Amet, cascun an, ij mars (1).

Item. Me doit messires Ricars Pourchiaus, pour xj rasieres de terre qui sieuent deseure le pire des Bougres, xxij deniers parisis.

Item. Aige sur le justice des cordewaniers lx sols parisis cascun an, et xxviij perre de sollers de vaque au jour saint Simon et saint Jude.

Et le warde des faux sentiers. Et qui y va, il est en lamende de iij sols douisiens, et en doit on fayre le ban tous les ans. Et quiconque pesque en ledite riviere batel, bourgois de Douay, il doit v sols de douisiens, au jour saint Jehan Baptiste. Et quiconque pesque, de forain, qui ne soit bourgois, il doit v sols parisis à my, au dessus dit jour.

Chy après ly declarations des hommes de fief que je ay pour me castelenie de Douay, dont dessus est fette mention.

Et premiers, ly pruvost de Douay, dont ad present le demiselle de Melun, est mes hons.

Li dame de Monmort, qui fu seur monsieur Allart de Briffeul, pour lvij rasieres de tiere quelle tient en liege.

Li Vacque de Roucourt, hons lieges, pour terre quil tient à Roucourt.

Me sires Ricars Pourchiaus, mes hons liege, de tiere ahanable quil tient de my, qui gist entre Douay et le Gibet.

Pieres de Frai pour iiij rasieres de terre seans au senteron que on dist au mont de Dury, à lx sols de relief.

(1) Rente créée en 1260. Voir no LX.

Jehans Cornache, mes hons, à vij sols et demy, pour iij rasiere de tierre.

Heuvins de Goy, fius Wibert, pour le justiche des cordewaniers de Douay, dont dessus est fette mentions, lyquels a ses eschevins qui connoissent des cordewaniers de clains et de repeus.

Heuvin de Goy, fils Heuvin.

Colars de Courcelles, fil Jaquemon.

Sur lesquels fief jay telle justice que à visconte poeut et doit appartenir. Et puis faire bailly pardevant mes hommes de fief ou par men seellet.

Laquelle terre poeut valloir em pris jusques à le somme de cxxj livres de terre ou environ, aus pris de lequelle je goi le cours de me vie durant, resservé le bled dont dessus est faite mentions, que je ay vendut durant le vie de certaines personnes. Et après mon decès, ly dessus dite castelenie et ly appartenance dicelle appartient à me femme, lequelle en fu adheritée et vestie avant que je lespousase. Et ossy aige, après le trespas de LE DAME D'ESQUENCOURT, me seur, le moitié des proffis du pont de Raisse, desquels proffis elle goi ad present. Et cascun raport fayge, avouant à tenir de men dessus dit seigneur, en lieget, à dix libres de relief, en tamps passé on le paioit au maistre dou Temple. Protestation que se jo micch plus ou mains que il en fust trouvé par juste pris, si laveue jeu à tenir de men très chier et redoubté seigneur dessus nommé. Desquelles coses dessus declairez, my devanchier en ont esté en saisine et possession, à tenir de leurs chiers et redoubtez seigneurs et dames contes ou contesse de Flandre, vos devanchier, jusques à tant que lidite ville de Douay fu, par vos devanchier, mise en le main du roy, et depuis my devanchier et jou lavons tenue du roy, jusques que ledite ville fu remise en vo main, et avons goy et possessé paisiulement, sans callenge et sans contredit. En temoing de ce, jay ce present raport seellet de mon seel, qui fu fais et escris à lenseignement de Jehan Capperon, seigneur de Wendin, à present vo bailly, le merquedy jour Notre Dame mi aoust, qui fu lan mil iij^c soixante et noef.

<small>Copie sur papier, de la fin du XIVe siècle, portant au dos cette mention : « Pour la chastelenie de Douay » ; trouvée par nous dans les Archives de l'ancien parlem. de Flandres et classée dans le fonds des dénombrements, terriers, etc.</small>

LXXIII.

Le châtelain Jean présent, avec les officiers du prince et les échevins de Douai, quand on crie le ban du haut de la Longue-Borne, Bonne de Germignies ou pierre au Quéviron. — 1380, mercredi 4 juillet.

Ban renouvelé sur le piere dou Quieviron, le mercredi iiij^e jour de julle, lan mil ccc et iiij^{xx}, presens mons. Grard de Rassenghien, chl^r, gouv^r de Lille, de Douai, d'Orchies et des appertenances, Ricouard de Hauterive, escuier, bailliu de Douay, mons. JEHAN, chastellain dudit lieu, eschevins viez et nouviaux et pluseurs autres leurs acompaigniez.

<small>Archives de la ville, cartul. OO, fo 37.
Cf. la Chronique de Douai par Jacques Lhoste, du XVIe siècle, publiée, avec beaucoup d'additions et de changements, dans l'*Annuaire Céret* pour 1860, p. 12. Cette chronique commet plusieurs</small>

inexactitudes: elle place la visite en l'année 1379, sans indication de jour, et elle appelle le gouverneur, Gilles du Chasteau.

La Longue-Borne avait été plantée le 29 mai 1288, sur la rive gauche de la Scarpe, à la limite des terroirs de Flines et de Marchiennes, à un endroit où la rivière faisait un coude, que les titres de Marchiennes désignent sous le nom de « Coude du Gascon », *Wasconis curva*. Elle servait à limiter les juridictions respectives qu'avaient sur la Scarpe la ville de Douai et l'abbaye de Marchiennes.

Les échevins étaient dans l'usage de visiter, chaque année, la rivière jusqu'à la Longue-Borne; ils s'y rendaient dans un bateau construit à cet effet. Là, un sergent à verge ou sergent de ville montait sur la borne et *criait* le ban relatif à la pêche. Au départ et au retour, c'étaient des libations et des banquets, à la mode flamande, que les échevins offraient aux officiers du prince et à eux-mêmes, aux frais de la ville. (*Brassart, Hist. et généalogie des comtes de Lalaing*, Douai, 1854, in-8º, pp. ij, iij, 113 et 114.)

C'est à tort que dans la « Notice historique sur la ville de Douai » insérée dans l'*Annuaire* Céret de 1859 (voir p. 13), on place la borne au Keviron « à peu près vers l'endroit où se trouve aujourd'hui le fort de Scarpe ». Sa situation est du reste très-clairement indiquée, dans le compte de la ville, de 1576-1577 (fº ciiijxx x vº), à propos du voyage fait « à la bonne au Queviron, gisant au Maret de Six villes, au lieu que l'on dict de Germignies, près la riviere navigable d'Escarpe fluant de ceste dite ville à Tournay, pour maintenir les droictz et jurisdictions de ceste dite ville, qu'elle a en ladite riviere jusques à ladite bonne, où furent faitz les bans et et publications ordinaires et accoustumées ».

Nous avons rencontré, dans le registre aux Mémoires de l'échevinage de 1740-1780, au fº 162, la mention que le « ban de la longue borne » fut encore publié en cet endroit, le 3 juillet 1747, devant deux échevins; la formule du ban y est transcrite, mais défigurée; ainsi la longue borne *au Queviron* devient: la longue borne *a qu'environ*.

LXXIV.

Extraits du compte du domaine de la ville de Douai, de la Toussaint 1697 à 1698, contenant des renseignements sur certaines sources de revenus provenant d'antiques concessions ou d'aliénations faites au profit de la commune par le prince, le châtelain, etc.

Revenus provenant du domaine du prince.

Etalage des boucheries, 41 florins. — Le droit est d'un patard par semaine pour chaque étal de la grande boucherie.

Étalage des toiles et pelleteries, 27 florins. — De chaque grand étal, 20 sols et 20 deniers parisis. Pour un demi-étal, 10 sols et 10 deniers parisis. Item. Pour les étalages hors des halles, les pelletiers et tailleurs doivent 10 sols 10 deniers par an, et pour un marchand forain tout étal doit 4 deniers par jour.

Étalage des merciers, orfèvres, wantiers (*gantiers*) et autres boutiques, 113 florins. — De chaque mercier, orfèvre et de tous autres tenant boutique, pour chaque étalage, 20 sols 20 deniers, et pour un demi-étalage, 10 sols 10 deniers. De chaque mercier forain tenant étalage ès halles, 4 deniers parisis pour chaque jour, et pour un demi-étalage, 2 deniers. Item. De toutes personnes qui tiendront étal le jeudi, vendant lin, 2 deniers parisis par jour, et vendant esguillettes, 2 deniers.

Étalage des tanneurs, 7 florins. — De chaque cordonnier, 5 patars.

Étalage des halles au drap, 8 florins.—De toutes personnes tenant étal en la basse halle et des vendeurs en cette ville et échevinage, pour chaque étalage, 32 sols parisis, et pour un demi-étalage, 16 sols, et pour un quart, 8 sols.

Étalage du pain, 7 florins.—5 deniers sur tout bourgeois et forain vendant pain.

[En 1250, ces droits sur les étalages, établis autour des halles, appartenaient déjà à la ville : dans une énumération des articles du domaine de la commune figurent : « les halles et les estalages de la ville ». (Cartulaire 00, f° 46.)

Comme il n'appartenait qu'au prince d'établir ces sortes de foires ou marchés permanents, nul doute que ce ne soit là une aliénation du domaine du souverain.]

Egards du baston des porcs, 80 florins. — De chaque porc ayant tenu étape au marché, et depuis vendu en tel lieu que ce soit, 8 deniers flandres, combien qu'il ne soit esgardé.

Les quatre offices d'égard du poisson de mer.

Droitures et profits du Mincq, 1300 florins. — Sur le poisson de mer, hareng frais, merlan, morue, alose, saumon frais et autres poissons vendus au Mincq ou par priserie, de chacune somme de marée ou poisson de mer, 3 gros. Ledit droit à prendre sur les marchands, et au surplus de prendre de tous poissons, morue, hareng frais et salé, qui se vendront au Mincq, un poisson de mer. Selon qu'il est déclaré au Brief de la ville.

Egards de la chaux, 66 florins 10 patars. — De chaque muid de chaux 12 deniers.

Droit de 16 deniers à la somme de marée, 15 florins.

Le droit du poisson salé, consistant en 16 deniers au tonneau de morue et saumon, 12 florins.

Droiture le la saye. — Ne se passe plus.

[Même ordre d'idées que ci-dessus ; il s'agit de marchés périodiques ; les égards ou surveillants du marché percevaient les droits de la ville. Le Mincq est l'endroit où l'on vend encore aujourd'hui le poisson à la criée.]

Coulteries des bleds et laines. — Ne se passent plus.

Les quatre coulteries des chevaux et vives bestes.

Coulterie d'argent. — Ne se passe plus.

Coultage et aunage des draps.

Coulterie de charroi avec rouage et charrette de vin. — Le droit est que tout vin vendu en gros par tonneaux et queues, en la ville, le coultier prend 12 deniers parisis de chaque tonneau et 6 deniers de chaque queue grande et petite. Et au regard du charroi, est dû, sur chaque chariot emmenant drap hors de la ville, 12 deniers, et de chaque charrette, 6 deniers. Item. De chaque chariot emmenant bled ou avoine hors la ville, 4 deniers, et de chaque sacq de laine d'Angleterre ou d'Ecosse, en quelque endroit qu'il fut mené, 4 deniers; d'une charrette, 2 deniers. Lesdites marchandises étant prises pour voiturer faisant profit à payer par le voiturier et pour le coultage du charroi de chaque marché fait à Douai, en présence ou absence du coultier, de chaque chariot, 12 deniers et de chaque charrette, 6 deniers.

Coultage et aulnage des toiles.—Sur chaque cent aulnes de toiles ou quenevas vendus en cette ville par non bourgeois et manans en icelle, 12 deniers parisis, et ainsi à l'advenant du plus ou moins.

Tonlieu du marché au bled, 800 florins. — De chaque chariot chargé de grain, et de chaque charrette chargée de laisne et de foin, 1 denier, et de 3 muids de grain vendu, 1 denier.

Droits du tonlieu des vaches, et celui à chaque 4 aulnes de drap teint. — Ne se passent plus.

[Ces renseignements se rapportent au *grand tonlieu de Douai* ou *tonlieu du marché*, ancien impôt indirect levé originairement pour le prince, et que la ville acquit en l'an 1212. — *Coultage, coultier*, aujourd'hui courtage, courtier.]

L'ancienne assise du vin et gros de l'écu. Il en revient un quart au domaine du roi. Idem, du boire bouilli. Idem, du bray.

L'ancienne assise et le recru du petit bled; un quart audit domaine.

Le boutehors des grains.

Le recru du vin. Idem, du boire bouilli. Idem, du blé. On prend de chaque muid de blé, seigle, scorion et autres grains, 3 deniers, et de l'avoine, la moitié.

[L'*assise*, c'est notre *octroi* moderne; le *recru*, c'est un accroissement d'*assise*. Pour subvenir à certaines charges communales, le prince autorisa, très-anciennement, l'imposition de certaines *assises*, puis de *recrus*, en réservant à son domaine une portion des profits de ces impôts.]

Droits d'escars et de boutehors, tel que du 10ᵉ denier.

Le droit de scel, de 2 sols à chaque scel et de la moitié au contre-scel.

Droit de ferme, qui se qualifie droit seigneurial, duquel deux tiers aux échevins et un tiers au domaine de la ville.

[Le droit d'*escars* et de *boutehors*, dit ailleurs d'*entrée* et d'*issue*, ou de *lods* et ventes, était l'impôt de mutation perçu en cas de vente, don ou aliénation d'immeubles; à Douai il était de 10 pour cent du prix ou de la valeur. Le droit de sceau était dû pour toute « lettre » échevinale ou contrat passé devant échevins de Douai. Enfin le droit de *ferme* (coffre) était perçu pour la garde du contrat dans les archives ou le chartrier de la ville; les échevins en touchaient les deux tiers et laissaient le restant dans la caisse municipale.

Voilà encore des droits seigneuriaux auxquels le prince avait renoncé en faveur de la commune.]

Deniers provenant des amendes.

Les amendes qui se trouvaient ci-devant de l'office de la Basse-Perce sont présentement abolies.

[Le profit des amendes était un droit essentiel du seigneur. A Douai, le prince ne s'était réservé qu'une partie des « amendes de la mairie », dont il avait confié la recette à son bailli et qu'il aliéna au profit de ce dernier, l'an 1695, pour 500 livres.]

La maison des Moyes.

Prairies hors la porte Morelle, ci-devant louées. Occupées gratis par M^r le gouverneur, du consentement de Messieurs.

Trois coupes de prairies, hors la porte Morelle, abordantes à la Contrescarpe.

Six rasières à prairies, tenant à celles de l'Abbiette.

[Ce sont d'anciens marais cédés par le prince à la commune. La maison des *moyes* (meules), magasin aux fourrages, faisait partie de la pièce de terre appelée *Waskiés*, près du Temple, dont la cession fut opérée en 1265. Les terrains, derrière le Temple, entre la Scarpe et la chaussée de Douai à Rache, ont été cédés en 1269.]

Rentes sur 77 rasières entre le pont de Rache et Waziers, vendues.

Doivent les Révérends Pères Chartreux, pour une portion de terre contenant trois coupes, entre la rivière de l'Escarpe et trois rasières à eux appartenant, nommées le fief

Griffon (voir chapitre VI, article V 2°), tenant au Petit Marisson de Rache ; à charge de laisser une voye pour passer les navieux (*bateliers*), et d'entretenir les fossés de neuf pieds de large. Par an 60 sols.

[Ce sont, avec les six rasières près de l'Abbiette, des parties de Frais-Marais, anciennement dit Marais de Rache, abandonné à la ville par le prince.]

Revenus provenant de la châtellenie.

Droitures des futailles, 12 florins 10 patards. — Le droit est tel qu'il appartient au fief de l'Esculier, de toutes futailles, hanaps, telles, escuelles, plateaux, pelles, ramons, paniers, vans, corbeilles, civières, lanternes, etc., et de toutes sortes de futailles, le fermier prend des marchands forains une pièce de chacune d'icelles, ni pire ni meilleure ; et des bourgeois et manans, seulement 3 pièces aux Pasques, Pentecoste et Noel ; supposant qu'elles soient d'une sorte, ils ne doivent qu'une pièce aux termes susdits.

[C'était ce qu'on appelait anciennement les « menus tonlieus ». Le châtelain, qui en avait la moitié à l'encontre de de l'Eculier-le-Comte (6° chapitre, article I), les avait vendus à la ville en 1263.

Ce droit-là, la ville l'afferma pour la dernière fois, le 28 octobre 1789, moyennant 28 florins. — Archives municipales, registre des fermes de 1789, cc 795.]

Droitures du boire bouilli, 61 florins. — De chaque brassin, 18 lots dudit boire ou la valeur.

[Le châtelain avait vendu à la ville, en 1268, ses forages des cervoises, « goudales » etc.]

Afforage des vins, 502 florins. — Le droit est de 2 lots à la pièce de vin.

Muiage des vins, 130 florins. — Droit de demi-lot à la pièce,

[C'étaient encore des droits aliénés par le châtelain, en 1284.—Le 30 octobre 1789, la ville affermait, pour la dernière fois, moyennant 300 florins, ses « afforages des vins », savoir: « les deux quatrièmes parties des afforages, vinaigre (*sic*; *lisez*: vinage) de vin (*lisez*: des vins) vendus et broquetés en cette ville de Douay, se consistant en deux lots à la pièce et feuillette, à prendre sur les débitans et ceux qui font profit de leurs vins, les privilégiés exemptés ». Il n'est plus parlé de « muiage ». — Archives municipales, registre des fermes de 1789, cc 795, f° 49 v°.]

Vinage de l'Escarpe. — Ne se passe plus.

Droitures sur les nefs amenant bois et la livrance au Rivage, 90 florins. — Sur chaque navée de raisme ou fasceaux (*fagots*), 12 sols à la prisée, et de plus sur chaque navée sur ledit prix 12 sols, et pour la livrance au Rivage, on prend 6 deniers du cent de fasceaux pour les livrer sur la werpe (? *berge*), et pour les charger sur les chariots et charrettes 6 deniers, qui font 2 sols du cent de fasceaux, 25 fasceaux destoch ou de branche pour la charretée et 2 cents de picavets pour 300 autres.

Pontenage de Rache. — Moitié à cette ville et moitié au comte de Rache, consistant dans le passage dudit pont de toutes sortes de marchandises par chariots, charrettes, bestes chevalines chargées de fardeaux. Le tout plus amplement déclaré au registre, f°* 14 et 15. — Reçu 34 florins.

Tonlieu de la châtellenie, à prendre à l'encontre du comte de Berlaymont [le Gavenier de Douai en 1512 ; le seigneur de Lalaing en 1753, pour un tiers ;] 55 florins. — De chaque tonneau vendu à broque, est dû un setier de vin ; de chaque navée de raisms, ou de tilleux, et verge ronde et de pieux, 3 bouges ; de chaque navée d'osiers non pelés, 3 deniers douisiens ; et de la navée de waide, garance, écorces, tillieu, vans, caloires et autres, 3 deniers ; de chacune navée de sel, 3 coupes ; du bacquet chargé d'oignons et autres denrées, de fruits, une coupe et demie; de la navée d'herbes, une bouge.

[Les deux tiers du « tonlieu de la châtellenie » furent affermés pour la dernière fois, par la ville, le 28 octobre 1789, moyennant 90 florins. — Archives municipales, registre des fermes de 1789, cc 795.

La valeur de la totalité de ce tonlieu ou vinage était donc alors de 135 florins de revenu annuel.]

Euwage (1) des nefs, 26 florins 13 patards 6 deniers. — Au jour saint Jean-Baptiste, en présence des échevins, bailli des eaux [anciennement le bailli du châtelain], receveurs de la ville et du gave (*Gavène*), auquel jour les bourgeois, manans et forains, voulant mettre leurs bacquets en euwage, sont tenus de se représenter et de donner pleige (*caution*) pour ledit droit, qui est de chaque muid de grain que la nef ou bacquet peut porter, 6 deniers monnaie de Flandres. Duquel droit, la moitié appartient à cette ville et l'autre moitié au comte de Lalaing (*Gavenier de Douai de 1547 à 1590*). Excepté des bacquets non bordés, dont le droit appartient seul à la ville. — Reçu deux tiers, l'autre tiers ayant été reçu par le receveur de M^r le vicomte d'Armuiden (*seigneur de Saint-Albin*).

[Le 24 juin 1790, la part de la ville dans l'Euwage fut encore affermée 81 florins.—Archives municipales, registre des fermes de 1789, cc 795, f° 62 v°.]

---

(1) « Ennouage » sur le registre.

Pêche de la rivière de l'Escarpe, 24 florins.

Justice des tanneurs, 46 florins — De chaque cordonnier, la meilleure paire de souliers de son étal, par chacun an. Item. De chacun qui veut tenir ledit métier, 4 lots de vin du commun prix. De plus le fermier doit donner à dîner, pour bien venue, aux échevins de la justice, le jour saint Simon et saint Jude. Encore de chaque cordonnier, 3 deniers parisis.

[Quand cette justice fut affermée, pour la dernière fois, le 28 octobre 1789, moyennant 100 florins, elle consistait, d'après le procès-verbal, « en une paire de souliers de quarante patars à chaque maître cordonnier et la moitié lorsqu'un savetier passe maître ». — Archives municipales, registre des fermes de 1789, cc 795, f° 60.

Tous les droits de navigation et de circulation, ceux sur le métier des cordonniers, etc., provenaient à la ville de l'achat qu'elle avait fait, en 1464, de l'office du châtelain de Douai.]

Archives municipales, reg. cc 407.

LXXV.

Dénombrement de la châtellenie servi au roi, lorsqu'elle appartenait à la ville de Douai. — 1764, 10 juillet.

C'est le rapport et dénombrement qu'à très haut, très puissant et très excellent prince Louis XV du nom, roy de France et de Navarre, fait et donne le procureur de la ville de Douay, pour et au nom de ladite ville, des bailly, échevins et conseil d'icelle, d'un certain fief et seigneurie appelé *la vièse tour et châtellenie dudit Douay....., que le dessus dit procureur, audit nom....., advoue tenir sans moyen* (1) *d'iceluy seigneur roy, notre sire, à cause de....., son château de Douay, en fief et hommage. Duquel fief....., la déclaration s'ensuit :*

Primes. Se comprend icelui fief en un certain lieu manoir, étables, granges, celliers et jardin....., auquel manoir gît certaine vièse maçonnerie d'une tour, que anciennement l'on appelle vièse tour. A cause duquel fief de ladite vièse tour, qui étoient les prisons de ladite ville, appartient le droit et autorité auxdits échevins de le maintenir à prison.....

[En 1560, les échevins avaient supprimé la prison de la vieille tour, pour en établir une autre, d'abord au Grand-Hacquebart (rue des Minimes n° 32, rang sud), puis, en 1708, à l'est du Beffroi (rue de la Mairie, rang sud). Voir Plouvain, *Souvenirs*, page 482. En 1574, la ville convertit l'ancien manoir du châtelain en maison pour les Orphelins. *Idem*, page 338. Or, il est à remarquer que, malgré des modifications aussi radicales, les dénombrements de la châtellenie continuaient à être servis comme si les prisons de la ville existaient encore à la vieille tour. Cette espèce d'immobilité, du reste plus apparente que réelle, était de l'essence du système féodal.]

Aussy de commettre sergens, qui s'appellent *sergens du chastelain*, lesquels peuvent, à l'instance des parties ou par enseignement et ordonnance desdits échevins, arrêter et empêcher les nefs, bacquets et autres vaissaux, marchandises et avoirs étant sur la grande rivière, depuis le pont que l'on dit le pont Chastelain jusques au lieu qu'on dit la borne

---

(1) Directement.

du Queviron. Lesquelles prises lesdits sergens sont tenus remettre ès mains du commis à l'exercice de la justice de la prévôté de ladite ville, pour d'icelles prises....., auxdits échevins en avoir la connaissance et judicature.

Item. Que tous pourcheaux pris et trouvés sur le warescais, sans être anelés (1) et pour chacune brebis trouvée ès paturages et waresquais, lesdites brebis appartenant à forains: pour le droit de prinse, appartient 3 sols douysiens..... (*Voir le dénombrement de 1369.*)

Item. Appartient encore, à cause d'icelle châtellenie, à ladite ville, que tous navires..... etc. (*Droit d'Euwage.*)

Item. Appartient au droit d'icelle châtellenie, le droit de winaige de faisselets, de ramures, de sel, d'ongnons, d'aulx, de pommes et de tous autres fruits, denrées et marchandises, plus au long déclarées ès lettres et chartes de ce faisant mention. (*Voir le tonlieu de la Scarpe, de l'an 1271.*)

Item..... N'est loisible, auxdits marais et pasturages, tendre à oiseaux de rivière,....., suivant que les bans sont publiés chacun an sur le pont à Rache. Et quiconques, par grâce, pêcheroit par bacquet....., il doit....., chacun an, audit jour saint Jean-Baptiste, cinq sols parisis.

Item. A cause duquel fief et châtelenie, étoient par cydevant tenus et mouvans en hommage plusieurs fiefs, rentes seigneuriales, terres et seigneuries, chargés de droits seigneuriaux, de reliefs et d'hommage, vers ladite châtellenie. Tous lesquels fiefs ont été éclissés d'icelle châtellenie

---

(1) 1266, novembre. Ban sur les porcs. « On fait le ban que nul ne soit si hardi, qui mène ne fasse merer porciaux el Mares (le Marais-Douaisien, pâtures entre les portes Notre-Dame et Morelle), ni en la pâture de la ville, qui n'ait aniel (*anneau*) el musiel. Sur le forfait de 3 sols. Et le warde (*garde*) des pastures qui les porceaux arresteroit, ou autre qui les arresteroit, auroit de chacun porcel, 3 sols ». Arch. de la ville, cartul. oo, f° 40.

et réservés, en faisant l'achat par la ville....., pour dès lors en avant, le tenir en hommage à pur et à plain dudit seigneur roy et de ses nobles, hauts et puissants seigneurs successeurs....., à cause de sondit château de Douai.....
A charge de bailler homme vivant et mourant et desservant, en faisant serment en tel cas pertinent, ès mains de M. le bailly de Douay, à la mort duquel homme, l'on est tenu payer droit de relief où il appartient, et un autre hommage et personnage que anciennement icelle ville, à cause de ladite chastellenie, a esté submise et tenue fournir. Sauf qu'il est en l'autorité d'iceux échevins, par tout l'enclos et échevinage d'icelle ville, chacune fois, où bon leur semblera, de construire et ériger autre et nouvelles prisons que ladite vièse tour, en laquelle prison les échevins auront semblables droits et autorité.....

Signé : Becquet du Pourchelet (*greffier*).

Archives de la ville, reg. aux dénomb. du bailliage, coté 1758-1777, fo 126 ro.

PRÉVÔTÉ.

LXXVI.

Robert, prévôt de Douai, avant de prendre d'habit dans l'abbaye d'Anchin, avait donné à celle-ci une terre qu'il tenait en fief de l'abbé de Saint-Amand. — Ce dernier confirme la donation en 1166.

Ego secundus Hugo, abbas ecclesie sancti Amandi.....
ROBERTUS, DUACENSIS PREPOSITUS, monacus professus apud Aquicinctum, terram, quam de jure sancti Amandi possidebat, ecclesie Aquicinensi dedit.

Sed quia terram nostri juris, absque nostro consensu, retinere fratribus Aquicinensibus injustum visum est, placuit eis assensum nostrum requirere, quatinus terram ea ratione possiderent ut tamen decimam et terragium ex ea nobis persolverent.....

<small>Archives départ., fonds d'Anchin. Au dos du titre : *De dono Roberti, prepositi Duacensis.* Cf. Demay, *Sceaux de la Flandre,* no 6786.</small>

LXXVII.

Le prévôt Gérard 1er, témoin à une charte de Simon, sire d'Oisy, châtelain de Cambrai, comme lui de la maison de Douai, par laquelle ce châtelain affranchit du droit de tonlieu l'abbaye de Saint-Amand. — A Oisy, 1156.

Ego SYNON, CAMERACENSIS CASTELLANUS..... Ad petitionem venerabilis Hugonis, abbatis ecclesie sancti Amandi..., concesserim ut res ipsorum, que per terram nostram transitum habent, libere sint ab omni debito vectigalis transitus..... Uxor mea *Ada* et GILIUS, filius meus, approbaverunt.....

S. *Ade*, uxoris mee. S. GILII, filii mei. S. HUGONIS, filii mei. S. HELDIARDIS, filie mee. S. MATHELDIS, filie mee.

S. Henrici presbiteri. S. Gualteri capellani.

S. Gualteri senescalci. S. Symonis, filii ejus. S. Hugonis de Lambres. S. GERARDI PREPOSITI. S. Johannis Papelart. S. Alardi, filii Landrici. S. Alberici Bocel. S. Alardi, filii ejus. S. Helgoti de Banteuls. S. Hugonis.

Apud Oisi.....

<small>Deux sceaux, le premier équestre, le second représentant une dame.

Collection Moreau, vol. 63, fo 69, à la Biblioth. nationale. Copié par dom Queinsert sur l'original, aux archives de l'abbaye de Saint-Amand.</small>

LXXVIII.

Le prévôt Gérard III confirme un accord passé entre Gérard II, son père, et l'abbaye du Cateau-Cambrésis, au sujet de la terre de Cuincy-le-Prévôt. En présence de ses parents et amis, les chevaliers : Hugues de Lambres, Hugues de Ruet, Robert de Montigny, Bauduin de Cuincy, Bernier de Roucourt, etc. — 1187.

(*Charte de* Odo (*1182-1195*), *abbé de Saint-André* de Novo Castello.)

..... Conventio inter nos et GERARDUM, QUONDAM PRE-POSITUM DUACENSEM, acta est.....

Filius ipsius patris G. equivocus, patre decedente hereditate paterna Deo volente potitus, laudavit.

..... Nos vero ejus benivolentia usi et uti volentes, xv libras Duacensis monete quas nobis debebat, alias quoque plures querelas ex elemosina sue matris emergentes, quas adversus eum habebamus, ei condonavimus ac remisimus.

Omnis posteritas eorum G., cum conjugibus ac liberis, in cymiterio ejusdem ecclesie nostre de Quinci sepelientur, nec alibi deferentur ad sepeliendum, si infra limites hujus regionis vel provintie ipsos decessisse contigerit.

Testes : S. Anselmi de Aigremont. Hugonis de Lambris. Hugonis de Ruet. Ingelranni de Nigella et Johannis Hastet, fratris ejus. Roberti de Montiniaco. Balduini de Quinci. Berneri de Roucort. Adam, dapiferi de Bolcegn. Florii de Bolcegn, militum.

. . . .

Sceau équestre de Gérard III, sans armoiries ni contre-sceau. Arch. départ., fonds de Saint-André du Cateau.
Charte renfermant des détails assez longs et très-intéressants pour l'histoire de Cuincy.

LXXIX.

Le prévôt Gérard III confirme la loi de Dechy et Férin, à cause des droits d'avouerie qu'il avait sur ces deux villages de l'Ostrevant. — 1205.

..... Ego Johannes, Dei permissione ecclesie sancti

Amandi minister humilis..... Homines de Dici et de Ferin, ad nostram jurisdictionem spectantes, cum legem non haberent, sed usu et consuetudine pro lege traherentur, et ideo proniores essent ad malum, presertim cum exinde cedes virorum et feminarum et alii enormes excessus, qui potius corrigendi sunt quam enumerandi, evenirent, legem a nobis acceperunt. Forma autem legis, quam eis sanximus et imposuimus, in hoc discrepat a Duacensi lege..... (1). Porro predicte emendationes (2) illis provenient quibus antea solebant provenire. In omnibus tamen jura *advocatorum* salvabuntur..... Verum huic legi quicquid ad meliorationem visum fuerit perficere, licebit nobis, consilio scabinorum et hominum nostrorum, salvo jure *advocatorum*, in omnibus adjicere, detrahere et mutare. Hec igitur lex a nobis data, a scabinis et hominibus ville nostre recepta, ut in posterum habeat firmamentum, sigilli nostri accepit robur et munimentum, et testium subscriptionem.

Ego Willelmus, domini comitis patruus et Hainonensis bailius, consensi et sigillum meum apposui (3).

Ego GERARDUS, PREPOSITUS DUACENSIS, cum appentione sigilli mei, assensum prebui (4).

(1) Il s'agit ici de la loi pénale de la ville de Douai.

(2) Amendes.

(3) Le comte Bauduin de Constantinople étant alors à la croisade, le Hainaut était gouverné par Guillaume, *dit* l'oncle. C'était comme souverain de l'ancien comté d'Ostrevant que le comte avait des droits sur Dechy et Férin.

(4) D'après l'expression : *assensum prebuit*, dont se sert notre prévôt, à l'instar de Guillaume l'oncle, de la comtesse Mahaut, etc., il est évident qu'il était l'un des avoués de Dechy et Férin, mentionnés à trois reprises dans la charte. Ces droits d'avouerie, il les tenait en fief du comte de Hainaut, souverain de l'Ostrevant.

Ego Matildis regina, comitissa Flandrie, precipue ac novissime assensi et sigillo meo corroboravi.

Ego Gerardus, prepositus de Brugis Flandrieque ballius (1), universis presentem paginam inspecturis vel audituris, notum facio, quod lex, quam Johannes, abbas ecclesie sancti Amandi, discretorum hominum consilio, nec non et *advocatorum* de Dici et de Ferin assensu et approbatione, hominibus jamdictarum villarum, que ad jurisdictionem ecclesie sancti Amandi spectant, imposuit et sanctivit discrete et utiliter, propter quasdam enormitates que cotidie contingebant in prefatis villis imposita est. Hanc eandem legem omnimodis approbo et mei munimento sigilli corroboro.

Arch. départ., cartul. de Saint-Amand, t. II, f° 222, pièce 292.

LXXX.

Le prévôt Gérard III confirme l'engagement d'une dîme sise à Marquette en Ostrevant, fait par son vassal et parent, le chevalier Hugues de Rueth. — 1207, mai (à Douai).

..... G., PREPOSITUS DE DUACO .....

Hugo de Rueth, miles ....., ad concessionem meam, decimam de Markete, quam a me tenebat, invadiavit Thome, canonico Sancti Amati ......

Homines mei : Adam de Quinci. Simon de Hangemeri.

(1) L'abbaye de Saint-Amand dépendant du comté de Flandre, la charte devait être également confirmée par la comtesse douairière et par le régent de Flandre, en l'absence du comte Bauduin.

Wauto d'Estrées, milites. Fulcerus, homo meus. Bernerus de Rooucort. Robertus de Montegni. Hugo de Lambres, Hugo, filius m' (1), milites.

Testes : Bernardus de Castello. Robertus Porceles, scabini. Galterus Pilate, Gerardus frater ejus. B. de Castello. Garinus Major, burgenses Duacenses, et Vincentius d'Estrees prb^r.

<small>Sceau équestre du prévôt, sans armoiries ni contre-sceau. Sceau armorial d'Hugues de Rueth : une roue à huit rais ; armes parlantes.
Arch. départ., fonds de Sainte-Croix de Cambrai.</small>

LXXXI.

Le prévôt Gérard III confirme l'engagement, fait par un de ses vassaux, de dîmes perçues à Estrées et à Hamel; du consentement de sa femme Ida, de son gendre Alard, sire d'Antoing, et de sa fille Ida. — 1207, en la maison seigneuriale du prévôt de Douai, à Estrées.

GERARDUS, PREPOSITUS DUACENSIS, et *Ida*, uxor ejus.....

Walcerus, miles, et Ada, uxor ejus, obligaverunt Vincentio, canonico Sancte Crucis Cameracensis, et Arnulfo de Dononio, presbiteris, decimas suas de Estrees et de Hamel, a nostra juridictione descendentes....

Apud Estrees, in domo nostra.....

Obsides et plegii : Balduinus miles de Aubencuel et Alardus de Antoig, gener noster, et IDA, uxor ejus.....

Homines nostri et alii : Willelmus de Hamel. Fulce-

<small>(1) Lisez : *ejus*.</small>

rus de Duaco. Willelmus de Placi. Robertus de Corbehem. Walterus Li Gros. Adam de Monte. Gerardus de Wasiers. Elizabeth de Nigella. Baldeuinus, decanus de Goi. Radulfus capellanus. Hugo de Lambres. Willelmus de Goi. Robe de Kieri. Ingelramus de Hamel. Petrus de Lambres et Hugo, frater ejus.....

    Sceau équestre du prévôt, sans contre-sceau. Le sceau de la prévôté perdu.
    Arch. départ., fonds de Sainte-Croix de Cambrai.

LXXXII.

Le prévôt Gérard III obtient du chapitre de Notre-Dame d'Arras, l'arrentement d'une terre et d'une dîme à Emerchicourt en Ostrevant. — 1212 (v. st.), février.

GERARDUS, PREPOSITUS DE DUACO..... Ecclesia Attrebatensis dedit ad firmam terram suam de Ermencicort, ad dotem ipsius ecclesie spectantem, et duas partes decime, sub annuo censu xviij^{cto} mencold. frumenti, medie estimationis, ad mensuram Duacensem. Que, apud Duacum, infra festum sancti Andree, jam dicte ecclesie Attrebatensi, ut censuarius ejus, persolvere teneor annuatim......

    Cartulaire de l'église d'Arras (chapitre de la cathédrale), XIIIe siècle, f° 71 r°. Ces lettres y sont barrées, avec la mention: *Vacat*. Bibl. nation., ms. du fonds latin, n° 9930 de l'Invent. de M. Delisle.

LXXXIII.

Le prévôt Gérard III, en présence de ses vassaux et de plusieurs seigneurs confirme la vente d'une dîme à Estrées et Hamel.—1216, 26 et 30 décembre, au château de Cuincy-le-Prévôt et à Douai.

1°. — R., Attrebatensis episcopus.....

Phylippus de Buignecort decimam, quam habebat apud Estrees et apud Hamel, in manu nostra, ad opus ecclesie sancte crucis Cameracensis, libere resignavit.....

In manu Egidii de Castello, de quo ipse tenebat decimam..... Egidius, assensu uxoris, in manu domini sui, de quo ipse tenebat decimam, videlicet viri nobilis G., PRE-POSITI DUACENSIS.....

Radulfus de Fonte, homo dicti E., et homines ipsius prepositi : Walterus Grossus. Petrus Frions. Thomas Borgheignons et Ibertus Leches. Habito prius consilio perinstructi a d^{no} Hellino de Wavrin avunculo, Hugone de Ruet et Jacobo, fratre suo, Balduino de Aubenchuel et Petro de Lambres, militibus. Apud Quinci, in domo prepositi, 1216, X^{br}, in die sancti Stephani.....

1216, X^{br}, v kl. januarii.....

2°.—Ego GERARDUS, FREPOSITUS DUACENSIS.....

Presens adfui ubi Philippus de Boignicort decimam, quam habebat apud Estres et apud Hamel, assensu uxoris sue, werpivit, ad opus ecclesie sancte Crucis, in manu Egidii de Castello, de quo ipse tenebat decimam.....

Radulfus de Fonte, homo dicti E,...

Homines mei : Walterus Grossus. Petrus Frions. Thomas Li Borgheignons et Ibertus Leches.

Habito prius consilio perinstructi a d⁰ Hellino de Wavrin, advunculo, Hugone de Roet, Jacobo, fratre ejusdem Hugonis, Baldewino de Aubencoel, Roberto de Monteigni, Petro de Lambres, Willelmo de Goi et Johanne de Duaco, militibus, et multis aliis prudentibus et discretis viris..... Judicaverunt..... *1216*, mense X^{bri,} 3° kl. januarii. Duaci.....

<blockquote>
Sceau équestre du prévôt, le même que précédemment ; contre-sceau armorial : un lion.

Originaux aux arch. départ., fonds de Ste-Croix de Cambrai.
</blockquote>

LXXXIV.

Le prévôt Gérard III, du consentement d'Ida, son épouse, approuve la vente d'une dîme à Estrées et Hamel, tenue de lui en fief. — 1219 (v. st.), 16 janvier, à Estrées, en la chapelle du prévôt.

Gerardus, prepositus Duacensis.....

Ada Groignes de Estrees decimam ad se jure hereditario devolutam, jacentem in territorio de Estrees et de Hamello, quam de me tenebat in feodum, de assensu meo et *Ide*, uxoris mee, ecclesie sancte Crucis vendidit..... Egidius, maritus ejus.....

Homines mei : Willelmus de Placi, miles. Thoma Bourgheignon, Walterus Le Gros et Petrus Frison.

Interfuerunt : Arnulfus, presbiter de Hamello. Matheus del Castel, Hugo Potins, milites. Aumannus, Johannes del

Gardin. Willelmus de Flekierrés. Theobaldus del Pumier. Walterus Cokins.

Apud Estrees, in capella mea..... *1219*, *17* kl. februarii.....

<small>Arch. départ., fonds de Sainte-Croix de Cambrai.</small>

LXXXV.

Le prévôt autorise les religieuses des Prés à élever un moulin à vent. — Approbation de la comtesse Jeanne. — Approbation du sire d'Antoing. — 1234 (vieux style), janvier. — Confirmations de ce droit en 1241 et 1300.

1°. —Jo *Henris de Hondescote*, prevos de Doai, et IDE, me femme. Faisons savoir à tous cels ki ces letres veront, ke quant les nonains des Prés encosté Doai eurent comencié à faire un molin à vent en leur tere ki siet entre Doai et leur maison, nos contredesimes à faire cel molin, por ce ke nos disiemes ke on le faisoit encontre no droit et en no grevance, ne il ne loisoit ne à eles ne à autrui faire molin en cel teroir sans nos assens. Après, par le consel de preudomes ki no pais et no preu amoient, nos quitames as nonains devant dites à tous jors tot le droit ke nos disiemes ke nos aviemes en cel molin et en le deffense de cel molin, et consentimes et fu no volentes ke eles perfesiscent cel molin et usascent del molin en totes les manieres ke eles en seuscent faire leur preu. En tel maniere ke nos ne no oir ne porons jamais clamer nul droit en cel molin, ne deffendre ke les nonains devant dites nen facent leur preu et leur porfit à leur volonté, et co avons nos enconvent à tenir loiaument de nos et de nos oirs à tous jors. Et si lavons reconu pardevant medame Jehane, contesse de Flandres et de Hainau, et pardevant ses homes, et ce fera ele tenir et warder loiaument si comme dame de le tere, se nos ne no oir voliemes en aucun tans aler encontre ces covenances, et co eut encovent li contesse devant nomée à faire tenir en pais par se cartre, à no pryere et à no requeste. Et por co ke ce soit fermement tenu et wardé à tous jors, nos avons ces letres confremées de nos seaus. Ce fut fait en lan del incarnation nostre segneur m. cc. et trente quatre, el mois de jenvier.

<small>Deux sceaux : l'un équestre, avec contre-sceau armorial à l'écusson en abîme ; l'autre brisé, représentant une dame.</small>

2º — Johanna, Flandrie et Hain^e comitissa. Notum facio universis quod cum controversia verteretur inter virum nobilem *Henricum*, prepositum Duacensem, et Ydam, uxorem ejus, ex una parte, et ecclesiam monialium de Pratis juxta Duacum, ex altera, super quedam molendino ad ventum, quod in propria terra sua inter Duacum et suam domum, fecerant moniales predicte, dicentibus eisdem Henrico et uxore sua, quod sine assensu eorum non possent ibi facere molendinum, nec in territorio adjacente, in prejudicium eorumdem. Et ipsis monialibus e contra dicentibus, quod hoc eis bene licebat, nec in hoc eis injuriam faciebant. Tandem, post multas altercationes et litigia et dies, pro bona pacis indultos, dicti prepositus et uxor sua eisdem monialibus in perpetuum quitaverunt omne jus quod in illo molendino et in ejus contradictione habebant, reclamabant vel reclamare sciebant aut poterant. Ita quod nec ipsis nec heredibus suis, in illo molendino jus aliquod retinebant, omnino inimo dicte moniales facere poterunt in perpetuum de ipso molendino omnes aisientias suas, commoda vel profectus qui inde poterunt provenire. Ad has autem conventiones firmiter et inviolabiliter observandas, sepe dicti prepositus et uxor ejus, coram nobis et pluribus hominibus [nostris, se et heredes suos in perpetuum astrinxerunt. Hec autem, tanquam domina terre, faciam observari si, quod absit, ipsi vel heredes eorum vellent aliquando istis conventionibus contra ire. In cujus rei testimonium et munimen, ad instantiam eorumdem prepositi et uxoris sue, cartam presentem scribi feci et sigilli mei munimine roborari. Actum anno D^{ni} millesimo ducentesimo tricesimo quarto, mense januario.

3°.—Ego *Hugo*, dominus *de Antoing*, notum facio universis quod ego laudavi, approbavi et ratam habui et habeo quam fecerunt *Henricus*, prepositus Duacensis, et IDA, uxor ejus, mater mea, monialibus de Pratis juxta Duacum, de molendino quod inter domum suam et Duacum dicte moniales fecerunt, secundum quod in carta ejusdem prepositi et matris mee plenius est expressum, et in carta d^{ne} comitisse Flandrie. In cujus rei testimonium et munimentum cartulam presentem meo feci roborari sigillo. Actum anno Domini millesimo ducentesimo tricesimo quarto, mense januario.

Sceau équestre; contre-sceau armorial au lion.

4°.—Jou *Henris de Hondescote*, provos de Dowai, et jou IDE, se feme, provoste de Dowai..... Dendroit le content dun moelin à vent, et dautres quereles et dautres coses queles ke eles soient, de que debas et contens unt esteit entre nous et labeesse et le covent del eglise Notre Dame des Preis den costé Dowai. Nous et Willaumes, nos fiuls....., avons relaissié et pardoné..... Devant preudommes, cest asavoir : Baude de Dewioel, Bernart Pilate, Wautier de Goy, Lanvin Pilate, Waubert Le Clerc, *Anseau, no serjant*, Huon Le Mahtier, frere Symon le convers et autres convers..... *1241*, el mois de jenvier, le samedi apres le Tiephane.....

<small>Sceaux manquent.</small>

5°. — Jou *Hues*, sires d'Espinoy et *d'Antoing*, et jou *Robiers d'Antoing*, ses fius, chevalier, prouvost de Douay. Faisons sçavoir à tous cheaus qui ches presentes lettres verront et orront, ke en lan de grasce mil et trois cens, li abbesse et li convens de l'abbeie des Prés deles Douay commenchierent à refaire un moulin à vent ki seoit en leur tiere, entre leur maison des Prés et la ville de Douay, liquels moulins avoit estet abatus ou tans de le wiere (1). Et si tost ke nous le seumes, nous leur deffendimes à refaire, pour cheu ke nous disiemes et mainteniemes ke nus na pooir de faire ne de refaire moulin en la ville de Douay ne en le banliuwe de celi ville, se che nestoit par no gré et par no volenté. Et apries chou, li abbeesse et partie de sen convent vinrent à une journée pardevant nous, et dirent ke nous naviemes droit au deffendre de refaire ledit moulin, car elles le faisoient sour leur hiretage où eles avoient eu moulin, passet avoit sissante quatre ans ou plus, et saidoient dou droit coumun et de le saisine. Et avoec chou, elle aporterent lettres saines et entieres seelées de monsegneur *Henri de Hondescote*, jadis prouvost de Douay, et de medame Ydain, se femme, et lettres dou gré et del otroi *Huon*, segneur *d'Antoing*, fil et hoir ledite me dame Ydain, et

<small>(1) Durant la guerre entre l oi Philippe le Bel et Guy de Dampierre.</small>

lettres saielées dou seel medame Jehenne, contesse de Flandres et de Haynau, de confremanche. Lesqueles lettres des personnes devant dites paroient en chés mos ki sensivent.....

(*Suit la copie des trois titres de 1234.*)

Et quant nous eumes oy parler ladite abbesse, et veues les lettres devant dittes ki parloient en le maniere ke deseure est escrit, nous lesdites lettres veues et oïes diligamment et rewardées, greames, otriames et nous assentimes ke les lettres deseure dittes fuissent et soient fermement tenues de point en point, sans aler de riens encontre, et ke lidite eglise, puis ore en avant à tousjours hiretaument, puist faire et refaire ledit moulin toutes les fois ke besoin sera et ke eles vauront. Et se li dis moulins, ou eles le vaussissent abattre ou il arsit, si le pueent eles faire et refaire dore en avant et sans le congiet de nous, de nos hoirs ne de nos successeurs. Douquel moulin eles pueent et doivent faire toute leur volenté et leur preu et leur pourfit en quelconkes maniere ke ce soit. Par tele condition ke elles ne pueent mauré ne faire mauré audit moulin, chascun an, brais ke quarante e .huinc muis à le mesure de Douay, et tant en pueent elles maure cescun an à tousjours iretaulement. De lequelle soume de brais eles pueent et doivent faire toute leur volenté et leur pourfit dedans celi anée, en toutes les manieres ke il leur plaira, sans iestre redevaule de riens à nous, ne à nos hoirs ne à nos successeurs, de toutes ches choses deseure dittes, sauf chou ke eles ne pueent retenir dou brais moulu en lune anée sour lautre ke chuinc muis pour coumenchier à braser en lanée sivant. Toutes les choses deseure dittes furent et sont faites de no gré ot de no volenté, et nous les proumetons et avons encouvent à tenir fermement et loiaument à tous jours enviers ledite abbeesse et le convent de ledite abbeie, de nous, de nos hoirs et de nos successeurs. Et prions et requerons à tres exellent et no chier segneur le roy de Franche ke il, toutes ches choses deseure dittes, voelle faire tenir et aemplir, comme sires souverains (1), se nous aliemes de riens encontre, et ke il les voelle confremer par ses lettres pendans seelées de sen saiel. Et pour chou que toutes ches choses soient fermement tenues et loiaument wardées puis ore en avant à tous jours, de nous, de nos hoirs et de nos successeurs, nous avons ches presentes lettres seelées de nos propres seaux. Che fu fait en lan del incarnation nostre segneur mil et trois cens, el mois doctembre.

<blockquote>
Deux sceaux. Celui de gauche, équestre; bouclier et caparaçon aux armes : un lion brochant sur un semé de croisettes ; contre-sceau armorial : un lion. Celui de droite, joli sceau gothique, armorial : un lion sur un semé de croisettes, brisé d'un lambel de trois pendants ; légende: ..... ob't dAnt.....:... al'. fil. le segnevr. dAnthoing; contre-sceau : mêmes armes; cf. Demay, Invent des sceaux de la Fl.. Paris, 1873, in-4°, II, n° 8317.

Originaux aux arch départ., fonds de l'abbaye des Prés.

Les titres de 1234 et de 1300 sont transcrits *in extenso* dans une sentence de la gouvernance de Douai, du 10 mai 1784, rendue entre le prévôt et l'abbaye, au sujet de l'exemption de banalité. Sur le vu des chartes produites par les dames des Prés, le prévôt fut débouté de ses prétentions. *Preuves*, n° XCV.
</blockquote>

LXXXVI.

Le prévôt Hugues II, sire d'Antoing et d'Espinoy, fait son testament, de concert avec sa seconde femme, Isabeau de Béthune; il y nomme ses quatre fils : Hugues, Robert, Hellin et Colart d'Antoing, qu'il avait eus de son mariage avec Sibille de Wavrin. — 1284 (v. st.), janvier.

(1) Il n'est plus question du comte de Flandre; en effet, la ville de Douai était alors réunie à la couronne.

..... Jou *Hues*, sires d'Espinoit et *d'Antoing*, et jou Ysabiaus, se feme, dite dame d'Antoing et de Haponliu, avoueresse d'Usse....., faisons no devise et no teestament......

Tout au coumencement, nos volons ke toutes nos detes, boines et loiaus, ke nous deverons au jour de nos trespas, u del un de nous deus, ke nous arons faites ensanle, soient paiés, tout avant, sour le no, u ke nous laions et arons, et tout no tort fait amendet, ausi ke nous arions fait ensanle, nos aumosnes paiiés ke nous avons fait ensanle. Chest à savoir, à nos mesnies (1), ki seront à nous au jour de nos trespas, u del un de nous deus, trente livres, à departir al un plus et lautre mains, par le consel de nos tiestamenteurs.

Et si dounons, pour Deu et en aumosne, as freres preecheurs de Douay, vint sols, as freres menus de Douai vint sols, as freres preecheurs d'Arras, vint solz, as freres menus d'Arras, vint solz, as freres menus de Lens, vint sols, as freres menus de Bietune, vint sols. A cascune maladrie de Douay, vingt sols, à cascune maladrie d'Arras, vint sols.....

Et pour tout chou faire et tenir et aemplir, metons nous, en le main de nos tiestamenteurs ki ci apriès seront noumet, tous nos biens....., hormis toutes les masons et les edefisses ki sont et seront, au jour de nos trespas, en le pourchiante de no mason d'Espinoit, ke cis ki sera sires d'Espinoit les ait sans parcon. Et tout le sourplus ki nous demourra descure chou ke chi deseure est deviset, au jour de no trespassement, volons nous kil demeureche à *Huon d'Antoing*, à *Robiert*, sen frere, à Hellin, sen frere, et à Colart, sen frere, enfans monsigneur *Huon d'Antoing*, kil

(1) Serviteurs domestiques.

eut de me dame Sebile de Wavring, se femme, autant al un com al autre.....

Et sensi estoit ke jou, *Hues*, sires d'Espinoit et *d'Antoing*, deseure dis, trespassase devant medame Ysabiel, me feme devant noumée, se veul jou et otrie ke elle ait le tierche partie de tous les meules (1) ki demorroient, et mi enfant les deus pars, hors mis les masons et les edefisses d'Espinoit, ensi con devant est dit, ke cis ki sires sera d'Espinoit emportera sans parchon.

Et si veul ke tele devise, ke jai fait par eskievins de Douay, soit ferme et estaule.

Et si deffendons jou, *Hues* devant noumés, à mes hoirs et à mes successeurs, quel kil soient, et jou Ysabiaus, ausi à mes hoirs et à mes successeurs et à cascun daus, kil ne demaugent, ne requirent u facent requerre, ne demander kose ki soit ne iestre puist, en prejudisse u en lenpeechement des coses devant dites.....

Et se prometons nous, *Hues* et Ysabiaus devant dit, par boine foi et par certain serement, ke nous avons fet, ke' le devant dite ordenanche nous ne rapielerons, ne par nous ne par autrui. ...

Nos testamenteurs : monsigneur Jehan d'Antoing, segneur de Buri, monsigneur Jehan d'Antoing, archediakene d'Anviers, canone en leglise Notre Dame de Cambrai, monsigneur Iernoul d'Antoing, archediakene de Valenchienes, canone en leglise Notre Dame de Cambrai, monsegneur Gillon d'Antoing et Jehan de Rume, men neveut.....

Et prions et requerons à notre haut chier segneur, mon

(1) Meubles.

segneur le conte de Saint Pol, kil constregne nos hoirs et tous chiaus et toutes cheles ki encontre ceste devise iroient, comme boins sires......

..... Nous avons ches lettres saielées de nos propres saiaus.....

..... Ou mois de genvier.....

<small>Arch. départ., Ch. des comptes, B carton 219. Copie du temps, sur parchemin.
Cf. l'analyse défectueuse donnée par Saint-Genois, *Monum. anc.*, I, p. 725.</small>

LXXXVII.

Règlements à observer par les justices, sergents ou commis des seigneurs ayant à Douai une justice de claius et respeux (le prévôt, le seigneur de Saint-Albin, etc.). — Tarifs. — Arrestation des débiteurs. Régime des prisons pour dettes. — XIIIe siècle et temps postérieurs.

A. *Ban sur les bornages*. — Bans des tennemens coument on les doit enclore..... Et se borgois u borgoise a à partir terre li uns enviers lautre, li carpentier et li machon de le vile, sairementé à le vile, le doivent partir bien et loialment, par le consel et par le tiesmoignage des preudoumes del visnage (1) ki en sacent. Et li justice doit estre avoec.....

<small>Arch. municip., cartulaire L, fo ix vo ; XIIIe siècle.</small>

B. *Limites des juridictions de la prévôté et de Saint-*

<small>(1) Voisinage.</small>

Albin. — Uns jugemens que eschevins fissent en lan lxiiij isme (1). Li eschevin dient dun meisme acort, por le miols quil sevent au jor de hui, que les justices coumunes dechà le pont à le Laingne ont le justice de clains et des respeus, dusques el moilon del pont à le Laingne, si avant que li meulons del fil del euwe le porte. Et les justices coumunes de Devioel ont le justice encontre, dusques el meulon del pont à le Laingne, si avant que li meulons del fil del euwe le porte (2). Lan lxiiij, deus jors devant l'entrée de march.

<blockquote>
Cartul. OO, f° xviij v°; XIII° siècle.
Le même ban se trouve au f° xix du cartul. L, où une main du XV° siècle a ajouté cet intitulé : « Des ij basses justices, ou pont à le Laigne. »
</blockquote>

C. *Ban contre ceux qui violenteraient les justices, sergents ou commis des seigneurs (prévôt, etc.).* — De ciaus qui enforcent justice. Cils qui enforceroit justice qui arresteroit home par ensegnement de jugeurs seroit à lx lb. Et sest asavoir que on doit croire le justice de ij coses: lune, de lui enforcier, et lautre, ki claimme premiers.

<blockquote>
Cartul. L, f° xj v°; XIII° siècle.
</blockquote>

D. *Tarif des justices de la prévôté et de Saint-Albin.* — Droictz compectens aux justices de prevosté et Saint-Albin. De chacun arrest sur quelque personne : ij patars.

Pour fouder le clain pardevant eschevins : ij p.

Pour entrée de prisons: iij p. et demi; pour sortie et issue : iij p. et d. : pour garde de jour : j p. ; pour garde de

---

(1) Année 1264.

(2) Addition du XIV° siècle : « de lor justichaueles ».

nuict: j p.; pour giste, chacune nuict, s'il at lict et linceulx de la prevosté: ij p. ; pour la delivrance de tel arresté, sy en namptissant ou à caution : deux patars de la livre de gros; et s'il est eslargi par appoinctement, sans baillier caution ne namptissement : riens.

De touttes saisinnes de biens moeubles ou argent : viij p.; et Saint-Albin : xvj p.; moiennant laquelle somme, il (*le seigneur*) doibt contenter son commis quil auroit fait ladite saisinne et fondé le clain, aussy bien l'une justice que l'aultre.

Pour la signification, sy c'est en Douai : v p.; sy dehors, par taux (*taxe*) des eschevins, selon la distance du lieu.

Pour garde de tel bien saisi, estant en la possession de la justice : à la livre de gros, ij p.

Pour entrée de chevaulx et autres bestiaux arrestés, soit qu'il y en ait une seule beste ou plusieurs à une mesme personne : iij p. et d.; pour issue : iij p. et d.; pour garde de jour : j p.; pour garde de nuict : 1 p.; pour nouriture : se paye comme ès hosteleries de la ville; pour la delivrance à caution : de la livre de gros, ij p.; sy par appoinctement : rien.

Quant telles bestes ou meubles se vendent par justice, est deub : de la livre de gros, moiennant faire les deniers bons, ij p.; pour la signification de telle vente : comme dessus.

Pour tous gaiges ou namptissemens : à la livre de gros, ij p.; pour droict de vente et signification : comme dessus.

Pour saisinne faite à la requête des veuves pour recouvrement de leur douaire conventionnel, comprins la journée de renonchiation (1) pardevant eschevins: xvj p.; à Saint-Albin : xxxij p.; pour journée de leur assigner la chambre estoffée : xvj p.; à Saint-Albin : xxxij p.

Pour journée d'estre present à inventorier lettraiges (*papiers*) ou moeubles des maisons mortuaires vacantes : aultant qu'un eschevin (2). De vente de moeubles de telle maison mortuaire vaccante : à la livre de gros, ij p.

De tous decretz volontaires et par justice des maisons et heritages, faitz aussy bien à la gouvernance comme eschevinage dudit Douay, gisans au district dudit eschevinage, sur les deniers du decret : à la livre de gros, j p. Et sur l'acheteur, s'il prend adheritance : vj deniers.

De touttes executions de sentences civilles rendues des eschevins soubz le contre-seel : ij p.

De touttes executoires en vertu d'obligations passées pardevant eschevins et soubz le seel aux causes : viij p.

De touttes ventes de moeubles, prinses et levées par execution : à la livre de gros, ij p.

De touttes ventes de moeubles des maisons mortuaires faites par sergens à verge (*huissiers des échevins*), après l'an expiré du trespas advenu : à la livre de gros, j p.

De touttes ventes volontaires faites par sergeant à verge : à la livre de gros, j p.

---

(1) On lit dans les dénombrements modernes de la prévôté : « A été fait et observé de tous temps et ancienneté, que notre dit officier (*sergent ou commis*) présent à la renonciation que fait une femme veuve aux biens et dettes de son défunt mari, présens échevins en nombre de deux pour le moins, icelle est tenue *deschaindre sa chinture* et la livrer à notre dit officier, lequel la retient à son profit ».

(2) « En tels actes de saisines de meubles ès maisons mortuaires délaissées vacantes, notre officier a toujours profité d'un voire (*verre*) à boire, s'il y en a en ladite maison, et ce à son choix et par prévention devant échevins et priseurs, lesquels font le semblable après notre dit officier ». (Dénombr. modernes de la prévôté.)

Arch. municlp., 3ᵉ reg. aux Mémoires, fo 310 vo. Tarif sans date, inséré après un acte du 23 avril et avant une mention du 28 mai 1610.

Ce tarif est imprimé, mais défectueusement, à la p. 86 des *Coustumes de la ville*, Douai, 1720, pet. in-8o.

E. *Arrestation des débiteurs et régime des prisons pour dettes.* — Bans con ne claimme sor altrui de quoi il soit convencus par eskevins. On fait le ban que nus ne claimme sor altrui de dette, que il soit convencus par eskevins que cils ne li doive le dette sor qui on auroit clamé, que il rendera à celui le despens que il auera fait devers le justice. Et se il ne porsivoit loi, il li renderoit ausi le despens que il aueroit fait enviers le justice, et avoec, il amendera fause clameur, ensi con lois portera.

Et les justices, ne deçà laiue (*l'eau*) ne de Devioel, ne poront prendre louier de nului, ne dome ne de feme, sor le forfait de 1. lb. et sour bannir de le vile, ne prendre deniers ne service por le warde de le prison, sor ce meisme forfait. Et les justices doivent les clains, que on fera devant als, faire venir devant eschevins, et se il ne li amenoit, il naroit nient dou clain, ne nient nen doit prendre.

Et tele viande et tel boire, con li hom et li feme ki sera en prison volra avoir, li justice li doit faire venir et livrer, se on ne li envoie et aporte. Et se on ne lui aporte ne livre, por sa povreté, li justice li doit faire avoir tele viande con cils volra avoir, selonc se povreté et à sen coust. Et si ne puet li justice prendre, de home ne de feme, pour metre en fiers, que vj deniers douissiens u ij artisiens, et al issir autant, et ce doit estre le fevre (*pour le ferronnier*). Et si ne puet prendre por son despens dou mignier (*manger*) que vj deniers artisiens, sor 1. lb. et sor bannir de le vile.

Et ke li justice ne face avoir, à ses prisons ke il tenra, à mangier autre cose ke pain et aigue (*eau*) à tous chiaus et à toutes celes qui ne volront faire (*observer*) le loy de le vile dusques al dit (*selon le jugement*) des eschevins. Et se il li faisoit autre cose avoir à despendre (*dépenser*), il li convenroit delivrer, al issir de le prison, tout quite, et cils ki aroit clamé (*le créancier*) seroit quites del despens.

Cartul. L, f° xj ro.

LXXXVIII.

Sentence des échevins de Douai, rendue entre le prévôt et le châtelain au sujet de leurs juridictions respectives sur les murs, les crêtes et les fossés de la vieille enceinte, sur les chemins de la banlieue, sur les cours d'eau, etc. — 1345, 13 juin.

Dun descort meu par devant eschevins de Douay, entre nobles et poissant hommes mons^r le visconte de Meleun, ad present prevost de Douay à cause de madame la viscontesse, sa femme, dune part. Et MONS^r LE CHASTELLAIN DE DOUAY, dautre part. Sour chou que lidis messire li prevos disoit et maintenoit à lui appartenir, à cause de ladite prevosté, tous les fossés et crestes dehors les vies murs de piere de le ville de Douay, et tout autour diceulz (1), avecques les

(1) Le prévôt ne put établir ses droits sur les crêtes, tout autour de l'ancienne enceinte ; au contraire, les échevins reconnurent à un tiers la propriété de ces crêtes, depuis la vieille porte d'Arras jusqu'à la vieille porte d'Esquerchin et de là jusqu'au moulin de la Prairie, en suivant le canal qui passse derrière les maisons du rang est de la rue du Bloc. Dans tout ce parcours, les crêtes avaient appartenu originairement à la ville, qui les avait aliénées ensuite.

Le droit de propriété qu'avait eu la ville sur cette partie des crêtes est une forte preuve du concours qu'avaient donné les habitans à la construc-

proffis et les entrepresures qui y sont ou porroient estre trouvées, tant à lun lès comme à lautre (1). Et ensement, davoir le warde des pires, des chemins et des waresquiaux estans en leschevinage, au lès deseure, commenchans au pont au le laingne (2) et tout en alant vers Plachi (3), si avant que lidis eschevinages dure. Et aussi le warde del yauwe et riviere (4) comenchans audit pont, tout au lès deseure jusques à Biarch. Et de oster les empeccemens et les entrepresures qui seroient en yceulz, à sen proffit, et les amendes se aucunes en y avoit. Et tout jusquez au dit desdiz eschievins.

Ledit mons' le castellain disant et maintenans au contraire, et que à lui, à cause de se castellenie, appartiennent li warde des wareskais, pasturages et rivieres dedens le ville de Douay, aveques les emolumens et proffis diceulz, et aussi li warde des wareskais et pasturages dehors le ville de Douay, estans en leschevinage, desouz et deseure (5), voies, chemins, pires et sentiers, prises et amendes pour cause des fourfaitures des dis waresquais, avecques les emolumens et profis diceux. Et tout au jugement et dit des dis eschevins.

---

tion du *castrum* ou ville fortifiée, ainsi que de la préexistence d'une bourgade, assise sur la rive gauche de la Scàrpe et antérieure à la fondation de la ville forte qui s'étendit sur l'une et l'autre rive.

(1) Tant sur la rive droite que sur la rive gauche.

(2) Pont à le Laigne ou pont aux bois eu *pons lignorum, opud abacum ubi ligna venduntur* (p. 653); c'était là qu'on remisait les bois qu'un droit d'étape assurait à la ville (pp. 29-31). Aujourd'hui c'est le pont du Marché-au-poisson.

(3) Lieu dit, hors la porte St-Eloy ou de Paris. Le fief de Plachy était tenu du châtelain.

(4) La Scarpe, en remontant jusqu'à Biache, au-delà de Vitry.

(5) En remontant, comme en descendant le cours de la Scarpe.

Et es quels se rapporteront les dites parties pour ordener et declairier le droit que chascune dicelles parties avoient ès coses dessus dites. Et après veue faite sour les dis liux par les dessus dis prevost, CASTELLAIN et eschevins, apporterent par escript les dites parties leur demandes, et dont li teneurs, par especial de celle que li dis prevos bailla, senssuit.

Premiers. Demande li dis prevos. Dou mur dou gart du castiel (1) iusquez à le porte de Lannoy, et de le porte de Lannoy iusques à le porte St Nicolay et de le dite porte St Nicolay dessi à le porte au Chierf, et depuis celli porte au Chierf dessi à le porte dou Marquiet, et depuis le dite porte dou Marquiet dessi à le porte de Canteleu. Item. Depuis ledite porte de Canteleu dessi à le porte de le Noefville. Item. Depuis le porte de le Noefville dessi à le porte des Wées. Item. Depuis le porte des Wées dessi à le porte à l'Estanque et jusquez au Noef mollin (2).

Sour les quelles demandes, par les dis eschevins eu avis et grant deliberation de consel, et veu plus' lettres et bries (3) et tout ce que à ledite besoingne appartenoit à veir, dyent, declairent et sentencient par jugement li dit eschevin, que non obstant ce que li dis MESSIRE LI CASTELLAINS ait dit, demandé, proposé ne alleghiet contre les dites demandes, li dis prevos a droit en le warde des proffis des liux declairiès chi dessus, et jusques au lieu du dit Noef mollin, en le maniere accoustumée et jusques au dit des eschevins. Sauf et reservé le cours de le grande riviere qui

(1) Le Gart du castel; partie de la Bassecourt, derrière les premières maisons de la rue de Lannoy dite aujourd'hui quai du Petit-Bail.

(2) Ces indications, si précieuses pour l'ancienne topographie de Douai, ont été mises à profit, afin de rétablir la première enceinte de la ville forte ou *castrum* de la fin du IXe siècle.

(3) Chartes et écrits ou notes *en bref*.

ceurt parmi le porte des Ars (1), et les wareskais qui sont entre le dit mollin et le grande riviere devant dite.

Item. Quant à le demande que li dis prevos a fait, depuis ledit mollin jusques à le porte d'Esquerchin, des vies murs, et dycelli porte jusques à le porte d'Arras, des dis vies murs. Sour lequelle demande lidit eschevin ont eu avis et conseil, liquel dient et declairent par jugement que il appartient à mons^r Engerran de Deuwioel, chl^r (2), tant par boines chartres quil en a de ce faisant mention, comme par jugement sur ce donné autrefoys par eschevins qui pour le tamps estoient, et que en ce li dis prevos et chastelains nont aucun droit (3).

Item. Quant à le demande que li dis prevos a fait, depuis

---

(1) La porte des Arcs ou arches, sous laquelle coulait la Scarpe navigable, s'appuyait à droite et à gauche sur les vieux murs et reliait les fortifications des deux rives, en deçà du pont de Tournay actuel. Les bateaux ou « nefs escarpoises » passaient sous ses « arcs ». Elle servait à la défense de la ville sans empêcher la navigation.

Ce monument du moyen âge a été démoli au XVIe siècle.

(2) Le chevalier Enguerran de Deuwioel était de la maison de Douai. Sa fille Marie, épousa Enguerran Kiéret, chevalier, sire de Fransus, amiral de France, à qui elle porta les biens de la famille de Deuwioel. Les Quiéret ou Kiéret de Fransus sont connus à Douai ; ils ont donné leur nom à la petite rue de Fransus (par corruption : des Fransures).

(3) La partie de l'ancienne enceinte qui s'étendait de la vieille porte d'Arras au moulin de la Prairie, c'est-à-dire presque toute l'enceinte de la rive gauche, appartenait donc à un particulier ; c'était un bien de nature cotière ou roturière, à la différence de l'enceinte de la rive droite qui était tout entière une propriété de nature féodale.

En 1401, devant échevins, la famille Kiéret de Fransus vendit à des bourgeois « toutes les crestes qui sont sur l'anchienne forteresche de le ville, mouvans depuis le première porte d'Arras, allant de long en long jusqu'au ventelle du mollin à tan qu'on dist le noeuf mollin, avec les courans del iaue et le pesquerie dedens. » On voit dans l'acte que, tous les ans, la veille de la St-Jean, le 23 juin, « le vegille saint Jean Baptiste », le « pesquerie » était « commune », c'est-à-dire que tout le monde pouvait pêcher dans ce fossé. (Arch. de la ville, 8e liasse du cabinet, n° 16. Guilmot, Invent., pp. 1138-1139.)

le pont de le porte d'Arras, des vies murs, jusques au touquet de le maison darraine vers le chastel, qui fu Thumas Pourchellet, en lequelle demeure ad present Robers Wasqués. Dient et declairent li dit eschevins que il appartient au droit du dit prevost, en le maniere que il est dit et scentencyet chi dessus des autres lieux declairiés.

Item. Quant à le demande que li dis prevos a fait davoir le warde de le riviere, tant del yauwe qui vient par les ventelles des Hours pour venir en Lannoyt, comme del yauwe qui vient parmi les ventelles den costé le foulenet que jadis tient Willoq' Des Liches, as Hours, pour venir à four des euwes. Dient et declairent li dit eschevins que il appartient audit prevost et non audit chastellain (1).

Item. Quant à le demande que li dis provos et chastellains font davoir le warde et oster les empeechemens del yauwe qui vient des nouviaus fossés deriere Barllet, par un ventelle, et par desous le pont de le rue Pepin et le ponchiel de Barllet, au fosset des Wez dehors le porte dou Marquiet. Dient et declairent lidis eschevins que riens nen appartient au dit prevost et chastellain (2).

Item. Quant à le demande que li dis prevos a fait de le warde avoir de le riviere mouvant dou mollin Tacquet jusques au pont sainte Marguerite, et du dit pont jusques au

---

(1) Le bras de rivière qui entrait en ville par les ventelles ou écluses des Hours pour venir en Lannoyt, c'est le canal actuel. Celui qui pénétrait par d'autres ventelles des Hours pour venir au Four-des-Eaux, c'est la branche de droite, dite des Wez parce qu'elle fait tourner le moulin de ce nom.

(2) L'eau qui vient de l'abreuvoir de Barlet et qui se rend, par un fossé de création moins ancienne que les autres, dans la branche des Wez, ne dépendait pas du système de fortification du *castrum* ; aussi ni le prévôt ni le châtelain n'y avaient-ils aucun droit : ce fossé appartenait à la ville.

pont Caffan. Dient et declairent li dit eschevin que au dit prevost appartient, en le maniere acoustummiée (1).

Item. Quant à le demande que li dis prevos a fait, depuis le ventelle qui fu vers le Trinité, qui alloit parmi le manoir qui fu singneur Symon Mallet, à lun lez et à lautre du fosset, dessi à le porte de le Noefville, et le creste toute devers le ville. Dient et declairent li dit eschevin que li dis prevos est warde du courant du dit fosset, et se aucuns empeechemens avoit ou cours du dit fosset, oster le deveroit jusques au dit des eschevins (2).

Item. Quant à le demande que lidis prevos a fait dou waresquais vers le fontaine sainte Roitrut, et depuis dessi au pont à lerbe. Dient et declairent lidit eschevins que li dis prevos est warde de le riviere desdis lieus, et se aucuns empeechemens y avoit, oster le deveroit li dis prevos jusques au dit des eschevins (3).

Item. Quant à le demande que lidis prevos a fait de estre warde des waresquais, des pires, des pasturages et des che-

(1) Branche qui faisait tourner le moulin Tacquet, lequel se trouvait dans la rue de la Verte-Porte (Plouvain, *Souvenirs*, p. 676); elle se détachait de la rivière sur les confins des rues St-Samson et de la Cloche, à l'endroit anciennement appelé Pont Caffan. Le pont Ste-Marguerite existe encore dans la rue St-Julien.

(2) Branche qui passe derrière les maisons du rang sud de la rue St-Jean. Elle est parallèle à celle qui vient de l'abreuvoir de Barlet; de même que cette dernière, elle ne dépendait pas du système de fortification du *castrum*. Le prévôt n'avait la garde que du courant, lequel fournit de l'eau au moulin des Wez. Quoiqu'il réclamât aussi la garde de la crête de la rive gauche « vers la ville », elle ne lui fut pas accordée; c'était vraisemblablement la propriété de la ville.

(3) La fontaine Ste-Rictrude se trouvait dans le voisinage du pont actuel des Augustins; un cours d'eau et une ruelle, qui longeaient le terrain des Dominicains, allaient de cet endroit jusqu'au pont à l'Herbe; la ruelle ou « waresquais » appartenait à la ville. Les travaux exécutés sur la Scarpe, au XVIIe siècle et au XIXe, ont très-sensiblement modifié l'état de ces lieux

mins qui sont depuis les ventelles dou Baille (1), en allant au deseure jusques à le Sauch bonnel (2) et ès lieus de environ estans en leschevinage. Desquelz veue a esté faite. Dont li dis CHASTELLAIN a dit et proposé pluis' raisons au contraire, et que à lui, à cause de se chastelerie, appartient, et non audit prevost. Sour lesquelles choses li dit eschevin ont oy pluis' tesmoings à yaulz administrés, les depositions desquels, avecques lettres et briés, et tout ce que à ledite besoingne appartenoit à veir, li dit eschevin ont veu par grant deliberation de conseil. Pour quoy dient et declairent li dit eschievin par jugement, que li warde des waresquais, des pires, des pasturages et des chemins dont dessus est faite mentions, appartient au roy noss. (3), à le ville et audit MONS^r LE CHASTELAIN, en le maniere que plus plainement est contenu en certaines chartres et privileges faisant de ce mention, et non autrement (4).

Item. Quant à le demande que li dis prevos a faite de avoir le warde de le riviere monnant du pont à le laigne en allant au les deseure jusques à Biarch. Dient et declairent li dit eschievin que li warde de ledite riviere monnant et

---

(1) Avant les travaux de canalisation exécutés au commencement du XVIIe siècle, pour rendre la Scarpe navigable depuis Arras, l'écluse du Baille ou le Grand-Bail constituait la principale entrée de la Scarpe dans Douai. Là est aujourd'hui le bras gauche de la rivière passant derrière les maisons du rang est de la rue d'Arras.

(2) Saule borne. Il se trouvait, à droite de la Scarpe, sur la limite des terroirs de Douai et de Lambres.

(3) Le roi notre seigneur. Douai était alors réunie à la couronne; aussi n'est-il pas question ici du comte de Flandre.

(4) C'est le seul point sur lequel le châtelain gagna contre le prévôt.

Ces incertitudes, qui portaient sur un si grand nombre de points des juridictions respectives de ces deux officiers, sont encore une très-forte preuve de la préexistence d'un seul fief ou office féodal appartenant au châtelain ou vicomte de Douai, et de l'éclissement ou démembrement que subit l'office primitif pour la création de la prévôté ou office du prévôt de la ville.

finant ès lieus dessus dis, ainssi que li cours dycelle se porte, est et appartient audit mons' le prevost, en le fourme et maniere que plus plainement est contenu ès briés des droitures du dit prevost de ce faisant mention (1).

Et sauf en toutes les choses dessus dites le droit dou roy noss., le jugement et congnoissance des eschievins, le droit de le ville et lautrui, en tout et par tout.

Dit et prononchiet par les eschevins....., le xiij° jour du mois de juing lan mil ccc quarante chuincq.

<blockquote>
Archives de la ville ; f^{os} xxxij v° et xxxiij r° du cartul. N, en parchemin, XIVe siècle.

Ce cartulaire, dont la rédaction a été commencée à la fin du XIIIe siècle, est intitulé:«Che sont li ban fait, criet et amendeit en lan mil deus cens lxxix.» Il est très-curieux pour l'histoire politique de la commune. On y a enregistré les mentions des serments prêtés à la ville par les baillis, gouverneurs, lieutenants etc. de Douai, depuis le milieu environ du XIVe siècle, jusqu'à l'annexion définitive à la France.

Une copie de la sentence échevinale de 1345, délivrée en 1494, porte qu'elle a été extraite « du grand livre en parchemin, couvert de rouges couvertures de cuir à aiselles, reposant en halle ». A la fin du XVIe siècle, on appelait encore ce cartulaire le « registre aux rouges couvertures ». Aujourd'hui, et depuis longtemps déjà, les couvertures rouges ont disparu, et le cartul. N est relié en parchemin.
</blockquote>

LXXXIX.

Dénombrement servi pour la prévôté de la ville de Douai, par Marie de Meleun, prévôte et Gavenière de Douai. — 1372.

Denombrement du fief de la prevosté et du gavene de

---

(1) La rivière coulant de Biache au pont à le Laigne ou pont du Marché-au-poisson, en passant derrière les maisons du rang est de la rue d'Arras, derrière celles du rang sud de la rue de la Massue : c'était alors la grande rivière ou le bras principal de la Scarpe.

Douay, qui se comprendent en deulx fiefz tenus de mons^r le conte de Flandres, lesquels fiefs appartinrent à deffuncte (1) demois. *Marie de Meleun*, prevoste et gaveniere de Douay en son temps, et sont tenus lesd. fiefs dudit conte de Flandres ad cause de son chastel de Douay.

Primes. Ung fief à dix livres de relief, à cause duquel le prevosté de Douay deppend, à cause duquel appartiennent à ladite prevosté pluiseurs droitures et entre aultres une maison et tenement seant sur le marquiet au bled, joingnant au tenement que on dist du Cauchon, dune part, et habouttans par derriere sur ung lez de le viese fortresse et daultre part au tenement que on dist des Pourchelez, parderiere habouttant à lautre lez à le rue Damaugut. A le querque de iiij l. parisis iij s. douis^t et iiij cappons deubz aux mallades saint Ladre de Douay, sur toutes rentes.

Item. Le justice, en ladite ville, de clains, de saisines et de respeux des actions civilles et personnelles en cas pecuniaire, les prouffis et amendes qui pour ce senssievent, le detempcion des prisonniers qui prins et arrestez sont pour cause desdites debtes, à estre et warder en ladite maison et sur rue, ainsi que le coustume de ladite ville porte. Et desquelz prisonniers ladite justice est tenue de rendre au crediteur le prisonnier, sur qui il aura clamé, ou largent pour lequel ledit clain ara esté fait, au quief des sept jours et sept nuys.

Item. Ad cause dudit fief a, en la ville de Douay, sur chacun estal, dechà leaue sur le ville, et non point delà leaue sur le parroisse saint Albin, là où on vend pain, chacun an au jour saint Remy, iiij s. vj d. douis^e. Et se

---

(1) Cette copie du dénombrement ne fut faite que vers 1460; c'est le copiste qui a ajouté les mots : *deffuncte; en son temps*, etc.

cellui qui tient estal est del cens saint Amé et sa femme aussi, on en rabat la moittié. Et se lomme est del cens saint Amé et le femme non, ou le homme ne ayt point de femme, on en rabat le quart tant seullement. Et pareillement se le femme est del cens saint Amé et le homme non, on en doit rabattre le quart, comme dessus est dit.

Item. De chacun estal de merchier vij d. douis' par an, et de chacun estal là où on vend pourre ou scieu ou oingt vij d. douis', et se lestal, de quoy que ce soit, nest hors de le maison plus de piet et demy, on nen doit neant. Et sy poeult ung homme et une femme vendre sur tant destaulx quil vouldra parmy ung seul estallage prenant, chacun an.

Item. Doit on, de chacun troncq de foullon estans en ladite ville, deulz deniers douis' par an, et du maistre troncq v d. douis'.

Item. A chacune cuve (*lisez*: cambe) brassant, xij d. douis' à le saint Remy, pour leaue. Et se de ce on estoit en deffaulte de paier, on ne poeult prendre waige, fors le caudron ou le vaissel ou le pollye.

Item. Tous avoirs estraiers est au droit de le justice devant dite, à cause dudit fief, ès mettes dicellui fief et justice.

Item. A ladite justice, à cause de ladite prevosté, à faulz argent le tierch.

Item. Que les faulx poix, les faulses ballanches et les faulses mesures escheans et trouvées en ladite ville, en le justice dicelle, sont et appartiennent au droit de ladite justice, ad cause dicelle prevosté, quand on en fait justice dardoir, et aussi le tierche part du fourfait de le loy et le denier douis. qui est deseure.

Item. Quo se aulcun arbre chiet ès pire, ou on le coppe, le justice le doit avoir.

Item. On doit, de chacun clain fait par le justice devant eschevins, xij d. douis*, de chacune saisine où il y a eschevins et de chacun arrest fait present eschevins, xij d. douis*. (*Note en marge* : Nota, il y a nouvelle ordon^ce.)

Item. Se aulcun homme ou femme est tenus de rendre deniers par loy et il ne acquitte le justice de son corps ou le debte paier, le justice en a xij s. douis*. Et se celluy qui clayme ne vient à son jour, il est à iij. d. douis* de chacun clain, et se cellui sur quy on clayme ne vient à son jour, il il est à iiij s. douis* de chacun clain. (*Id.*)

Item. Et se celluy qui clayme jure et il se mesprend, il est à iij s. douiss de chacun clain. (*Id.*)

Et se cellui sur qui on clayme mesprend, il est à x s. douiss de chacun clain. Se prenne ayuwe à vij s. douiss et ly aultres à iiij s. douiss de chacun clain. (*Id.*) (1)

Item. Ne poeult on prendre wages de rentes ne dostaiges, puis que par loy ne le voeult sieuyr, sans la justice de ladite prevosté à qui on se seroit traict.

Item. Et se doit le prevost garder, par le conseil des eschevins de Douay, le fortresse de ladite ville, les fossés et les yauwes dautour le ville et deseure jusques à Biach, excepté le garde ès viez fossez depuis le Noeuf mollin en allant jusques au pont de le porte d'Arras, le garde duquel lieu est à mons^r de Franssus (2), si que on dist. Et qui mesprend si comme des fortresses, il est à iiij s. douis*, sen a le prevost le tierch, le ville le tierch et a le fortresse le tierch.

(1) Cf. n° LXXXVII, D.

(2) Cf. n° LXXXVIII.

Et se on y fait plantis ne estacquemens ne aultres fourfais sans le congié des eschevins et le justice, il est à lx s. et j d. douis[n]. Et sest le fourfait au prevost sy comme des entrepresures de leaue, saulf ce que on en poeult lever le fourfait ne amende jusques adont quil est jugié par eschevins.

Item. A led. prevost les pesqueries, herbaiges et arbres croissans sur pluiseurs fossés, caues et crestes des fortresses de ladite ville.

Item. Se aulcun fait ou fait faire boucque de chelier, broches et sallie oultre lass. de le ville sans le congié des eschevins, il est à lx s. j d. douis[n] et le fourfait à le justice du lieu. Et si doivent les eschevins appeler le prevost ou son sergent aveuc eulx, au congié donner.

Item. Doit le prevost garder tous les prisonniers de clains et de respeux, ne nulz ne les poeult emprisonner dedens les sept jours et sept nuys, se nest par le prevost ou par le justice

Item. Ne poeuent aulcuns faire mollin en la ville de Douay, se nest par le congié et assentement deschevins et du prevost.

Item. Que nulz mauguiers heritables de tous les mollins là où le prevost a part, sy comme le mollin des Wez, le mollin Braserech, le Noeuf mollin, le mollin du Pont à lerbe qui est devers sainte Katherine et mollin Escoufflel, nulz mauguiers de ces chincq mollins ne poeult vendre se mauguerye sans le sceu du prevost, pour ce que se le prevost le voeult avoir et il en voeult autant donner que ungs aultres en bonne foy, sans mal engien, avoir le doit avant tous aultres.

Item. Et se le prevost, ou ses sergens qui seront en son

lieu mis par eschevins, voeult tenir ses plaix au jour denommé dendroit ce qui affiert à le mauguerie, semonrre doit ses mauguiers par deulx mauguiers, et cil qui ne y venrront, se il navoit loyal somie de son corps, il sercit à iij s. douis*.

Item. Se le mauguier a fait aucun fourfait dendroit ce qui à mauguerie appartient, et le prevost ou ses sergens le poeuent convaincre par mauguiers, il est au fourfait envers le prevost de lx s. et j d. douis". Et pour ces lx s. j d., le prevost poeult prendre tel partie que le mauguier au mollin, sans riens rendre jusques adont que chilz ara paiet son fourfait.

Item. Et se le prevost avoit dommaige par sergent que le mauguier mette des chincq mollins devant dis, et le prevost le poeult monstrer par mauguiers, rendre luy doit son dommaige et le prevost luy doit faire autel.

Item. Quelconque fourfait qui à mollin affiere dont le mauguier ert convaincus par mauguiers, se il ne lamende à temps, le prevost poeult faire mettre le ventelle devant son mollin jusques adont quil le ara amendé, et chilz qui osteroit le venteille querroit au fourfait de lx s. j d. douis*, et aveuc ce celui p^r quy ce au^{eroit} doit rendre et restituer le dommaige aux aultres par le dit de mauguiers.

Item. Se on refait lestancque de Vitry ou de Sailli, ly mollin deseure doivent paier les deulx pars et ly mollin de dessoubz le tierche part.

Item. Se aulcun mauguier heritable, sy comme des chincq mollins devant dis, va de vye à trespas, tantost quil est enterés, ly hoirs de cellui qui trespassez est, ainchoix quil rentre à se maison doit prendre deulx mauguiers et venir au prevost ou à son sergent, et relever tel mauguerie comme il avoir doit au mollin, de ung sextier de vin au ban de le ville. Et se ce il ne fait, le prevost ou ses sergens poevent prendre tel partie que chilz doit avoir au mollin, sans riens rendre jusques adont quil ara relevé et paié son relief.

Item. Doit le prevost faire venir leaue au sœul et partir leaue pour donner à chacun mollin son droit, se on sen plaint......

(Suivent les articles d'une très-ancienne coutume relative aux moulins et intitulée : « Coustumes des mollins, des mauguiers et des seigneurs de qui on les tient » ; *nous les omettons, comme étrangers à notre sujet, tout en signalant leur existence à l'attention des curieux.)*

Item. Appartient à ladite prevosté et justice, en ladite ville de Douay, deulx muys de bled de rente, chacun an, à xij d. près du meilleur, chacune rasiere, sur ung mollin seant au Pont à lerbe, que solloit tenir ou temps de sa vye feu Heuvin de Gouy.

Item. A le cause dite, de xj parties les quattre pars de ung mollin seant à Douay, que on appelle le mollin saint Esprit dit des Wez.

Item. Et ung mollin en ladite ville, appellé le Noeu mollin, seant au dehors et assez prez de le porte à l'Estancque, à le querque de deux muys de bled de rente que doit icellui mollin, chacun an, à une cappelle estant en leglise saint Amé en Douay.

Item. A le cause dite, sur ung aultre mollin seant en ladite ville, appellé le mollin d'Escoufflel, de six pars l'une.

Item. Encoires à le cause dite, ung aultre mollin seant

en ladite ville, appellé le mollin de le Braix, liquelz est banniers et a tel noblesche que personne aulcune, ou pooir, eschevinage et banlieue de Douay, ne poeult molre aulcun braix fors à icellui mollin. Ne ne poeult on admener braix en ladite ville de Douay quelle ne soit admenée devant led. mollin et prendre le molture dicellui braix aussi bien que selle estoit mollue audit mollin. Et pour lequel mollin, on est tenu de rendre et paier, chacun an heritablement et à tousjours, ou cellui qui tenra ledit mollin, à noble homme messire Ricard Pourchel, ch^r, ou ses hoirs, xxxv m. de braix davaine au grant muy, francque et mollue, au jour saint Remy.

Item. Doit encoires, ad cause dudit mollin, chacun an au jour saint Remy heritablement comme dit est, à Bernard Catel, xj m. viij sextiers de braix davaine telle que dit est.

Item. Doit encoires, ad cause dudit mollin, xiij rasieres de bled, chacun an audit jour saint Remy heritablement, et iiij l. parisis à une cappelle de leglise saint Amé de Douay.

Item. Ad cause de sad. prevosté, sur chacune cambe brassant tatebault et goudalle, ung francquet de quatre lotz vinerez pour chacun brassin, et pour le torillaige, de chacun desdits brassins, sept sextiers de braix davaine, chacun an au jour saint Remy.

Item. A le cause dite, sur chacun beuvraige bouilly, deulx lotz dudit beuvraige sur chacun brassin.

Item. En sont tenus deulx fiefs, chacun à x l. de relief, dont posesse de lun messire Ricard Pourchel, chl^r, contenant xx rasieres de terre ou environ seant au dehors de le porte d'Arras, au lieu que on dist au Mont de Douay, et lautre fief tient demois. Reusse Catel, vesve de feu Watier

Picquette contenant le tierch de le grosse disme de saint Albin, dont les doyen et capitre de leglise saint Amé en Douay tiennent les deulx pars à lencontre delle.

Gavenier de Douay..... (*Voir la fin de ce document, aux* Preuves, *n° XCIX.*)

<blockquote>
Arch. de la ville, f°s 111 r° à 115 v° d'un reg. en papier, in-f°, XVe siècle (vers 1460), intitulé : « Registre aux ordonnances et briefs des marchandises, traficques et mestiers. »
</blockquote>

LXXXIX bis.

Compte de la prévôté, de 1529-1530, rendu par le receveur Jean de La Rachie aux gens de la vicomtesse douairière de Gand. — A Arras, les 6 et 7 décembre 1530.

Compte de la prevosté de Douay, finant la nuyt (*veille*) de st Remy an mil chincq cens et trente.

Pour le recepveur.

Presenté par ce recepveur en personne à Mes Eustasse Fovet, chanoine d'Arras, Morant Fovet, chanoine de St Amé en Douay, et Pierre Lallart, maieur d'Arras, commis par Madame, par ses lettres missives, dont la coppie est cy devant escripte, le vj^e jour de decembre lan mil v^c et trente.

COMPTE JEHAN DE LE RACHIE, recepveur de la prevosté de Douay et de Wagnonville, des deppendences et appartenances, quil fait et rend à noble et puissante dame madame Jehenne de Hornes, vefve de deffunct de noble memoire messire *Hues de Melcun*, en son vivant viconte de Gandt, douagiere de la viconté dud. Gandt, de lad. prevosté et dud. Wagnonville, et dame de Habuterne. Mere et tuteresse commise par justice de monsr *Jehan de Meleun*, son filz, chl', viconte de Gandt, seigneur de Caumont, seigneur dicelle prevosté et dud. Wagnonville. De tout ce que ledit recepveur a prins en charge des biens, censes et possessions de ladite prevosté et dudict Wagnonville. Pour le temps et espasse dun an commenchant au jour st Remy an mil chincq cens et vingt noeuf exclud, et finant la nuyt de la saint Remy an mil chincq cens et trente includ. Et aussy des mises et paiemens sur ce fais par ledit recepveur des deniers dicelle recepte. Dont les deniers procedans de ladite prevosté, tant en recepte comme en mises, se font à monne de Flandres, ung gros compté pour douze deniers et vingt gros pour la livre. Et quant à la recepte dudit lieu de Wagnonville, elle se compte à monnoye d'Arthois, ainsy que cy apres sera declaré.

Et primes. Recepte des fermes muables, ainsy quil senss t.

De Jacques Tottel, lequel a prins à cense de mond. sr deffunct le mollin de la Prarye Sainct Albin, qui est torgoir doille (*d'huile*) et aussy pour maulre bled, sil lui plaist, tout dune roeue, ensamble les maisons et ediflice y appartenant. En rendant, chun an, la somme de iiijxx l. x s., monne de Flandres..... Se doit aussy, icellui Jacques, payer, chun an, deux muys de bled, en lacquit et descharge dud. mollin, à sire Julien Cousin, pbre, comme à present possesseur dune cappelle à laquelle sont deubz lesd. deux muys de bled. Est aussy tenu de retenir lesd. deux huisines à bled et à oille de touttes choses quelzconques, meismes les arques, tant en la riviere comme dehors, et le cours de leauwe venant esd. mollin et huisine, en telle largoeur que madame et mond. sr debvront et voldront porter et aidier. Meismement de rediffier lesd. deux huisines, se desmolies estoient par feu de meschief, ou cas que ce fut sa coulpe, comme il est declaré en lobligation. Avoecq, de rendre, en fin de sa cense, la meulle au bled pour chacun pauch (*pouce*) de ameurissement, xlviij s..... : , iiij^{xx} livres.

iij^e année de xij dud. bail.

Du mollin du Bray, lequel a esté baillié par mond. s^r à Jehan Du Mond, dem^t à Le Warde....., duquel il est tenu rendre, chacun an,..... chincq cens chinquante livres..... :
. chincq cens l.

iij^e année de xviij.

De Adam Helle, justice de lad. prevosté, lequel a prins, a title de ferme et louaige, loffice que lon dist de la prevosté dicelle ville, appartenances et appendences dicelle, en quoy est comprins la maison de ladite prevosté, manerye, court et jardin, sans y comprendre les greniers où len a acoustumé mectre les grains de ladite recepte de maistre Vaast de La Rachie, escuier, licencié es loix, lors bailly de deffunct de noble memoire mons^r *Franchois de Meleun*, au jour de son trespas evesque de Th^{ve} (*Térouane*)..... Parmi ce que led. Adam et avoecq luy Marie Damez, sa femme....., seront tenus..... payer, chacun an....., xxxiiij l. flandres.....: xxxiiij livres.

ixe et der^e année de ce bail.

Il est reballié aud. Adam, pour le temps et pris que dessus, dont il app^a au compte futur.

De Ghuie Robert, fille et heritiere de deffunct Jehan et vefve de feu Baudechou Hennion, lequel deffunct Jehan print japiechà à rente heritiere le mollin à taillant, seant au Pond à lherbe. Duquel lad. vefve en rend, chacun an, xiiij l. flandres. Comme il est apparu par lettres passées pardevant Jehan de Villers, escuier, et Pierre Saingler, pour lors eschevins de lad. ville de Douay, faictes le xix⁰ de janvier an xv⁰ et deux. Pour ce icy en recepte, pour la nuyt s¹ Remy an xv⁰ et xxx : xiiij livres.

Somme de ce chappitle : six cens lxxviij livres.

Aultre recepte que fait led. recepveur pour les crestes et jardins arrentez tant par feu de noble memoire mons' d'Anthoing, comme par feu *Franchois de Meleun*, au jour de son trespas evesque de Therouanne.

Et premiers.

De Jehan Regnart dit Moreau, viezier, lequel print japiechà à rente heritiere de mond. s' une partie de la creste commenchant depuis la porte au Marchié au bled jusques à la tour saint Martin (1) ou environ, en rendant chacun an, au jour st Remy, xl s. Pour ce icy en recepte: xl s.

Dud. Jehan Regnart, pour aultre petite quantité et portion de creste que icelluy Jehan print japiechà à rente heritiere de mond. feu s' *Franchois de Meleun*, en rendant, chacun an, au jour saint Remy, iiij s. Pour ce icy en recepte : iiij s.

De Anthoine Le Raoul, cordouanier, pour une aultre petite portion de creste joindant la vieze porte à l'Estancque, ladite portion arrentée par mond. s' heritablement et à tousjours, en rendant, chacun an au jour st Remy, v s. Pour ce icy en recepte : chincq solz.

(1) Tour des vieux murs de grès de l'enceinte du IX⁰ siècle; peut-être la tour de la Prévôté.

Des arbalestriers du grant' serment de lad. ville, pour leur jardin seant entre la porte St Nicollay et le porte au Cherf, que tiennent les roy, connestable et confreres dud. serment, par arrentement fait par mondit s^r perpetuellement et à tousjours en rendant, chacun an au jour s^t Remy, huit livres dix soiz, à la charge que le mongnier du mollin des Wez polra f^e rejecter les sourfais de la riviere du long led. jardin. Et sy sont et seront tenus lesd. arbalestriers et leurs successeurs de retenir tous les maisons et ediffices estans aud. jardin et quilz y feront faire, sans les pooir hoster sans le consentement de mond. s^r ou de ses successeurs, avoecq en doibvent replanter des josnes arbres au lieu des vieux hallots quilz feront abattre et les entretenir. Comme plus à plain poeult apparoir par les lettres de larrentement que madite dame a pardevers elle. Pour ce icy en recepte : viij l. x s.

Des archiers du grant serment de ladite ville, pour leur jardin seant entre le porte au Cherf et la porte du Marchié au bled, que tiennent les roy, connestable et confreres dud. serment, à eulx baillié à rente par mond. s^r d'Anthoing, le temps et espasse de cent ans commenchant lan mil quatre cens soixante (1). Parmy ce quilz sont tenus, pour ce, rendre la somme de huit livres, à la charge dessus declairée..... :
huit livres.

Des archiers de plaisanche, pour leur jardin seant entre le porte St Nicollay et le porte de Lannoy, qui est ung arrentement heritier japiechà fait par mond. s^r d'Anthoing à deffunct lors vivant Jehan du Bos, lequel a depuis appartenu à Me Jehan de Le Val, par achat quil en fist lors aux heritiers dud. feu Jehan du Bois, et de present appartenant

---

(1) C'est donc en 1460 que les archers semblent s'être établis dans la ruelle qui a pris leur nom.

ausdis archiers par achat aussy quilz en ont fait aud. m. Jehan. En rendant, chacun an, au jour st Remy, xl s. Pour ce icy en recepte : xl s.

De Jehennette Le Gris, fille de deffunct Nicollas Le Gris, pour ung aultre jardin que led. feu Jehan du Bos avoit prins à rente heritiere de mond. sr, ledit jardin enclavé au jardin qui fut à deffunct Mahieu Le Gris. Dont il rend, chacun an au jour st Remy, xij s. Lequel a esté baillié aud. deffunct Nicollas Le Gris par les tutteurs des enffans dud. feu Jehan du Bos, par le consentement de mond. sr Pour ce icy en recepte : xij s.

De demoiselle Marye Le Hibert, vefve de feu Charles du Buisson, pour son jardin seant entre la porte St Jacques et la porte de Cantelou, lequel lui a esté baillié à rente heritiere par mond. sr, en rendant, chacun an au jour st Remy.....: viij l.

De lad. demoiselle, pour deux illettes tenant à la riviere de lad. prevosté, jà piechà arrentées heritablement par mond sr d'Anthoing à deffunct lors vivant Jehan de Sommain, et par ladite damoiselle achetées aux héritiers dud. deffunct.....: ix s.

De Jehan Flocquet, au lieu de damoiselle Jehenne de Baix, vefve de feu Me Jehan Geet, lequel print japiechà à rente heritiere le jardin que solloit tenir à cense sire Flourens Pilatte, seans entre la vieze porte St Jacques et le Planque amoureuse, à la cherge devant dite.....: vj livres.

De Phles de Bacquehem, escuier, sr du Liez, au lieu de Martin Fourdrin, pour son jardin seans entre le porte des Wez et le Plancque amoureuse, que print japiechà à rente heritiere led. Martin Fourdrin de mond. sr d'Anthoing....., à la charge que dessus.....: c s.

— 166 —

De M͏͏ᵉ Vaast de La Rachie, pour larrentement que lui fist mond. s͏ʳ d'Antboing dun petit jardinet, seans auprez du chastel, de le vieze muraille. Lequel doit, chacun an la nuit s͏ᵗ Remy : x s. (1).

ij͏ᵉ. Sommé de ce chappitle : xlj l. x s.

AULTRE RECEPTE que fait led. recepveur pour certains aultres jardins nouvellement arrentez, tant par feu de noble memoire messire *Hues de Meleun*, au jour de son trespas viscoute de Gand, et par mons͏ʳ *Franchois de Meleun*, au jour de son trespas, evesque de The͏ⁿᵉ (*Térouane*).

Et premiers.

Pour le jardin seant entre le porte du Cantelou et le jardin de la maison de lad. prevosté, qui a esté baillié par mond. s͏ʳ *Franchois*, à rente heritiere à deffunct lors vivant Jacques Van Decle. Sur lequel arrentement ont esté faites et herigiés le nombre de xiiij maisons, chergiés chacune de v s. ix d., chacun an, de rente fonssiere, dont les noms et surnoms des heritiers et possesseurs dicelles senssuient.

. . . .

De Martin Michiel, pour certaine petite portion de creste qui est seant entre lheritage de leglise mons͏ʳ st Albin et le jardin dud. Anthoine Le Raoul, en rendant, chacun an au jour de Noel.....: ij s.

De Franchois Du Mond, pour certaine aultre portion de jardin, laquelle portion a esté baillié par mond. feu s͏ʳ *Hues de Meleun*, en rendant, chacun an, aud. *Franchois* (2), au

(1) Cf. fief des Trois-Cocquelets, p. 881.
(2) Lisez : *Hues*.

jour de Noel, v s.; à la charge cy devant dicte. Pour ce icy : v s.

De lad. damois. Marye Le Hibert, laquelle print japiechà à rente heritiere, de deffunct mond. s^r d'Anthoing, une partie de la vieze muraille allencontre de lad. ville, aussy long que lheritage de lad. demoiselle sestend et comprend, en rendant, chacun an, au jour de Noel, xviij d. doui^s, qui font vj d. Flandres. Pour ce icy en recepte : vj d.

De Marguerite Grenet, au lieu de Adam Helle, justice de lad. prevosté, pour larrentement heritier, que lui ont nouvellement fait mad. dame et sa fille (1), dun petit manoir et jardin qui estoit en ruyne et non amasé, seant derriere les greniers de la maison de ladicte prevosté, tenant au long de la vieze muraille et de boult à lheritage dud. Adam, en rendant, chun an au jour de Noel, deux cappons, à la priserie de lad. ville de Douay. Du jour de Noel que cappons furent prisez ij s. viij d., pour ce icy en recepte, pour le Noel dud. an xv^{c}xxix : v s. iiij d.

De Jacques Tottel, à present censsier et fermier du mollin et torgoir à oille, appartenant à mondit s^r, seans en le Prarie Saint Albin, pour ung aultre arrentement heritier, que lui ont aussy fait nouvellement mad. dame et sad. fille, de certaine portion de creste et jardin venant des reiectz de la riviere qui fleuwe et passe aud. mollin, et dillecq fleue et chiet en la grant riviere de lad. ville de Douay, habordant à lad. riviere, tenant dune part à la porte de l'Estancque, et daultre part aud. mollin et du long les murs des heritaiges et jardins de..... et de Me Vaast de La Rachie. En rendant, chacun an au jour s^t Remy..... : viij s.

iij^e. Somme de ce chappille : cent j s. iiij d.

(1) Anne de Meleun, prévôte, 1524-1529.

AULTRE RECEPTE que fait ledit r' du droit qui est deu, chacun an, à mad. dame et à mond. s', son filz, sur les cervoises et tous aultres boires qui se font et brassent, chacun an, en ladite ville de Douay. Et doibvent les brasseurs brassans lesd. cervoises payer, pour chacune tourelle contenant xij r. davaine, vij r. davaine brasié, mesuré au bled, et pour les aultres, selon la quantité quelles tiendront. Et pour chacun brassin de boires bouillis, six lotz vinneretz que lon dist francquetz.

Lesdis francquetz ont esté accordé et bailliez à ferme par mond. s' à m° Vaast de La Rachie, bailly de lad. prevosté et seigneurye de Wagnonville, sa vye durant, pour la somme de xxxvj l., chacun an. Pour ce icy en recepte, pour le st Remy xv^c xxix :   xxxvj l.

liij^e. Somme : xxxvj l.

AULTRE RECEPTE que fait led. r' pour rente deue, chacun an, par les personnes quy senssiuuent.

Et premiers.

De la ville de Douay, laquelle a acheté à Gilles Le Baudrain une petite portion du jardin des noeufves esluves que lon dist du Fort Huich, lequel doit, chacun an, à madicte dame, huit cappons, à le priserie de lad. ville de Douay. Au jour de Noel que cappons furent prisez ij s. viij d., pour ce icy en recepte ; pour le Noel xv^cxxix :   xxj s. iiij d.

De Pierre Scohier dit Pottin, pour la rente dun cappon que doit, chacun an, sa maison seant sur le marchié au bled de lad. ville.... :   ij s. viij d.

V_e. Somme de ce chapitle : xxiiij s.

AULTRE RECEPTE que fait led. r^r pour droix s^aulx escheuz ou temps de ce compte.

Et premiers.

Pour les droix s^aulx du jardin qui fut et appartint à Martin Fourdrin et que icellui Martin a vendu à Phles de Bacquehem, escuier, s^r du Liez, cy devant nommé. Lesquelz droix sont telz que du ve denier à la vente, qui portoient et portent à la somme de xlviij l. flandres. Neantm^s les gens et officiers de mad. dame et de sond. fi:., en faveur du procureur general d'Arthois (1), beau pere dud. s^r du Liez, et aussy en faveur de lui, le ont quictié, et par le consentement de lad. dame, pour la somme de..... : xxiiij l.

Item. Pour les droix s^aulx dune maison seant en la ville de Douay, en la rue Desmaughu (2), laquelle appartint à ung nommé Anthoine du Brunmortier et que led. Anthoine a vendu à ung nommé Nicollas Le Clercq, qui est chergié, chacun an, de v s. ix d. de rente fonssiere, lesquelz droix sont telz que de la double rente, qui portent à..... : xj s. vj d.

Item. Pour les droix s^aulx dune aultre maison, seant en lad. ville, en lad. rue, qui appartint à Jehan de Vauchelles et que Jehan a vendu à ung nommé Andrieu Varlet, qui est pareillement chergié..... Pour ce icy : xj s. vj d.

Item. Pour les droix s^aux du jardin quy est seant entre la vieze porte St Jacques et la Plancque amoureuse, qui fut et appartint à la vefve m^e Jehan Geet et que lad. vefve a

---

(1) Regnault Grignart, père de Jeanne.
(2) Rue des Friplers; par corruption de : Dame Augut.

vendu à ung nommé Jehan Flocquet, lesquelz droix sont telz que de la double de la rente, qui portent à..... : xij l.

Et de Marg¹ᵉ Grenet, pour les droix saulx du jardin et petit manoir non amazé seant derriere les greniers de la maison de lad. prevosté, icellui nommé le hault gardin, quelle a acheté de Adam Helle, chargié, chacun an, de deux cappons à la priserie de lad. ville, du jour de Noel que cappons furent prisez ij s. viij d., lesquelz droix sont telz que de la double rente, qui portent à..... :   x s. viiij d.

vjᵉ. Somme de ce chappitle : xxxvij l. xiij s. viij d.

AULTRE RECEPTE que fait led. rᵉ des bledz venans des mottures et cense des mollins, comme il senssᵗ.

Et primes.

De Simon Lanthoine, mouguier du mollin des Wez lequel lui a esté baillié à cense par les parchonniers telz que : Jehan Du Mont, rᵉ de la table du st Esprit de leglise st Pierre en Douay, Hector Sauldoyer, rᵉ de lospital des Wez, Jehan de Le Rachie, rᵉ de madite dame, et aultres parchonniers, le temps et espasse de xviij ans....., à entrer en cense au premier jour de frebvier an xvᶜ et xxiij, en rendant, chacun an, au prouflit des parchonniers, chacun sa part et portion, le nombre et quantité de six muys de bled..... Avoecq ce, doit..... descliergier led. mollin de six rasieres de bled de rente heritiere que doit, chacun an, led. mollin à leglise de monsʳ st Jacques, de don que luy en a fait deffunct lors vivant Jacquemart Lesbourssart..... Et sy doit retenir le cours de la riviere monnant depuis le pond St Nicollay jusques aud. mollin, pourveu quil pocult el polra regecter les sourfais et terraux venans de la riviere sur les flegars et jardins estans contre icelle riviere..... A la charge, peril et dangier de feu, ou cas que par luy et en sa deffaulte le feu se prendesist aud. mollin..... Par certaines l^res obligatoires passées pardevant la justice d'Escarpel, et garde lesd. l^res led. Jehan Du Mont, recepveur de lad. table, comme ayant la plus grant part de tous lesd. parchonniers aud. mollin..... Neantm^s, se le a il rebaillié, par arriere cense et par le consentement diceulx, à ung nommé Jehan Godeffroy, lespasse de six ans, pour le meisme pris....., desquelz six ans il en olt fait les deux dès le premier jour de frebvier de lan xv^c xxvij, et tost aprez led. jour passé, pourtant que lad. riviere estoit nettoyé, et craindant que lon ne le volsist bouter hors de son marchié, led. Jehan Godeffroy requist ausd. parchonniers que leur plaisir fut le laissier joyr de son marchié....., et moiennant ce il renderoit, chacun an, dud. mollin, lespasse de iiij ans...., sept muys de bled..... Qui est en la part de mesd. dame et damoiselle (1) : xxxiiij r. q^rx et demi..... Pour ce icy en recepte, pour la part de madite dame et de sond. filz...... :

xxxiiij r^es q^rx et demi de bled.

De Pierre Gourdin, mouguier du mollin d'Escoufflers, auquel a esté, par les parchonniers telz que : Toussains Choppart, r^r des Cartriers, Bertoul Hanicot, r^r des Mallades, Jehan De le Barre, r^r de lospital s^t Sansson, Jehan de Le Rachie, r^r de mesd. dame et damoiselle (2), et aultres parchonniers, censy et rebaillé icellui, le temps et espasse de noeuf ans, en rendant ausdits parchonniers, chacun an, durant led. temps, xiiij m. viij r. de bled à trois solz près du milleur..... Led. bled pris par lesdits parchonniers

---

(1 et 2) Anne de Meleun, qui avait précédé, à la prevôté, son frère Jean.

— 172 —

aud. mollin...... Et aussy de faire recouvrir la maison dud. mollin, qui est couverte de thieulle, à ses despens..... Se prend, chacun an, mad. dame, pour sa part..... :

xxvij r. j c. de bled.

Toute somme dargent venant de lad. prevosté : vij^c iiij^{xx} xix. l ix s., et de bled : lxj r. j c. q^{rs} demi de bled, et duquel sen fera vente cy aprez (1).

WAGNONVILLE.

. . . .

MISES ET SOLLUTIONS que fait led. r^r allencontre de lad. recepte.....

Et premiers.

A Jehan d'Ablaing, recepveur du gavene en Douay, est deu, chacun an, au jour st Remy, sur la maison de lad. prevosté, xviij l. douisiens, qui vallent vj l. monnoie de Flandres..... : six l.

A Bertoul Hanicot, r^r de la bonne maison s^t Laddre en Douay, est deu, chacun an, au jour de s^t Jehan Baptiste et au jour de Noel, sur lad. maison dicelle prevosté, iiij l. flandres, iiij s. douis^s et iiij cappons..... : iiij l. xij s.

P^e somme de mises. Somme de ce chappitle : x l. xij s.

. . . .

Item. A esté paié pour avoir fait porter xxvij r. une couppe de bled, icelles prises au mollin d'Escouflers, vj d. de chacune rasiere..... : xiiij s.

(1) On voit, au fo 10 v°, que le blé fut vendu à des prix différents : 41 sols, 38 sols et 33 sols la rasière, laquelle correspond à peu près à l'hectolitre.

Item. A esté paié pour avoir fait porter aultres xvij. r. de bled, icelles prinses au mollin des Wez, vj d. de chacune rasiere..... : viij s. vj d.

AULTRES MISES..... pour gaiges et pensions dofficiers.....

Et primes.

A m⁰ Vaast de La Rachie, bailly de mad. dame, tant pour la prevosté comme pour Wagnonville, pour ses gaiges dun an..... : c s.

Item. A David Cordouan, procureur de mad. dame en la ville de Douay, pour ses gaiges de lan..... : lx s.

Item. Audit r, pour ses gaiges davoir fait la recepte de la prevosté et les mises de ce present compte, pour ung an.... : xvj l.

. . . .

Item. A lui, pour le fachon de ces presens comptes, pour les avoir minué et grossé en double : lx s.

Aud. r, davoir venu rendre ses comptes de la ville de Douay en ceste ville d'Arras, à quoy f⁰ a vaghuué par iij jours, en ce aussy comprins les despens faiz à laudition de ce present compte : viij l.

. . . .

Ces presens comptes ont esté rendus par ce r, en la ville d'Arras, aux commis de madite dame, et par eulx veu, clos, oy et accepté, le vij⁰ de decembre xv⁰ trente.

(Signé:) E. Fouet, M. Fouet, et P. Lalart.

Arch. municip., 22e liasse du cabinet; cahier en papier de 24 ff. et recouvert en parchemin.

XC.

Arrentement perpétuel d'une parcelle de l'ancienne forteresse, dépendante de la prévôté, au profit des arbalétriers de plaisance. — *1548 (v. st.), 1ᵉʳ mars.*

A tous..... Marcq du Hem, escuier, conseiller de l'empereur nostre sire, archiduc d'Austrice, ducq de Bourgoingne, comte de Flandres, etc., son bailli de la ville de Douay.....

Par devant Ph^{les} Pinchon et Anthoine de Rantre, hommes du chastel dudit Douay (1).

Sont venus et personnel^t comparus : les roy, connestable, dixeniers et la plus saine partie des confreres des arbalestriers de plaisance de ladite ville, de la confrairie que l'on dist de s^t Maurand. Et recognurent..... Comme prochès et question fut apparant mouvoir dentre euls et haulte et puissante dame madame Isabeau de Waldeck (2), vicontesse de Gand, dame de Caumont et prevoste heritiere de Douay, à cause de sa prevosté, et à raison de certain arrentement quils disoient avoir prins et leur avoir été accordé, pour applicquer à leur jardin où se exerche leur jeu darbalestre (3), par les eschevins et Six hommes de cette

---

(1) L'acte, passé sous la juridiction du bailliage de Douai, est reçu par deux hommes de fief et authentiqué par le bailli au moyen de la signature du greffier.

(2) Elle agit au nom de son époux Jean III de Meleun, 19ᵉ prévôt, privé de raison.

(3) Etabli en 1541 sur la crête ou les rejets du fossé longeant le château, entre ce fossé et le mur de l'ancienne enceinte ; limité à l'est par la rue d'Infroi, à l'ouest par la rue de la Fonderie. Les berceaux du jardin des arbalétriers de « plaisance » sont figurés sur le plan de Blaew, vers 1620.
C'était le prince qui avoit concédé le fonds de ce jardin ; le prévôt n'avait aucun droit dans cette partie des anciens ouvrages de défense.

ville, pour jouir perpetuellement, de la scituation, fons et propriété de certain mur, de cinq pieds de large ou environ, puis nagueres desmoli, par le consentement dicelle dame (1), pour les estoffes emploier à la fortification dicelle ville ; se prenaut assez près de leurdit jardin et gissant sur la rue d'Andinffer, d'où l'on poldroit prendre issue en ladite rue (2), et dillecq entrer tout dun train et chemin en tous les jardins tant darchiers que darbalestriers de ladite ville, baillés par ladite dame et ses predecesseurs par forme d'arrentement (3). Et que iceux arbalestriers disoient debvoir causer le grand bien et honneur de ladite ville, de tant plus que chacun poldroit en tous les susdits jardins, et de lun à à lautre, hanter et frequenter. Ainsi quils disoient apparoir par lettres de leur pretendu arrentement (4).

Et ladite dame, disant et maintenant au contraire, que les fons et comprehention du mur arrenté lui appartenoit, à cause de sadite prevosté de Douay, et comme ayant la garde de lanchienne fortresse de ladite ville, comme et ainsi que estoit le dessus dit mur ainsi desmoli que dessus, et par consequent les fons, situations et propriété dicelluy. A tel effect que, pour la contrarieté des faicts et moiens que les-

(1) C'est donc vers 1545 que disparut cette partie des vieux murs du IX° siècle.

(2) La parcelle arrentée forma l'entrée du jardin des arbalétriers de « plaisance », s'ouvrant rue d'Andinfer, aujourd'hui d'Infroy.

(3) En effet la prévôté arrentait : 1o aux archers de N.-D. de « plaisance » la majeure partie des rejets du fossé, entre les poternes de Lannoy et de St-Nicolas ; 2o aux arbalétriers de « serment », une grande partie des rejets entre la poterne St Nicolas et la porte au Cerf ; 3o aux archers de « serment », une grande partie des rejets entre les portes au Cerf et du Marché. Cf. *Preuves*, n° LXXXIX bis.

(4) La difficulté naissait de l'éternel différent entre la ville et le prévôt, par rapport à leurs droits respectifs sur les vieux murs de défense.

dits comparans et icelle dame avoient à desduire et alleguer, estoient comme respectivement en apparence de, pour ce, en fraier et soustenir lun contre laultre plusieurs frais et despens superflus. Pour ausquels obvier, paix et amour demeurer entre eulx et ladite dame, dun mutuel accord se sont pacifliez et accordé enssamble, en la forme et maniere que senssuilt.

Cest asscavoir. Que, parmi et moyennant ce que ladite dame leur a accordé pour eulx et leurs successeurs par arrentement fonssier et perpetuel tous les fons, propriété, comprehention et jouissance du dessusdit mur ainsi desmoly que dessus, que pour iceluy fons applicquer à la comoditté de leurdit jardin et aultrement en jouir, faire et user à leur plaisir et vollouté, soit en prendant leurs issues, tant par eulx que tous aultres, tant sur ladite rue d'Andiuffer, que aultrement en faire et user, ainsi que bon leur semblera, comme plus à plain appert par lettres à eulx par ladite dame delivrées ce jourdhui datte de cestes.

Lesdits roy, conestable et dixeniers et confreres ont promis..... satisfaire et paier à ladite dame et à ses successeurs heritiers de ladite prevosté, deux chapons et deux sols douisiens de rente fonssiere et heritiere par chacun an, à la priserie du jour de Noel de ladite ville..... (1).

En tesmoing de ce, nous avons à ces presentes lettres fait mettre le signe manuel de Floren Le Noel, nostre greffier, cy mis le 1er jour de mars l'an 1548. Ainsi signé : F. Noel.

<small>Arch. de l'anc. parlem. de Fl., fonds de la gouvernance de Douai, n° 305 des comptes et distributions; copie simple.</small>

<small>(1) Un siècle après, la rente était à la charge de la maison voisine, dite des Trois-Cocquelets, rue d'Andinfer (n° 18 et 20 de la rue d'Infroi), qu'on avait agrandie en bâtissant au-dessus de la ruelle conduisant au jardin des arbalétriers.—Cf. fief des Trois-Cocquelets, 6e chap., art. VI 2°.</small>

XCI.

Sentence de la gouvernance rendue au profit du prévôt contre le régent du collége de Marchiennes, qui avait voulu s'affranchir des droits sur la bière. — 1574, 23 décembre.

A tous..... Jean de Lattre, licentié ès deux droicts, sr d'Oudenhove, conser du roy notre sire..... et lieutenant à Douay de haut, noble et puissant seigneur Mer le gouverneur de Lille, Douay, Orchies, commissaire de S. M. en cette partie.

Comme, au siege royal et provincial de S. M. en sa gouvernance de Douay et Orchies, soit naguere demené et retenu en ladvis de la cour, procès et question dentre :

Noble dame madame Anne d'Aymeries, dame dudit lieu, douairiere vicontesse de Gand, de Caumont, prevoste de Douai etc., veuve de feu noble seigneur messire *Maximilien de Meleun,* viconte de Gand, baron de Caumout, prevost hereditaire de Douay, gouverneur des ville et Cité d'Arras, etc. Julien de Salle, son fermier du moulin bannier au bray. Et Hercules de La Rachie, aussi son fermier du droit de francquets (1), appartenant usufructuairement à ladite dame. Demandeurs.

Et Me Jean Procureur, pbre, regent du college de Marchiennes en cette ville. Defendeur.

Pour ladite dame. Quelle a certain moulin à bray, nommé communement le moulin bannier ou banneret,

(1) En 1530, était fermier viager du droit de « francquet » Me Vaist de LaRichie, bailli de la prévôté et de Wagnonville. *Preuves,* no LXXXIX bis.

auquel sont ceux indifferem' qui veulent brasser en cette ville tenus moudre leurs grains à brasser audit moulin, et pour droit de mouture payer lunsiesme partie desdits grains. Sans quil soit loisible à aucun amener aucun grains moulus en ladite ville, fors à charge et condition de lamener au devant dudit moulin, pour y prendre son droit tel que dessus..... (1).

Appartient encore, à cause de ladite prevosté, certain droit sur les brassins qui se font ès mectz de ladite ville, banlieu et échevinage, tel que de chacun brassin de cervoise, biere, haquebart et boire bouly, six lots vinerés ou un franquet (2).

Ce nonobstant, ledit M⁰ Jean sestoit ingeré de construire un moulin à moudre bray audit college, dès les Pasques 1573, et de moudre grains à brasser bieres, cervoises, hacquebart etc., sans payer des brassins le dit droit donzime des grains ni les dits six lots vinerés.

Savoir faisons..... Adjugeons à ladite dame et sesdits fermiers ladite recredence, condamnant le defendeur de retablir le trouble.....

Donné sous notre seel, en jugement, au chastel audit Douay.....

Arch. du parlem. de Flandres, fonds de la gouvernance, liasse d'anciens titres; copie simple.

---

(1) Cf. les dénombrements de la prévôté, à l'art. moulin au Brai, et le bail de 1774 de ce moulin.

(2) Id., à l'art. sur les brasseurs.

XCII.

Traités anténuptiaux pour le mariage de Robert de Meleun, vicomte de Gand, seigneur de Richebourg, etc., prévôt de Douai, avec la veuve douairière du prévôt précédent. — 1576, mai et juin.

1º.—Points et articles accordés par madame la princesse d'Espinoy, M^r le senechal, Madame de Montigny et Mlle d'Espinoy, ses enfans, pour parvenir au traictié de mariaige de Mr de Rychebourg avecq madame la viscontesse de Gand.

Faict en nostre hostel de Roubais, à Lille, le 23e de may 1576.

(Signé) Yolente de Werchin, Pierre de Werchin, Helene de Meleun, Marie de Meleun.

2º.—Comparurent : haut et puissant seigneur messire Robert de Meleun, vicomte de Gand, etc., prevost hereditaire de la ville de Douay, capitaine d'une compagnie d'hommes d'armes des ordonnances du roi. Haute et puissante dame madame Anne Rollin, fille de feuz haults et puissans seigueur et dame, messire George Rollin, seigneur d'Aimeries, etc., et Anne de Hamal ; dame dudit Aymeries, etc., veuve de haut et puissant seigneur, Maximilien de Melun, vicomte de Gand etc , prevost hereditaire de Douay, gouverneur et capitaine des ville et Cité d'Arras et d'une compaignie d'ordonnance dudit seigneur roy.

Le futur apporte entre autres biens : la maison et seigneurie de Sechelles, scant en la ville d'Arras.

La future, entre autres biens : 2000 livres de 40 gros chacune livre, de rente heritiere, procedant de la *mercede* faicte par S. M. à son feu mari.

Domicile élu au château de Caumont.

Fait audit Caumont, le 9 juin 1576.....

<blockquote>
Orig. sur papier et contrat en parch.; Arch. du parlement de Flandres, fonds du greffe de Malines, sac n° 180.

On y trouve aussi les inventaires dressés après les décès du vicomte de Gand (Maximilien de Meleun) et du marquis de Roubaix (Robert de Meleun.)

Yolente de Werchin, princesse douairière d'Espinoy, sénéchale de Hainaut, dame de Roubaix, etc., est la mère du futur.

Mgr le sénéchal, Pierre de Werchin, était le second fils d'Hugues de Meleun, prince d'Espinoy, et d'Yolente de Werchin ; il avait pris les nom et armes de la maison de Werchin. Mais son frère aîné étant mort sans hoir, il prit le titre de prince d'Espinoy et devint chef de la maison de Meleun. Nous en parlons dans notre histoire de la prévôté.

Hélène de Meleun, dame douairière de Montigny en Ostrevant, fut la 22e prévôte de la ville de Douai.

Marie de Meleun, *dite* Mlle d'Espinoy, mariée ensuite à Lamoral, comte puis prince de Ligne, a été la 23e prévôte.
</blockquote>

XCIII.

Main-levée de la confiscation des biens de la maison de Meleun-Espinoy, notamment de la prévôté de la ville de Douay, accordée par la cour de Bruxelles, en faveur d'Henri de Meleun. — 1651, 15 décembre.

Philippes.... Receu avons l'humble supplication de n^re très cher et féal *Henri de Melun*, contenant que, pendant la disgrâce du prince d'Espinoy, son père, il fut mis aux estudes et exercices en France, d'où il s'estoit retiré aussy tost qu'il se vist en aage de porter les armes, et poussé d'un zèle pour le service de n^re très auguste Maison, s'en alla, à l'insceu mesmes de ses frères et ses plus proches, dans les armées de Sa Majesté Impériale, dans lesquelles il auroit servy l'espace de cinq ans en diverses occasions, eu présence et à la veue de nostre très cher et très amé bon cousin l'archiducq Léopolde, en et soubz l'honneur de ses ordres, y auroit commandé un régiment de cavallerie. Jusques à ce que, se persuadant ne faire encores asses selon son inclination, et ayans apprins que nostre cher et féal don Miquel de Salamanca etc. estoit à Vienne, par n^re ordre et commission, il se seroit transporté vers icelluy, pour, à quelque prix que il fut, pouvoir entrer en nostre service et passer en Espaigne. De quoy estant convenu et obtenu son congé par l'intercession de n^re ambassadeur, le duc de Terra-Neuva, résident à Vienne, il auroit abandonné toutes les charges et advantages qu'il avoit ès dictes armées, et se rendu en Flandres, pour pouvoir mieulx réussir en son desseing. A quoy ayant rencontré de le difficulté, il auroit esté contraint de sy arroster, comme il feroit encores, tâchant d'y rendre, en tous les campagnes, les services qu'il Nous doibt, tenant à grâce particulière la permission qu'il auroit de Nous y servir selon son zèle et inclination. Pour tout quoy, il Nous a supplié très humblement que, comme il nous auroit pleu, passé quelque temps, octroyez aux comtes de Hennin et Warfuzé(1) la main levée des biens de leurs maisons, n^re bon plaisir fût de luy accorder de mesme la main levée de ceulx de la sienne.

Pour ce est-il que, eu sur ce l'advis de nos conseils d'Estat et finances, et par la délibération de n^re très cher et très

(1) Ces grands seigneurs avaient aussi, comme le prince d'Espinoy, père d'Henry de Meleun, été compromis dans l'affaire dite la « conspiration des nobles ».

amé bon cousin Leopolde Guillaume, et qu'en admettant ledict Henry de Meleun en n^re grâce et Nous assceurant qu'il continuera avecq telle léaulté en nostre service, que journellement il se rendra plus digne de plusieurs aultres (qu'il ira méritant par ses services) que luy pourrons faire à l'advenir selon ses mérites et services, avons, en suitte de ce, osté et levé, ostons et levons, de grâce espéciale, par ces présentes, n^re main de tous les biens de sa maison, prééminences, droictz et actions qu'avoit et possédoit feu *Guillaumme de Melun*, prince d'Espinoy, son père, avant sa disgrâce, pour par ledict Henry de Melun en jouyr et proufficter de ce jourd'huy datte de cestes, sans néantmoings comprendre en ceste main levée les biens venduz, engagez, distraictz, hipothecquez, affectez, alliénez ou aultrement par Nous disposez tant réellement que personnellement jusques à présent, le tout en conformité des contractz, actes ou patentes par Nous en accordez ou despeschez, si comme les rentes par Nous constituées sur Carvin et Espinoy, ensamble sur le domenne de Cassel et Bois de Nieppe, par nos lettres patentes du dixiesme de novembre 1637, montant, en capital au denier seize, à la somme de septante mille livres du pris de quarante groz monnoye de Flandres la livre.

Item. Le villaige, terre et seigneurie de Heusdene, proche la ville de Gand, engagé à. . . . .

Item. *La prevosté de Douay, avecq les moulins à Bray illecq, mis par Nous ès mains de ceulx de nostre grand conseil à Malines, leurs hoirs et successeurs, par forme de gagiere, assceurance et hipothecque,* conjonctement avecq le droict du seel des despesches quy se font en nostre dit grand conseil, pour la somme de trente six mille semblables livres, qu'iceulx du grand conseil Nous ont presté à cours de rente, à l'advenant du denier seize, revenant à deux mille deux cent et cincquante desdictes livres par an........

Touttes lesquelles parties ne voullons ny entendons estre comprinses dans la présente main levée, ny aussy quelconcques aultres terres..... Cédant audict remonstrant tout tel droit quil Nous peut compéter sur les ventes et engagières ou aliénations tant des parties susdictes que de celles qui ne sont pas comprinses, ayans aultrefois appartenu à sa maison.....

Car ainsy Nous plaist il. Donné en n^{re} ville de Bruxelles.....

Arch. départ. 72e reg. des chartes, f° 49 v°.

XCIV.

Actes de baptême et de sépulture de Louis 1er de Meleun, prince d'Espinoy, prévôt de Douai. — 1673. 1704. — Acte de baptême de Louis II de Meleun. — 1698.

1$_o$ — Extrait du registre des baptêmes de la paroisse de Saint-Jean en Ronville de la ville d'Arras.

Le 27 octobre 1703, j'ai baptisé le fils de haut et puissant prince *Guillaume de Meleun*, prince d'Espinoy, connestable héréditaire et premier bair (beer, *baron*) de Flandre, vicomte de Gand, marquis de Roubaix, chevalier des ordres du roi ; et de haute et puissante princesse madame Jeanne-Pélagie Chabot de Rohan, son épouse.

(Signé) *Guillaume de Meleun*.....

2° — Extrait d'un registre en latin de la paroisse de Saint-Laurent, église cathédrale de Strasbourg.

24 septembre 1704. Mourut le seigneur *Louis de Melun*, prince d'Espinoy, *exercituum regionum fiduciarius præfectus*, en la paroisse Saint Louis de Strasbourg ; marié, âgé de 32 ans environ, enterré solennellement en l'église cathédrale le 25 dudit mois.

3°. — Extrait du registre des baptêmes de la paroisse de Meudon, diocèse de Paris.

26 juillet 1698. En la chapelle de Meudon a été baptisé un petit garçon, fils de très hault et puissant prince Mgr *Louis de Meleun*, prince d'Espinoy, et de très haulte et très puissante princesse madame Elisabeth de Lorraine, son épouse, demeurants en leur hostel, place Royale, paroisse de Saint-Paul, à Paris. A été nommé *Louis* par très haut, très puissant et très excellent prince Mgr Louis, dauphin de France, son parrain. La marinne, très haulte et très puissante princesse madame Marie-Anne de Bourbon, légitimée de France, princesse de Conty.

Avec certificat du curé de Saint-Paul, du 23 dudit mois, que l'enfant a été ondoyé le 27 octobre 1694.

Arch. du parlement de Fl., parmi des pièces de procédure.

XCV.

Le prévôt condamné à respecter le privilège de banalité concédé autrefois à l'abbaye des Prés. — *1784, 10 mai.*

. . . . . . Messire Philippe-Alexandre-Emmanuel-François-Joseph, prince de Ghistelle-Richebourg, prince du Saint-Empire, grand d'Espagne de la première classe, marquis de Richebourg, Saint-Floris, Vieille-Chapelle et de Croix, baron d'Eselmens, pair de Le Fosse, vicomte de Gand et de Montreuil, sénéchal de Hainaut, pair et baron de Bretagne, seigneur des ville et châtellenie de Beuvry, Saly-La Bourse, etc., etc., *seigneur* prévôt héréditaire et foncier de la ville de Douay ; mari et bail de dame *Louise-Elisabeth de Melun*, princesse d'Epinoy, connétable héréditaire et la première paire et baronne de Flandres. Demandeur par requête du 10 décembre 1783. Contre les dame abbesse et religieuses de l'abbaye royale des Prez en Douay.....

(*Il se plaignait qu'au préjudice de son droit de banalité, l'abbaye faisait moudre chez elle les brais ou grains nécessaires pour la formation de sa bière. Sur la production des titres de 1234 et de 1300, qui exemptaient l'abbaye de cette banalité, le demandeur est débouté, par sentence du 10 mai 1784.*)

Arch. du parl. de Fl., fonds de la gouv. de D., liasse de minutes de sentences « extendues ».

FIEF DU GAVÈNE.

XCVI.

L'office d'Adèle de Douai (le fief du Gavène) est grevé, par le comte, d'une rente envers Saint-Amé. — 1177.

In nomine s^{cæ} et individuæ trinitatis in perpetuum. Ego Philippus, Flandr. et Virom. comes, notum esse volo omnibus, quod, pro salute animæ meæ, dedi in elemosinam ecclesiæ s_{ci} Amati Duacensis xxv solidos, singulis annis accipiendos, Duaci, in dominica Palmarum, ex officio *Adelidis Duacensis*. De istis vero denariis statui ut solum modo procurentur vinum et panis ad conficiendum sacrificium altaris. Ne igitur hæc elemosina possit ab aliquo infringi vel cassari, sigilli mei auctoritate eam confirmari precepi. Anno domini m° c° lxxvij°.

> Le sceau pendant manque. Au dos, d'une écriture contemporaine de la charte: *Ph. comitis, de pane altaris.* — Arch. départ., fonds de St-Amé.
>
> Une charte semblable se trouvait dans le fonds de St Pierre (Martin Lhermite, *Hist. des saints de la province*, Douai, 1633, in-4, p. 554).
>
> Par une charte de la même date et conçue dans les mêmes termes, le comte Philippe avait donné à l'abbaye de Marchiennes une rente de 60 sols. Au dos du titre, conservé dans le fonds de Marchiennes, on lit cette annotation, du XIII° siècle: « Cist lx s. furent vendu et li argens convertis en le disme d'Auchi ». L'achat d'une dime à Auchy-lez-La Bassée par l'abbaye eut lieu en 1:77. Cette rente, encore mentionnée dans le dénombrement du fief du

Gavène de l'an 1372 (*Preuves*, no XCIX), ne l'est plus dans celui de 1512, où elle est appliquée, semble-t-il, à une chapelle de l'église St-Pierre.

L'abbaye d'Anchin avait reçu, en 1177, une libéralité pareille (Arch. départ., fonds d'Anchin). La rente, mentionnée en 1372, a disparu en 1512.

Enfin l'abbaye de St-Amand avait obtenu pareille rente (Arch. départ., fonds de St-Amand ; *Liber albus*, fo 223).

La même année, le comte Philippe avait grevé ses autres domaines de rentes semblables. Nous pouvons citer : l'abbaye de Mareuil, qui reçut 25 sols sur le domaine de Bapaume (*ab eo qui redditus meos ibidem colligit*); Collection Moreau, vol. 81, fo 100 ; — la collégiale de Seclin, 15 sols sur le domaine de Seclin ; fo 102 ; — l'abbaye de Clairmarais (*de Claromarischo*), 60 sols sur le domaine de Furnes (*ex officio Leonii notarii*) ; Arch. départ., 3e cartul. de Fl., fo 17.

Cf. *Invent. analyt. et chronol. des archives de la chambre des comptes*, Lille, 1865, in-4o, pp. 52 à 53.

XCVII.

Le chevalier Pierre de Douai donne à sa chapelle de Riculay des rentes à Douai et à Sin et affecte subsidiairement la part de l'euwage de Douai qu'il possédait comme Gavenier. — 1220 (v. st.), le vendredi 5 mars.

Universis presentem paginam inspecturis. P. DE DUACO, miles, in Domino salutem. Noverit universitas vestra quod ego institui, pro anima mea et antecessorum meorum, quandam capellaniam deserviendam de cetero in capella mea apud Riulai. Dedi autem in elemosinam, ad opus capellani, decem libras alborum vel paulo plus, et in vita mea, unum modium bladii, et post decessum, duos modios percipiendos in perpetuum annuatim. De denariis vero assignavi Duaci : quatuor m^a super mansum, quod fuit Hesselini de Porta, juxta portam Schercini, marcham et dimidiam in Alneto, supra duas domos que fuerunt Ælidis de Doignoin. Apud Siim, vij^em fertones supra pratum quod pridem fuit Balduini de Doignon, dimidiam marcham ibidem supra pratum quod fuit Warini Felison. Bladium autem assignavi supra septem raserias terre et supra terragium meum in sartis inter Riulai et Belrepaire. Si quid autem de predicta summa defuerit, capellano concessi quod ipse accipiet super aquaticum meum et foraticum et alia que habebam infra castrum Duacense.

Ad cujus rei memoriam presentem paginam sigilli mei munimine roboravi. Actum in presentia scabinorum Duacentium, videlicet : Petri Le Clerc, Roberti Porcelet, Nicolai Lalaim, Bernardi de Goi, Gervasii de Villa, Petri Fillol et Roberti Le Blont. Et in presentia scabinorum de Siim : Furmaudi de Novavilla, Hugonis Leschievin et Geroldi de Segropre.

Anno gratie m. ij$_c$ xx, prossima vj^a feria mense martio.

<small>Original, muni du sceau de Pierre de Douai, en cire blanche, pendant avec attache de parchemin. C'est un sceau à l'écu de forme ovale, au chef d'hermines, sans brisure ; le contre-sceau représente une sorte de petite rosace. Cf. le contre-sceau du n° 793 de l'*Invent. des sceaux de la Fl.* de M. Demay.
Archives départ., fonds de l'abbaye de Cysoing.</small>

XCVIII.

Jean de Rieulay, du consentement de son frère, Gossuin, seigneur de Rieulay, détache de son fief du Gavène le droit de forage et le vend à Richart Du Markiet, bourgeois de Douai, en faveur duquel la comtesse Marguerite convertit le fief en roture. — 1274, 1er août.

Nous Marguerite, contesse de Flandres et de Haynault, faisons scavoir à tous ke nos foiaules Jehan de Rieulay a vendu bien et à loy, par le gret et le assentement de Gossewin de Rieulay, son frere et sen hoir, à nostre chier bourgois de Douay, Richart du Markiet, perdurablement, tous les foraiges ke il avoit et debvoit avoir, en nostre ville de Douay, de vins, de miés, de goudale, de cervoises et de touttes aultres choses ki à forage appartiennent, lesquels forages il tenoit, avec aultres choses, de nous en fief, pour une certaine somme de deniers dont li devant dis Jehan s'est tenu à paiés par se recongnoissance devant nous.

Et les devant dis foraiges a, li devant dis Jehan, werpy et rapportés en nostre main, bien et à loy, par le jugement de nos hommes, ses peirs, conjurez sour che de nous. Et disent pour droict et pour jugement, li homme devant dit, ke chuis Jehans estoit issus desdits foraiges et sen estoit desheritez bien et à loy, et tant en at faict ke il ne sy hoir ny poront jamais nul droit avoir ne demander.

Et nous, apres ces choses faites et accomplies bien et à loy, a us et a coustume de nostre court, les foraiges devant dis avons rendus quictes et delivrés de tout fief, et donné et octroyé au devant dis Richart, perdurablement, à tenir de nous et de nos hoirs, contes de Flandres, pour sis deniers de douisiens de cens, perdurablement, à rendre, chascun an, à nos b..es de Doway, au terme de le saint Remy, et à juger dore en avant par loy des eschevins, as us et as coustumes ke li autre tenement, ke on tient de nous à Doway, à cens et à rente, se jugent.

Et pour chou ke soit ferme chose et stable à tousjours, nous avons au devant dict Richart donné et octroyé ces presentes lettres saielés de notre saiel. Che fut fait et donné à Douay, en lan del incarnation de notre seigneur mil deux cens soixante quatorze, le jour de saint Pierre entrant aoust.

Archives municip., n° 170 de la *Table*. Deux copies simples, modernes et très-défectueuses, surtout celle de la lay. 133, liasse 7°; l'autre est annexée à des pièces de procédure, dans la lay. 92, liasse 4°, Université. Elles paraissent avoir été écrites d'après un vidimus de l'an 1632, pris sur l'original encore muni de son sceau. —Cf. Guilmot, Invent. analyt. ms., pp. 1017, 1018 et 1356.

XCIX.

Dénombrement servi pour le fief du Gavène de Douai.
— 1372.

Denombrement du fief de le prevosté et du gavene de Douay, qui se comprendent en deulx fiefz tenus de mons' le conte de Flandres, lesquels fiefs appartinrent à deffuncte (1) demois. *Marie de Meleun*, prevoste et gaveniere de Douay en son temps, et sont tenus lesd. fiefz dudit conte de Flandres ad cause de son chastel de Douay.

Primes. Ung fief à dix livres de relief, à cause duquel le prevosté de Douay deppend..... (2).

Gavenier de Douai.

Item. Se comprend le fief du gavene de Douay en ung fief tenu de mons' le conte de Flandres, à dix livres de relief. Duquel fief le gavenier est receveur dicellui gavene. Est assavoir quil luy est deu, ad cause dudit fief, xliij m. de bled au pris quil est prisiet, chacun an au jour saint Remy, en la ville de Douay. De laquelle il est deu, au pris de ladite priserie, à mondit seigneur le conte de Flandres, xxv m. dix rasieres deulx boisteaulx de bled.

(1) Cette copie du dénombr. de 1372 ne fut faite que vers 1460; c'est le copiste qui a ajouté les mots : « deffuncte », « en son temps », etc.

(2) Voir *Preuves*, n° LXXXIX.

Item. A Jehan Le Merchier et à demois. Reusse Catel, ad cause de MONS^r. LE CHASTELLAIN DE DOUAY, ix m. xj couppes de bled.

Item. A ladite demois. Reusse Catel, iiij l. x s. Et à labbaye des Prez, v m. ix r. de bled.

Item. Estoit deu audit gavene, du temps quil estoit à mons^r de Pottes, sur le nœ.f mollin, qui ad present est au prevost à cause de ladite prevosté, de rente perpetuelle iiij m. de bled.

Item. Encoires est deu, audit fief du gavene, de rente par an iiij^{xx} iiij m. vij rasieres davaine ou environ. Sur quoy est deu, chacun an, à mondit seigneur le conte de Flandres, xlj m. iij r. iij c. au pris quelle est prisée chacun an au jour saint Remy par eschevins de Douay.

Item. A Bernard Catel, x m.

Et à labbaye du Vergier, v m.

Item. Est, aveuc ce, deu audit fief du gavene iiij^c xxxv (1) cappons au pris quilz sont prisiez par lesd. eschevins de Douay, au jour de Noel, comprins ens vj cappons que solloit devoir de rente le maison de le Trenité de Douay que luy quitterent les devanchiers de mondit seigneur le conte de Flandres.

Item. Est encoires deu, ad cause dudit fief, xliiij l. xiiij

---

(1) Le copiste a-t-il écrit ici : iiij^c xxxv, au lieu de : iiij^c xxix, chiffre qui, en 1372, était exact? (429 — 5 = 424.) Ou bien ces 435 chapons, que plus loin on chiffre 435 « et les deux pars de ung », représentent-ils un total qui aurait été exact plus anciennement, par exemple avant 1272, et qu'auraient diminué certaines remises antérieures à celles faites en 1272 et en 1279 au profit des Trinitaires?

Le peu de soin avec lequel on transcrivait les anciens documents complique singulièrement ces questions de chiffre.

s. v d. ob. douisiens, comprins ens xviij l. douis, que le maison de le prevosté de Douay y solloit devoir. De laquelle somme il doit, chacun an, à mondit seigneur le conte de Flandres xx l. xiij s. v d. douisiens.

Item. A le cappelle de le viese tour de Douay, x l. douisiens.

Item. A leglise saint Amand, lx s. douisiens.

Item. A leglise N^{re} Dame de Tournay, xl s. douisiens.

Item. A labbeye de saint Saulveur d'Afchin, lx s. douisiens.

Item. A labbaye de Marchiennes, lx s. douisiens.

Item. A leglise de saint Amé en Douay, xxv s. douisiens.

Item. Est deu audit gavene, des chincq villes d'Ostrevant, est assavoir : Flequieres, Erchin, Guesnaing, Dichy et Fierin, chacun an, au jour saint Remy, aveuc les rentes données cy dessus comprinses, xxxiiij s. parisis.

Item. Pour le wisnage de le riviere de Douay dont le gavenier ne y prend que le tierch à lencontre des deux pars qui appartiennent à mons^r LE CHASTELLAIN DE DOUAY, duquel tierch on rend à censse iiij l. x s. par an.

Item. Pour les euwaiges des nefz et pontons qui sont mis en euwaige dont ledit gavenier a la moittié à lencontre DUDIT CHASTELLAIN, laquelle moittié poeult valloir en revenue par an environ xviij l. parisis.

Item. Pour ung gardin appellé le gardin de Guise seant sur le plache de Barlet à Douay, aveuc unes porqueries joingnans à icellui gardin, lesquelles porqueries sont arrentées xij s. parisis par an, et dudit gardin on a à lieuage par an iiij l. parisis.

Item. Doit ledit gavenier à leglise de Flynes, xxv l. parisis qui se rabattent à mondit seigneur le conte de Flandres.

Le relief dudit fief du gaveno, portant à x l., se paie de coustume aulx Templiers du Temple de Douay.

Et aveuc tout ce, contient ledit fief du gaveno les parties quy senssieuent, qui se coeullent ès lieux cy après declairés :

Primes. Le basse justice en le ville de Douay au lez que on dist decha leaue, laquelle a prinse, arrest et admendes qui de clains et de respeulx naissent en ceulx qui par luy sont exploitié, en le fourme et maniere que le justice de le prevosté, excepté que lad. basse justice ne a point de garde des prisonniers, mais les loist mener et bailler à la justice de ladite prevosté.

Item. Contient ledit fief, ad cause dudit gaveno qui se coeulle ès villes de Douay et de Sin, xliij m. de bled, desquelz on rabat certaines parties et pour certaines causes plus ad plain declairiés en le fin de ce present rapport. Et se paye ledit bled, chacun an, au jour saint Remy, par le priserie que les eschevins de Douay y mettent. Et se, audit jour, nest payé, les debteurs poevent atendre jusques au jour de le Candeler après ensievant, sans aucune amende. Et du jour passé, ilz doivent le plus quiere vente qui ara esté depuis lad. saint Remy jusques au jour quilz paieront. Et se ilz laissent passer le jour saint Jehan Baptiste après ensievant, aveuc lad. plus quiere vente, ilz doivent le tierch oultres.

Item. Pour ledit gavenier à tout venir ens et parmy certaine desquerque cy après declairée, comme dit est du bled cy dessus, la somme de jiij^{xx} iij m. vij r. davaine, lesquelles se coeullent esdites villes de Douay, de Sin et des v villes d'Ostrevant. Et se paient les parties coeullies ès villes de Douay et de Sin, tant delà leaue comme deçhà, en la fourme et maniere quil est dit du blé cy dessus. Et ès parties deues sur lesdites chincq villes d'Ostrevant, ne a aulcune admende, mais les loist poursieuir et aller querir à ses despens. Et a on acoustumé de disner le mayeur et eschevins de chacune desdites villes aulx despens dudit gavenier.

Item. Pour ledit gavene à tout venir ens iiij^c xxxv cappons et les deux pars de ung (1), sur certaine diminution comme il est dit des aultres parties, lesquelz sont deubz ès villes de Douay et de Sin, comme en cappons en plume, mais à le priserie desd. eschevins de Douay, lesquelz les prisent communement au Noel, en deniers, ainsi que le coustume donne.

Item. Est deu audit gavene à tout venir ens xliij l. xiij s. v d. ob. douisien deubz ès villes de Douay et de Sin, desquelz se acquittent ceulx qui les doivent, les iij s. douisiens pour xij. d. de le monnoie du prince à monnoie de Flandres.

Item. V^c de œufz deubz au jour de Pasques sur pluiseurs pasturaiges en le ville de Sin, lesquelz ils ont acoustumé à paier aux baillis des seigneurs qui en deschergoient ledit gavene, et ad present en a esté le gavenier contrainct de paier se il les euist receux, ce que non.

Item. Encoires esdites v villes d'Ostrevant, xxxiiij s. parisis, qui se paient aveuc et par le maniere dicelle avaine.

(1) Nous avons cherché plus haut à expliquer ce chiffre qui n'était plus exact en 1372.

Item. Le tierche partie du tonllieu ou wisnaige qui se coeulle en le riviere de Douay au lez deseure Escarpel, à lencontre des aultres deulx parties que en tient LE CHASTELLAIN DE DOUAY ou aultre de luy aiant cause. De laquelle tierche partie on rend à present iiij l. x s. parisis par an à censse.

Item. Le moittié des euwaiges à lencontre de lautre partie que en tient LEDIT CHASTELLAIN, qui se coeulle au jour saint Jehan Baptiste.

Item. Ung gardin et tenement seant sur le plache de Barlet à Douay, que on dist le gardin de Guise, aveuc deulx porqueries joingnant audit gardin cy devant declairiés.

Sur lesquelles sommes et parties dessusdites ledit gavenier est tenu de rendre et paier annuellement à sondit très redouté seigneur mons^r le conte de Flandres ou à ses commis, au jour saint Pierre et saint Pol, xxv m. x r. deulx boisteaux de bled au foeur du pris fait par lesd. eschevins audit jour saint Remy. De laquelle somme icellui gavenier se acquitte et desquerque des trois couppes ung boistel de bled que solloit devoir, du temps anchien, Sainte, femme Jacquemon de Dichy, pour terre quelle tenoit qui fut mise ès fossés entre Sin et Douay pour le renforchement de ladite ville de Douay (1).

(1) Dans le compte du domaine de Donai et Orchies, de 1399-1400 (Arch. départ., chambre des comptes, reg. D 105), le receveur porte en recette, à l'article « du Gavène de Douay que fait venir ens le seigneur d'Anthoing » : 25 muids 9 rasières une coupe et un « boistel de fourment », « rabatu 3 coupes un boistel de blé que soloit devoir Sainte, femme Jaque de Dichy, pour terre qu'elle tenoit dudit Gavène, prise pour efforcher le ville de Douay pour les guerres de Flandres ».

Le décompte se faisait donc exactement en 1400, comme en 1372 ; mais, d'après le dénombrement de 1512 et le « Coeuilloir du domaine » de 1547, le décompte ne se faisait plus et le Gavenier payait au souverain l'intégralité de l'ancienne rente de 25 muids 10 rasières 2 boisteaux (4e chapitre, article I).

Item. Doit encoires ledit gavenier à sondit tres redoubté seigneur mons' le conte de Flandres, xlj m. iij r. ij c. deulx boisteaulx et demy davaine, audit jour saint Pierre et saint Pol, à le priserie et messure dessusd.

Item. Luy doit encoires ledit gavenier, au jour dessusdit, iiij^e xix cappons (1) à le priserie dessusdite, xx l. xiij s. vj d. douisiens.

Desquelles parties derrenierement dites elle se descherge de xl r. ij c. davaine pour terre que tenoient les obis de saint Pierre de Douay, laquelle fut mise èsd. fossez et fortresse.

Et de deux couppes deulx boisteaulx davaine solloit devoir Sainte, qui fut femme Jacquemon de Dichy, pour terre mise èsd. fossez.

Item, iij c. davaine que solloient devoir les hoirs Jehan de Le Brayelle pour le cause dite.

Item, iij r. davaine pour pluiseurs maisons seans en le parroisse saint Albin, pour ce que on ne troeuve qui les voeulle prendre à rente.

Item, x c. davaine que solloit devoir ly sires de le Trenité de Douay, que leur quitta heritablement le conte Guy de Flandres (2).

---

(1) Lisez:« iiij^e xxix ». On en déduit plus loin 5 chapons; ce qui fait bien les 424 chapons du compte du domaine de 1399-1400, du dénombrement de 1512, du Coeuilloir de 1547, etc.

(2) C'est la comtesse Marguerite qui, en 1272, éteignit la rente de deux rasières et demie d'avoine grevant le lieu où s'établissaient alors les Trinitaires. Cette rente était due, dit la comtesse, *ad brevia nostri spicarii de Duaco* (aux *briefs* de notre *espier*); la comtesse ordonna à son receveur, *presenti receptori nostri praedicti spicarii*, de ne plus percevoir la rente.

Dans le tome I des *Chroniques de Douai* du président Tailliar (Douai, 1875, in-8o), l'acte de la comtesse est daté de l'an 1252 à la page 291, et de l'an 1272 à la p. 292.

Cf. *Mémoires* de notre société académique, 2e série, IX, 1866-1867, p. 622.

Item. Se derquerque ledit gavenier de chincq cappons que solloient devoir les dessusd. seigneurs et que leur quitta ledit conte de Flandres (1).

Item. De xv s. douisiens que solloit devoir messire Ricard Pourchel, chlr, lesquelz luy quitta ledit conte de Flandres (2).

Item. Se desquerque encoires de x l. parisis, que ledit gavenier paie annuellement audit seigneur Ricard, pour son fief qu'il tient de mondit seigneur monsr le conte de Flandres (3).

Item. Six livres parisis que ledit gavenier paie annuellement aulx capelains du castel de Douay.

Item. xx l. parisis de rente annuellement que on paye à labesse de Flynes pour les cappelles ordonnées jadis par monsr Jehan de Dampierre.

Item. De cent solz parisis à ladite abbesse, du don du roy Phle.

Item. Doit encoires ledit gavenier et dont sondit fief est chergiés, aveuc les parties deues à mondit seigneur le conte de Flandres, au CHASTELLAIN DE DOUAY ou à ses ayans cause, ix m. xj c. de bled.

Item. A labbaye des Prez, v m. ix r. de bled.

Item. A Bernard Catel, bourgoix de Douay, x m. davaine.

---

(1) Probablement en 1379. Cf. *Mémoires* de notre société académique, 2e série, IX, p. 623.

(2) En déduisant ces 15 sols des 20 livres 13 sols 6 deniers indiqués plus haut par le Gavenier, on retrouve la somme de 19 livres 18 sols 6 denier payée par lui au domaine, d'après le compte de 1399-1400, le dénombrement de 1512, etc.

(3) 6e chapitre, art. IV lo.

Et à labbaye du Vregier, v m. davaine. Tout à le mesure de Douay et audit jour saint Pierre et saint Pol.

Item. Doibt encoires ledit gavenier à le cappellenye de le viese tour, x l. douisiens.

A leglise saint Amand, lx. s. douisiens.

A leglise N^re Dame de Tournay, xl s. douisiens.

A l'abbeye d'Anchin, lx s. douisiens.

A l'abbeye de Marchiennes, lx s. douisiens.

A leglise saint Amé en Douay, xxv s. douisiens.

Et à leglise saint Pierre en Douay, xxv s. douisiens.

Item. Doit encoires, à cause dudit gavene, iiij l. parisis annuellement chacun an, à demois. Reusse Catel, vesve de feu Wattier Picquelte, que on solloit devoir aux hoirs Baud. de Douay.

Toutes lesquelles parties dessus dites et aulx querques declairiés, ledit gavenier tient et adveue à tenir noblement et en fief de sondit tres red. seigneur mons^r le conte de Flandres, tousiours par son bon amendement, et se plus ou moins avoit ou estoit trouvé, se le adveue il à tenir comme dessus est dit, par le tesmoing de ces presentes, etc.

<blockquote>
Archives de la ville; f°s 116 ro à 119 d'un reg. en papier, in-fo, XVe siècle (vers 1460), intitulé: « Registre aux ordonnances et briefs des marchandises, traficques et mestiers. »

La date de 1372 est donnée à ce dénombrement par Jean Godefroy (1681-1732), qui avait fait des recherches à cause d'un procès intenté par l'abbesse des Prés, contre le fermier du domaine de Douai, au sujet d'une rente de 60 rasières de blé que l'abbaye réclamait au domaine royal. — Arch. départ., fonds de l'Intendance, portef. D 12, intitulé: Gavène.
</blockquote>

FIEF DE SAINT-ALBIN

C.

Les chevaliers Guy de Saint-Aubin dit d'Auby et ses fils Wautier et Hugues, Hugues de Saint-Aubin, Olivier de Kiéri et ses frères Enguerran et Gérard, ainsi que d'autres parents et vassaux du seigneur d'Oppy et de Bois-Bernard, jurent, devant l'évêque d'Arras, de faire observer les coutumes d'Oppy et de Bois-Bernard; si le seigneur les enfreint, ils lui refuseront l'ost et la chevauchée. — 1164 (v. st.), janvier.

..... Ego Godescalcus, Atrebatensis episcopus..... Balduinum Lebret, et uxorem ejus Gilam et filios corum Bernardum, Petrum, Letardum, Alardum, in villa ipsorum nomine Wulpi, eandem libertatem et justicie et pacis tenorem instituisse, que apud Nemorem Bernardi teneri dinoscitur.....

Si forte Balduinus vel successor ejus eam infregerit....., a scabinis et militibus, ut se corrigat, conveniet. Si infra xv dies non correxerit, deinceps quamdiu incorrigibilis extiterit, omni servitio quod debent ei *milites*, pro feodis suis, in *exercitu* scilicet et in *equitatura*, privabitur..... Hec sunt nomina eorum quos, de *parentibus et hominibus suis*, Balduinus dedit plegios :

Petrus de Baillol et fratres ejus Wifroidus et Willelmus. Theobaldus de Willeirval. Oliverus de Keri et fratres Ingelrannus et Gerardus. Wido de Albi et filii ejus Galterus et Hugo. Hugo de S^{co} Albino. Balduinus de Berbera. Robertus de Invenci. Alolz de Coreres. Mikael de

Hennino. Oisbertus de Nemore (*du Bois*). Willelmus de Nemore. Arnulfus de Iser.....

Bibl. nation., Collection Moreau, vol. 71, fo 79 ; copie prise sur l'original, vers 1770, par dom Queinsert, aux archives de l'évêché d'Arras.

CI.

Le chevalier Gossuin Ier de Saint-Aubin affranchit le presbitère de Saint-Albin et y ajoute une maison contiguë achetée par son père, le chevalier Hugues de Saint-Aubin. Il se réserve quatre deniers pour ses oblations aux quatre grandes fêtes de l'année. Chaque fois qu'à Saint-Albin on priera pour les trépassés, il sera fait mémoire de son père, de sa mère et de lui-même. — 1188, 1er mai, en plein chapitre de Saint-Amé.

Noverit universitas filiorum sancte matris ecclesie, quod DOMINUS GOSUINUS MILES DE S[co] ALBINO mansionem sacerdotis, que debebat ei singulis annis av. j 1/2 ra. vj d. ij cap. iij coroeias, liberam reddidit ab hoc redditu, ad usum sacerdotum imperpetuum. Hac tamen conditione que posterius declarabitur. Habebat autem idem d[ns] G. aliam mansionem predicte contiguam, quam D[ns] HUGO, pater ejus, emerat iij 1/2 ma. a Maria et Thoma Rege, filio ejus, que mansio debebat tantumdem redditus quantum et predicta. Hanc ipsam dedit d[ns] G. prenominatus ad usum sacerdotum qui futuri erant in perpetuum et ab hoc etiam redditu omnino liberam fecit eam pariter, iiij d. qui hereditario reddentur ei, singulis annis. Hoc est in die Natalis dni j d., in die Pasche j d., in die Pentecostes j d., in sollempnitate omnium sanctorum j d., scilicet ad oblationes suas faciendas in predictis diebus.

Pretera Thome sacerdoti, qui in ecclesia beati Albini tunc temporis ministrabat, dedit iij 1/2 ma. super redditum predictum utriusque mansionis et super mansionem posterius datam, de quibus agere posset pro voluntate sua. Ita tamen quod nulli de heredibus ipsius D^{ni} G. licebit hoc redimere. Sed si aliquis de sacerdotibus successuris vel ipsi parociani de elemosinis suis voluerint hoc argentum persolvere, ad opus sacerdotii, ambo mansiones predicte imperpetuum libere remanebunt a predictis redditibus, exceptis iiij d. pretaxatis. Et sciendum quod quicquid predictus Thomas sacerdos super utramque mansuram prefatam edifficatum invenit vel super edifficaverit, in dispositione ejus erit dandi cuilibet vel vendendi, preter edifficium veteris coquine, quod Theobaldus sacerdos legavit ecclesie. Propter hoc beneficium, statutum est in capitulo beati Amati ut imperpetuum quotiens in ecclesia beati Albini orabitur pro defunctis, fiat memoria ad perpetuum de patre et matre ipsius G. et de ipso post decessum suum.

Actum anno m°. c°. lxxxj°. kal. maii, in capitulo beati Amati, presentibus canonicis ejusdem ecclesie. T. decano B. cantore. N. thesaurario. Erm. et Galtero, sacerdotibus. Alulfo, Bernardo, Gualcero. Scabinis Guarino de Castello, Galtero et Bonevita de Duaculo.

<blockquote>
Le ter sceau ou sceau de gauche, cassé, la partie antérieure tout à fait enlevée; pas de contre-sceau; c'était probablement le sceau du chapitre de Saint-Amé. Le second, celui de droite, est l'antique sceau de l'échevinage de Douai, dit le Martinet.

Au dos du titre, d'une écriture du XIII° siècle : « De mansione presbiteri sancti Albini. »

Archives départementales, fonds de St-Amé de Douai.
</blockquote>

CII.

Le chevalier Gossuin 1er de Saint-Aubin, en présence de l'évêque d'Arras, fonde la chapelle de Wagnonville, paroisse de Saint-Albin, du consentement de sa femme, de ses enfants et de ses frères. — 1198.

Notum sit omnibus tam presentibus quam futuris quod ego GOSSUINUS DE Sco ALBINO capellariam quandam, que tres modios frumenti et duas marchas et triginta capones annis valet singulis, ad titulum ecclesie beati Amati Duacensis et ad donationem capituli ejusdem loci pertinentem, pro anima mea et antecessorum meorum, institui in hunc modum. Capellanus ille, diebus singulis, pro anima mea et antecessorum meorum, in capella de Waignonvilla missam tenebitur celebrare. Prius tamen prestita ab eodem cautione competenti, quod se fidelem in omnibus parrochiali ejusdem loci presbitero exhibebit et persone, ut si qua ad manum illius capellani ibidem fiat oblatio, capellanus ipsam jam dictis presbitero et persone reddet fideliter, et omnino jura parrochie non presumet minuere vel cassare. De hujus modi autem redditu, hii sunt debitores frumenti et caponum : Hugo Rex debet .v. ra. frumenti et .ij. cap. et .1/2., de terra que dicitur Warneri campus. Pueri Renelmi .v. ra. et .ij. cap. et .1/2., de predicto campo. Terra Helvidis .v. ra. et ij. cap. et .1/2., de predicto campo. Berardus de terra Albelli .ij. ra., de terra extra villam .ij. ra,, de terra Balduini Lolier .iiij. cap. Gonterus de Doregni .j. ra., de terra Infirmorum. Ingerramnus, filius Roberti, filii Hervini .iij. quart., de terra de Tranloi. Galterus et Drogo, frater ejus,

.iij. quart., de terra Infirmorum. Gerricus et Radulfus .iij. quart., de terra Infirmorum. Hugo Mauvisons .ij. ra. et .ij. cap., de mansione que est de terra de Longo Campo. Drogo Auriga .ij. ra. et .1/2. et .iiij. cap., de terra de Longo Campo. Galterus, frater Drogonis, .ij. ra. et .1/2. et .iiij. cap.,de predicto campo. Gerardus de Dorges .ij. ra. et .1/2. et .iiij. cap., de predicto campo. Gillebertus de Doregni .ij. ra. et .ij. cap., de mansione de terra de Longo Campo. Mansum Roberti Le Cat de Ultra Aquam, .ij. cap. et .1/2. De caponibus autem hec est cum debitoribus conditio, quod pro quolibet capone .xij. d. sine majoris exactione precii, ad libitum suum, possunt persolvere. Frumentum vero duobus denariis pejus optimi debet esse. Hii sunt debitores denariorum : Johannes Miauart .j. fert., de terra d'Oscre. Guido d'Oschre, .j. fert., de predicta terra. Walcerus de Prato, .j. fert., de predicta terra. Thomas, filius Gonteri, .j. fert., de predicta terra. Maria, mater ejus, .1/2. ma., de predicta terra. Arnulfus Li Linier' .1/2. ma , de predicta terra d'Oschre.

Et ne elemosina ista aliqua in futuro molestari possit calumpnia, ipsam presentis scripti beneficio et sigilli mei munimine perhempniter volui confirmare. Preterea *uxor mea, cum heredibus meis, nec non et fratres mei* ad predicte donationis observationem et tutelam, concessione voluntaria, sacramento corporaliter prestito, sese astrinxerunt. Venerabilis etiam dominus noster, Petrus, Attrebatensis episcopus, cujus assensu et approbatione predicta fiebat donatio, illud idem sigillo suo roboravit. Capitulum etiam beati Amati Duacensis, sub cujus testimonio tota rei series gerebatur, ad majoris cumulum firmitudinis, eidem pagine sigillum suum apposuit.

Bernardus decanus. Th. thesaurarius. Magister Henricus. B. canonicus. Th., filius Adonis. Thomas Miles. Robertus de Gondecort.

Aliorum preterea, tum clericorum tum laicorum, qui eidem donationi, cum fieret, affuerunt, nomina subscribere dignum duxi. Th., presbiter S^{ci} Albini. Michael, Stephanus, presbiteri. Ado de Castello. Julianus de Duaculo, burgenses. Thomas Pikete. Simon de Castello. Theodericus, filius Walburgis. Willelmus de Goi. Renerus Matons. Bernardus Buee, scabini.

Actum anno ab incarnatione domini. m°. c°. nonagesimo octavo.

Le 1er sceau, ou sceau de gauche, manque; c'était celui de Pierre, évêque d'Arras. Le second est celui du chapitre de Saint-Amé. Le 3e, celui de Gossuin de Saint-Aubin : sceau armorial représentant un chef; légende circulaire, dont on ne lit plus que : ..... *Gosvini de S.....;* au contre-sceau, un oiseau non héraldique.

Sur le bord de gauche du parchemin, on voit la partie haute de lettres majuscules formant le mot *Cirographvm.*

Archives départementales, fonds de St-Amé.

CIII.

Gossuin II de Saint-Aubin approuve, comme sire, l'engagement d'une dîme à Brebière, en présence de son oncle et vassal Nicolas de Saint-Aubin, de son oncle Wérin des Planques, d'Hugues de Flers, etc.; il se sert du sceau de feu Gossuin Ier, son père. — 1206, novembre.

Ego Gossuinus de S^{co} Albino..... D^{nus} R., Attrebatensis episcopus, et capitulum ejusdem ecclesie totam illam partem decime, quam Huardus de Hinniaco, homo meus,

habet apud Berbere et de me tenet, ab eodem Hugone in pignus receperunt pro novies viginti libris parisien^s.....
Presentibus paribus ejusdem Hugonis, videlicet : NICHOLAO DE S^{co} ALBINO, Colino de Amerin, Sygero Morel et Alelmo de Gaverele, et ad conjurationem meam judicantibus.....
Presens etiam fuit Imbria, uxor ejus..... Presentis sigilli GOSSUINI, quondam patris mei, cum sigillum proprium non haberem, presentes litteras sigillavi.

Subscriptis eorum nominibus qui interfuerunt, quorum nomina sunt hec : Balduinus abbas et Hugo, prior Hinniacensis. HUGO DE FLERS. WERINUS DES PLANCHES. Balduinus de Nigella. Theodoricus de Nigella. Willelmus de Nigella. Gerardus Cabos et Bernardus Lecherece.....

<small>Sceau armorial souvent décrit, avec le contre-sceau à l'oiseau non héraldique.
Arch. de l'évêché d'Arras; copié sur l'original, par dom Queinsert, le 3 janvier 1769. Collection Moreau, vol. 108, fo 151, à la Bibl. nationale.</small>

CIV.

Le chevalier Wagon de Saint-Aubin, du consentement de sa femme Sibille et de ses frères les chevaliers Wérin des Planques et Nicolas de Saint-Aubin, fonde une chapelle en l'église Saint-Albin, à la charge de fournir, à la Chandeleur, deux cierges qui seront portés à la procession de ce jour par l'hoir de M^{er} Gossuin de Saint-Aubin et par sa femme. — 1210, juin.

Johannes decanus et capitulum S^{ci} Amati Duacensis, universis presentem paginam inspecturis, in Domino salutem. Noverit universitas vestra quod WAGO miles DE

S^{co} Albino, de assensu *Sibille*, uxoris sue, fratrum, cognatorum et amicorum suorum, ac nostro, quandam in ecclesia s^{ci} Albini capellaniam instituit de alodiis suis, videlicet de sedecim raseriis terre et una raseria frumenti et uno capone de redditu, que ipse emerat apud Eskercin a Balduino milite de Humieres. Et eidem capellanie contulit domum suam cum orto, juxta atrium s^{ci} Albini, que quondam fuerat Gossuini Stulti. Hec est igitur forma institutionis premisse.

Mychael, presbiter s^{ci} Albini, quamdiu tenebit eandem parrochiam, terram predictam et ortum habebit, itaque per se vel per alium, singulis diebus, missam unam scilicet Requiem, pro anima dicti Wagonis et antecessorum suorum, non diminuto propter hoc parrochiali servitio, providebit.

Nos autem retinimus nobis domum jam dictam, ad reponendam decimam nostram (1) in ea, et quamdiu eam tenebimus, tenebimur ipsam sumptibus nostris retegere et rationabiliter detinere.

Post decessum vero dicti Mychaelis presbiteri, nos capellaniam ipsam, per consilium Warini de Plancis et Nicholai de S^{co} Albino, militum, fratrum ipsius Wagonis, quamdiu vixerint, annuatim persone idonee conferemus, que cotidie in mane, pro posse suo, in ecclesia s^{ci} Albini, memoratam missam pro fidelibus tenebitur celebrare, et in

---

(1) La cense de la dime de St-Amé était située à l'extrémité nord de la rue Saint-Albin, rang est ; elle tenait au cimetière.

Elle était grevée d'une antique rente foncière de 2 sols 6 deniers parisis, au profit du curé de St-Albin. (Cœuilloir des rentes appartenant audit curé, renouvelé en 1565 ; original dans le cabinet de l'auteur.)

Il résulte de cette charte que le chapitre possédait déjà, en 1210, une fraction de la dime de Saint-Albin, qu'il finit par avoir tout entière.

ecclesia nostra, horis decantandis tam nocturnis quam diurnis, prout potuerit interesse. Capellanus etiam ille terram et domum cum orto habebit et fructus exinde percipiet integre et quiete. Tenebitur autem facere obedientiam decano nostro et jurare se fore fidelem tam presbitero quam persone.

Ad hec tenebitur reddere annuatim, in Purificatione Beate Virginis, duos cereos, unam libram cere et dimidiam continentes, ad opus capellanie sepedicte, quos HERES DOMINI GOSSUINI DE S^{co} ALBINO et *uxor ejus*, si presentes fuerint, in sollemnitate predicta portabunt, si voluerint, ad processionem et ad missam, et offerent presbitero ad usum et servicium capellanie reservandos.

Quod ut ratum permaneat ac memorie commendetur, presens scriptum sigilli nostri fecimus appensione muniri.

Actum anno gratie millesimo ducentesimo decimo, mense junio.

Sceau du chapitre.
Arch. départ., fonds de St-Amé.
Cette chapelle fut connue sous le nom de « chapelle vicairesse, *sub titulo B. M. in S° Albino* ». En 1731, elle était possédée par Me Nicolas-Joseph Jullet (id.).
En juin 1211, l'évêque d'Arras Raoul approuva cette fondation (id.).

CV.

Le chevalier Nicolas de Saint-Aubin, en présence de l'évêque d'Arras, cède au chapitre de Saint-Amé sa part de la dîme de Saint-Albin; son fils Nicolas, clerc, en jouira après lui, à condition de conserver l'habit clérical. — Arras, 1213, mars.

R., Attreb. ep(iscopus)..... Nicholaus de S. Albino Duacensis, miles....., in nostra Attrebati presentia....., decimam quam in territorio parrochie S. Albini se habere dicebat, in manu nostra, ad opus ecclesie beati Amati Duacensis, resignavit..... Capitulum, post resignationem premissam, concessit militi ut ipse, tota vita sua, fructus percipiat, et (1) filius ejus, post ipsum, quamdiu idem filius fuerit in habitu clericali, nec fuerit uxoratus aut miles.....

Arch. départ., fonds de St-Amé.

CVI.

Le chevalier Gossuin II de Saint-Aubin et Agnès, sa femme, affranchissent le lieu où fut fondée l'abbaye des Prés; en présence de plusieurs ecclésiastiques : les curés de Saint-Albin et de Saint-Pierre, ceux de Guesnain, Erchin, Roost, etc.; du chevalier Nicolas de Saint-Aubin et d'Helvide, son épouse, et des « hôtes » du Pret. — 1217, juin.

Universis presentem paginam inspecturis, ego Gossuinus sancti Albini, miles, salutem. Noverit universitas vestra quod ego dedi in elemosinam Sancte, Fulcheldi, Roscele, sororibus, et Marie, socie earumdem, manentibus in manso qui fuit Garini Mulet, in Pratis S^{ci} Albini, xx solidos parisienses et sex capones redditus, quos accipiebam singulis annis super mansum jam dictum et quicquid juris habebam in manso memorato.

(1) Le nom est en blanc dans la charte; il s'appelait Nicolas; *Preuves*, n° CVIII.

Huic autem dono interfuerunt : magister Johannes Pikete. Michael, presbiter S^{ci} Albini. Adam Pescherame. Balduinus, presbiter S^{ci} Petri. Robertus Crespins. Gerardus de Gaisnaing, Hugo de Ruet, Robertus de Ros, Walterus de Hercin, Huganus, Balduinus pastor, Bartholomeus de Wavrechin, presbiteri. Johannes de Fierin, Engebrandus, subdiaconi.

NICHOLAUS DE S^{co} ALBINO, miles. Sigerus Moriaus. Warinus Mules. Gerardus Bruniaus. Nicholaus, frater Marie Coillon, ipsa Maria cum filiabus suis. *Helvidis*, uxor NICHOLAI, militis, et FILIA EJUSDEM NICHOLAI.

Hospites de Prato : Richarus Li Bruns, Maria Li Brune, Renerus Malet. Et recognitum est istud coram Ida, uxore Walcheri, Willelmo Rufo, Petro de Lambres, Symone Cardawe, Huelot, Maria Wiberti et Gerardo filio ejus, et Gerardo marito Ermengardis, aliis hospitibus.

Et hanc elemosinam ego et *Agnes*, uxor mea, fide interposita, promisimus nos firmiter servaturos. Quod ut ratum maneat presentem paginam sigillo meo feci roborari.

Actum anno dominice incarnationis. m°. cc° septimo decimo, mense junio.

Mêmes sceau et contre-sceau qu'au titre de 1198 des archives de Saint-Amé.

Au dos de l'acte : « Del ausmosne à Saintain et as ses sereurs. »

En juillet 1217, les échevins de Douai confirment cette donation faite aux quatre femmes, qu'ils nomment : *Sancta, Fulceldis, Roscela, sorores, et Maria Le Franche, socia.*

Archives départementales, fonds de l'abbaye des Prés de Douai.

CVII.

Les chevaliers Pierre de Lambres et Gossuin II de Saint-Aubin affranchissent, au profit de la maison du Templé de Douai, une terre sise en la paroisse Saint-Albin, au lieu dit la Croix de la Tourelle. — 1219, 27 décembre.

Ce sacent cil qui ore sunt et ki avenir sunt que Pieres de Lambres et Gossuins de Saint-Albin ont clamé quite frankement, sans service et sans justice, al Temple, xxvi r. de terre en une piece, à le Crois à le Turele. Et si li offrirent par raim et par wason sor lautel de le prosie, el mostier Saint Amet. Et li frere del Temple le rendirent à Gosuin d'Arras par ij sols de par¹ de rente cascun an, à paier al Noel. Là fu frere Watiers, ki le recuit de par le Temple, et Sohiers Moreals et Pieres, ses frere. Por co que co soit estaule i pendons nos nos saiaus, jo Pieres de Lambres et jo Gossuins de Saint Albin. Et ce fu fait en lan del Incarnation. m et cc. et xviiij le tier jor del Noel.

<small>Deux sceaux armoriaux. Le 2d, une hamaide à l'orle de huit coquilles. Le 1er, sceau au chef et contre-sceau connus. Cf. Demay, *Invent. des sceaux de la Flandre*, I, nos 1175 et 1553.
Arch. départ., fonds de l'abb. des Prés de Douai.</small>

CVIII.

Le chevalier Gossuin II de Saint-Aubin, du consentement de sa femme, de son oncle le chevalier Nicolas de Saint-Aubin, de la femme de celui-ci, de Nicolas, clerc, fils dudit Nicolas, et du chevalier Hugues, oncle dudit Gossuin, vend au chapitre de Saint-Amé la part qu'il avait dans la dime de Saint-Albin et qu'il tenait en fief du prévôt de Douai. — 1220 (v. st.), février, au cloître Saint-Amé.

Universis presentem paginam inspecturis, G. DE S^{co} ALBINO, salutem. Noverit universitas vestra quod ego quandam decimam sitam in parrochia S^{ci} Albini Duacensis, videlicet terciam partem communis decime ejusdem parrochie, quam tenebam in feodo de domino GERARDO, preposito Duacensi, vendidi bene et legitime ecclesie sancti Amati Duacensis, et pro homagio illius decime homagium filii Walteri militis de Geulesin eidem preposito restauravi.

Ego quidem et NICHOLAUS DE S^{co} ALBINO, avunculus meus, et *uxores nostre*, et NICHOLAUS clericus, filius ejusdem Nicholai, et HUGO, miles, avunculus meus, werpivimus decimam illam in manu domini preposito Duacensis, ad opus canonicorum S^{ci} Amati, eamdem decimam abjurantes. Prepositus vero ipsam reddidit canonicis supradictis, tenendam sine homagio et servitio et liberam ab omni dominio laice potestatis.

Preterea ego concessi canonicis superius nominatis, quod eos, ad tenendum in pace decimam illam, bona fide adjuvarem et acquitarem eis fructus illius decime per legem mundanam.

Homines vero domini prepositi, qui presentes aderant, videlicet : Willelmus de Placi, miles. Sigerus Morials. Petrus Frions. Egidius de Estrees et Maria Coillons, judicaverunt ibidem quod dicta venditio illius decime bene et legitime facta erat.

Ad cujus rei memoriam, presentem paginam sigilli mei munimine roboravi. Actum in claustro sancti Amati, anno gratie. m°. cc° vigesimo, mense februario.

> Sceau et contre-sceau connus.
> Arch. départ., fonds de Saint-Amé.
> Dans la charte scellée du prévôt de Douai, de la même date, les parents de Gossuin II de Saint-Aubin sont ainsi désignés : *Ipse etenim et* Nicholaus de S^{co} Albino, *avunculus ejus, et uxores ipsorum, et* Nicholaus *clericus, filius ejusdem* Nicholai, *et* Hugo, *miles, frater ejus.*

CIX.

Le chevalier Gossuin II de Saint-Aubin et Agnès, sa femme, du consentement du prévôt de Douai, affranchissent, au profit du Temple de Douai, une terre située à Coutiches. — 1229, avril.

Co sachent cil qui sunt et qui avenir sunt que jo Gossoin de Saint-Aubin, chevaliers, et *Agnès*, me fame, avom doné et otrié franchement et quitement en aumosne à tous jors, à le maison del Temple. j. bonier de terre qui siet à le Fosse Escumont, par le gré et par lotroi de monseigneur *Henri* le prevost de Douai et de madame Ide le prevoste, se fame, de cui fie et de cui hiretage li devant dite terre mouvoit. Ceste terre si siet en le parose de Coutices. Si est donée par si que Robers Sailenbien et si hoir la doivent tenir à tous jors hiretablement del Temple, par .iiij. sol de paresis de rente. Et se monoie remuoit el pais, on feroit de ceste rente co quon feroit des autres rentes el pais. Et por co ke co soit ferm et estable, mesire *Henris* li prevos de Douai, de cui on tenoit ceste terre, et jo i avom pendu nos seaus. Co fu fait en lan que lincarnations eut. m. ans et .cc. et xxix, el mois davril.

> Petite bande de parchemin ; les sceaux qui y pendaient, à simple queue, ont été arrachés. Au dos, de la même écriture : « Ceste rente doit estre paiée au Temple à Douai le j or de Paskes. »
> Archives nationales, ordre de Malte, commanderie de Haute-Avesne, carton S 5210, pièce 17.

CX.

Le chevalier Gossuin II de Saint-Aubin, du consentement de sa femme Agnès et de son fils Gossuin, affranchit la cense de la dîme de Saint-Albin. — 1252, avril.

G. DE S^{co} ALBINO, miles....., vendidi ecclesie S^{ci} Amati, assensu *Agnetis*, uxoris mee, et GOSSUINI, filii mei, xvj solidos redditus, cum justitia et pertinentibus ad justiciam, quos habebam super mansionem que tunc erat ecclesie et olim fuit Amorrici Tegularii, distans ab atrio S^{ci} Albini per interpositionem cujusdam orti qui est ecclesie S^{ci} Amati....

Coram scabinis Duacens^s : Raingero de Kiri et Thoma de Mons.....

> Sceau connu.
> Au dos du q..., d'une écriture moderne: *Super domo decime S^{ti} Albini.*
> Arch. départ., fonds de Saint-Amé.

CXI.

Le chevalier Gossuin II de Saint-Aubin donne en mariage, à son fils aîné Gossuin, sa terre de Gaverelle, qu'avec Wagnonville il tenait en un seul fief lige du comte d'Artois; après sa mort, les deux terres ne feront qu'un seul et même fief, comme auparavant. — 1243 (v. st.), 24 mars.

Ego Gosuinus de S^{co} Albino, miles..... Teneo Wagnonvile et vivarium quod ibi habeo, cum omnibus pertinentiis ejusdem loci, in ligium feodum, cum feodo meo de Gaverele, de excellentissimo d^{no} meo R., comite Attreb., ante omnes homines qui possunt vivere et mori. Ita videlicet, quod ego donavi et concessi dictum feodum meum de Gaverele Gossuino, filio meo, in maritagium, qui debet facere homagium d^{no} meo supradicto, tali tamen interposita conditione, quod dicti duo feoda, post meum decessum, ad unum homagium revertentur. In cujus rei testimonium et majus robur, presentes litteras sigilli mei munimine roboravi. Actum .... in vigilia Annunt. beate Virginis.

Arch. départ., Chambre des comptes, 1er cartul. d'Artois, pièce 78, f° 33 v°.

CXII.

Le chevalier Gossuin IV de Saint-Aubin, partisan du comte Guy de Dampierre, injurie et frappe un bourgeois de Douai, partisan du roi, dans une conférence tenue en l'église des frères prêcheurs, entre le bailli d'Amiens, d'une part, et le comte de Flandre, d'autre part. — Celui-ci refuse de livrer Gossuin au roi. — 1296, décembre.

Ph. Dei gratia Francorum rex, dilecto et fideli nostro comiti Flandrie, salutem et dil. Ad nostrum pervenit auditum quod cum dilectus et fidelis Rad. de Bruilliaco, miles et ballivus Ambianensis noster, apud Duacum, pro certis a nobis sibi commissis negociis, nuper directi pro dictorum expeditione negociorum, in ecclesia fratrum predicatorum Duacensium, ubi multa erat multitudo populi convenissent, GOSSINUS DE SANCTO ALBINO, miles, Nicolaum dictum Bonebroque, opidanum dicte ville, in nostro conductu et gardia (1) existentem, qui, cum predictis gentibus nostris, ibidem accesserat, in vestri et gentium vestrarum presencia, post aliqua contumeliosa verba, percutere violenter presumpsit. Qua facta injuria, cum idem ballivius noster dictum militem incontinenti, pro presenti forefacto, cepisset captumque servientibus nostris, tamquam prisionarium, tradidisset, ipse dictorum manus servientum evadens, vobiscum accessit. Cumque post modum ipse ballivus noster dictum militem, tamquam prisonarium nostrum, a vobis sibi reddi, cum instantia, postularet, ipsum sibi reddere recusastis. Quocuta mandamus vobis quat. dictum militem, ad prepositum nostrum Bellequercus, absque dilatione, sub fida custodia, remittatis. Ceterum cum prefatus Nicolaus, injuriam passus, et sui, ab eodem milite et suis, timendi causam habeant, ipsum Nicolaum et suos, ab amicis dicti militis, assecurari, absque more dispendio, faciatis. Scituri quod nos, eidem ballivo Ambianensi nostro,

(1) En juin 1296, le roi avait pris les bourgeois de Douai sous sa sauvegarde et sa protection. (N° 211 de la *Table.*)

aliis damus litteris in mandatis, ut si, in predicti executione mandati, vos negligenter habueritis vel remisse, vos ad dictum militem remittendi modo permisso compellat, dictumque assecuramentum faciat, in vestri negligencia aut defectum prestari. Actum Parisiis, die xij decembris, anno Domini M° cc° nonagesimo sexto.

Archives de la Flandre Orientale à Gand; n° 819 des chartes des comtes de Flandre. — Cf. J. de Saint-Genois, *Invent. analyt.*, Gand, 1842-1846, in-1°, p. 248.

ADDITION

à la page 13 et au commentaire de la charte VIII.

La seigneurie d'Everlinghem en Weppes, qui appartenait à Saint-Amé de Douai, est distincte de Verlinghem et de Frelinghem, villages de l'arrondissement de Lille : elle était située à Herlies.

En effet, les terriers, les comptes, etc., de la collégiale constatent que celle-ci ne possédait rien ni à Verlinghem ni à Frelinghem, tandis qu'elle avait « la terre et seigneurie d'Everlinghem, s'extendante à Herlies, Wicres et à l'environ », avec haute justice, « conformément à la coutume générale d'Artois », avec bailli et autres officiers. Là se trouvaient notamment trois « riez, traversés du chemin conduisant de l'église dudit Herlies à celui de la Vallée du Carue » ; voici la désignation de ces trois « riez », telle qu'elle se trouve dans le terrier renouvelé en 1780, page 261 :

« Un flégard ou riez, nommé le riez des Campeaux, séant audit Herlies et faisant partie du gros du fief de ladite seigneurie d'Everlinghem, où sont les bans plaidoyables d'icelle (1), planté de bois blans montans et autres. — Item. Le riez de la Barre, tenant du levant au riez d'Everlinghem, de midy à deux bonniers environ de manoir, jardin et la-

---

(1) La plupart des juridictions rurales ne possédaient point de maison commune pour la tenue des séances du magistrat, et celles-ci avaient lieu en plein air, dans un endroit écarté, sous des arbres, etc.

bour appartenant à Monsieur Obert de Grivilers, faisant le gros du fief de la seigneurie de la Mairie (1). — Et finallement le riez d'Everlinghem audit Herlies ».

Aujourd'hui le nom d'Everlinghem semble ne plus être connu à Herlies ; du moins il ne figure pas dans la *Statistique archéologique du département du Nord* (2).

Le chapitre de Saint-Amé avait un bailli à Herlies, Wicres et Pommereau (coutumes de Saint-Amé rédigées en 1507 ; compte de la grande recette, 1708-1709, f° 101).

D'après la charte du comte Robert le Frison, de l'an 1076, *Evrelenghen*, lieu situé dans le quartier du territoire lillois qu'on appelait Weppes, tenait à *Spumerellum* (3).

Beaucoup plus anciennement, vers 870, avant les grandes invasions normandes, alors que les religieux de Saint-Amé résidaient encore à Merville, des biens leur furent donnés, qui étaient situés en trois endroits appelés : *Fluringehen*, *Fruulingehen* et *Erverlengehen*, dans les Etats du comte Bauduin Bras-de-Fer (cartulaire du milieu du

---

(1) Fief de la mairie d'Everlinghem, tenu de Saint-Amé et connu dès le XIe siècle : vers 1090, apparaît *Landricus*, maire (*villicus*) de *Heverlengehen* ou *Everlengehen*, avec ses frères, *Hamericus* et *Gerbodonus* (charte du prévôt de Saint-Amé *Rainerus* [ou Regnier], successeur de *Rogerus*; et loi ou coutume d'Everlinghem, incomplète ; cartulaire de St-Amé, milieu du XIIe siècle, fos 20 v° et 22 v°, pièces n°s 27 et 33) ; en 1111, était maire d'Everlinghem *Rainelmus*, nommé après *Rainoldus*, maire d'*Espumerel* (voir ci-dessus, p. 39), aujourd'hui Pommereau, à Aubers, village contigu à celui d'Herlies.

(2) Lille, 1867, 2 vol. in-8° ; à la page 14, on trouve, parmi les lieux dits d'Herlies : Les Riez.

(3) *In Weppis....., Evrelengehen...., Juxta quam, dimidium Spumerelli.*
Dans le Cœuilloir des rentes de St-Amé renouvelé en 1310, on lit, au f° 48 v° : « Li eglise saint Amet a à *Pumeriaus* le moitiet de le dime contre le prouvost. »

XII⁰ siècle, f° 22, pièce n° 31). Le lieu cité en troisième ligne est facilement reconnaissable : c'est Everlinghem à Herlies ; mais les deux autres semblent devoir demeurer indéterminés, d'autant plus que MM. de Saint-Amé ont pu perdre plusieurs de leurs possessions durant les troubles qui ont marqué le commencement de l'ère féodale, alors qu'ils faisaient à Soissons ce long séjour qui se prolongea jusque vers 950, époque de leur établissement à Douai (1).

(1) Voir notre *Mémoire* sur cette question, Douai, 1873, in-8°.

Douai, imp. L. Crépin, 23, rue de la Madeleine.

SOUVERAINS DE DOUAI

CXIII.

Mandement du roi Charles V, aux états de Lille, de Douai et d'Orchies, de reconnaître le comte de Flandre comme leur « droit seigneur sans moyen », en exécution des lettres patentes, du même jour, portant cession, au comte, de la province de Lille — et aux officiers royaux, d'abandonner leurs offices et de livrer les châteaux forts aux commissaires du comte. — Paris, 25 avril 1369.

CHARLES, par la grace de Dieu, roy de France, à touz prelaz, preuoz, doiens, prieurs et personnes deglises — et barons, hommes de fief, chevaliers, capitainnes, chastellains, gouuerneurs et autres nobles, — les bailliz, maires, preuoz, justiciers, officiers, escheuins, bourgois, communes et habitans et touz noz autres vassaux et subgiez, clers et laiz — des villes, chasteaux, chastellenies, baillies, appartenances et appendences quelconques de Lille, de Douay et dOrchies et touz les autres qui noz presentes lettres verront, salut.

Comme pour satisfier nostre treschier et feal cousin, *Loys*, conte de Flandres, de dix mille liurées de terre à biretage, quil nous demandoit par lettres de nostre treschier segneur et pere, qui Dieux absoille et de nous, nous pour faire raison à nostre dit cousin de sa dite demande et nous acquitter en ce, aions donné et baillié à nostre dit cousin, le conte de Flandres et à ses hers et successeurs, contes et contesses de Flandres, pour les dites dix mille liurées de terre, en hiretaige perpetuel, les villes, chasteaux et chastellenies de Lille, de Douay et dOrchies, auec les baillies, patronaiges, hommages, seignouries, noblesses, toute justice, rentes, reuenues, yssues, proffiz, emolumens, droictures, exploiz et toutes autres appartenances et appendences quelconques, que ses predecesseurs contes de Flandres y auoient ou temps quelles furent transportées es mains de noz predecesseurs roys de France. A tenir en un hommage, auec la conté de Flandres, sur certainnes conditions et forme de rachat et reserué à nous et à noz successeurs roys de France les fiefz, ressort et souuerainneté des dites villes, chasteaux, chastellenies de Lille, de Douay et dOrchies et des appartenances et appendences quelconques dicelle et les droiz royaulx que noz predecesseurs roys de France y auoient, ou temps quelles estoient es mains des contes de Flandres predecesseurs de nostre dit cousin. Si comme, en noz autres lettres sur ce faites, est plus plainnement contenu.

Nous, par ces presentes lettres, vous mandons, commandons et estroictement enjoingnons et à chascun de vous, que tantost et senz delay, à nostre dit cousin, *Loys*, conte de Flandres ou à ses commis et deputés, vous faites et bailliez doresenauant les hommages, foiz, seremens, seruices, reuerences, obeissances et touz autres deuoirs quelconques que vous nous auez fais ou deuiés faire jusques à ores, à cause des dites villes, chasteaux et chastellenies et appartenances quelconques dicelles et li paiez toutes les rentes, reuenues, droictures et emolumens quelconques qui y appartiennent et doiuent appartenir et que, à nostre dit cousin, à ses hers et successeurs, contes et contesses de Flandres et à ses commis vous obeissiez doresenauant en touz cas, comme à vostre droit segneur senz moien.

Mandons aussi par especial à vous capitainnes, chastellains, gouuerneurs, bailliz, preuoz, receueurs et à touz autres officiers des diz lieux et des appartenances et appendences, de quelconque office, estat ou auctorité que vous soiez, que tantost et senz delay vous vuidiez ou faites vuidier voz gens de touz les chasteaux, villes et forteresses des diz lieux et les ourez et deliurez à nostre dit cousin ou à ses commis, comme à droit segneur senz moien, comme dit est. Et des ores en auant ne vous meslez, de par nous, de exploit de recepte, ne doffice nul appartenant à vos diz offices, mais en laissiez nostre dit cousin ou ses commis ordener et faire tout, en la maniere que bon et expedient li semblera, comme segneur des villes, chasteaux, chastellenies, appartenances et appendences quelconques dessus dites, senz y mettre excusance ou empeschement aucun, ou autre mandement attendre de nous ou dautre. Car, parmi ce, nous vous quittons et mettons hors des hommaiges, foiz, seremens et seruices, ostons et delaissons de voz offices et chascun de vous et vous quittons et absoulons de touz seremens, foiz, hommages et promesses que faites nous auez et es quelx vous nous pouez estre tenu, pour cause dicelles villes, chasteaux, chastellenies, appartenances et appendences. Non obstant mandemens que de bouche, par lettres ou autrement vous aions fait ou fait faire au contraire (1).

(1) Durant les longues intrigues pour abuser le comte de Flandre au sujet de la cession de la province de Lille, il est probable que Charles V avait donné aux principaux chefs militaires des instructions secrètes pour ne pas obéir à certains mandements que le pouvoir royal aurait pu délivrer, mais avec l'intention de tromper le comte.

Donn. à Paris, le xxv͏ͤ jour dauril lan de grace mil ccc soixante nuef et de nostre regne le sizieme.

Par le Roy en son conseil. P. BLANCHET.

Archives municipales, AA 16 (layette) ; original avec sceau royal et contre-sceau, pendant à simple queue de parchemin.

Remarque sur le n° CXIII.

Une mention du temps, ajoutée au dos de l'original, porte : « Lettres de mandement, pour les villes de Douay et autres deliurer en le main de Mons͏ͬ de Flandre ou ses comis et C͏ᵉ ». Le mandement royal fut transcrit alors dans le registre aux privilèges (cartulaire T, registre AA 84, folio xxxviij), sous cette rubrique : « Comment le Roy bailla Lille, Douay, Orchies, chastellenies et appendances dicelles, à Mons͏ͬ de Flandres, à tenir de lui auecques le conté de Flandres en j hommage. »

Enfin il y a, aux archives municipales, outre ce mandement général pour toute la province, un mandement spécial pour la commune de Douai, adressé de Paris, le 13 mai suivant (1), « à noz bien amez les escheuins, bourgois et habitans de nostre ville de Douay », pour que, en exécution du traité du 25 avril précédent, « duquel vous auons fait baillier la teneur soubz nostre grant seel en cire vert et en las desoye » (AA 115, layette), ils fassent « hommage ou serement de feauté à notre dit cousin », le comte de Flandre, « en déliurant ladite ville, par nous ou de par

---

(1) A la même date, semblable mandement à la ville de Lille. P. 235 du Ms. 276 de la Bibl. publ. de Lille.

nous, à nostre dit cousin ou à ses genz ordonnez à ce, de par lui, ou apres la dite deliurance » (1). La mention au dos de l'original porte : « Lettres adrechans à cheulx de Douay, pour le dite ville deliurer à Monsʳ de Flandres ou à ses gens *et Cᴬ*. » Ce mandement spécial fut aussi transcrit sur le registre aux privilèges, folio xxxviij verso, sous cette rubrique : « Comment il [le Roi] vaut que escheuins, bourgeois et habitans de le ville de Douay feissent serement audit Monsʳ de Flandres. »

Les cérémonies de la remise de Douai, par les « gens de Monsʳ le Roy », au commissaire du comte et de la prestation des serments réciproques, entre le nouveau seigneur et ses sujets, eurent lieu le 15 juin 1369 (2), par les soins d'un haut personnage de la Flandre flamingante, « Jehan, seigneur de Ghistelle et d'Inglemonstre », chevalier et conseiller du comte et chargé du pouvoir de ce prince, daté de Gand, le 10 du même mois, pour prendre possession de la province de Lille (AA 118, layette).

Dans cette longue série d'actes divers, on n'aperçoit point de trace d'une prétendue résistance des Douaisiens contre l'impolitique traité du 25 avril 1369. Cependant, dans le manuscrit 1191 de la Bibliothèque publique de Douai, de l'an 1497, on trouve (au folio 13) la transcription du mandement royal adressé, le 13 mai, aux Douaisiens, avec ce singulier intitulé qui diffère absolument du texte prétendûment analysé : « Comment le roy *Charles* enuoya yteratiuement lettres adreschans aulx escheuins, bourgois et habittans de la ville de Douay, contenant quil voulloit quilz feissent serment à Monsʳ le conte de Flandres, *sans y mettre plus quelque reffus, pour ce que lesdits de Douay*

---

(1) AA 117, layette.
(2) Bibl. nation. Ms. Fr. 80, pièce 12.

ne se y volloient consentir. » Cette affirmation (donnée après plus d'un siècle) de la prétendue résistance de nos pères contre le retour à la domination flamande est d'autant plus étrange qu'elle apparaît pour la première fois dans une œuvre essentiellement favorable à la maison d'Autriche-Bourgogne, ennemie de la France ; c'est en effet dans une compilation faite en 1497 par un Douaisien, fidèle sujet d'un prince allemand, dans une sorte de chronique de la Flandre, de la maison de Bourgogne et de la ville de Douai, depuis 1369 jusqu'en 1477 et à la suite de laquelle figure, comme une pièce justificative (folios 134 à 178), le fameux Mémoire de Jean d'Auffay, de l'an 1478, pour justifier les prétentions de la fille de Charles le Téméraire.

Nous n'hésitons point à déclarer fautive l'interprétation que le compilateur anonyme a cru pouvoir donner du mandement royal du 13 mai 1369 (1). Certainement nos pères ont dû être péniblement affectés par une nouvelle séparation d'avec la France, si fatale à leurs intérêts politiques et économiques ; les esprits réfléchis ont pu entrevoir les conséquences désastreuses de l'erreur d'un roi qui, pour tant de motifs, a mérité d'être appelé le Sage ; mais il y a loin de là à une résistance téméraire, organisée ou subie par un magistrat toujours fidèle à la politique traditionnelle et prudente qui avait été la sauvegarde de la cité dans les fréquents conflits entre les princes. Ni les documents contemporains, ni l'étude attentive de l'histoire de Douai pendant le moyen âge, de cette ville frontière, sans cesse ballottée entre la France et la

---

(1) Il lui aura sans doute paru faire double emploi avec le mandement général pour toute la province de Lille, du 25 avril précédent ; d'où il aura conclu que les Douaisiens avaient refusé d'obéir à celui-ci et que le Roi avait dû leur réitérer ses ordres formels.

Flandre et réussissant toujours, à force de prudence, à éviter les évènements tragiques, — ne laissent place au doute : les Douaisiens subirent le funeste traité du 25 avril 1369 et, conformément aux mandements royaux, l'un de ce même jour, général pour la province de la Flandre wallonne, l'autre du 13 mai suivant, spécial à la commune de Douai, — ils prêtèrent serment au comte de Flandre, leur nouveau seigneur, le 15 juin 1369.

CXIV.

Renonciation du roi Charles VI au rachat des châtellenies de Lille, de Douai et d'Orchies, au profit du duc Philippe le Bon et de son « hoir masle » (1), avec réserve de ce droit de rachat après la mort du duc et de « sondit hoir masle, comte de Flandre ». — Troyes, 6 avril 1419 (vieux style).

CHARLES, par la grace de Dieu, roy de France, savoir faisons à tous presens et auenir, nous auoir esté exposé de la partie de nostre treschier et tresamé filz, *Phelippe*, duc de Bourgoingne, conte de Flandres, dArtois et de Bourgoingne, que ja pieca, en faueur du mariaige de feux noz treschiers oncle et tante, *Phellippe* et *Marguerite*, jadiz duc et duchesse de Bourgoingne, ayeul et ayeule de nostre dit filz, feu nostre treschier seigneur et pere, le roy *Charles*, cui Dieu pardoint, transporta à feu *Loys*, pour lors conte

---

(1) Dans son « exposé, » Philippe le Bon demandait la renonciation du rachat non seulement au profit de lui-même et de son « hoir masle », mais aussi au profit de « leurs hoirs masles, descendans et venans par masles à la succession » du comté de Flandre.

Le 6 mai 1420 (voir le n° suivant), il obtint plus encore que ce qu'il avait demandé en avril.

de Flandres, pere de nostre dicte tante, les chasteaulx, villes et chastellenies de Lille, de Douay, dOrchies et des appartenances. Pour occasion duquel transport, entre nous, dune part et nosdits feux oncle et tante, se meut depuis discort et discencion. Sur quoy, certain traictié et accord sen ensuy : ouquel len dit estre contenu, entre autres choses, que, apres le deces de nosdits feux oncle et tante et de leur premier hoir masle qui succederoit audit conté de Flandres, nous ou noz successeurs pourrions recouurer et racheter lesdits chasteaulx, villes et chastellenies de Lille, Douay et dOrchies, en asseant, baillant et deliurant pour ce premierement dix mil liures au tournois par an (1). Pour cause duquel rachat, nostre dit filz pourroit, ou temps aduenir, auoir empeschement esdiz chasteaulx, villes et chastellenies, se sur ce ne lui estoit par nous pourueu de remede conuenable. Si comme il dit, requerant humblement que nous vueillions quicter et oster ledit rachat, en declairant que nostre dit filz et son hoir masle et leurs hoirs masles, descendans et venans par masles à la succession dudit conté de Flandres, puissent tenir paisiblement lesdits chasteaulx, villes, chastellenies et leurs appartenances, sans ce que nous ou noz successeurs y aions aucun rachat ores ou pour le temps aduenir. Ou autrement lui vueillions sur ce pourueoir.

Pour ce est il que nous, consideré ce que dit est et la grant et singuliere amour et affinité que auons à nostre dit filz tant par lignaige comme par mariaige et à celle fin que de tant il soit plus astraint à nous seruir et com-

---

(1) Traité conclu au Louvre, à Paris, le 16 janvier 1386 (v. st.); publié par Galland, *Mém. pour l'hist. de Navarre et de Flandre*, Paris, 1648, in-folio, preuves, p. 168; d'après les lettres originales du duc Philippe le Hardi (à Paris, 23 janvier 1386, vidimant et approuvant le traité), reposant au Trésor des chartes.

plaire et pour pluseurs autres causes et consideracions à ce nous mouuans. Par laduis et deliberacion de nostre conseil, auons voulu, declairé et ordonné et, par la teneur de ces presentes, voulons, declairons et ordonnons que nostre dit filz, *Phelippe*, duc de Bourgoingne et son hoir masle, venant et succedant audit conté de Flandres, puissent paisiblement tenir, auoir et posseder lesdits chasteaulx, villes, chastellenies et leurs appartenances, par pareille forme et maniere que les ont tenues et possidées nostre dit feu oncle et feu nostre treschier cousin *Jehan*, duc de Bourgoingne, derrⁿ trespassé, pere de nostre dit filz, sans ce que ledit rachat ait aucun lieu au regard dicellui nostre filz, ne de son hoir masle venant et succedant audit conté de Flandres, comme dit est. Aincois, en tant que mestier est, à nostre dit filz et à son hoir conte de Flandres, de nostre grace especial, plaine puissance et auctorité royal, cedons, transportons et delaissons lesdits chasteaulx, villes et chastellenies de Lille, de Douay et dOrchies et leurs appartenances, pour les tenir, auoir et posseder pareillement que ont fait noz dits feux oncle et cousin, ayeul et pere de nostre dit filz. Pourueu toutesuoies que, apres le trespas dicellui nostre filz et de son dit hoir masle, conte de Flandres, nous ou noz successeurs puissions iceulx chasteaulx, villes, chastellenies et leurs appartenances racheter selon la teneur dudit traictié et accord. Et icellui en toutes autres choses demourant en sa force et vigueur.

Si donnons en mandement à noz amez et feaulx conseilliers, les gens de nostre parlement, les gens de noz comptes à Paris et à tous noz autres justiciers et officiers presens et à venir ou à leurs lieuxtenans et à chacun deulx, si comme à lui appartiendra, que nostre dit filz et son hoir masle succedant audit conté de Flandres, comme dit est, facent, seuffrent et laissent joyr et user plainement et paisiblement de noz presentes volenté, ordonnance, declaracion et transport, sans les trauaillier, molester ou empeschier, ne souffrir estre trauailliez, molestéz ou empeschiez en aucune maniere au contraire.

Et afin que ce soit ferme chose et estable, nous auons fait mectre nostre seel à ces presentes, sauf en autres choses nostre droit et lautruy en toutes.

Donné à Troyes, le siziesme jour du mois dauril lan de grace mil quatre cens et dix neuf auant Pasques et de nostre regne le quarentiesme.

Par le Roy, messire *Thiebaut*, seigneur de Neufchastel, grand maistre dostel du Roy, le sire de Roleboise et pluseurs autres presens. Ainsi signé : J. MILET.

La collation de ceste presente copie a esté faite en la chambre des comptes à Malines (1), contre ung registre en parchemin, subscript en cest liure à plusieurs lettres et traictiez entre les maisons de France et de Bourgogne et aussi entre France et Engleterre et une de madame dAusteriche. Ouquel liure le semblable de ceste copie est enregistré, folio iij. Par moy : WOUTERS.

<small>Archives du Nord, chambre des comptes de Lille, arc. carton B 1454 (*Invent. som.* Lille, 1865, in-4, I, p. 332, col. 1); copie authent. papier, fin du XVe siècle.
Publié dans les *Ordon. des rois*, Paris, 1769, in-folio, XI, p. 77; d'après le 171e reg. du Trésor des chartes, pièce 113.</small>

(1) La chambre des comptes de Malines fonctionna : 1° de janvier 1473 (v. st.) à mars 1476 (v. st.); 2° de 1496 à février 1497 (v. st.). — Gachard, *Invent. des arch. des ch. des comptes*, Bruxelles, 1837, in-folio, 1, pp. 13-16.

CXV.

Renonciation du roi Charles VI au rachat des châtellenies de Lille, de Douai et d'Orchies, au profit du duc Philippe le Bon et de ses descendants « masles ou femelles ». — *Troyes, 6 mai 1420.*

CHARLES, par la grace de Dieu, roy de France, sauoir faisons à tous presens et auenir, de la partie de nostre treschier et tresamé fils, *Ph*, duc de Bourgoingne, conte de Flandres, dArtois et de Bourgoingne, nous auoir esté exposé que, comme de et sur la question qui pieça estoit ou pouoit estre meue entre nous, dune part et feuz noz treschiers et tresamez oncle et tante, *Ph*, jadiz duc et *Morguerite*, duchesse de Bourgoingne, conte et contesse desdits pais de Flandres, dArtois et de Bourgoingne, ayeul et ayeule de nostre dit filz, daultre part, — à loccasion du transport qui parauant auoit esté fait par feu nostre treschier seigneur et pere, le roy *Charles*, qui Dieux absoille, en faueur du mariage desdits feuz nostre oncle et tante, des chasteaux, villes et chastellenies de Lille, de Douay et dOrchies et des appartenances, à feu *Loys*, pour lorz conte de Flandres, pere de ladite duchesse, — certain traitié euist esté fait par accord, ouquel, entre autres choses, len dist estre contenu que, apres le trespas de feux nosdits oncle et tante et de leur premier hoir masle succedé à la conté de Flandres, nous ou noz successeurs pourrions, sil plaisoit à nous ou à eulx, recouurer et racheter les chastel, villes et chastellenies de Lille, de Douay et dOrchies dessusdites, en asseant, baillant et deliurant premiers pour ce dix mile liures de rente au tornois par an, — pour cause et soubz umbre duquel rachat, nostre dit filz pourroit, ou temps auenir, auoir dangier ou empeschement esdiz chasteaux, villes et chastellenies, se par nous ne luy estoit en ce pourueu de remede conuenable : dont il nous a treshumblement supplié.

Pour ce est il que nous, ces choses considerées et la tresgrant et entiere loiaulté, amour et affection que lesdits noz oncle et tante et feu nostre trescher et tresamé cousin, *Jehan,* duc de Bourgoingne, leur filz, auquel Dieux face mercy et aussi nostre dit filz ont tousjours eu à nous et au bien de nostre royaulme, nous, tant p^r ce et la prouchaineté de lignage dont nous attient nostre auant dit filz, comme par laffinité du mariage de lui et de nostre treschiere et tresamée fille *Michielle*, aians singuliere affection à icellui nostre filz, auons, par grant et meure deliberation de conseil sur ce eu, inclinans à ladite supplication, osté, delaissié et quittié et, de nostre certaine science, auctorité royal, plaine puissance et grace especial, ostons, delaissons et quittons ledit rachat, en declairant, par ces presentes, que ledit nostre filz et ses hoirs masles ou femelles, dessendans et venans de son corps, puissent tenir paisiblement lesdits chasteaulx, villes, chastellenies et leurs appartenances, sans ce que nous ou noz hoirs ou successeurs y puissiens ou puissent, ores ne pour le temps auenir, demander ou auoir aucun rachat, ains, pour nous et nosdits hoirs et successeurs, y renoncons plainement par la maniere dessusdite : les lettres dudit accord, en toutes aultres choses, demourans touteuois en leur force et vigeur.

Si donnons en mandement à noz amez et feaulx conseillers, les gens tenans et qui tendront nostre parlement, aux gens de noz comptes et tresoriers à Paris, aux gouuerneurs et commissaires generaulx sur le fait de noz finances, au bailli dAmiens et à tous noz autres justiciers et officiers de nostre dit royaulme, presens et auenir, leurs lieuxtenans et à chacun deulx, si comme à lui appartendra, que, contre la teneur de ceste nostre declaration, quittance et renonciation, ilz ne perturbent ou molestent, ne soeuffrent estre perturbé ou molesté nostre dit filz ne ses hoirs et successeurs masles ou femelles, descendans et venans de son corps, en aucune maniere, ains dicelle nostre declaration, quittance et renonciation laissent paisiblement et plainement joir et user par la maniere dessusdite. Car ainsi nous plaist il estre fait, nonobstant les auantdites lettres dudit accord, lesquelles, quant à ce, ne voulons porter prejudice ou deroguier aucunement à ces meismes presentes.

Et affin que ce soit chose ferme et estable à tousjoursmais, nous, en tesmoing de ce, auons fait mettre nostre seel ordonné en labsence du grant, à ces presentes, sauue en aultres choses nostre droit et lautrui en toutes.

Donné à Troyes, le vj^e jour de may, lan de grace mil quatre cens et vint et de nostre regne le xle. Ainsi signé. Par le Roy en son conseil. G. DE MARC.

<small>Archives du Nord, chambre des comptes, B 1603, 8e reg. des chartes, folio xiiij; transcrit après un enregistrement du 20 avril 1423 avant Pâques (folio xiij) et avant trois ordonnances datées de Lille, le même jour; ainsi qu'avant un enregistrement du 9 mai 1424 (folio xvj).</small>

Remarque sur le n° CXV.

Cette seconde renonciation de Charles VI au droit de rachat de la province de Lille a en outre été transcrite dans le 10e registre des chartes de la chambre des comptes de

Lille (B 1605, folio lxx verso), après un enregistrement du 24 juillet 1434 et avant un autre du 23.

Un vidimus sur l'original, délivré par les échevins de Lille, le 30 septembre 1463, existe dans le fonds de la chambre des comptes, ancien carton B 1455.

Quoique l'existence du traité du 6 mai 1420 ait été révoquée en doute, elle ne nous semble point pouvoir être sérieusement contestée.

Dans les conférences de 1478 entre les gens de Louis XI et ceux de Maximilien d'Autriche, ces derniers produisirent « les lettres originaulx, saines et entieres », du traité du 6 mai 1420, sans qu'aucune objection ait été soulevée sur l'authenticité ; mais les gens du roi de France en contestèrent la valeur et avec raison, disant que ces lettres « furent passées par ledit roy *Charles* le vj^e, estans indisposé de sens », en mai 1420, « ouquel temps ilz dient quil fut mis et delivré par mondit S^r le duc *Phl^e* es mains des Englois. Item, dient aussy lesdites lettres ne furent enregistrées ne veriffiées comme il appartient et es lieux où il est requis. » Les gens du duc d'Autriche répondaient à ces objections « que, se Monsr le duc *Phl^e* eust faict ne mis aulcune difficulté esdites lettres de lan mil iiij^c xx, il lui estoit et à ceux de son conseil bien facil les faire confermer et ratiffyer par le traictié d'Arras [1435] et ne lui eussent les gens du Roy ce refusé, ne plus grand chose ». — Mémoire de Jean d'Auffay, de l'an 1478, en faveur de la maison de Bourgogne, articles iij^c lxxiiij et iij^c iiij^{xx} iij ; folios 139 verso, 140 et 141 du Ms. 904 de la bibliothèque publique de Douai.

D'après le Mémoire de J. d'Auffay, il ne semble pas que les gens du Roi aient produit les lettres patentes du 6 avril

1419 (n° précédent), quoiqu'elles fussent favorables aux prétentions de la couronne.

Sur cette question d'histoire locale, on peut consulter les *Mémoires lus à la Sorbonne, Histoire,* Paris, 1868, in-8, page 286 et notes 2 et 3, ainsi que le *Catalogue des manuscrits de la bibliothèque de Douai*, Paris, 1878, in-4, pages 661-662.

DOMAINE DU PRINCE

CXVI.

Don par le prince, à l'abbaye des Prés-lez-Douai, d'un marais tenant à ce monastère. — (Douai) 1221 et Courtrai, lundi 23 août 1221 (1).

1°

Ego Neuelo, domini Regis marescalcus, uniuersis presentibus pariter et futuris notum facio, quod illud mariscum, quod est inter domum monalium de Pratis Duacensibus et inter terram arabilem, eo quod dicte domui erat valde necessarium, ad instantiam circummanensium, diuine pietatis intuitu, liberaliter donaui et concessi monialibus memoratis.

Quod ut firmum et stabile permaneat, presentem paginam sigilli mei munimine confirmaui.

Actum anno Verbi Incarnati millesimo vicesimo primo (2).

---

(1) La donation fut faite par Névelon, maréchal de France, gouverneur de Douai pour le roi Philippe Auguste, maître de cette ville depuis la rébellion du comte Ferrand. Il agissait (quoiqu'il ne le dise pas dans sa charte) au nom du Roi.

Par mesure de précaution et en vue de l'avenir, l'abbaye envoya à Courtrai, auprès de la comtesse Jeanne, dépossédée de Douai, pour obtenir d'elle une charte semblable.

(2) Sceau équestre en partie brisé (cavalier à la longue lance ; sans contre-sceau), en cire brune, pendant à double queue de parchemin.

Au dos du titre, d'une écrit. de la fin du XIIIe siècle, on lit : « *Neuelonis*, marescalci Regis. — Li carte Nieuelon, le marescal le Roi, dou mares deuant dit. »

Dans le cartul. de l'abbaye des Prés du XIVe siècle (Valois, *Cartul. de l'abbaye de Notre-Dame des Prés de Douai*, Paris, Picard, 1881, broch. in-8, p. 12), figure cette charte, traduite en français et à laquelle on assigne par erreur le lieu et la date de la charte de la comtesse Jeanne.

2°

Ego Johanna, comitissa Flandrie et Hainoie. Uniuersis presentibus pariter et futuris notum facio, quod illud mariscum, quod est inter domum monialium de Pratis juxta Duacum et inter terram arabilem, eo quod predicte domui erat valde necessarium, diuino pietatis intuitu, liberaliter donaui et concessi monialibus memoratis.

Quod ut firmum et stabile permaneat, presentem paginam sigilli nostri munimine roboraui.

Actum Curtraci, feria secunda, in vigilia sancti Bartholomei, anno Domini m° cc° vicesimo primo (1).

<small>Archives départ. fonds de l'abb. des Prés de Douai, 1er carton, 1201-1240.</small>

CXVII.

Arrentement perpétuel concédé à la ville, par le prince, de la terre des Waskies (2) s'étendant entre la Scarpe, le Temple et la rue des Wez. — 1265, 11 avril.

Nous Margherite, contesse de Flandres et de Haynau

---

(1) Sceau équestre en cire verte, pendant à double queue de parch. brisé; le contre-sceau armorial, au lion, presque intact.
Au dos du titre : « *Johanne, comitisse Flandrie.* — Li carte le contesse de Flandres, dou mares quelle nous dona. »

(2) *Waschie, waskie, wasquie*, en latin du moyen âge : *waschium*; pâturage entouré de fossés. — A dos du titre original ici reproduit, est une mention du commencement du XIVe siècle, où la terre donnée en 1265 est appelée « des Wasques »; celle-ci est dite « des Waskes », sur le cartulaire T (AA 84, f. 15), de la même époque.
Le quartier de Douai nommé les Waskies au XIIIe siècle comprend aujourd'hui, non seulement l'Esplanade, reconnue comme propriété municipale, mais encore le vaste enclos, appelé les Moies au XVIIe siècle (voir les plans de cette époque) et où s'élèvent actuellement des dépendances de l'Arsenal et de la caserne d'artillerie dite de St-Sulpice, ainsi que le Magasin-aux-Fourrages.

et nous Guis, ses fils, cuens de Flandres et marchis de Namur, faisons à sauoir à tous, ke nous auons dounei et otryé, à nos chiers escheuins de Douwai et à la communitei, toute la piece de terre entirement ke on apele Waskies, si comme ele est dune part et dautre la riuiere (1) ki ore i est, tres le manoir dou Temple juskes à la darraine maison de la rue des Weis, au leis deuers le riuiere, li quele maisons est *Engherran Poileuache*, si com on dist. Et sauue la riuiere ki doit estre là u li deuant dit escheuin lauiseront et ïeront faire (2), pour le mius, a oes le nauie. Et par tel deuise, ke la rue, encontre cele piece de terre, doit estre aussi lée en auant, des la daerraine maison deuant dite, juskes à la crois ki ore i est (3), comme la rue est lée orendroit encontre la daerraine maison deuant dite. Et des celi crois en auant, doit estre la largece de la rue à ligne, juskes au cor dun esket (4) dou tenement dou Temple, dou quel esket il a, juskes à la porte de le maison dou Temple, quarante et siet piés, pau plus, pau mains. Et si doit auoir, au cor de celi piece de terre des Waskies, serant le tenement dou Temple, une voie de dis piés ou de douse piés de leit, pour aler communement par jour à la riuiere (5). Et se li escheuin faisoient faire maisons seur

(1) En 1265, les Waskies s'étendaient donc à droite et aussi quelque peu à gauche de la Scarpe, qui, en cet endroit, devait faire, vers l'est, un coude assez prononcé.

(2) Un travail de redressement de la Scarpe fut donc opéré en cet endroit vers 1265, sans doute pour assainir ce quartier et aussi pour faciliter la navigation : « aoes le navie ». A la suite de ces travaux, les Waskies se seront trouvés entièrement sur la rive droite.

(3) La croix de la place du Temple, citée dans les documents du XIIIe siècle et des époques postérieures.

(4) Clôture en planches. Cf. le *Supplém. au Glossaire* de Roquefort, p. 145.

(5) C'est la création de la rue du Temple, conduisant de la place du Temple à la Scarpe.

cele piece de terre des Waskies, il deueroit auoir, entre la daerraine maison et la crois deuant dites, une voie u deus voies de dis piés ou de douse piés de leit, pour aler communement par jour à la riuiere et pour auoir les aaises de la riuiere par jour communement. Toute la piece de terre des Waskies, ensi ke ci deuant est deuisei, auons nous dounée et otryé à nos escheuins deuandis, pour le commun proufit de la ville de Douwai, à tenir perpetuelment, pour douse deniers douwisiens de rente par an, la quelle rente il doiuent paier à Douwai, chascun an, à la Saint Remi, au receueur de nostre espyer de Douwai (1). Toute la piece de terre des Waskies deuant dis, auons nous en couuent et promis à tenir as escheuins et à la ville de Douwai, tout ensi ke deuant est deuisei, comme sires.

En tesmoignage et en confermance de tout ce ke ci desseure est dit et deuissei, nous auons douné ces presentes letres as escheuins et à la ville de Douwai, seelées de nos saieaus, ki furent faites en lan del Incarnation Nostre Segueur Jhesu Crist, mil deus cens soisscante et cuinc, le samedi prochain apres la jour de la Resurrection Nostre Signeur Jhesu Crist, ki fu lonsime jour al entrée dou mois dauril.

Archives municip. AA 47 (layette) ; orig. avec les deux sceaux pendant à des lacs de soie rouge.

(1) C'est le receveur du domaine et non le Gavenier ou receveur féodal qui perçut cette rente. *Preuves*, CXXII.

CXVIII.

Arrentement perpétuel concédé à un particulier, par le prince, d'une pièce de terre (1) *située derrière le château de Douai, vers la Neuve-Tour, à front de rue et tenant d'un côté au mur de la ville. — 1267 (vieux style), jeudi 12 janvier.*

Nous MARGHERITE, contesse de Flandres et de Haynau, faisons sauoir à tous, ke nous à *Mahiu*, nostre pescheeur de Douay, pour son bon seruice kil nous a fait et fera, auons douné et otrié une piece de terre ki gist deriere nostre castiel de Douay, entre le mur de la vile (2), dune part et le maison *Agnes Le Cauue* (3), dautre part, encontre le noeue tour. Li quele a de lonc. lxxv. piés par deuers le cauchie (4) eu front et encontre le maison *Agnes Le Cauue*

---

(1) Emplacement des maisons n.ᵒˢ 14, 16 et 16 bis de la rue d'Infroy, rang ouest, tenant par derrière à la Fonderie.

Aux archives municipales, il y a un chirographe du 5 octobre 1413, concernant une maison avec jardin, rue d'Infer, joignant d'une part aux murs de « l'anchienne forteresse de la ville » et par derrière « aboutant contre le chastel de ladite ville », cette maison chargée d'une rente de 12 deniers parisis due à « monseigneur de Bourgogne ». (Guilmot, Extraits, III, p. 1286.)

(2) Le mur de l'enceinte de la ville forte primitive est remplacé en cet endroit par les maisons nᵒˢ 18 et 20 de la rue d'Infroy, rang sud, qui font un angle droit avec les maisons voisines, sur le rang ouest.

(3) Probablement la maison nº 12 de la même rue. Comme elle se trouvait sur un terrain qui avait anciennement dépendu du château, le long du fossé, elle avait dû être aussi aliénée par le prince, à titre d'arrentement ou autrement.

Les comptes du domaine de Douai et d'Orchies, dont le plus ancien qui ait été conservé est de 1372-1373, prouvent que « quatre maisons tenant ensemble, seans contre le Chastel, » avaient été autrefois arrentées par le prince, pour une somme totale de 9 sols douisiens de rente annuelle. *Preuves*, CXXII.

(4) Rue d'Andinfer ; aujourd'hui, par corruption: d'Infroy.

Le pied de Douai équivalant à 0,293 millimètres, la façade sur la rue était de 22 mètres 35 centimètres.

deuant dite, quarante et cuinc piés de leit (1) et par deuers le mur de le vile . lx. piés (2) et de le maison celi *Agnes*, par deriere, contre le noeue tour, juskes au mur de le vile de Doay. lx. piés (3), à le mesure de le vile. A tenir, celui *Mahiu* et sen hoir, de nous et de nos hoirs, segneurs de Flandres, pour douze deniers (4), de le monoie de Flandres, de cens par an, à paier, chascun an, à nos briés del espier de Doay, au terme ke on i paie nostre rente de deniers et parmi double rente au relief.

En tesmoin et en confermance de la quel chose, nous auons douné ces presentes lettres au deuant dit *Mahiu*, saielées de nostre seel, ki furent dounées lan del Incarnation m. cc. lx. et siet, le joesdi apres lApparition.

<blockquote>
Archives départ. chambre des comptes, 1er cartulaire de Flandre, de la fin du XIIIe siècle, reg. en parchemin, B 1561, fol. 20, pièce 87.

A la table du cartul. folio 13 verso, l'arrentement est ainsi intitulé : « Letre Mahiu le pescheur de Doai, de le masure ke me dame li dona, à iij sols de douisiens de rente par an. »
</blockquote>

CXIX.

Arrentement perpétuel concédé à la ville, par le prince, des Prés-de-la-Ville (5), *s'étendant entre le Temple, la*

---

(1) Le côté nord n'avait que 13 m. 41 centimètres.

(2) Le côté sud, 17 m. 88 centimètres.

(3) Le côté ouest, regardant la Neuve-Tour, également 17 m. 88 centimètres.

(4) 12 deniers ou 1 sol parisis de Flandre équivalent à 3 sols douisiens. Le douisien n'était que le tiers du parisis.

(5) C'est le nom que prirent alors ces pâturages, auxquels il est attribué, par une mention mise au dos de la charte, vers le commencement du XIVe siècle, ainsi que par le cartul. T (AA 84, f. 16 verso), de la même époque.

Au XVIIIe siècle, on appela Prairies-du-Gouverneur, non seulement les Prés-de-la-Ville, mais tout le terrain depuis les fortifications jusqu'au fort de Scarpe, entre la rivière et la route de Lille. Les gouverneurs de la ville s'étaient attribué la jouissance de ce vaste terrain.

maladrerie de Garbigny (1), *la Scarpe et la chaussée de Rache.* — *1269 (vieux style), 17 février.*

Nous Margherite, contesse de Flandres et de Haynau et je Guis, ses fius, cuens de Flaudres et marchis de Namur, faisons à sauoir à tous, ke nous, à la pryere et à la requeste de nos chiers amis, les escheuins et la communitei de la vile de Doai, auons dounei et otryé et donons et otrions, as escheuins et à la communitei deuant dis, toute la droiture ke nous auiens ou demander poiens, pour nous et pour nos hoirs, en tout le mares et en toute la piece de terre entirement ki siet de lonc entre le tenement dou Temple de Doai et entre le maladerie de Garbegni, ensi comme cil mares et cele piece de terre sestent de lonc, là entredeus, si comme dit est. Et ensi comme ele sestent de leit, de la riuiere mouuant juskes au fosseit ki fais est selonc la chaucie et selonc le chemin ki va de Doai à Raisce : et cil meimes fosseis est à la vile de Doai. Et ceste chose est à entendre, sauue nostre justice et sauf le cours de la riuiere et sauf le chemin des nauieurs (2). Et pour le recouniscance de toutes ces choses, nos doit paier la vile de Doai de cens u de rente, chascun an, douse deniers douwisiens, le jour de la feste Saint Remi : la quele rente on paiera à Doai, au receueur de nostre espyer de Doai (3), chascun an, au jour deuant dit, à tous jours, à nostre oes. Et si auons promis et prometons pour nous et pour nos hoirs, ke nous toutes les choses deuant dites tenrons et ferons tenir fermement et establement en boene

(1) Elle était située à gauche de la route de Douai à Lille, vers l'extrémité du faubourg Morel, ou de Lille.
(2) Chemin le long de la Scarpe, pour aider la navigation.
(3) Voir aux *Preuves*, CXXII.

loi, sans mal engien, as escheuins et à la communitei de la ville de Doai deuant dite et à çe oblijons nous uous et nos hoirs, contes de Flandres.

En tesmoignage et en seurtei de la quel chose, nous auons dounei ces presentes letres as escheuins et à la communitei deuant dis, seelées de nos saieaus, ki furent dounées eu lan del Incarnation Nostre Segneur Jhesu Crist mil deus cens soissante et noef, le lundi apres la quinzaine de la Chandeleur.

<small>Arch. municip. AA 48 (layette) ; orig. avec les deux sceaux pendant à des lacs de soie rouge.</small>

CXX.

Augmentation par le prince du revenu de la chapelle de la Bassecourt du château de Douai. — 1272 (vieux style), janvier.

Nous MARGHERITE, contesse de Flandres et de Haynau, faisons sauoir à tous ke, com *Baudes dEstrées*, jadis nostres bourgois de Douwai, en son viuant, eust deuisé et estoré une capelerie à desieruir tous jours mais en le eglise de le parroche Nostre Dame de Douwai v ailleurs, en conuenable lieu, la u si testamenteur lordeneroient à desieruir. Et *Baudes* deuantdis dounei et assenei, a ces le dite capelerie, seze liurées de rente par an, gisans es lieus ci apries nommeis. Cest à sauoir : sour le maison *Lambiert le Juis*, dis sous paresis des dis et wit saus ke li maisons doit. Sour le maison *Symon Belot*, ki fu *Crochart*, deuens le porte Vakereche, un marc. Sour le maison *Biernart le Goudalier*, deuant et derriere, par quatre pars, entre le porte Vakereche et le porte dou Markiet, chuinc mars et demi. Sor le maisonchielle et sor lo tenement ki fu *Biernart le Goudalier*, ki fu *Renier de Bruille*, demi marc. Sour le maison ki fu *Jehan Dur Lit*, daleis le ponciel de Barlet, deus mars. Sor le maison *Heuvin le Hugier*, ki fu *Renier le Kestier*, un fierton. Sour le maison *Thumas le Clerc*, en lattre Nostre Dame, un marc et un fierton. Sour le tenement *Pakin*, deus mars. Sour le tenement *Jakemon de Prouvins*, ki fu *Ghilebiert le Wantier*, trois fiertons. Sour le maison *Jakemon Pain Moilliet*, entre deus portes deuantdites, un fierton. Sour le maison mastre *Symon de le Escluse*, ki fu *Gosson dou Castiel*, ki est à Barlet, un fierton. Sour le maison le femme *Gillion Craissin*, un marc et un fierton. Sour le maison *Asson de Saudemont*, ki fu *Bauduin le Carpentier*, demi marc. Et puis li deuantdit testamenteur aient, par commun otroi, cele chapelerie ordenée et establie à desieruier à tous jours mais en nostre chapiele de nostre maison de Douwai et meesmement par lotroi des hoirs *Baude* deuantdit.

Nous, pour le regart de Dieu et pour le remede de nostre ame et pour le remede des ames de nos anchisseurs et de nos successeurs, auons acreu et acroissons la deuantdite chapelerie de sis liurées de rente de nostre mounoie de Flandres, par an, dont nous au chapelain ki cele chapelerie tient et tenra faisons assenement as briés et à le recepte de nostre espier de Douwai (1), à prendre et à paier à deus tiermes, à lui v à son commandement, ki ces presentes letres portera. Chest asauoir : lune moitié à la Saint Martin en yuier et lautre moitié à la Ascension apries ensiuwant et ensi dan en an perpetuelment.

En teile maniere ke li chapelains deuantdis soit tenus de

---

(1) C'était le domaine qui payait cette rente. Voir le compte de 1372; *Preuves*, CXXII.

douner, cascun an, quarante sous de le mounoie de Flandres au clerc ki lui seruira à la dite chapiele, à deus termes deuantdis. Chest asauoir : vint sous à lun de ces tiermes et vint sous à lautre. Et parmi chou, li chapelains ki ore iest et kiconques le sera par tans est tenus et sera de dire messe, chascun jour, quant il en sera aesiés, en boene foi. Et si doiuent li deuantdit chapelains et li clers auoir le mengier et le boire en nostre hosteil, toutes les fois ke nous et nostre hoir, conte de Flandres v contesse de Flandres, serons à Douwai.

Et nous *Guys*, cuens de Flandres et marchis de Namur, ceste ordenance deuantdite, tout ensi comme nostre treschiere dame et mere, *Margherite*, contesse de Flandres et de Haynau, deuant nomée, la faite et ordenée, ensi ke dit est chi deseure, loons, greons, et ferons tenir, si ke à nous apartient.

En tiesmoing de la quele chose, nous auons mis nostre saiel à ces presentes lettres, auoec le saiel nostre tresc'ere dame et mere, *Margherite*, contesse de Flandres et de Haynau, deuantdite. Che fu fait lan del Incarnation Nostre Signeur mil deus cens sixante douze, ou mois de jenuier.

<small>Archives départ. fonds de la collégiale de Saint-Amé, 5e carton, 1231-1280; orig. avec les deux sceaux en cire brune, brisés, pendant à des lacs de soie verte. Au dos de la charte : « *Littera de capellania de castro Duacensi* » (d'une écrit. du commencement du XIVe siècle) « *dicte* de le Bassecourt » (de la fin du XVe).
Dans le fonds de la chambre des comptes (n° 1784 de l'invent. Godefroy, III, p. 40), une copie simple de la charte, produite dans une enquête de l'an 1490, sur la cessation des services religieux en la chapelle de la Bassecourt.</small>

CXXI.

Don viager, fait par le prince à un bourgeois, du droit de pêche dépendant du domaine, dans la Scarpe, depuis Lambres jusqu'à la Bassecourt de Douai et dans les fossés qui l'entourent.—Douai, 9 mars 1285 (vieux style).

Nous Guis, cuens de Flandres et marchis de Namur, faisons sauoir à tous ke nous à *Simon Malet*, nostre bourgois de Douay, auons donné et donnons, pour le boin seruice kil a fait à nous, nostre peskerie, descendant de Lambres dusques à nostre maison de Douay et entour nostre mason de Douay, si auant ke peskerie i auons, à tenir le dit *Simon* tout le cours de se vie et, apres sen dechies, li dite peskerie doit reuenir à nous et à nos hoirs, signeurs de Flandres.

Si mandons et comandons à nostre bailliu de Douay, kiconques le soit et sera ou tans auenir, kil au dit *Simon* fache joir de nostre peskerie, si auant ke nous lauons en Douay et deseure, viers Lambres et che fache sans autre commandement ke cestui.

Ce fu fait à Douay, en lan de gracie mil deus cens quatre vins et ciunc, le samedi prochain apres le Behourdich.

Archives départ. chambre des comptes, 4e cartul. de Flandre, XIIIe siècle, f. 38 verso, pièce 117e.

CXXII.

Compte du domaine de Douai (1) pour le terme de 1372-1373, rendu par le receveur, Jacques Le Watier. — Gand, en juillet 1373.

(1) Voir le compte général de Flandre pour 1187 ; *Preuves*, XLI.
Outre le compte du domaine de Douai pour 1372-1373, il existe, aux

Comptes Jaque le Watier, recheueur de Douay, dOrchies et des appartenanches, de par no tresredoubté seigneur, Mons' de Flandres, de tout ce que li dis receueres a receu et payet des rentes et reuenues appartenant à nostre dit seigneur, depuis le x* jour de julle lan mil ccclxxij, jusques au xj jour de julle lan lxxiij apries ensuivant. Fait à le renenghe à Gand, lan lxxiij ensuivant.

Recepte de Douai.

Du Gauene de Douay (1), que fait venir ens à present *Marie de Meleun*, gaueniere de Douay, pour le terme Saint Remy lan lxxij, dont li paiemens esquey à faire par le dite demisielle, au jour Saint Pierre et Saint Pol lan lxxiij, rabatu iij coupes et j boistiel de bled, que soloit deuoir *Sainte*, femme *Jaque de Dichi*, pour terre que elle tenoit dudit gauene, prise pour le refforchement de le ville de Douay, pour le guerre de Flandres (2), xxv muis ix rasieres une coupe et j boistiel de fourment, au pris de xxj sols iiij deniers parisis (3) le rasiere, quil fut prisiés au jour Saint Remy lan lxxij. Portent : iij c xxix livres xix sols j denier poitou.

Doudit gauene, en auaine, rabatu xl rasieres ij coupes,

Archives départem. une série de ces comptes, depuis 1399 jusqu'en 1664, mais avec des lacunes. — Voir Dehaisnes, *Etat général des reg. de la ch. des comptes de Lille, relatifs à la Flandre*, Lille, 1873, in-8, pp. 78-81.

(1) Sur le fief du Gavène de Douai, voir *Châtelains*, etc. p. 477. Cf. le dénombrement de 1372, *Preuves*, p. 190.

(2) Cette emprise de terre doit remonter à 1310 environ, sous le roi Philippe le Bel, lors du grand agrandissement de la ville. — Cf. *Preuves*, p. 195 et note 1.

(3) En tenant compte de ce qu'au moyen âge le blé était comparativement plus cher qu'aujourd'hui, le prix de 21 sols 4 deniers à la rasière équivaut environ à 50 francs l'hectolitre.

que soloient deuoir les cappelenies des obis Saint Pierre de Douay, item, une coupe ij boistiaus, que soloit deuoir *Sainte*, femme *Jaque de Dichi*, item, iij coupes, que soloient deuoir les hoirs *Jehan de Le Brayelle* (1), item, iij rasieres, que soloient deuoir pluiseurs maisons seans à Saint Aubin, pour ce que on ne treuue qui les voelle prendre à rente ne à louage et x coupes pour le maison de le Trenité de Douay (2), xxxvij muis iiij rasieres iij coupes et demie boistiel dauaine, au pris de viij sols parisis le rasiere, que elle fut prisié au dit terme Saint Remy lan lxxij. Valent : clxxix livres x sols iiij deniers.

Dou dit gauene, en capons, rabatu v capons que soloient deuoir les freres de le Trenité de Douay, que leur quita le conte *Guy* de Flandres (3), iiij c xxiiij capons, au feur de ij sols x deniers parisis le pieche, de le prisié du Noel lan lxxij. Vallent : lx livres xvj deniers.

Dou dit gauene, en deniers, rabatu xv sols douisiens, que soloit deuoir Monsr *Ricard Pourchiel* (4), que li quita le conte *Guy* de Flandres, xix livres xviij sols vj deniers douisiens. Valent à parisis : vj livres xij sols x deniers.

---

(1) Le dénombrement du Gavène de 1372 indique comme ayant été également « mises èsdis fossés et forteresse » les trois parties de terre ici désignées comme ayant été déchargées de la rente due au Gavène. — Cf. *Preuves*, p. 196.

Jean de La Brayelle fut plusieurs fois échevin, de 1298 à 1307.

(2) Rente dont la Trinité fut déchargée par la comtesse Marguerite en 1272. — Cf. *Preuves*, p. 196 et note 2.

(3) Vers 1279. — Cf. *Preuves*, p. 197 et note 1.

(4) Ricard Pourchel ou Pourchiaux, fils de Jacques et petit-fils et principal héritier de l'opulent bourgeois Ricard du Marquiet, vivait sous le comte Guy, vers 1290, mais sans avoir droit à la qualité de « monsieur », réservée aux chevaliers. Lui ou son fils ayant obtenu, mais beaucoup plus tard, vers 1340, la dignité de chevalier, le mot de « monsieur » appliqué au bourgeois de 1290 se sera glissé dans les comptes. — Cf. *Preuves*, p. 197.

Dou dit gauene, pour v c doeux (1) : xx sols.

SOMME : V c lxxvij livres iij sols vij deniers poitou.

DES RENTES que Monsr de Flandres a en le ville de Douay (2), au terme Saint Remy, receu, pour le dit terme lan lxxij, ix sols douisiens. Valent au parisis : iij sols.

Des rentes que doiuent plusieurs gens en le ville de Cantin, pour les heritages quil en tiennent, receu, pour le dit terme : xiij sols vj deniers.

Des rentes que doiuent pluiseurs gens en le ville de Marquette en Ostreuant, au dit terme : v sols x deniers.

Et y soloit auoir v sols x deniers obole : mais Monsr got de ij coupes de terre comme estrayeres, lesquelles doiuent le maille des proufis. De le quelle terre sera chi apres fette mentions.

De le mairie dAuchi et de pluiseurs personnes dOrchies et dAuchi (3), au dit terme, ix livres xiij sols viij deniers douisiens. Valent au parisis : lxiiij sols vij deniers.

---

(1) Sur la rente litigieuse de 500 œufs, voir *Châtelains*, etc. p. 493 et *Preuves*, p. 194.

Dans le compte de 1399-1400, fol. 1 verso: « V^c j œuf. Vallent xx sols. »

(2) « Sur quatre maisons tenant ensemble, seans contre le Chastel »; fol. 1 verso du compte de 1399-1400.

Voir l'arrentement de 1267 ; *Preuves*, CXVIII.

La recette des 9 sols douisiens se faisait encore aux premières années du XVIe siècle; mais dans le compte de 1519-1520, un nouveau receveur déclare n'avoir su les recouvrer; il « poeult sembler », dit-il, que les maisons dont s'agit « sont de loing temps en ruyne ». — L'antique rente s'était perdue par la négligence des receveurs du domaine.

(3) Cette recette provenant du maire féodal d'Auchy aurait dû figurer au chapitre d'Orchies ; mais il y eut de tout temps une certaine confusion entre les deux chapitres. — Voir les comptes de 1187, aux *Preuves*, p. 56.

De le vile dAuchi, pour le mares de Flines (1), au dit terme : v sols.

De le ville de Raisse, pour le dit mares, au dit terme : v sols.

De labbaye des Prés dales Douay, pour leur terre dales de Marquette en Ostreuant, ou dit terme : iij deniers poitou.

Dou cors de la dite abbeie, au dit terme : ij sols.

De le dite abbeie, au dit terme, ix rasieres dauaine, à viij sols le rasiere, que elle fu prisié : lxxij sols.

De le ville de Bouuignies, pour le mares de Flines, au dit terme : v sols.

De le ville de Coustices, pour le dit mares, au dit terme : v sols.

De labbeie de Flines, au dit terme, vij rasieres dauaine à le petite mesure, à v sols le rasiere. Valent : xxxv sols.

De le dite abbeie de Flines, pour le dit mares (2), au dit terme : v sols.

De le ville de Douay, pour xij liurées de terre que li dite ville acquist à Monsr de Saint Aubin (3), pour le terme de Toussains lan lxxij : xx sols.

De le dite ville de Douay, pour pasturages de le dite ville (4), x sols douisiens, valent au parisis : iij sols iiij [deniers.

---

(1) En 1244, la comtesse Marguerite, alors seulement dame de Dampierre, arrenta le marais de Flines, dit ensuite des Six-Villes, aux gens de Flines, de Rache, de Couticles, d'Auchy, d'Orchies et de Bouvignies, six localités dépendant de la terre de Pévele ou de la seigneurie d'Orchies, à charge de payer la vente au seigneur de la terre de Pévele (Hautcœur, *Cartul. de l'abbaye de Flines*, Lille, 1873, in-8, p. 36). — Ce sont donc encore des articles qui devraient figurer au chapitre d'Orchies.

(2) L'abbaye, qui profitait aussi du bénéfice de l'arrentement de 1244, payait sa part du « cens » dû pour le Marais des Six-Villes.

(3) Achat fait par la ville, en 1324, des rentes et de la justice du Pret, à Douai, paroisse St-Albin; voir *Châtelains*, etc. p. 715.

(4) Les pâturages avoisinant la ville de Douai et arrentés à celle-ci, de haute antiquité, par un comte de Flandre, avant que l'Artois ait été détaché du comté de Flandre.

De le dite ville, pour le place du Temple, xij deniers douisiens. Et pour les Prés de le Ville, xij deniers douisiens. Portent ces ij parties (1) : ij sols douisiens. Valent :
viij deniers.

Item, de le dite ville, pour arrierages de iij ans des xij sols douisiens dessus dis, est assauoir, lan lxix, lxx et lxxj : xxxvj sols douisiens. Valent :
xij s.

Des aians cause *Renault Malet*, pour pluiseurs pieces de terre et prés, seans à Flines, ou dit terme Saint Remy :
xviij deniers.

De demisielle *Marie de Melun*, preuoste de Douay, à cause de le demisielle du Mur, pour lieuwage de Riullay, tenu du seigneur de Potes (2), iiij deniers douisiens. Valent au parisis :
j denier poitou.

De *Jaque Descours*, pour une piece de terre seant à Flines, qui fu acquise au Roy, que tint *Jehans Blere Vaque*, li quelle terre et le haie dentour li dis *Jake* prist à cense, à cry et à renchiere, par xij ans, au pris de xlviij sols lan, à ij termes en lan, moitié au jour Saint Jehan Baptiste et lautre moitié au jour Saint Remi, dont li premiers paiemens esquei au jour Saint Jehan lan lxxij. Et doit auoir li haie iij ans de coppe en fin de cense. Receu pour les termes Saint Remy lan lxxij et Saint Jehan Baptiste lan lxxiij :
xlviij sols.

Dune autre piece de terre seant à Flines, tenue en fief (3) :
iij sols iiij deniers.

De demi bonnier de terre, qui fu *Willaume Le Cocardier*, li quelle fu acquise du temps du Roy, pour ce que li

---

(1) Arrentements faits par la comtesse Marguerite en 1265 et 1269; *Preuves*, CXVII et CXIX.

(2) Voir *Châtelains*, etc. pp. 513, 514 et 908.

(3) « Se ne puet on sauoir où elle siet, ne qui le tient » ; folio 2 du compte de 1399-1400. — Cette mention est répétée dans les comptes suivants.

dis *Willaumes* estoit bastars et nauoit nul hoir de se char. Pour les proffis de ceste presente année, par le vesue *Jake de Sin* : xij sols.

De le ville de Flines, pour le mares, au dit terme Saint Remy : v sols.

Somme : xvj livres vij sols j denier obole.

Des rentes de Raisse, du terme du Noel lan lxxij, xij capons, au pris de ij sols x deniers parisis le piece. Valent : xxxiiij sols.

De le dite ville de Raisse, au terme Saint Remy lan dessus dit, vj rasieres dauaine, à viij sols le rasiere. Valent : xlviij sols.

De *Jehan Franchois*, pour le courtil qui fu *le Rousselle*, fourfait du temps du Roy, sen appartiennent les ij pars à Monsr de Flandres et le tierch au chastellain de Raisse. Pour les ij pars : vj sols viij deniers.

De *Colart Wille* et *Pierot Foucart* dit *de Raisse*, pour les ij pars de x coupes de terre scans à Raisse et lautre tierche partie appartient au castellain de Raisse. Receu pour les ij pars, au terme Saint Remy lan lxxij, vj coupes et les ij pars dune coupe de soille, à xj sols le rasiere. Valent : xviij sols iiij deniers.

De le cauchie de le ville de Raisse, le quelle on rechoipt à conuertir à refaire le dite cauchie et les mauuais pas. Censsié à *Jehan Bourel*, iij ans commenchans au jour Saint Jehan Baptiste lan lxx, xij livres lan, à payer à ij termes en lan. Receu pour les termes du Noel lan lxxij et Saint Jehan lan lxxiij : xij livres.

De le ville dAuchi, que fait venir ens le maistre des Herignies (1), au terme du Noel lan lxxij, xxv glines, au pris de xx deniers le gline. Valent : xlj sols viij deniers.

---

(1) « Le maistre de Hellegnies »; fol. 3 du compte de 1399-1400. — Hellignies, à Coutiches.

Des gens de le dite ville d'Auchi, pour iiij^{xx} xvj oeus :
v sols.

De labbeie des Prés, au dit terme de Noel, ij capons et xviij deniers douisiens, à ij sols x deniers le capon :
vj sols ij deniers.

De *Jehan Le Feuvre* de Cantin, pour le cense du terme Saint Andrieu lan lxxij, de vj rasieres et demie de terre seans ou terroir de Cantin, à iij rasieres et ij couppes de bled pour le rasiere de terre. Receu xxij rasieres iij couppes de bled, à xvj deniers pres du milleur du marquied de Douay ceste rasiere. Vendu xiiij sols le rasiere et est li darraine année de se cense. Vallent :
xv livres xviiij sols vj deniers.

Li quelle terre est recenssie ix audit *Jehan*, à cry et à renchiere, parmy ix rasieres une couppe de bled, cescun an, pour toute le dite terre, wide et quierquié.

De ij couppes de terre seans ou terroir de Marquette, qui sont demourées à Monsr, pour le rente, censsies à *Jehan Le Parmentier*, parmi rendant ij rasieres de bled, à le roie dou bled et vj couppes dauaine, à le roie dou march. Nient receut, pour ceste presente anée, pour ce que li dite terre est à ghasquiere.

De le ville de Cantin, au terme de Noel lan lxxij, ij deniers tournois maille douisienne. Vallent au parisis :
j denier obole poitou.

De le ville de Sin, au terme de Pasques lan lxxij, v^c j œuf (1), vendus v sols le cent. Valent : xxv sols.

De *Jehan Troeuue Auoir*, pour le luiage d'uno maison seant à Flines, que soloit tenir *Alars de Quoisiaucourt* (2),

---

(1) Rente due au comte, de très haute antiquité, pour le Marais de Sin.
(2) Goisaucourt. Voir *Une Vieille Généalogie de la maison de Wavrin*, Douai, 1877, in-8, p. 95.

li quelle maisons fu fourfaitte du temps passé. Receu pour les termes du Noel lan lxxij et Saint Jehan Baptiste lan lxxiij : xxx sols.

Et auec ce, li dis *Jehans*, pour les rentes heritieres que doit li dite maison, qui portent enuiron xviij sols lan. Et se doit retenir le dite maison durant le terme de xij ans, quil la pris à louage et li demoura à cry et à renchiere, comme au derrain et plus offrant.

De *Jaque de Gages*, demourant à Flines, pour le ceuse esqueue au terme Saint Andrieu lan lxxij, de une coupe et demie de terre seant à le Haudrée à Flines, qui fu *Robert Le Machon*. Une rasiere de blet à lui reuendue.
xij sols.

De *Jehan Harcelle* dit *Harcelois*, pour le luiage de ij rasieres de pret ou enuiron, seans à Raisse, venus à cognissauce de nouuiel. Receu pour ceste presente anée:
xx sols.

Item, dou dit *Harcelle*, pour arrerages du dit luiage, pour les ans lxx et lxxj : xl sols.

Lesquelles ij rasieres de pret sont bailliés à louage, à cry et à renchiere, à *Jehan du Forest* dit *le Potier*, parmi rendant xx sols parisis lan.

SOMME : xlj livres v sols v deniers obole poitou.

Dou CANGE de Douay, où Monsr de Flandres doit prendre, cescun an, au ixe jour de feuerier, xij livres douisiennes. Nient receu pour ceste anée, ne pour les ij anées precedentes, pour ce quil ny a point de cange à Douay (1).

Des ventes de terres et de fiefs, où Monsr de Flandres

---

(1) En 1395, le « cambge » fut affermé pour six ans, à « viij^{xx} x » livres par an. (Compte de 1399-1400, fol. 3 verso.)

a et prent le x° denier pour sen droit, quant il esquiet. Nient, pour ce que par le bailliu de Douay a esté receu.

· Des amendes, dons de lettres, quins, paines, fourfais et autres exploís esqueus en le baillie de Douay et ressort dicelle. Nient, pour ce que par Mons' le gouuerneur de Lille, de Douay et dOrchies a esté recheu ce qui en est esqueu es termes de sen gouuernement. Et li baillius de Douay rechoipt les exploís et amendes de le baillie.

Des assises (1) courans en le ville de Douay, pour le vj° denier que Mons' de Flandres y prent, est assavoir : sur le vin, sur le grain, sur le brais et sur les bruuages boulis, qui furent censsis j an commencant au vij° jour de septembre lan lxxj et finans le vj° jour du dit mois au soir lan lxxij, est assauoir : lassise du vin, vij^{xx} livres le sepmaine, le blet et autre grain, v livres le sepmaine, le brais, xv livres le sepmaine et les bruuages boulis, xxv livres le sepmaine. Montent le sepmaine : ij c xxx livres. Cest pour le vj° de Mons' de Flandres : xxxviij livres iij sols iiij deniers le sepmaine, qui portent en somme, pour viij sepmaines et ij jours commencant le dimenche au matin xj° jour de julle lan lxxij et finans le lundi au soir vj° jour de septembre ensuivant. Et ce que par auant en estoit deu à Mons' fu compté ou precedent compte du dit receueur :

iij° xvj livres iiij sols ix deniers.

Item, de le dite ville de Douay, pour le vj° denier des assises du vin, à vij^{xx} xvj livres le sepmaine, lassise dou bled et autre grain vendu et acaté en le ville de Douay, à xlij livres le sepmaine, lissue du grain, à lviij livres le sepmaine, lassise du bruuage boulit, à xviij livres le sepmaine, lassise de le brais, à xliij livres x sols le sep-

· (1) C'est l'octroi moderne.

maine et lassise du petit vin con dist Riuet, à xv sols le sepmaine. Censsis pour lanée commencant le vij° jour de septembre lan lxxij. Montent le sepmaine : cc iiij^{xx} ix livres v sols. Cest pour le vj° de Monsr de Flandres : xlviij livres iiij sols ij deniers le sepmaine. Portent en somme pour xliiij sepmaines commenchans le mardi au matin vj° jour de septembre lan lxxij et finans le lundi au soir xj° jour de julle enssuivant, lan lxxiij :

ij^m cxxj livres iij sols iiij deniers.

Somme : ij^m iiij^c xxxvij livres viij sols j denier.

Toute somme de le recepte de Douay :

iij^m lxxiij livres iiij sols iij deniers obole.

Recepte dOrchies (1).

. . . .

Despense de le recepte Douay au parisis.

Aumosnes et fiefs à heritage assignés sur le gauene de Douay.

A Monsr *Ricard Pourcel*, pour sen fief quil tient de Monsr de Flandres à heritage, pour le terme Saint Piere et Saint Pol lan lxxiij : x livres (2).

Au cappellain du castel de Douay, au dit terme Saint Piere et Saint Pol : vj livres (3).

A labbesse de Flines, pour les cappellenies le seigneur de Dampiere, pour ledit terme : xx livres (4).

---

(1) Elle monte à 304 livres 15 sols 4 deniers.

(2) Voir *Châtelains*, etc. p. 827.

(3) Fondation faite par la comtesse Marguerite, en 1272, pour la chapelle de la Bassecourt. *Preuves*, CXX.

(4) Chapellenie fondée en l'abbaye de Flines, en 1283, par le prince Jean, sire de Dampierre, fils de la comtesse Marguerite. Le comte Guy, en 1284, en assigna le revenu sur son « espier » ou domaine de Douai. (Hautcœur, *Cartul.* 1, pp. 261-263.)

A le dite abbesse, dou don le roy *Ph* le Bel*, à heritage, pour le dit terme : c sols (1).

Somme : xlj livres.

Dès gages dou bailliu et sergans de Douay. Nient, pour ce que li baillius les paie de ses explois.

Pour ouurages et reparations fais à le cauchie de Raisse, en ceste presente anée. Payet à *Jehan des Ha... is*, cauchieur, pour iij$_c$ piés de ledite cauchie refaire et à cauchyer es liux plus neccessaires, de tel largheur que a lidite cauchie : xij livres xvj sols.

Parmi ce que les villes voisines, qui sont franques de payer cauchie, liurent as ouuriers sauelon sur ledit ouurage.

Somme par li : xij livres xvj sols.

Despens communs quil conuient payer pour les besongnes dou seigneur et peuent croistre et amenrir, selonc le kierté dou tamps.

Pour les frais et despens dou dit *Jaque Le Watier* et *Machuard*, son clerch, p^r vj jours, quant il ala compter à Gand, as comptes des renenghes, ou mois de Julle lan lxxij, compris ens le louage dou queual que eut lidis *Machuars*, en ledite voie : x livres viij sols.

Pour despens fais par *Machuard* en iij voies par lui faites à Lille, porter xij^c livres par deuers *Willaume Parolle*, receueur de Lille, si comme par les quittances doudit *Willaume* poeut apparoir : xlij sols.

Somme : xij livres x sols.

Toute somme de le despense de Douay :
lxvj livres vj sols.

(1) Donation de l'an 1301 (*Id.* II, p. 496).

Despense dOrchies (1).

. . . .

Et ne compte point lidis receueres aucuns gages (2) dou tamps quil a esté receueres, pour ce quil ne len est point ordené. Si en soit ordené par vous, Messeigneurs (3), à vostre plaisir.

Item, pour les frais dou dit receveur, pour venir à ces presentes renenghes : xij livres.

. . . .

<small>Archives départem. fonds de la chambre des comptes de Lille, carton B 946, pièce 10597; cahier en parchemin de six feuillets, avec cette mention au dos, d'une écriture du temps : « Compte Jaque Le Wautier, receveur de Douay et dOrchies, fait à Gand, à le renenghe lxxiij. »</small>

CXXIII.

Commission de receveur du domaine de Douai et d'Orchies, accordée par le duc Philippe le Hardi à Jean Barré. — *Arras, 22 juillet 1400.*

Phe, fils du roy de France, duc de Bourgongne, conte de Flandres, dArtois et de Bourgongne, palatin, sire de Salius, conte de Retbel et seigneur de Malines. A tous ceulx qui ces presentes lettres verront, salut. Sauoir faisons que, pour le bon rapport à nous fait, par aucuns de nos officiers, de nostre amé *Jehan Barre*, nous confians de sa loyaulté et bonne diligence, icelluy *Jehan* auons

<small>(1) Elle n'est que de 5 livres 18 sols, y compris 4 livres « pour parquemin et salaire de clers à escripre et doubler iiij fois cest present compte ».
(2) En 1399, « les gaiges » du receveur étaient fixés à 40 livres par an (folio 10 du compte de 1399-1400).
(3) Les conseillers des finances du comte de Flandre.</small>

ordonné, commis et institué et, par ces presentes, ordenons, commetons et instituons nostre recepueur de Douay et dOrchies et des appertenances, pour et en lieu de *Jehan Robaut*, liqués, par nos aultres lettres, nous en auons deschargié et promeu à loffice de nostre recepueur dArras.

Auquel *Jehan Barre*, comme à nostre dit recepueur de Douay, dOrchies et des appertenances, nous auons donné et donnons, par ces mesmes presentes, pooir et auctorité de recepuoir toutes nos rentes et reuenues de la dite recepte, garder nostre demaine, de contraindre ou fere contraindre à ce tous ceulx qui pour ce feront à contraindre, par toutes voies deues et acoustumées à faire, pour nos propres debtes en tel cas et en oultre de fere tout ce que bon et loyal recepueur puet et doit faire et que au dit office appertient. Dont il sera tenu de rendre ben compte et loyal, en nostre chambre des comptes à Lille, aux gaiges (1), drois, pourffis et emolumens acoustumés, tant comme il nous plaira. Du quel office exercer bien et loyalment, en la maniere que dit est, il sera tenus de fere le serment acoustumé en tel cas, es mains de reuerend pere en Dieu, nostre amé et feal chancelier, leuesque dArras, que nous auons deputé et commetons à le recepuoir de luy.

Si donnons en mandement, par ces mesmes presentes, à nostre dit chancellier, que, receu du dit *Barre* le serment acoustumé en tel cas, il mette en possession du dit office, par la tradition et bail dicelles. Et en oultre à tous nos justichiers, officiers et subgez, requerons les aultres quil appertiendra, que au dit *Barre*, comme à nostre recepueur, en toutes choses touchans et regardans le fait de la dite recepte et à ses commis, obeissent diligemment. Mandons

---

(1) Les « gages » du receveur étaient alors de 40 livres par an (fol. 10 du compte de 1399-1400).

aussi à nos amés et feaux gens de nos comptes à Lille, que les dis gaiges acoustumés ilz allouent en ses comptes et rabatent de sa recepte, sans contredit, par rapportant, pour la premiere fois, vidimus de ces presentes soubz seel autentique ou coppie dicelles collacionnée en la chambre de nos comptes ou par lun de nos secretaires. Non obstant quelconques restrinctions, ordonnances, mandemens et deffenses à ce contraires.

En tesmoing de ce, nous auons fait mettre nostre seel à ces presentes. Donné à Arras le xxij^e jour de juillet lan de grace mil CCCC et un.

Ainsy signeez. Par Monsr le duc, vous present. DANIEL.

Et au dos des lettres, pour laccomplissemet dicelles, sur ce que, par le dit recepueur, doit estre serment fait es mains de reuerend pere en Dieu, leuesque dArras, chancellier, commis et deputé ad ce, de par mon dit seigneur, auoit escript ce qui sensuit.

Au jour duy xxve jour de juillet lau mil quatre cens et un, *Jehan Barre* fist le serement acoustumé de loffice dont mention est faite au blanc de ces presentes, es mains de reuerend pere en Dieu, Monsr leuesque dArras, chancellier de monseigneur de Bourgogne. DANIEL.

Archives départ. chambre des comptes, compte du domaine de Douai, 1401-1402, dans le registre Flandre, n°^s 749 à 759 (ancien D 105). — La commission est copiée en tête du premier compte de Jean Barré. A l'apostille, cette mention : « La collation a esté faite à loriginal demouré deuers le recoueur. »

CXXIV.

Confirmation de l'exemption du guet ordinaire en la ville de Douai pour le receueur du domaine, accordée par le duc Philippe le Bon, à la demande de son receueur de Douai, Jean Barré. — Lille, 1ᵉʳ mai 1431 (1).

PHELIPPE, par la grace de Dieu, duc de Bourgongne, de Lothier, de Brabant......, à nostre gouuerneur de Lille, Douay et Orchies ou à son lieutenant à Duay, salut. Remonstré nous a esté, de la partie de nostre amé et feal conseiller et receueur de Douay et dOrchies, *Jehan Barre*, que ja soit ce que noz gens et officiers audit lieu de Douay soient exemps et ne doiuent aucunement estre à la correction de la loy (2) dicelle nostre ville, depuis certain temps enca, lesdits de la loy ont plusieurs foiz fait commandement et veulent contraindre icellui nostre receueur à faire guet et garde en icelle nostre ville, auec eulx, comme lun des autres manans et habitans dicelle. Et combien que icellui nostre receueur, pour sur ce auoir nostre prouision, nous ait autresfoiz fait remonstrance du cas dessusdit et que, par noz autres lettres closes, aions mandé ausdits eschevins, que dicellui guet et garde le tenissent quitte et paisible. Toutesuoyes ilz ny ont aucunement obtemperé, ains lui font adez les commandemens

---

(1) Malgré cette exemption, on trouve, en mai 1475, au guet établi à la porte Notre-Dame, « Roland de Le Mourre, recepveur de Monsʳ le duc »; il en était le « chief » en février 1476 (v. st.). — Archives municip. EE 93, cahier en papier, f. 12 — C'était sans doute un volontaire.

Des lettres du conseil privé, datées de Bruxelles, le 18 juillet 1597, déclarent exempt « du guet et garde » Noé de Beauchan, « recepveur » du roi d'Espagne de son « demaine au quartier de » ses « villes de Douay et Orchies ». EE 94.

(2) Le magistrat ou les échevins.

dessusdits, lesquelles choses ont esté et sont fectes, entreprenant sur les droiz et franchises de noz seruiteurs et officiers et ou prejudice dicellui nostre receueur. Et pour ce, nous a humblement sur ce requis nostre gracieuse prouision.

Pour ce est il que nous, eu regart aulx choses dessus dictes et que voulons noz gens et officiers joir et user de telz droiz et franchises quil appartient, sans estre asseruy aucunement, ains les y estre maintenus et gardez. Vous mandons, commandons et expressement enjoignons, que vous fectes expres commandement et deffense, de par nous, ausdits eschevins et autres quil appartendra, que doresenauant cessent de faire iceulx commandemens et contrainte dudit guet et garde et tiengnent icellui nostre receueur quitte et paisible, sans, pour occasion dicellui, le plus trauaillier ou molester en aucune maniere,

Toutesuoyes nous nentendons pas que, en cas de peril eminent, nostre dit receueur ne face, auec noz gens et officiers audit lieu, icellui guet et garde, quant besoing sera et le cas le requerra.

Car ainsi nous plaist il et voulons quil soit fait.

Donné en nostre ville de Lille, le premier jour de may lan de grace mil cccc xxxj, soubz nostre seel de secret, en absence du grant.

Ainsi signé. Par Monsr le duc, à la relacion du conseil.

CHAPUIS.

Archives départ. chambre des comptes, 9º reg. des chartes, B 1604, f. lxiij verso; avec cet intitulé : « Lettre pour Jehan Barre, receueur de Douay, destre exempt de faire guet en ladite ville ».

COUR FÉODALE

DU

BAILLIAGE

CXXV.

Acte reçu par le bailli et des hommes de fief du Roi par lequel un justiciable de la cour féodale promet une réparation au chapitre de Saint-Amé, sous peine d'être banni de la châtellenie de Douai. — 1301 (vieux style), février.

Jou Henris dou Maisnil, baillieus de Douay, à tous chiaus quy ces presentes lettres verront et oront, salus et conniscance de verité. Sacent tous que, comme *Jakemes Males*, de Douay, fieus (1) maistre *Renier Malet*, doiien del eglise Saint Amé de Douay, fourfesist dedens le fraukise del eglise Saint Amé de Douay, en encourant pour ichou la paine de .x. lib. de monnoie dor, si com il est contenu es preuileges de ledite eglise, que li capitles a sour chou, li dis *Jakemes* sobliga par deuant mi et par deuant les homes le Roy, qui pour cou i furent apielé et qui chi apres sont nommé, que les .x. lib. de monnoie dor deuant dites li dis *Jakemes* rendroit au capitle Saint Amé, à se semonse, sans maluais engien, dedens les .xv. jours quil en serroit semons souffissamment. Et est asauoir que li dite semonse doit estre faite en le dite eglise, en le presense de boine gent et la doit ele souffir, en quel conques

---

(1) Fils naturel. Voir Guilmot, Invent. Ms. des archives municip. I, pp. 406-407 et III, p. 855. Extraits Mss. III, p. 1424.

liu ke li dis *Jakemes* soit. Et chou offre il si auant con ses pooirs se poroit estendre. Encore eut li dis *Jakemes* encouent par denant mi et en le presence les dis homes le Roy, que jamais enviers aucune persones del eglise ne mesprendroit sour sen tort. Et tout chou a li dis *Jakemes* enconuent à tenir, sour le paine de .x. lib. de monnoie dor, que, se il en faloit des conuences desus dites, il obliga à estre banis de le castelerie de Douay à tous jours.

Et pour chou que cou soit chose connute, jou, à le requeste dou dit *Jakemon* et dou capitle, ai mis men seel à ches presentes lettres. Et prie les homes le Roy qui i furent apielé et qui saiaus ont, i pengent leur saiaus avoec le mien, en signe de verité.

Et nous *Gerart de Meregnies, Jehans de Coustiches* et *Thumas Li Kieure* tiesmoignons toutes ces choses estre vraies et i fumes present et com home le Roy pour cou apielé, à le requeste dou dit bailliu et des parties, avons nous mis à ces presentes lettres nos seaulx avoec le seel dou dit bailliu.

Ce fu fait lan de grasce Nostre Signeur .m.ccc.et.j. el moys de feurier.

<small>Archives départ. fonds de St-Amé, orig. au dos duquel est cette addition : *Littera Jacobi* Malet, *de emenda quam debet ecclesie*. Les quatre sceaux en cire verte, qui pendaient à double queue de parchemin, sont brisés ; du premier, celui du bailli, sceau armorial, on lit encore une partie de la légende : ... ..nri. d. .....il.</small>

CXXVI.

Autorisation du Roi donnée, sur la demande des échevins, à son bailli de Douai, Mahieu de Gand, natif de Douai, de continuer l'exercice de son office, par dérogation spéciale aux ordonnances royales qui défendent d'être bailli ou prévôt au lieu où l'on est né (1); *sans préjudice auxdites ordonnances et aux privilèges de la ville. — Compiègne, 27 octobre 1346.*

PH. par la grace de Dieu, roys de France, à touz ceuls qui ces presentes lettres verront, salut. Comme, par noz ordenences royauls, aucun ne puisse ne doie estre nostre baillif ou preuost au lieu dont il est naiz et touteuoies *Mahieu de Gand*, qui est nez de la ville de Douay, soit à present nostre baillif de la dite ville et lequel *Mahieu* nous ne voulons pas destituer ou oster de loffice et garde dudit bailliage.

Sauoir faisons que nous auons ottroié et, par ces presentes lettres, ottroions, de grace especial, à noz amez les escheuins dicelle ville de Douay, que, non obstant la dite garde et gouuernement ainsi fait et à faire, de nostre volenté, par ycellui *Mahieu*, de la dite baillie, noz dites ordenences soient et demeurent touz jours saines et entieres en leur force et vertu, en autres tels cas et semblables et en toutes autres choses, en tant comme il touche et pourra touchier nous et les loys, coustumes, libertez et franchises diceuls et de la dite ville de Douay et que nostre entente ou volenté nest pas que, par ce, aucun prejudice leur soit fait en quelque maniere, où temps present ou auenir.

En tesmoins de la quele chose, nous auons fait nostre seel mettre à ces presentes lettres.

---

(1) Ces ordonnances étaient diamétralement opposées à la coutume de Bruges, où nul ne pouvait être bailli, s'il n'était de la ville ou s'il n'avait épousé une femme qui en fût originaire (J. de St-Genois, *Invent. analyt. des chartes des comtes de Fl.* Gand, 1843-1846, in-4, p. 20). Au contraire, la coutume de Gand s'accordait avec les ordonnances royales (Warnkoenig, *Hist. de la Flandre*, Bruxelles, 1846, in-8, III, 266).

Donné à Compeigne, le xxvij° jour doctembre, lan de grace mil ccc quarante et six.

[Sur le pli.] Par le Roy, à la relation de messire *Ja. Rouss.*

CHASTEILLON.

[Au dos.] J. DANISY. HAUTECOURT.

<small>Archives municip. AA 135 (layette); orig. au bas duquel pendait un sceau[à double queue de parchemin.</small>

CXXVII.

Approbation par l'évêque d'Arras, du monitoire fait, sur l'ordre de son official, par le doyen de chrétienté de Douai, en l'enclos de Saint-Amé, à Jean d'Emmileville, bourgeois de Douai et homme de fief jugeant au château, pour lui défendre, sous les peines de l'excommunication et de l'amende, de juger ou de condamner, à la conjure du bailli de Douai, un individu que ce bailli avait arrêté, quoiqu'il portât l'habit et la tonsure des clercs. — Douai, en l'hôtel de l'évêque, 18 août 1359.

Uniuersis presentes litteras inspecturis, AYMERICUS, Dei gratia episcopus Attrebatensis, in Domino salutem. Cum dilectus noster, decanus Christianitatis Duacensis, vigore statutorum prouincialium et nostrorum synodalium, de mandato et auctoritate dilecti nostri officialis, monuisset, in atrio Sancti Amati dicti loci Duacensis, *Johannem de Medio Ville*, burgensem ipsius loci, hominem judicatorum castri loci predicti et eidem inhibuisset, sub pena excommunicationis et centum marcharum argenti, nobis, si secus faceret et in pios usus applicandarum, ne, ad conjuramentum baillivi prefati loci Duacensis, aliqualiter procederet ad judicium vel condempnationem *Petri Ledent*, quem idem balliuus, in habitu et tonsura clericalibus, capi fecerat et in suis carceribus detinebat. Noueritis quod nos prefatas monitionem et inhibitionem, per dictum decanum, sicut premittitur, factas laudamus, approbamus easque ratas et gratas habemus et volumus habere ac, de precepto et auctoritate dicti nostri officialis, eas censemus fore factas.

Quod omnibus notum esse volumus, per presentes litteras, sigilli nostri munimine roboratas.

Datum Duaci, in domo habitationis nostre, anno Domini millesimo ccc° quinquagesimo nono, decima octaua die mensis Augusti.

Archives départ. fonds de St-Amé, 9e carton, 1351-1370. — Copie commençant ainsi : « Datum per copiam, sub sigillo decani Xpianitatis Duacensis, anno Domini m° ccc° lix°, feria quarta post Assumptionem beate Marie Virginis » (mercredi 21 août), avec un fragment de sceau en cire brune, pendant à simple queue de parchemin.

CXXVIII.

Cérémonie d'une réparation faite à l'autorité ecclésiastique, devant le pont du château (1), par le bailli de Douai, au sujet de l'exécution d'un clerc qui avait été décapité au château ou à la Bassecourt, par sentence de la cour féodale. — Douai, 22 mai 1379.

Le diemence xxij^e jour du mois de may lan mil ccclxxix, à heure deuant soleil esconsant (2), se presenta et pouroffry *Bernars du Gardin*, baillius de Douai, deuant le doïen de le xpienté [chrétienté] en Douai, à faire faire et aemplir une ordenance qui auoit esté deuolée par Monsr le preuost de Bruges et Monsr *Ansel de Salins*, seigneur de Montfer-

(1) Aujourd'hui, l'entrée de la Fonderie.
(2) Couchant.

rant (1), pour le restablissement, qui se deuoit faire par signe, de le mort de *Willot de Vy*, liquelx auoit esté décapitez ou castel à Douai ou en le Bassecourt et que on disoit estre clerc. Et le pouroffri lediz bailliuz à faire faire tout ainsi que par les diz seigneurs auoit esté ordené, tant en le presence de lofficial dArras, de maistre *Piere*, compaignon de Monsr leuesque, du seelleur et du promoteur de le court, commis et quierquiez à ceste ordenance receuoir, de par Monsr leuesque, comme en le presence de lui bailliu, adfin que negligence ne fust en lui trouuée et que questions ou inconueniens, dechez ou en autre maniere ne sen peust mouuoir.

Et disoit lediz baillius lordenance auoir esté telle que, de jours, sanz torses (2), au lieu où li diz *Willos* auoit esté decapitez, seroit li restablisseméns fais par signe dune bouge destrain (3), audit doien ou autre de par Monsr leuesque. Pour quoi, se ainsi li plaisoit à receuoir, volentiers le feroit faire lidiz baillius, combien que, en ce qui en auoit esté fait sur ledit *Willot*, il neust aucune coulpe (4). Fait present *Jaque Le Watier* (5), *Jehan de Goy*, fil de feu *Nicolas*, *Gille Le Pesqueur* dit *Le Moine* et autres tesmoins, etc.

Item et assez tost en celli moment, le fist et le pouroffry ledis baillius, presens les dessus dis et pluseurs autres, sur lentrée du pont du castel de Douai, publiquement, à le faire par le maniere dessus dite. Et encores le fist il à le personne de maistre *Amourry Rappappe*, par celli maniere. Liquelx dist quil estoit quierkié, de Monsr leuesque,

---

(1) Juges commissaires désignés par le comte de Flandre.
(2) Sans torche. — Il n'y avait donc pas lieu à amende honorable.
(3) Botte de paille.
(4) Probablement qu'il n'avait fait qu'exécuter la sentence portée par la cour féodale.
(5) Receveur du domaine.

de le faire celli jour, à heure de grant messe et de faire le restablissement en leglise Saint Nicolay. Pour quoy, autrement ne loseroit receuoir (1), etc.

> Bibl. publique de Douai, Ms. 1096 (anc. 1000), pièce 38; rouleau en parchemin ayant servi de répertoire à un notaire apostolique de Douai, acte n° 16; pièce très curieuse, trouvée avec les titres de l'ancienne fondation des Huit-Prêtres, sauvés de la destruction par feu M. le bibliothécaire Estabel, qui a recueilli ces épaves et les a soigneusement classées pour être conservées, à titre de documents historiques, parmi les manuscrits de la bibliothèque publique.

CXXIX.

Compte du bailliage de Douai, rendu pour un terme de quatre mois, de mai à septembre 1388, contenant une recette de 200 livres 18 sols parisis, une dépense de 61 livres 17 sols 4 deniers et un excédant de 139 livres 8 deniers. — Lille, 21 septembre 1388.

CHEST LY COMPTES JAQUE DES PRES dit BLANKART, escuyer, bailli de Douay et dOrchies, de tout ce que il a receu des exploits de la dite ville et baillie de Douay, depuis les comptes qui darrainement se rendirent à Lille le xj° jour du mois de may lan mil ccc iiij xx et wit, jusquez au xxj° jour du mois de septembre ensuivant, oudit an. Fait à Lisle.

Premiers, pour exploits jugiés par les eschevins de Douay, en quoy no tresredoubté seigneur, Mons' le duc de Bourgongne, conte de Flandres, a le moittié et li ville lautre, exepté amendes de lx libres doues. qui vallent xx libres parisis, esquelles nostredit seigneur prent lvij libres doues. qui vallent xix libres parisis et li ville lx sols douesiens,

(1) On ne dit pas si le bailli céda aux prétentions de l'évêque.

qui portent xx sols parisis. Et sont toutes amendes jugiés au douesien, dont les iij deniers douesiens vallent j denier parisis.

Assauoir est, pour amendes de lx libres.

De *Betremieu Le Machon*, qui, par cas de loy, a esté jugiés à lx libres doues. qui portent, en le part de Monsr, lvij libres doues Receu : xxxvj libres doues.

Et le sourplus de le dite amende, qui est xxiiij libres, na point esté recupte, pour ce que il nauoit de quoi paier.

[Apostille en marge] Soit recouuré quant on porra.

. . . .
Somme : cxxix libres doues.

Item, damendes de l libres doues. esquelles nostredit seigneur prent le moittié et li ville lautre.

Nient à ce terme, pour ce que rien ny est escheu.

Item autre recepte faite par le dit bailli, pour amendes de x libres doues. pour cas de loy, où Monsr prent le moittié et li ville lautre. Assauoir est.

De *Jehan Picquette* dit *Le Kieure*, qui, par cas de loy, fu jugiés à x libres doues. Receu pour le moitié :
c sols douesiens.

. . . .
Somme : lxv libres doues.

Item, autre recepte, faite par le dit bailli, damendes de c sols douesiens, de cas de loy, où Monsr prent le moittié et li ville lautre. Assauoir est.

De *Baudet de Deuwieul* (1), qui, par cas de loy, a esté jugiés à c sols douesiens. Receu pour le moittié : l sols
douesiens.

Somme pour ly : l sols douesiens.

Item, autre recepte faite par le dit bailli, pour amendes

(1) Il avait encouru en outre l'amende de 10 livres.

de xl sols douesiens, de cas de loy jugiés par les dis eschevins, où Mons' prent le moittié et li ville lautre. Assauoir est.

De *Baudet de Deuwieul*, qui, par les dis eschevins, a esté jugiés à xl sols douesiens. Receu pour le moittié : xx sols douesiens.

. . . .

Somme : lx sols douesiens.

Item, autre recepte faite par le dit bailli, pour amendes de xxx sols douesiens, de cas de loy jugiés par les dis eschevins, esquelles Mons' a le moittié et li ville lautre. Assauoir est.

De *Jaquemart Lyennart*, qui, par les dis eschevins, a esté jugiés à ij fois xxx sols douesiens. Receu pour le moittié : xxx sols douessiens.

. . . .

Somme : iiij livres x sols douesiens.

Item, autre recepte faite par le dit bailli, pour amendes de c sols douesiens, par rapport des wettes de nuit, jugiés par les dis eschevins, esquelles Mons' prent le moittié et li ville lautre. Assauoir est.

De *Willot Dollet* qui, par le dit rapport, a esté jugiés à c sols douesiens. Receu pour le moittié : l sols douesiens.

. . . .

Somme : xl livres doues.

Somme des sommes deuant dites : ij^c xix livres doues, valant à parisis, monnoie de Flandres : lxxiij livres parisis.

Item, damendes de leswart des viues biestes, de lesward de liauwe, du pisson de mer, des vieswariers, de largent et estainz, des queuaulx et des porées, où Mons' prent le tierch (1). Nient à ce terme.

Item, damendes de comdempnations pour accas de pillages. Nient.

Item, damendes de le baillie de Douay, qui se jugent par les hommes de fief du castiel de Douay. Nient.

Item, autre recepte faite par le dit bailli, ou tampz de cesty compte, de paines données au prouffit de nostre dit seigneur. Assauoir est.

De *Euxtasse dEscaillon*, pour le moittié de x sols de paine donné sour *Willamme Le Feure*, de Bouuignies. Receu : v sols.

. . . .
Somme : 1 sols parisis.

Item, autre recepte faite par le dit bailli, à cause du xe denier de vente de fief, appartenant à nostre dit seigneur, esqueus ou tampz de ce compte. Est assavoir.

De noble homme messire *Allart des Wastines*, chevalier, pour le xe denier del accat de 1 frans de rente à vie vendu ix deniers le denier, par noble homme le seigneur de Landas, sour sa terre que il a en la dite ville de Landas, laquelle vente porta iiij^s et 1 frans. Receu, pour le droit de nostre dit seigneur, xlv frans franchois qui vallent, à xliiij sols pour piece : iiij^{xx} xix libres.

De *Jaque des Pres* dit *Blanckart* (2), pour laccat de iiij

---

(1) Dans les comptes suivants, on voit que le profit de ces amendes se partage par tiers entre le prince, la ville et les « eswardeurs qui font lesdits rapports ».

Ceux-ci se font aussi par les « quatre descureurs des heritages de le ville », par « leswart du markiet au blé », par celui « du maisyel au pisson », de « le tieulle et de le latte », des parmentiers, des tanneurs et « cordewaniers », par « lesward de le craisse », du pain, de « le boucherie », de « le vieserie », des « tailles et moeullequins », etc.

(2) Le bailli, qui avait acheté une rente viagère sur la terre de Cantin.

muis de blé de rente viagiere par an, vendu par noble homme *Jehan de Halluwin* la somme de vj xx frans, receu, pour le x⁰ denier appartenant au droit de nostre dit seigneur, xij frans qui vallent, à xliiij sols le piece :
xxvj libres viij sols.

Somme : cxxv livres viij sols.
Toute somme de la recepte de ce compte :
ij c livres xviij sols parisis.

Mises contre le dite recepte.

Pour les gaiges du bailli, ou tampz de cesty compte :
xvj libres xiij sols iiij deniers (1).

Pour les gaiges de *Jaquemart Le Tellier, Jaquemart Blance, Flannier* et leurs compaingnons, sergans à mache (2) en le ville et baillie de Douay, pour le tams de cesty compte, par quittance :   x libres.

Item, pour frais et despens fais par le bailli et sergans, en wardant le fieste de le Saint Piere darrain passée, comme il est de coustume :   x libres (3).

Item, pour les frais et despens de *Bauduin Le Blancq*, sergant commis pour justice alencontre des malfaiteurs, est assavoir : *Jehan Alloe* dit *Moriel*, qui auoit brisiet les prisons de nostre dit seigneur, lequel il poursieuy jusquez à Vallenchiennes, où il fu justiciés à mort pour ses demerites, comme mourdrerez, en laquelle persecution li dis *Bauduin* sejourna par iij jours. Et ensement pour une autre

---

(1) Pour quatre mois; ce qui porte le traitement annuel à 50 livres parisis (environ 3000 francs de notre monnaie).

(2) Ou sergents de ville, chargés de la police, non seulement de la ville de Douai, mais de tout le bailliage.
En 1395, ils n'étaient que six (f. 5 verso du compte de 1395, 10 mai, au 10 janvier suivant).
Les gages de chaque sergent étaient donc de 5 livres par an.

(3) Voir *Sour. de la Fl. wallonne*, 1ʳᵉ série, XVI, 174.

persecution par lui faite à Falempin, alencontre de *Colin*, varlet jadis *Pierre de Raisse*, qui auoit aidiet à froissier et brisier les dites prisons, ouquel lieu li dis *Collins*, comme mourdrerez, qui auoit esté auoecq le dit *Morellet*, mourdrerez, fu justiciés, en laquelle persecution faisant, li dis *Bauduin* cheuaucha par iiij fois de Douay en la dite ville, à Falempin. Portent ces despens, si quil appert par le quittance mis oultres auoecq cest present compte :
xij libres.

[Apostille en marge.] Par certiflication du procureur de Douay, rendue à court.

Item, pour le sallaire de *Jehan de Courtray* dit *Fournet*, pendeur à Lille (1), pour auoir fait une justice dune femme nommée *Jehenne Clauwette* dite *le Jongleresse*, qui, pour ses demerites, fu arse en le ville de Douay, pour le quelle justice faire ledit pendeur fu et sejourna en le dite ville de Douay par lespasse de iiij jours, pour ce six frans, qui vallent : xiij libres iiij sols.

[Apostille en marge.] Par certiflication rendue à court.

Toute somme de la despense :
lxj livres xvij sols iiij deniers parisis.

Doit le bailli : cxxxix livres viij deniers parisis.

Rendus par le iij^e compte *Jaques* (2), en ordonnance. Et quitte cy.

---

(1) A cette époque, les exécutions étant assez rares, Douai n'avait pas son bourreau ; le cas échéant, on faisait venir celui d'une ville voisine, Arras, Cambrai, etc.

Au XVIe siècle, au contraire (les comptes du bailliage du XVe manquent), rien de plus fréquent que les supplices, mutilations, fustigations, etc. ; aussi Douai a-t-il son « maistre des haultes œuvres ». Cf. l'intéressante notice de M. Lepreux, *Le Bourreau de Douai*, Douai, 1877, in-12.

(2) Jacques de Screyhem, le receveur de Flandre, qui encaissait le produit du compte du bailliage de Douai, sauf à compter ensuite devant la chambre de Lille.

Auditus xxj· sept. m ccc iiij xx et viij°.

Archives départ. chambre des comptes, comptes du bailliage de Douai ; cahier en parchemin de 8 feuillets, le 2ᵉ du registre formé par les comptes du même bailli, de 1387 à 1399, Flandre, nᵒˢ 2335 à 2368, ancien D 98.
Au dos du cahier: « Compte Blanquart des Prez, bailli de Douay, fait à Lisle en septembre lan mil ccc iiijˣˣ et viij. Pour la court. »

CXXX.

Commission de bailli de Douai donnée par le duc Philippe le Bon à son écuyer Tristran de Bersées dit le Baron (1), en remplacement de Gilles de l'ouvrin, aussi son écuyer (2). — Bruges, 8 mars 1432 (vieux style).

PHELIPPE, par la grace de Dieu, duc de Bourgongne, de Lothier, de Brabant et de Lembourg, conte de Flandres, d'Artois, de Bourgongne, palatin et de Hainau marquis du Saint Empire, seigneur de Salins et de Malines. A tous ceux qui ces presentes lettres verront, salut. Sauoir faisons que, pour la bonne et notable relation qui, par pluiseurs gens de nostre conseil, faicte nous a esté de la personne de nostre amé et féal escuyer *Tristran de Bersées* dit *le Baron*, confians à plain en ses sens, loiaulté, preudommie et bonne diligence, nous icellui *Tristran* auons ordonné, commis et institué, ordonnons, commetons et instituons, par ces presentes, nostre bailli de Douay et des appartenances, ou lieu de nostre [amé et feal] escuyer, *Gilles de Douvrin*, lequel, à la resqueste qui de par lui faicte nous a

---

(1) Il se qualifie d'écuyer d'écurie du duc, dans son récépissé d'août 1435 d'un dénombrement de la terre de Bouvignies (Archives municip. anc. lay. 108).

(2) Il avait prêté le serment de bailli, entre les mains des échevins de Douai, le 9 mai 1431 (reg. AA 94, anc. cartul. N, f. lxv verso).

esté et comme bien content de ce, en auons [en tel] cas deschargié et deschargons, par la teneur de cestes. Auquel *Tristran* auons donné et donnons pouoir, auctorité et mandement especial de bien et deuement excercer ledit office, de faire et faire faire raison et justice à tous ceulx qui len requerront, es cas qui appartendra, de garder nos drois, souuerainetez, noblesses et seignouries et au surplus faire tout ce que audit office de bailli compete et appartient estre fait. Aux gaiges, drois, prouffis et emolumens accoustumez et qui y appartient, tant quil nous plaira. Duquel office exercer en la maniere que dit est, ledit *Tristran* sera tenu de faire le serement en tel cas pertinens es mains de nos amez et feaux, les gens de nos comptes à Lille, que commetons à le recepuoir de lui.

Si donnons en mandement, par ces mesmes presentes, à tous nos justiciers, officiers et subges cui ce peult ou poura toucher et regarder, que à nostredit bailli ou son lieutenant ou commis de par lui, en ceste partie, ilz obeissent et entendent diligemment en toutes choses touchans et regardans ledit office, en prestant et faisant, à lui ou sondit lieutenant ou commis, conseil, conffort, aide et assistence, se mestiers en ont et se par eulx en sont requis.

Mandons aussi à nos amez et feaulx, les gens de nosdis comptes à Lille, que au dessus nommé, nostre bailli, allouent es comptes quil rendera et fera des exploix dudit office et rabatent de sa recepte lesdis gaiges, à tel terme quil est usé et acoustumé de faire, sans contredit ou difficulté, par rapportant ces presentes ou vidimus dicelles fait soubs seel autentique ou coppie collationnée par lun de nos secretaires ou en la chambre de nosdis comptes, pour une et la premiere fois seulment, nonobstant quelconques mandemens ou deffences à ce contraires.

En tesmoing de ce, nous auons fait mettre nostre seel de secret, en absence du grant, à ces presentes. Donné en nostre ville de Bruges, le viij° jour de mars lan de grace mil cccc trente deux.

Et estoit ainsi seignés : Par Monsr le duc. CHAPUIS.

Au dos desquelles lettres patentes auoit escript ce qui senssuit.

Le xij° jour de may lan mil iiij^c xxxiij (1), *Tristran de Bersées* dit *le Baron*, nommé au blanc de ces presentes, fist, es mains de messieurs des comptes de Monsr de Bourgongne à Lille, le serement de loffice du bailliage de Douay, dont oudit blanc est faite mention. Moy present. FIERABRAS.

<blockquote>Archives départem. chambre des comptes, portef. B 1877, pièce 45; sous le vidimus des échevins de Douai, du 30 mai 1434; pièce très détériorée, le scel aux causes arraché; elle avait été fournie à MM. de la Chambre, par le bailli, à l'appui de son compte.</blockquote>

CXXXI.

Acte de non préjudice accordé au chapitre de Saint-Amé, par le bailli de Douai, qui, vers le mois de mai 1464, aurait « conjuré » des fieffés du château de Douai, en passant dans le cimetière de Saint-Amé. — Douai, en l'église Saint-Amé, 20 janvier 1464 (vieux style).

IN NOMINE DOMINI AMEN. Par le teneur de cest present publicque instrument, vous appere euidamment et soit manifeste que, en lan de Nostre dit Seigneur mil quatre cens soixante quatre, indiction xiij°, le xx° jour du mois de janvier, du pontificat nostre tressaint pere en Dieu,

---

(1) A Douai, le bailli fit encore serment, entre les mains des échevins, le 15 mai 1433 (reg. AA 94, anc. cartul. N, folio lxv verso).

Paul, par la divine prouidence, pape second, en lan premier.

Comme il soit a..nsy que, enuiron vij ou viij mois desrains passés, noble homme *Philippe dAlennes,* escuyer, baillif de Douay, — apres les plais, par luy et les hommes de fief du chastel dudit lieu, tenus audit chastel, iceulx ensambles et pluiseurs aultres departans dudit chastel et passans parmy le cimitiere de leglise collegial Saint Amé audit Douay, enuiron lheure de ij à iij heures apres disner, en laquelle cimitiere icellui bailly, requis daultrui personne pour retourner audit chastel et venant à sa journée, non obstant les plais finés, requist dauoir audience *et C*ª, — fist commandement, de par Monsʳ le duc, à la requeste dicellui, à maistre *Grard de Le Croix*, procureur de mondit sire le duc (1) et aultres hommes de fiefz dudit chastel, quilz retournassent et reuenissent audit chastel et quil estoit encore heure asses pour oir chacune partie et tenir siege et quil en y auoit qui auoient à besongnier ausdits plais et aultres paroles touchans la requeste à lui faite. Auquel bailly fu respondu par ledit maistre *Grard de Le Croix*, en ceste maniere ou semblable : « Monsʳ le bailly! Regardez où vous estes. Vous » naués point pooir ne auctorité de ichy faire vos com- » mandemens! » Neantmoins icellui bailly, par pluiseurs fois, fist et reitera iceulx commandemens.

Pour che est il que, aujourdhuy datte de cest present instrument, en la presence de moy, notaire publicque et des tesmoins cy dessous nommés, comparut en sa personne ledit *Ph ippe dAlennes*, baillit de Douay, lequel, de sa pure et liberale volenté, sans quelque constrainte ou seduction aulcune, mais pour verité, dist et declara que, de iceulx

---

(1) Procureur du duc à la gouvernance de Douai et homme de fief du château.

commandemens, il nauoit point vraye memore et quil ne les cuidoit point auoir fait en ladite cimitiere et che afferma par sa foy. Mais oultre, sil les auoit fait, ce fut par ignorence et sans y penser. Declarant et bien sachant que, oudit lieu, ne aultre du tenement de ladite eglise, il ne pooit, ne deuoit, ne peut et ne doibt faire ou exercer quelque explois ou commandemens, par lui ne par aultrui et que en riens ne volroit prejudicier aux drois, priuileges et jurisdictions de ledite eglise et, sil les auoit à faire, pour riens ne les feroit ores ne aultres fois. Et de che il estoit dolant, se aulcunement il auoit perturbé leglise ou Messrs. Et meismement que tous iceulx commandemens illec et adont par luy ainsy fais, il les adnichilla et mist au neant et les tenoit pour nulz et de nulle valeur. Accordant oultre baillier instrument, ung ou pluisieurs, à mesdits S[rs] ou au procureur de leglise, sil le requeroient ou requeroit.

Che fu fait et recongnut en ledite eglise Saint Amé, presens discretes personnes : sires *Martin Hanicotte* et *Toussains Ballet*, pbre[s], capellains de le dessus dite eglise, tesmoings ad che euocquiés et appellés.

Et me *Jacobo de Graincourt* alias *Houchut*, presbitero, Atrebatensis diocesis publico, apostolica venerabilisque curie dicte Atrebatensis auctoritate, notario necnon capituli dicte ecclesie collegiate Sancti Amati scriba jurato, quia premissis omnibus et singulis, prout scriberentur, agerentur, dicerentur et fierent, unacum prenominatis testibus, presens fui, ideo hoc presens publicum instrumentum manu propria, signo notarioque et nomine meis solitis et consuetis scripsi et signaui, in testimonium veritatis, requisitus et rogatus. GRAINCOURT (·).

Archives départ. fonds de St-Amé, 17e carton, 1461-1470.

(1) Avec paraphe notarial figurant un ostensoir chargé de deux clefs en sautoir, les panhetons en haut.

CXXXII.

Formule du serment de l'homme de fief du château de Douai. — *1578.*

SERMENT QUE DOIBT PRESTER LHOMME DE FIEF (1).

Vous jurez et promectez, par la foy que debuez à Dieu, que serez et demourerez bon, fidel et leal vassal du Roy, nostre sire, conte de Flandres, etc. garderez les droix, haulteurs, honneurs et preeminences de Sa Majesté, du siege et court de ceens, où vous seruirez auecq vos pers et compaignons, ferez droict, raison et justice aulx collitigantes en icelle et aultres quy le requeront. Ne reuelerez le secret de la court. Garderez les droix de nostre mere Sainte Eglise, vesues et orphenins. Contriburez à touttes tailles et assiettes quy se feront par vcz pers et compaignons. Et generallement ferez et accomplirez tout ce que bon fidel vassal, homme de fief du Roy, doibt et est tenu faire et accomplir.

Archives municip. reg. aux plaids du bailliage, 1578-1587, folio 1.

CXXXIII.

Liste des fiefs mouvant du château de Douai en 1578 (2).

(1) Semblable serment faisait « l'homme desservant, » c'est-à-dire le praticien ou homme de loi qui, à la cour féodale, remplaçait un homme de fief ou vassal.

(2) Il est à remarquer que l'importante seigneurie de Rache a été omise. Manquent aussi les petits fiefs suivants : fief à Cantin, mouvant originairement du fief de la châtellenie de Douai (voir *Châtelatus*, etc. p. 263); fief de rente sur le domaine (p. 827); fief de rente sur le Gavène (p. 835); fief Romagnant à Douai (p. 869); fief des Trois-Cocquelets (p. 878).

DECLARATION DES FIEFS tenus et mouuans du Roy, nostre sire, à cause du chastel de Douay, auecq les noms des possesseurs diceulx en lan xve lxxviij.

Le chastieau, terre et seignourie de Montigny en Ostreuant a esté releué par madame *Aleonor de Montmorency*, apres le trespas de Monsr de Montigny, son frere.

Le fief du chasteau, terre et seignourie de Bouuignies, appartenant à *Jean de Salmnel* [Psalmier], filz du Sr de Brimaigne.

Le fief du chasteau, terre et seignourie de Watines, appartenant à noble Sr *Franchois de Montmorency*, Sr de Bersées.

Le fief de la preuosté de Douay (1), appartenant à noble S^r messire *Robert de Meleun*, viconte de Gand.

Le chastieau, terre et seignourie d'Estrées, à messire *Jacques d'Ongnies*, chevalier, S^r dudit lieu [d'Estrées].

Le fief du chastieau, terre et seignourie de Rouppy, à messire *Robert de Longueual*, chevalier, S^r de La Thour.

Les fiefz et seignouries de Landas et de Goisencourt [Goisaucourt] audit Landas, au S^r dudit Landas.

Les fiefz et seignouries de Saint Albin, le Gauene de Douay (2) et du Viel Chastel de Wasiers, à noble S^r le comte de Lallaing.

Les fiefz et seignouries nommées la Viconté de La Hargerie et Lescuier [fief de l'Eculier-le-Comte (3) à Douai], à *Guy Cordouan*, greffier ciuil de ceste ville de Douay.

Le fief et seignourie des Pourcheletz (4), à *Adrien dEsclaibes*, escuier, Sr de Clermont.

(1) Voir *Châtelains*, p. 279.
(2) Voir *Châtelains*, etc. pp. 637 et 478.
(3) Voir p. 709.
(4) Fief des Pourchelets, à Douai; voir p. 782.

Le fief de la chastellenie de Douay (1), appartenant à ladite ville, à la charge de bailler homme viuant et mourant.

Le fief et seignourie de Plachy (2), à *Domminicque Turpin*, bourgeois de Douay.

Le fief nommé le Dismaige de Rocourt, dict le fief de Le Vacque (3), à *Jean Aparisis*.

Le fief de quattre rasieres de terres séant à Dury (4), appartenant à *Anthoine Senelle*, à cause de *Marthe Saudrieu* [Soldoyer], sa femme.

Le fief nommé Losignol, à Dury (5), à *Jean de Leuuacq*, labourier, demeurant audit Dury.

Le fief du Viel Chastel de Hambelaing (6), à *Loys de Le Plancque*, escuier, S^r de La Comté.

Le fief nommé de Brifoeul (7), à present party en deux, lung appartenant à *Phl^{te} du Gardin* et laultre à *Jean*, filz de *Martin Commelin*.

Le fief, terre et seignourie de Marquettes, à [Jean] *de Hertaing*, s^r du Viuier.

Le fief et seignourie de Feruacq [à Marquette], à *George de Montigny*, chevalier, Sr de Noielles.

Le fief et seignourie de Cantin, à *Adrien*, Sr de Dion, chevalier, etc.

Le fief de Sautiere [La Sautière] pres Trouuelle [Troisvilles] en Cambresis, à madame de Croix.

---

(1) Voir *Châtelains*, p. 1.
(2) Fief de Plachy-lez-Douai, mouvant originairement du fief de la châtellenie; voir p. 213.
(3) Fief de Le Vacque, à Roucourt ; *Id.* p. 251.
(4) Voir *Châtelains*, p. 267.
(5) *Id.* p. 269.
(6) *Id.* p. 273.
(7) Fief de Briffœul, à Sin et Dechy; *id.* p. 240.

Le fief du Mollin le Comte et du Biefile [à Cantin], à *Jean du Bruille*, à cause d'*Isabieau Pottier*, sa femme.

Le fief nommé le Quint de Vesignon, à Le Warde, à *Amand d'Authuille*.

Le fief *Innocent du Crocquet*, à cause de *Jeanne Pannequin*, sa femme, scitué à Le Warde.

Ponthus de La Tramerie tient aussy ung fief quy se comprend en xxiij m[uids] de braix, quil a droict de prendre sur le mollin bannerel au Bray de ladicte ville de Douay (1).

Loys de Longueual, escuier, seigneur d'Escoiures, a ung fief qui se comprend en xj m[uids] viij rasieres dauaine, à la priserie de Douay, quil a droict de prendre sur ledit molin bannerel au Bray dudit Douay (2).

Le fief qui fut à *Maurant de Haussy*, scitué à Raisse, à *Jean de La Fosse*, S^r d'Aiette, à cause de *Jacqueline du Hem*.

Le fief qui fut au Sr de Rouppy, au terroir de Sin le Noble, appartenant à present à *Jacques Blaue*, labourier.

Le fief de la vesue *Jude Bonnenuict*, fille de *Jean Commelin*, contenant huict rasieres de terres pres la porte d'Esquerchin (3).

Le fief de la Damoiselle de Dougnies (4), à Monsr de Lieres, à cause de sa femme, fille [du] Sr de Mally [Mailly].

Le fief appartenant à Me *Marcq de Vendeuille*, scitué à Marcquettes.

Le fief de messieurs de chappitre de Saint Pierre en Douay, qui est party dung fief nommé les Parchonniers, au terroir de Cantin et enuiron.

---

(1) Voir *Châtelains*, etc. p. 848.
(2) *Id.* p. 854.
(3) *Id.* p. 858.
(4) La Damoisellerie de Dorignies; voir p. 812.

Le fief *Jean de Bacquehem*, qui est party dudit fief des Parchonniers.

Le fief *Jean Le Maire*, quy est aussy partye dudit fief des Parchonniers.

Le fief appartenant à leglise Sainte Croix dArras, à la charge de bailler homme viuant et mourant, scitué à Wasiers.

Le fief du Vinaige de Lescluse, appartenant à la pauureté dudit Lescluze, par don de feu *Robert du Hem*.

Le fief nommé le fief Griffon (1), à M⁰ *Jean Loys*.

Archives du greffe de la cour d'appel, fonds de la gouvernance de Douai, reg. 49, Coutumier écrit en 1623, folios ij⁰ xlvj à ij⁰ xlviij.

CXXXIV.

Liste des fiefs mouvant du château de Douai, divisés en cinq classes d'après leur revenu. — 1694.

S'ENSUIT LE TARIF des fiefs du souverain bailliage (2) du Roy en la ville de Douay, divisé en cincq classes : duquel est parlé ès actes du vingt-sept octobre 1694 et huict novembre suivant (3).

La première classe, à trente-cincq florins.

La terre et seigneurie de Bouvignies.

---

(1) A Frais-Marais-lez-Douai ; voir *Châtelains*, p. 865.

(2) Au déclin de l'ancien régime, la manie de faire sonner les titres engendrait sans cesse des erreurs. Ainsi le bailliage féodal ou royal de Douai n'était nullement le *souverain* bailliage ; ce titre-ci appartenait seulement à la juridiction créée dans la Flandre wallonne, au XIV⁰ siècle, par les rois de France et qui avait deux sièges, l'un à Lille, l'autre à Douai, chacun désigné sous le nom de gouvernance.

(3) Cette taxe sur les fiefs de Douai était levée à l'occasion des frais engendrés par des procès criminels qui venaient d'être jugés à la cour féodale.

Deuxiesme classe, à vingt florins.

Le fief de cent dix-sept rasières de terres à Cantin, appartenant à Mr de Querenain.

Le fief du Gavenne de Douay (1).

Le fief de neuf muids deux rasières trois quartiers de bled et dix muids d'avoine (2), appartenant aux héritiers *Robert de Lens*, seigneur de Blandecque.

La prévosté de Douay (3), appartenante au seigneur prince d'Espinoy.

La veuve du sieur docteur *de Surques*, pour un fief d'onze muids huict rasières de grain bragé francq molu (4).

Le sieur *Senechal*, pour un fief de vingt-trois muids de grain bragé aussy francq molu (5).

La terre et comtée d'Estrées.

Flines (6).

La Vicomté de La Hargerie, au sieur *d'Auby*.

La baronie de Landas.

La terre et seigneurie de Marquette, avec le chateau, etc. à la dame comtesse de Maldeghem.

Un autre fief audit Marquette, à laditte dame, contenant cent nonante-neuf rasières trois couppes et demy boistelet de terre.

---

(1) Voir *Châtelains*, etc. p. 477.
(2) Rente sur le Gavène; voir p. 835.
(3) Voir p. 279.
(4) Rente sur le moulin au Brai de Douai ; voir *Châtelains*, etc. p. 854.
(5) *Id*, p. 848.
(6) Seigneurie engagée en 1630, par le gouvernement espagnol, au profit de l'abbaye de Flines (Hautcœur, *Cartul.* p. 903). — Détachée alors du domaine d'Orchies, elle fut mise sous la mouvance du château de Douai.

La terre et seigneurie de Roupy à Nomain.

La baronie (1) de Montignies, aux dames de Bairlemont.

La comtée de Rache.

La seigneurie de Watines.

Troisiesme classe, à onze florins.

La seigneurie du Bray (2) à M. le docteur *Denis*.

La seigneurie de Cantin, au sieur *Caudron*.

Le fief du Bef, à M. le conseillier *Becquet*.

Le fief du Moulin-le-Comte, audit sieur *Becquet*.

Le fief de la chatelenie de Douay, à la ville (3).

La prevosté et seigneurie de Saint-Albin (4).

Le fief de l'Éculiere (5), au sieur *Antoine-Daniel de Lannoy*.

L'état d'un huissier du conseil d'Artois (6) . . . .
. . . .

La seigneurie du Petit-Fervacque (7), au baron de Wemel, confisqué présentement.

Tout le fief de Vendeville, audit Marquette, compris le moulin.

Le fief de Le Vacque à Rocour (8).

La seigneurie de Sin-le-Noble.

(1) Le titre de baronnie est abusivement attribué à la terre et seigneurie de Montigny-en-Ostrevant, qui n'a jamais été érigée en terre de dignité.

(2) A Raimbaucourt.

(3) Voir *Chatelains*, etc. p. 1.

(4) Sur le fief de Saint-Albin en Douai, voir p. 657.

(5) Sur le fief de l'Eculier-le-Comte, à Douai, voir p. 769.

(6) Le domaine avait aliéné et inféodé un office d'huissier du conseil d'Artois, ainsi que quatre offices de sergent de la gouvernance de Douai, lesquels offices fieffés mouvaient du château de Douai. Ordinairement leurs propriétaires les affermaient.

(7) Fief de Fervacque, à Marquette-en-Ostrevant.

(8) A Roucourt; voir *Chatelains*, p. 251.

Le fief de La Sottière (1).

Le fief du Viel Chatel de Wazier.

Le fief de La Tramerie, audit Waszier, appartenant à l'église de Sainte-Croix d'Arras.

La seigneurie de Vesignion, à Lewarde, au seigneur baron d'Elderen, présentement confisqué.

La seigneurie (2) de Warlain, au Sʳ de Quérenain.

Quatriesme classe, à cincq florins.

Les sieurs du chapitre de Saint-Pierre, pour un fief de vingt rasières une couppe de terre à Cantin (3).

Le fief de dix rasieres une couppe de terre audit Cantin, audit sieur de Querenain (4).

Le fief Romanian (5), au Sʳ *Keller*, fondeur.

Le fief des Pourcelet (6), à Madᵉˡˡᵉ la veuve du sieur *André-Michel Becquet*.

Un estat de sergeant de cette gouvernance......

Autre..... [Trois autres offices fieffés de sergent de la gouvernance.]

Le Vinage de Lécluse, à la pauvreté dudit lieu.

---

(1) Seigneurie de La Sautière, à Troisvilles-en-Cambrésis, à 46 kilom. de Douai, à 5 du Cateau-Cambrésis.

(2) La haute justice de Warlaing seulement formait, depuis 1629, un fief mouvant du château de Douai. Quant à la terre et seigneurie, elle mouvait de Bouvignies et médiatement de Douai.

(3) C'est le plus grand des trois fiefs des Parchonniers de Cantin, qui consistait en la moitié d'un terrage sur 360 mesures de terre. En 1578, il était encore intact (voir le n° précédent) ; nous le retrouvons converti en terre.

(4) Ce sont les deux petits fiefs des Parçhonniers, réunis en un seul et convertis en terre.

(5) Fief Romagnant, à Douai ; voir *Châtelains*, etc. p. 869.

(6) Fief des Pourchelets, à Douai ; p. 782.

La Demoisellerie de Dorgnies (1), aux pères jésuites de Douay.

La seigneurie de Placy (2), confisquée.

La haulte justice de Montignies (3).

Le fief de treize rasières trois coupes de terres, au sieur *Déré* [Derrez], à Sin.

Celuy du sieur advocat *de Lanoy* et consors, audit Sin, de trente rasières (4).

Celuy des pères jésuites, aussy de trente rasières.

Le quint de la seigneurie de Vesignion, à la veuve *Louis Francois*.

Le fief de seize rasieres à Lewarde, appartenant à *Jean-Jacques Fontaines*.

Cinquiesme classe, à deux florins dix pattars.

Jean-Baptiste Commelin, pour un fief sur le Gavenne de Douay (5).

Un fief de six rasieres de terre (6), aux pères dominicains et *Pierre Gruel*.

Le fief des Trois-Cocquelets (7), à *Dumortier*, orphevre.

Le fief Rossiniol (8), à Mad^{lle} *de La Haye*.

---

(1) Damoisellerie de Dorignies-lez-Douai ; p. 812.

(2) Fief de Plachy-lez-Douai ; p. 213.

(3) La haute justice de Montigny-en-Ostrevant, qui avait été réservée en 1625, lors de l'amortissement de la terre et seigneurie au profit des chanoinesses de Berlaimont à Bruxelles, forma un fief distinct, mouvant de Douai.

(4) Pour ce fief et le suivant, voir : Fief de Briffœul ; *Châtelains*, p. 240.

(5) Rente sur le domaine ; p. 827.

(6) A Douai, hors de la porte d'Esquerchin ; p. 858.

(7) A Douai ; p. 878.

(8) Fief Lossignol, à Dury ; p. 267.

Un fief de quattre rasières de terre (1) appartenant au seminaire du Soleil.

Le Viel-Chastel d'Amblin (2), de cincq rasières une couppe de terre.

Les pères chartreux, pour un fief de trois rasières sur l'eschevinage (3).

Le sieur greffier *Geet,* pour un fief de six couppes de terre vers Rache.

Les heritiers du Sr *Remy,* pour un fief de huict rasières de terre à Lewarde.

Total : 649 florins 10 patars.

Archives municip. reg. aux plaids du bailliage, 1683-1694, folios 71 à 74.

CXXXV.

Liste des nobles du bailliage de Douai assignés à cause de leurs seigneuries, pour l'élection d'un député aux états généraux. — Douai, 30 mars 1789.

I. Présents en personne (4).

« Très haut et très puissant seigneur, *Octave-César-Alexandre-Joseph-Marie de Nédonchel,* marquis de Nédonchel et de Bouvignies (5), etc. colonel d'infanterie et chevalier de l'ordre de Saint-Louis ».

---

(1) A Dury ; voir p. 267.
(2) Fief du Viel-Chastel d'Hamblaing ; voir p. 273.
(3) Fief Griffon, à Frais-Marais ; p. 865.
(4) L'ordre de préséance ici adopté ne résulte pas du procès-verbal, lequel fait au contraire toutes réserves quant à « la place que chacun prendra dans son ordre » ; le Roi « ne doutant pas que tous n'aient les égards et les déférences que l'usage a consacrés pour les rangs, dignités et l'âge. »
Nous avons réglé l'ordre d'après les titres et l'ancienneté des familles.
(5) Ou plus exactement : chevalier, marquis de Nédonchel, baron de Bouvignies. — Voir l'érection de Bouvignies en baronnie, l'an 1723 ; *Preuves,* CXCIV.

« Très haut et puissant seigneur, *Jacques-Eustache-Joseph d'Aoust*, marquis de Sin (1), etc. etc. ».

« M. le marquis d'Aoust, à cause de son fief de Jumelles en Waziers » (2).

« Haut et puissant seigneur, *Amaury-Joseph [de Landas dit] de Mortagne*, baron de Landas, etc. à cause de sa terre de Landas ».

« Messire *Alexandre-François-Joseph Cool*, chevalier, baron de Gavrelles, seigneur de Nortlinghem, etc. à cause de sa seigneurie de Savy, en Hamel ».

« M. *Philippe-Joseph-Alexis de Herbais*, chevalier, seigneur de Villecasseau », à cause « de sa seigneurie de Villecasseau » (Wilcassault, à Aix, mouvant d'Aix en Pèvele ou Pève et médiatement de Bouvignies, qui mouvait du château de Douai).

« Messire *Jean-Baptiste-François-Nicolas de Forest*, chevalier, seigneur de Quartdeville, etc. à cause de sa terre et seigneurie de Lewarde, doïen des présidens à mortier du parlement de Flandres ».

« M. *Jean-François Bérenger*, chevalier de l'ordre de Saint-Michel, seigneur de Lvacq en Roucourt ».

« M. *François Remy*, écuier, seigneur de Cantin, etc ».

« M. *Amé-Philippe-Joseph Pamart*, écuier, à cause de son fief de Falemprise à Bersée » (seigneurie de Follemprise, mouvant des Wastines et médiatement de Douai).

---

(1) Il signait : « le marquis de Jumelles, » titre sous lequel il était connu. Son fils aîné, Maximilien-Ferdinand-Eustache-Joseph, figure parmi les nobles non fieffés de la gouvernance, avec le titre de « marquis de Sin-le-Noble ».

(2) « Messire Eustache-Jean-Marie, marquis d'Aoust, baron de Cuinchy et autres lieux », fut élu député par son ordre, le 13 avril. Le 1er, l'ordre l'avait nommé son président.

II. Représentés par procureur.

« Madame la princese de Berghes, à cause de sa seigneurie du Quesnoy dans Hamel » (fief du bois du Quesnoy, « éclissé » de celui de Lassus, mouvant d'Hamel et médiatement d'Estrées, qui mouvait de Douai).

« M. le marquis de Bacquehem, seigneur de Raches, Coutiches, etc. ».

« Le comte du Chatel, seigneur d'Aix, etc. ».

« M. le comte de Tenremonde, seigneur d'Estrées ».

« Demoiselle *Marie-Cécile-Louise* [*Louys*] de La Grange, dame du Fay (1), du Chatelet, de Beaulieu, etc. », représentée par « M. le baron de La Grange, son père et tuteur ».

« M. d'Elfaut, seigneur du Maretz en Nomain » (seigneurie du Maret, mouvant de Bouvignies).

« M. *Despretz* de Quéant, seigneur du Grand-Hargerie » (seigneurie de la Vicomté de La Hargerie, à Bersées et Auchy).

« M. *Grénet*, seigneur de Marquette en Ostrevent ».

« M. de La Mairie, seigneur de Wattines ».

« M. d'*Hespel* d'Ocron, seigneur de Frémicourt en Wattines » (fief de Frémicourt, à Cappelle en Pèvele, mouvant des Wastines et médiatement du château de Douai).

« M. *van der Cruse*, seigneur de Waziers ».

« M. *de Lespaul*, écuier, seigneur du Quesnoy en Templeuve en Pèvele, etc. » (fief des Quesnois, mouvant de Bouvignies).

« M. *Taffin*, écuier, seigneur de Troisville, etc. à cause de son fief de La Sautière ».

« Demoiselle [*Jacqueline Françoise Desmolin*] de Wagnonville, à cause de sa seigneurie de La Vacquerie à Marquette » (fief de Vendville ou de la Grande Vacquerie).

(1) Seigneurie du Fay, à Cobrieu, mouvant de Bouvignies.

« Demoiselle *Anne-Margueritte Becquet*, dame du Beffe à Cantin ».

III. Défaillants (1).

Le duc d'Arenberg, à cause de son fief de Saint-Albin à Douai (2).

« Le prince de Ghistelles, à cause de son fief de la Prévoté de cette ville ».

« Le comte d'Egmont, à cause du fief des Gavennes de cette dite ville ».

« Le comte de Lisle, seigneur de Nomain ».

« *Renard*, seigneur d'Hamel ».

« *Vernimmen*, à cause de son fief dans Hamel » (3).

    Archives du greffe de la cour d'appel, fonds de la gouvernance de Douai, liasse des élections aux états généraux de 1789. « Procès-verbal de l'assemblée générale des trois ordres de la gouvernance », 30 mars — 16 avril.

(1) Le défaut fut prononcé dans la séance du 1er avril.

(2) Il est omis dans le procès-verbal. — Il avait été assigné le 18 mars (Mss. de Plouvain, à la Bibl. publique, intitulé : « Douai, Elections, 1789 », f. 10).

(3) Il comparut le 30 mars avec « les nobles non possédans fiefs dans le ressort » de la gouvernance « et y étant domiciliés ». Il est qualifié : « messire Ernest-François-Auguste Vernimmen, conseiller au Parlement».

COUTUME FÉODALE

DU BAILLIAGE (1).

CXXXVI.

Mandement du comte de Flandre, au bailli de Douai, de convoquer le ban et l'arrière-ban du bailliage, pour résister à l'invasion des Anglais et des Gantois rebelles, leurs alliés. — Lille, 2 août 1383 (2).

Loys, conte de Flandres *et cetera*. A nostre amé bailli de Douay ou à son lieutenant, salut.

Comme les Englés et plusieurs autres noz ennemis et aduersaires de Gand et autres soient, à grant effort, en nostre pays de Flandres et y aient fait et sefforcent faire, de jour en jour, plusieurs grans dommages et inconueniens et ad present soient à siege deuant nostre ville dIppre et ont en propos de conquerre le dit pays de Flandres et aux traire plus auant en nostre conté dArtois et es marches denuiron, comme il soit nottoire à vouz et à touz autres.

---

(1) La coutume de la gouvernance de Douai, rédigée en 1550 (voir le n° suivant), est muette sur le service militaire des fieffés et arrière-fieffés, à l'origine le principal devoir de tout vassal. C'est qu'à cette époque et depuis longtemps déjà, une taxe remplaçait généralement le service personnel, quand on convoquait le ban et l'arrière-ban.

(2) Par lettres datées de Lille, le 5 du même mois, le comte dispensa les fieffés et arrière-fieffés habitant à Douai du service militaire réclamé d'eux « en armes et en chevaulx » et les autorisa à rester à Douai pour la défense de la ville. (Chambre des comptes, 7e cartul. de Flandre, 2e partie, f. 27.)

Cette dispense accordée aux Douaisiens fieffés devint une coutume au siècle suivant, à de certaines conditions et le service militaire féodal « en armes et en chevaux » ne fut plus exigé que des gentilshommes campagnards, plus aptes du reste à ce service que les citadins.

Pour quoy Mons' le Roy a fait et fait encores tresgrant mandement et assemblés et a intention de les combatre et y estre en personne et aussi nous aions en propos, pour resister de tout nostre pouoir à le male volenté de noz diz ennemiz, de y estre en nostre personne, en le compaignie de mon dit signeur le Roy.

Pour ce estil que nous vous mandons et estroitement enjoingnons, que tantost vous faites crier et publier, par toutes les villes et lieux notables de vostre dit bailliage et du ressort, là u il est acoustumé de faire publications, que tous nobles, feuez et autres tenans terres et possessions, en fief ou arriere fief, de nous ou dautres, deschendans de nous, en vostre dit bailliage et ressort diceli, soient montez et armez souffisamment, chascun selon son estat et viegnent par deuers nous, à Lille, à x jour de cest présent moys daoust, pour nous seruir comme il appartient. Et bien se gardent que en ce nait deffaute, sur quanques ilz se puent mesfaire enuers nous : car, se deffaute y auoit, nous les en punyrions ou ferions punir, par telle manière que ce seroit exemple à touz autres.

Mandons et commandons à tous noz subgés à quil appartient, que à vous, en ce faisant, obeissent et entendent diligemment.

Donné à Lille le second jour daoust lan de grace m ccc iiij xx et iij.

Par Mons' en son conseil.

J. Desparnay.

Archives départem. chambre des comptes de Lille, reg. B 1567, 7e cartul. de Flandre (du comte Louis II), 2e partie, f. 54.
Semblable mandement fut adressé au bailli d'Orchies, ainsi qu'à celui de Lille.

CXXXVII.

Extraits de la coutume de la gouvernance de Douai et d'Orchies (1) *en matière féodale.* — *1550, juillet.*

I. Du tribunal de la gouvernance (2).

[Article 190 et avant-dernier.] Au regard des jurisdictions et haulteurs, monsieur le gouverneur (3) ou son lieutenant à Douay est juge ordinaire et provincial, pardevant lequel ressortissent les eschevinaiges et hommaiges desdites villes de Douay, d'Orchies et de pluisieurs aultres terres et seigneuries subalternes.

II. Des cours féodales de Douai et d'Orchies.

[Article 191 et dernier.] Sy ont aussy les bailly et hommes haulte justice, moienne et basse, sans néantmoins avoir congnoissance des actions personnelles, matieres de

---

(1) Elle était semblable à celle d'Artois; on sait du reste qu'Arras fut le chef-lieu primitif de Douai. Quant aux différences entre les deux coutumes, on remarque dans celle de notre gouvernance un adoucissement très marqué.
Ainsi la confiscation n'existait point chez nous. Le droit de vente sur les fiefs était de 10 % et en Artois, le double. Le droit de relief ne s'augmentait pas d'un tiers pour le « cambellage ». Le « relief de bail » (art. 18 de la coutume d'Artois) n'était pas dû, ni le droit d'aide (art. 26). Quant à la non représentation (art. 60), si elle avait été conservée chez nous, elle y était mal vue, puisqu'on en signalait l'injustice en haut lieu (art. 48 de notre coutume), évidemment dans l'espoir d'obtenir une réforme.

(2) Nous avons rangé nos extraits dans un ordre méthodique, en ajoutant un titre aux divisions que nous avons faites et en mettant entre crochets le numéro de l'article de la coutume de la gouvernance.

(3) Le gouverneur de la province de Lille était, en 1550, le chef des deux gouvernances ou tribunaux établis l'un à Lille et l'autre à Douai; dans chacune de ces villes, il commettait un lieutenant pour juger en ses lieu et place. Après l'annexion à la France, le lieutenant de la gouvernance de Douai, de même que celui de Lille, devint officier royal et chef de ce tribunal.

complaintes en cas de nouvellité, mise de faict, main assize ny aultres samblables, quy appartiennent seullement à mondit S[r] le gouverneur ou ses lieutenans, ès mectes desdits bailliages, ains de saisine et dessaisine de fiefs et terres, tenues d'eux, d'amendes et matieres de délicts commis en leur bailliage, combien que, de ceulx qui seroient réputés cas previlégez et de souveraineté, la congnoissance aussy en appartient à mondit S[r] le gouverneur ou sondit lieutenant. Et là où d'iceulx en seroit faict prévention par ledit gouverneur ou sondit lieutenant, lesdits bailly et hommes ne peuvent procéder aux appeaulx de tels délincquans (1).

III. DE LA HAUTE JUSTICE.

[Article 1.] Aux haults justiciers compecte et appartient de, par leur justice, faire visiter et lever corps morts, noyés, désespérés ou occis, sur le camp, à péril de commettre abus et pour icelluy fourfaire (2) l'amende de soixante livres au prouffict desdits haults justiciers (3).

IV. DE LA JUSTICE VICOMTIÈRE.

A. Des droits honorifiques.

[12.] Ung S[r] hault justicier ou vicontier ayant tous les

---

(1) La compétence de la cour féodale de Douai, telle qu'elle était en 1550, doit être ici indiquée très soigneusement, attendu que le bailli et les hommes de fief du château de Douai ont concouru, avec les gens de la gouvernance, à la rédaction de la présente coutume. Après l'annexion à la France, elle fut réduite peu à peu et presque exclusivement à la « saisine et dessaisine » des fiefs mouvant du château.

(2) « Satisfaire » est le mot qu'à cru lire l'auteur de la détestable édition de notre coutume, donnée dans le *Nouveau Coutumier général* de Richebourg, en 1724.

(3) Le prince avait la haute justice ou justice *comtière* dans les terres de son domaine; quant aux seigneurs particuliers, ce n'était que tout à fait exceptionnellement qu'ils eussent la haute justice dans leur terre : ils n'y avaient ordinairement que la justice *vicomtière*, dont il est parlé dans les articles subséquents.

héritaiges ou la pluspart d'iceulx habordans au chimentiere de l'église paroissialle, estans en son gros du fief, est tenu et réputé S' et fondateur temporel de ladite église, s'il n'appert du contraire. Auquel S', son bailly ou lieutenant appartient de, par l'advis du curé ou vice gérent et paroissiens, créer et instituer clercq paroissial, menistres, marglisseurs et charitables des povres, les déporter, en instituer aultres, oyr les comptes qu'ils rendent de leur administration, les seigner, aller à la procession portant blanche vergue par sondit bailly ou son lieutenant, en seigne de seignourie, de faire maintenir la dédicasse d'icelle église paroissial, y faire dansser et ménestrander, donner espinette, roze ou joyau. Et a toutes aultres auctorités et prééminences corporelles en icelle, meisme d'estre, son bailly ou lieutenant, présent à l'assiette et recollement des aydes accordées à la majesté de l'Empereur (1).

B. *Du droit d'épave.*

[32.] Qu'à tous seigneurs vicontiers compette et appartient le droict d'espave, d'estrayeres et avoirs de bastards (2) trouvés et estans ès mectes de leur terre et seignourie, ensamble les héritaiges d'eulx tenus et mouvans et les peuvent réunir et récorporer au gros de leur fief et seignourie.

C. *Du droit de vent.*

[33.] Qu'il loist à tous S" vicontiers, par puissance de

(1) Il faut encore ajouter à cette énumération le droit d'intervenir dans la nomination du maïeur et des échevins ; seulement le mode d'élection variait d'un village à autre.

(2) Morts sans postérité légitime ; car l'art. 75 statue, en ces termes : « Enfans légitismes de bastard ou bastarde succèdent à leur père et mère. »

fief et seignourie, de faire construire et ériger mollin à vend en leur terre et seignourie, soit ung ou pluisieurs et de percepvoir et recevoir le droict de multure ordinaire et accoustumé, sans, pour ce, obtenir, demander ne estre requis avoir la grace ne faire aulcune recongnoissance de redebvance ne aultrement envers le S^r souverain dont ils tiendroient leurs fiefs et seignouries, ne d'aultre S^r supérieur.

Et néantmoins ne peuvent, iceulx seigneurs vicontiers, abstraindre ne constraindre leurs vassaux et manans aller moldre à leur mollin, par édict ou deffense, en sorte que ce soit ou puist estre, ains sont tous les manans et habitans desdites villes, bailliaiges et chastellenyes francqz et exempts de telle servitude et peuvent aller et porter moldre leur grain par tout et à tel mollin que bon leur samble, sans pour ce encourir en aulcune paine ou amende envers lesdit S^{rs}.

D. *Des franches garennes, fours et moulins banaux.*

[21.] En ladite chastellenie, il n'y a nulles frances garennes, fours ne mollins bannerelz.

E. *Du droit de « plantis ».*

[9.] Ausdits haults justiciers et vicontiers compecte et appartient (s'il n'appert du contraire) tous les chemins, fons, flégards, flos (1), regetz et aultres plantins croissans sur iceulx, estans et habordans contre et à l'endroict de leurs fiefs et seignouries ou des héritaiges tenus de leursdites seignouries. Et s'ils marchissent et habordent à deux diverses seignouries, ils compectent et appartiennent à tels S^{rs},

---

(1) *Flot*, par corruption de *froc*, chemin public, terre inculte.

chacun par moitié, aussy avant qu'ils sont habordans à leurs dites seignouries ou héritaiges tenus d'icelles. Et sy ne peut on jouir sur iceulx, ny sur le gros des fiefs desdits Srs, copper, abattre ou espincher lesdits arbres et plantins, sans congé et licence desdits Srs, leurs bailly ou lieutenant, sur paine de fourfaire l'amende de soixante solz, réparer le lieu et dhommaige. En ce non comprins les chemins réaulx, qui appartiennent aux comtes de Flandres.

[6.] Qu'il est loisible à tous héritiers et propriétaires de planter sur le flégard, à cincq pieds près et à l'endroict de leurs héritaiges, pourveu qu'en ce faisant ne soit donné empeschement ou préjudice au chemin. Et prendre à leur prouflict la despoulle des arbres par eux ainsy plantés.

F. De la création d'un arrière-fief.

[13.] Ung Sr, ayant justice de vicomte et commenchement (1) d'hommes, en peut créer héritablement ou viaigierement aultres, en tel nombre que bon luy samble, soubz son seel et donner, en accroissement d'hommes ou de rente et à tenir de luy, jusques au tiers de son fief, tant au gros, rentes seignourialles, que les rejectz, flégards et chemins ou plantins y croissans, estans de sondit fief et ériger terre renteuse en fief. Et s'il n'a commenchement d'hommes, peut donner jusques au tiers, à tenir de luy, en rente seullement.

[31.] Qu'il est loisible à tous Srs vicontiers, par puissance de fief et accroissement de seignourie, de baillier à rente, par arrentement féodal, héritier et perpétuel, partie de leurs fiefs et jusques au tiers, à le tenir d'eulx et de leur seignourie, en icelle nature et à telle cherge et servitude

---

(1) Richebourg : « commandement ».

ou redebvanche que bon leur samble et en baillier lettres sur leur seel seulement, qui sont, en ce regard, vaillables et engendrent droict réel au prouffict des arrenteurs, sans pour ce paier droict seignourial aux S^{rs} dont ils tienderoient leursdits fiefs et seignouries. Et sortist, la rente ou redebvance, la mesme nature que faict le gros et fons de ladite seignourie, comme comprins en icelle.

G. *De la réincorporation d'un fief.*

[19.] Ung fief ne se peut rencorporer ne réunir au gros du fief duquel il est tenu, sans le consentement du seigneur duquel le principal est tenu.

H. *Du droit seigneurial du dixième denier.*

[25.] Que touttes et quantesfois que les vassaux et tenans desdits S^{rs} vicontiers vendent, donnent ou chargent à rente viagiere ou héritiere ou transportent de main en aultre les héritaiges d'eux tenus et mouvans en fief, est deu et appartient ausdits S^{rs} vicontiers le dixiesme denier des principaux deniers de ladite vente ou charge ou de l'extimation et priserie des fiefs donnés ou transportés : quy s'en faict par loy et justice.

(1) Et au regard des terres cottieres et de main ferme et aultres, pour aultant que aulcuns S^{rs} ont volu maintenir lesdits droix et dixiesme leur estre deub sur icelles main ferme et cottieres et au contraire soustenu par les parties, de sorte qu'ils s'en sont sourds pluisieurs procès et différents indécis, l'on s'en attend de ce aulx coustumes locales et droix des S^{rs} particuliers et à l'ordonnance et bon plaisir

(1) Cet alinéa manque dans le Ms. de 1555. Nous l'empruntons au Ms. de 1623.

que messeigneurs du grand conseil de l'Empereur voldront sur ce décréter.

[105.] Que ventes et dons d'héritaige se doibvent admener à la congnoissance des seigneurs dont ils sont tenus et mouvans, endedens l'an et de leur paier droict seignourial.

[106.] Que sy aulcuns dons d'entre vifs et irrévocables d'héritaige sont faicts à enffans ou héritiers apparans, iceulx ont la faculté de non appréhender, ne prendre la possession et saisine réelle, jusques le trespas advenu du donateur. Mais endedens l'an advenu dudit trespas, ils sont tenus et ont obtion les appréhender à tiltre de succession, sans pour ce paier aultre ne plus grand droict que les relief et droictures accoustumées, ou sinon les appréhender à tiltre de don particulier, en servant et paiant le S^r de ses droix seignouriaulx.

[107.] Par ladite coustume, les légataires particuliers ou universels sont tenus, endedens l'an du trespas du testateur, admener à congnoissance et appréhender les légats d'héritaige par action de mise de faict et aultrement et de servir et paier le seigneur des droicts seignouriaulx deubs.

[18.] Pour appréhention de droict de douaire coustumier sur fiefs et droix de binenotte (1) sur héritaiges patrimoniaulx, n'est deub droict seignourial.

[100.] Que il est aussy loisible à telle personne chergier, submettre et rapporter ses fiefz, terres ou héritaiges pour rentes perpétuelles et à rachapt, en servant le S^r de son droict seignourial.

[101.] Que ung chacun peut chergier son héritaige de somme de deniers pour une fois, de sceureté de douaire conventionnel, garandissement de vente et le baillier à cense

(1) Richebourg : « vivenotte ».

et ferme, jusques à xxvij ans, sans pour ce baillier ou paier droict seignourial.

I. Du retrait seigneurial.

[30.] Que lesdits seigneurs vicontiers ont puissance et faculté, en faulte de proixsme, ratraire, réunir et reconsolider au gros de leurs fief et seignourie les héritaiges vendus, tenus d'iceulx fief et seignourie, en rendant et remboursant à l'acheteur ses deniers principaux, vin, denier à Dieu, carité et tous aultres frais et loiaux coustemens. Et lesdits héritaiges ainsy ratraicts et reconsolidés sont par après tenus et comprins du gros de leurs dits fief et seignourie, sans que pour ce ils soient tenus paier aulcuns droicts seignouriaulx ou relief aux seigneurs dont ils tiennent leurs fiefs et hommaiges. Le parent d'icelluy vendeur néantmoins habille à ratraire sur ledit S^r l'héritaige vendu, au cas qu'il fut venu et procédé audit vendeur de la succession de ses prédicesseurs et pourveu que ledit proixsme et parent feit ladite ratraicte en dedans l'an du jour de la saisine baillée audit S^r, à laquelle saisine icelluy proixme sera préféré audit S^r, auquel est tenu rendre et rembourser lesdits principaux deniers et tous frais et loiaulx coustemens.

J. Du relief.

[26.] Que sy l'héritier et propriétaire d'aulcunes terres et héritaiges tenus en fief d'ung S^r vicomtier, termine vie par trespas, les héritiers d'icelluy sont tenus, pour y succéder, les relever et droicturer dudit S^t, endedens le terme de quarante jours dudit trespas et les autres, terres cottières et de main ferme, en dedans quinze jours d'icelluy trespas et pour ce paier le droit de relief à luy deubt.

[63.] Relief n'attribue droict à celuy qui n'est capable de succéder en la partie par luy relevée.

K. Du dénombrement.

[27.] Que tous héritiers, relevans leurs fiefs, terres et héritaiges desdits S⁰⁸ vicontiers, sont tenus leur faire rapport, déclaration et dénombrement de la compréhention d'iceulx leurs fiefs, terres et héritaiges, en dedans quarante jours enssuivans, à peine de saisissement, quy se polra faire en la manière déclarée en l'article subséquente.

L. De la saisie pour dénombrement non baillé.

[28.] Qu'il est loisible à tous S⁰⁸ vicontiers, par faulte d'héritier fondé, rapport et dénombrement non baillé en dedans le jour que dessus ou aultres debvoirs non faicts, de saisir ou faire saisir les fiefs, terres et héritaiges tenus et mouvans d'eux, en faisant signifier ladite saisine aux occuppeurs des fiefs, terres et héritaiges saisis et, jusques à ce que lesdits debvoirs seront faicts, régir et gouverner les fruicts de ce procédans, pour en rendre compte et restitution à l'héritier aiant faict lesdits debvoirs et obtenu main levée. Lequel héritier, pour sa négligence et deffault, eschéra, au proufficit dudit seigneur vicontier, en l'amende de soixante sols et sy sera tenu de purgier et paier tous droicts, frais et mises de justice, pour ce supportés et deubs.

M. Du récépissé de dénombrement.

[15.] Les bailly ou lieutenant, ayant receu tels rapports et dénombrements, sont tenus, en dedans xl jours enssuivans, les débattre et contredire et bailler lettres de recipissé, sy requis en sont.

N. De la saisie seigneuriale pour rente non payée.

[29.] Qu'il est permis ausdits S'^rs^ vicontiers, par faulte de rente non paiée et jusques à dix noeuf années d'arriéraige inclusivement, faire saisir lesdits héritaiges d'eux tenus, en faisant les debvoirs et solempnités requises par la coustume localle des lieux, ou aultrement obtenir de Monsr le gouverneur ou son lieutenant commission de complaincte en cas de saisine et de nouvellité, au cas que l'an ne soit révolu, ou aultrement commission de simple saisine et commandement pour avoir paiement desdits arriéraiges.

V. Des nobles.

[186.] Une personne noble, vivant noblement, n'est asséable aux tailles, aydes et subsides et si elle se mesle de marchandise ou aultre négociation desrogant à noblesse, y est, durant ce temps, asséable et contribuable.

[187.] Une personne noble peut tenir ses terres à luy appartenant en ses mains et les cultiver et labourer, sans pour ce desroguier à noblesse.

[188.] Bastards issus de noble génération de par père et leurs enffans sont tenus et réputés nobles (1), joissans du previlege de noblesse en toutes choses.

---

(1) *Aliter* des bâtards d'anobli ou de descendant de mâle en mâle d'un anobli. Du reste, les lettres d'anoblissement contenaient toujours, croyons-nous, la formule de restriction quant aux descendants légitimes seulement.

VI. Des gens de main morte.

[14.] Les églises, monastères, hospitaux, communaultés et aultres colleges, pour les fiefs et héritaiges cottiers à eux appartenans, aux S^{rs}, desquels lesdits fiefs et héritaiges sont mouvant, sont tenus livrer homme vivant et morant, par le trespas duquel ledit relief est deub et poursuivable comme dessus et de bailler responsibles pour servir en court, le tout s'il n'appert d'exemption contraire (1). S'ils n'ont commis responsibles, lesquels responsibles sommés et requis judiciairement, escheent, en cas de deffault, en pareille amende de lx sols.

VII. Des ladres.

[189.] Par la coustume, les manans et habitans de la paroisse là où une personne entachiée de lepres a esté née et baptisée, sont tenus, s'il le requiert, luy livrer, en ladite paroisse, maison pour sa demeure, ung calich, lict, manteau et aultres menus utensils de bois et terre et peut tel ladre demander les aulmosnes des bonnes gens.

VIII. De la puisssance paternelle.

[127.] Enfans procréés en léal mariaige sont et demeurent en la puissance de leur pere, tant qu'ils soient émancipés pardevant justice compétente, qu'il soient mariés ou aient prins estat honorable (2). Et estans ainsi en ladite puissance, le pere peut estre en jugement pour et au nom

---

(1) La fin de cet article, que nous empruntons au Ms. de 1623, manque dans celui de 1555.

(2) La fin de cet article manque dans le Ms. de 1555.

d'eux, pourchassant et défendant leurs biens, droicts et actions.

[128.] Fils ou fille de famille ne peut contracter ni ester en jugement, sans le consentement de son pere, excepté en cas de délict et injures.

IX. Des majeurs et mineurs.

[129.] Enfans sont réputés eaigés, asscavoir : le masle à l'eaige de xiiij ans complets, ayant attainct le xve et la femelle à xj ans complets, ayant attainct le xij^e. Jusques auquel eaige, ils sont réputés en minorité et ne sont habilles à contracter, ne autrement disposer de leurs biens.

X. De la distinction des rentes meubles et immeubles.

[17.] Toutes rentes héritieres ou viagieres à rachat, créées sur fiefs et main ferme, sont réputées pour moeubles, mais rentes héritieres sans rachat, hipotecquées comme dessus, sont réputées immoeubles, sortissans nature et condition d'héritage.

XI. Du bornage.

[183.] Pour vaillablement planter et asseoir bonnes, est requis ce faire, présent justice, par parteurs et mesureurs sermentés, ad ce évoqués les S^r, bailly ou lieutenant et ceulx à qui ce peut toucher.

XII. Des successions.

A. *Des successions en ligne directe.*

[36.] Que tous fiefs indiféramment en ligne directe eschéent et sy appartiennent, par le trespas de pere ou de mere, à l'aisné fils ou à l'aisnée fille, en faute de masle, à à la cherge du droit de quind au prouffict des enfans puisnés, se avoir et appréhender le voeullent (1).

B. *Du droit de quint.*

[37.] Que pour, par lesdits enfans puisnés, pooir aucunement avoir, appliquer et perchevoir les fruicts et levées et prouffict de leur droit de quind, part ou portion de quind, ils sont tenus et submis en faire relief ou autre appréhention judiciaire.

[38.] Que lesdits puisnés et chascun d'eux peuvent et ont faculté et choix de appréhender et relever leur droit de quind, part ou portion de quind, de leur frere aisné ou sœur aisnée, par faute de masle, S^r ou dame de quatre pars, si au gros du fief il y a seignourie vicontiere, en payant ledit droit de relief, que sont tenus faire et payer et à tel hommage que les autres hommes de fiefs d'icelle seignourie, ou appréhender et relever du S^r duquel tout ledit fief seroit tenu et mouvant, à tel droit de relief, foy et hommage que doit le S^r des quatre pars d'iceluy fief. Et est tenu, le frere ou sœur aisné, S^r des quatre pars, leur consentir partage, éclipsement et séparation de leur droit de quind, part et portion de quind appréhendé et relevé, aux despens desdits puisnés appréhendans et sans les fraicts en sorte aucune.

[39.] Que si lesdits puisnés ou aucuns d'eux terminent vie par trespas sans avoir appréhendé, relevé et droicturé leur part audit droict de quind, leurs pars ou part eschéent au proufit de l'aisné et se réunit aux quatre pars et gros du

---

(1) L'art. 43 règle les successions des terres « viles, cotières » ou roturières, tant en ligne directe que collatérale ; là régnait la plus parfaite égalité.

fief, sans que en apres leurs enfans héritiers y puissent plus avoir et n'y ont aucun droit.

[40.] Que de droit de quind des fiefs eschéent seullement en ligne directe, descendant du pere ou de la mere aux enfans et non en autre ne plus loingtain degré.

[41.] Que fiefs ne se quintent et ne se peuvent quinter et esclipser de xl ans en xl ans. Et ne sont tenus pour quintés, par récompense d'autre héritage, ne par autre voie. Et convient nécessairement, pour profiter du laps de temps de xl ans, que effectuellement et réellement le droit de quind ait esté divisé, éclipsé et séparé des quatre pars du fief venu en succession directe.

[76.] L'héritier d'un quind ou portion séparée d'un fief, non ayant justice de visconte, le doit tenir du S^r duquel le principal est tenu et à samblable relief. Et si audit fief principal y a justice de visconte ou en dessus, il a obtion tenir ledit quind ou portion, à tel relief que dessus, ou autre pour lequel il peut convenir, dudit fief ou du S^r dont ledit fief est tenu (1).

[77.] Quind n'est deub sur fiefs possessés et appréhendés à titre particulier, mais seulement sur fiefs appréhendés et possessés à titre universel.

C. Des successions collatérales.

[42.] Que tous fiefs et nobles tenemens indifférament en ligne collatéralle succedent, appartiennent et eschéent à l'aisné masle en pareil degré, ou sinon, en faute de masle,

---

(1) Richebourg : « contenir dudit fief obtenir quint ».
Le sens paraît être celui-ci : il peut tenir le quint du possesseur du fief quinté, en passant convention avec celui-ci, relativement à la quotité du relief, ou le tenir directement du seigneur dominant.

à l'aisnée femelle, aussi en pareil degré, sans quelque charge ou droit de quind aux consanguins et lignagers en pareil degré.

D. De la représentation.

[48.] Que représentation n'a lieu en succession de ligne directe ne collatéralle, en telle sorte que les enfans en ligne directe et les freres en ligne collatéralle excludent les nepveux. Et ainsi des autres ensuivans.

Néantmoins, au regard de l'équité de cette coustume, l'on s'en refere à la tres pourveue discrétion de l'Empereur et de mesdits S^{rs} du grand conseil.

E. De la cote et ligne.

[44.] Que tous fiefs acquis suivent, eschéent, sortissent et tiennent la coste et ligne de l'acheteur ou acheteurs.

[65.] Fiefs acquestés durant la conjonction de mariage tiennent la coste et ligne du mari, sans ce que la femme ou les héritiers d'icelle y aient droit, sauf, à ladite femme, droit de douaire. Et si fiefs estoient donnés à icelle femme, ils tiennent la coste et ligne d'elle.

[66.] Fiefs ratraicts à titre de proximité tiennent la coste et ligne des ratrayans, du lez et coste dont lesdis fiefs procedent, tant en ligne directe que collatéralle.

[59.] Fiefs et héritages cottiers sont réputés patrimoniaux, s'il n'appert du contraire.

F. Droit de préemption.

[47.] Que l'héritier du fief a faculté et puissance et obtion de prendre et retenir à soi toutes choses réputées pour moeubles et partables entre cohéritiers, estans érigées ou croissans sur son gros de fief, par payant à sesdits cohéritiers la valleur et extimation de chose mise en mont et à emporter, non mis en oeuvre et non croissans, ou de laisser le tout desmolir, abattre et emporter, se bon lui samble et dont il en a le choix.

XIII. Des donations.

A. Des donations en avancement d'hoirie.

[96.] Qu'il est loisible à telle personne, de frauche et libre condition, donner son fief, terre, seignourie ou héritaige à son fils aisné ou fille aisnée, si fils n'y a, ou autre son héritier apparant, en advanchement d'hoirie et de succession. Et peut entrer l'héritier apparant à la fidélité, saisine, possession et droit réel et de propriété de ce que audit titre lui sera donné, servant le S^r de tout tel relief et un droit de cambellaige seulement.

B. Des donations à titre de mort-gage.

[97.] Qu'il est aussi loisible à telle personne, de franche et libre condition, donner, à titre de mortgaige, à ses enfans puisnés en la ligne directe, tous fiefs, terres, seignouries et héritaiges, à en joyr et possesser sans descompt, jusques au paiement et rachat de telle somme de deniers que, à leur prouficl, leur seroit ordonné, que faire payer et satisfaire leur polroit le fils aisné, leur frere, ou ses héritiers en ligne directe. Et polront lesdits puisnés venir en la posession réelle, fonsiere ou propriétaire de leur don, par payant et servant le seigneur de double relief seullement, sans droit de cambrelaige. Et polront faire, joyr, user et possesser dudit fief et seignourie propriétairement et autrement, tout ainsi que polroit faire et user dudit fief leur frere aisné, en retenant et desrentant le tout, comme à seignourie et héritage, sans néantmoins le pouvoir aucunement charger, hipotecquer à quelque charge.

[98.] Que si le fils et frere aisné ou ses héritiers en ligne directe et non autre viennent à purger, remplir et racheter ledit mortgaige, ils peuvent reprendre tout ledit fief et seignourie donné à ce titre, en tel estat et valeur qu'il sera trouvé, sans rendre ne estre tenus remplir les méliorations (1) qui y seroient faites et recorporées par les possesseurs audit titre de mortgaige. Et lui sera sondit fief et héritage rendu net et déchargé de toutes charges que, depuis ledit don de mortgaige, polront avoir esté faites, créées et hipotecquées sur iceluy. Et pourront et peuvent rentrer en leur droit, seignourie et possession directe et naturelle, par payant et servant le S^r de simple relief et droit de cambrelaige seullement.

C. Des donations entre vifs.

[99.] Que à telle personne de franche et libre condition est aussy loisible donner ses fiefs, terres et seignouries, biens et héritages, par don d'entre vifs et irrévocable, à telle personne que bon lui samble, sans pour ce avoir la présence ou consentement de sa femme ou héritier apparant, en servant et payant par les donnateurs (2) le seigneur de son droit seignourial.

XIV. Des legs.

[102.] Que il est loisible à toutes personnes de franche

---

(1) Mot omis dans Richebourg.
(2) Dans le Ms. de 1623 : « donnataires ».

et libre condition, par testament, disposition et ordonnance de derniere volonté et deuement passé pardevant loy et gens publiques, ou en la présence de deux tesmoings du moings et soubs le seing et escripture du testateur, amener à congnoissance, user et disposer, ordonner de leurs biens, fiefs, terres et seignouries, héritaiges et moeubles, à qui que bon leur semble et à leur plaisir et volonté et y apposer telles clauses, devises, charges, conditions et modiffications que bon leur semble et par icelui leur testament eslire, dénommer et instituer tel héritier et légataire universel, un ou plusieurs, aussi à leur plaisir et volonté et sans pour ce avoir la présence ne consentement de leurs femme ou héritiers apparans (1), de quel lez et coste que fiefs, biens, terres et héritages ou moeubles procedent.

XV. Des partages anticipés.

[73.] Pere et mere ou l'un d'eux peuvent de leurs biens, fiefs et héritages faire partage et division à leurs enfans, ainsi que bon leur semble et, en ce faisant, advancher l'un plus que l'autre, lequel partage lesdits enfans sont tenus entretenir, sans y pouvoir vaillablement contrevenir. Et sy peuvent grand pere et grand mere faire pareil partage à leurs nepveux et niepces. Et par le trespas d'iceux, lesdits enfans ou nepveux sont saisis des parties à eux assignées, en les relevant, sans autre œuvre de loy ou réalisation.

XVI. Du contrat de mariage.

A. Des droits du mari sur les biens de sa femme.

[103]. Que le mari, constant son mariage, peut vendre,

---

(1) Ce qui suit n'est point dans le Ms. de 1555.

donner, charger et disposer des biens et héritages venans du portement, lez et costé de sa femme, ainsi que bon lui semble, sans qu'il soit requis avoir consentement, ne de ce appeller ne évocquer sadite femme, ne autres ses parens et amis, soient patrimoniaux, féodaux ou autres.

B. *Du douaire.*

[78.] Quand une femme vesve, apres avoir appréhendé son droit de douaire ou lui a esté consenti par l'héritier, veut prendre et recevoir, par sa main ou ses commis, les fruits, profits et revenus de sondit douaire, elle peut, audit cas, faire faire partage judiciaire, à ses despens, des fiefs et seigneuries sur lesquels elle a ledit douaire et y commettre receveur seulement, sans y pouvoir commettre bailli ni autres officiers, pour sondit douaire.

[81.] Que si telle femme vesve, durant lesdits quarante jours (1), choisit et veut prendre, avoir et soi tenir à son droit de douaire coustumier, à elle compete et appartient, doit compéter et appartenir, pour icelui son droit coustumier, soit qu'il y ait enfans ou non, asscavoir : ès fiefs, la juste moitié des fruits, profits, levées et revenus de chacun d'iceux........ (2), avec sa demoeure et résidence en une maison manable, si plusieurs en y a, excepté la meilleure et lieu seignourial. Pour de ladite moitié des revenus et de sadite demoeure et résidence, la retenant et desrentant comme à viager appartient, en joyr, sa vie durant seullement (3).

(1) Délai donné par l'art. 80 pour opter entre le douaire coutumier ou le douaire conventionnel stipulé par contrat de mariage.
(2) « Et ès héritages cottiers.... le tierch ».
(3) Elle a en outre, en propriété, la moitié des « acquestes non féodales » et des meubles, à charge de la moitié des dettes.

[82.] Auparavant que une femme vesve puist profiter de sondit droit de douaire coustumier, il est requis que telle vesve face appréhention judiciaire d'icelui son droit de douaire coustumier et à ses despens, par action de mise de fait et décret de droit de juge compétent, ou autrement deuement, les héritiers ou héritier propriétaire pour ce suffissament évocqués et appelés, avec le S^r duquel les fiefs, maisons, terres et héritages sont tenus et mouvans.

[83.] Que sur fiefs et héritages, situés en ladite gouvernance, peuvent escheoir, prendre et lever un ou plusieurs droits de douaire coustumier, la premiere douaigiere emportant la juste moitié des fruits et profits, la seconde douaigiere, le quart et la tierche, la moitié du quart. Et par le trespas de la premiere douaigiere, la seconde vient à la joissance de la moitié et la tierche vient à la joissance de la seconde(1) douaigiere et ainsi se augmente et peut augmenter la joissance dudit droit de douaire coustumier.

XVII. De la vente.

A. Disposition générale.

[94.] Que toutes personnes de franche et libre condition peuvent vendre leurs fiefs, seignouries, terres et héritages, de quelque nature qu'ils soient, situés en ladite gouvernance, bailliage et chastellenie de Douay et Orchies, pour tel prix et somme et y apposer telles charges, conditions, faculté de rachapt et modification que bon leur semble, sans que soit requis avoir la présence ou consentement de leurs femme ou héritiers apparans, en servant le S^r de ses droits seignouriaux tels que deubs lui sont.

(1) Richebourg : « la seconde vient à la joyssance de la première ».

B. Du *réméré*.

[95.] Que si l'héritier ayant vendu son fief, terre, seignourie ou héritaige, sous la faculté de rachapt, vient les rachepter et rembourser des deniers par lui receus, il retourne et vient à la possession, droict et seignourie directe, sans pour ce payer aucun droit à son seigneur, dont son fief, terre, seignourie ou héritage seroit tenu et mouvant.

C. Du *retrait lignager*.

[117.] Quand une personne a vendu fiefs, maisons ou héritages patrimoniaux ou qu'ils soient vendus par décret, son parent, du lez et coste dont lesdits fiefs, maisons et héritages procedent, les peut reprendre et ratraire, à titre de proximité lignagiere, en dedens l'an du deshéritement, ledit décret adjugé, mise de fait décrétée ou la deshéritance faicte et baillié (1). Et n'a ladite ratraicte lieu pour fiefs, maisons et héritages acquestés par tel vendeur, ni pour biens moeubles et cateux, n'est qu'ils adherent et soient vendus avec le fons desdits fiefs et héritages patrimoniaux.

[118.] Quand un mari, ayant reprins à titre de proximité aucuns fiefs et héritages cottiers, les vend, reprinse et ratraicte lignagiere a lieu.

[119.] Apres telle proximité adjugée ou recongnue, le ratraiant est tenu rembourser l'acheteur des deniers principaux et léaux coustemens, ou consigner, ès mains de ladite justice, deniers suffissans pour faire ledit remboursement. Et se, par la vente, y a chose non liquidée, est receu en baillant caution pour furnir, à l'ordonnance d'icelle

---

(1) Dans le Ms. de 1623 : « ou adhé. tement baillé ».

Richebourg: « deshéritement fait et baillé », en passant tous les mots intermédiaires.

justice, ladite liquidation faite et la consignation de caution, si elle est baillée, faire signifier audit acheteur ou à son domicile.

[120.] Fiefs, maisons et héritages démandés audit titre de proximité se font à adjuger au ratraiant en tel estat qu'ils sont trouvés à l'heure de la saisine réelle, ensemble les fruits, profits escheus durant le litige, en cas qu'il ait nampti les clers deniers du marché et du surplus, bailler ladite caution, au jour de ladite saisine ou durant le temps dudit litige, à compter depuis le jour dudit namptissement en avant et non autrement.

[121.] Pour obtenir telle ratraicte audit titre de proximité, n'est requis que la poursuite se face par le plus prochain parent du vendeur, ains suffit que le ratraiant soit parent dudit vendeur, du lez et coste dont l'héritage procede. Néantmoings s'il y a plusieurs faisans ladite ratraicte du dernier degré, le plus prochain fait à préférer à ladite proximité, combien que adjudication euist esté faite au plus loingtain parent. Et s'il en y a plusieurs en pareil degré, le plus diligent, ayant fait faire la saisine, soit masle ou femmelle, fait à préférer à ladite proximité.

[122.] Une personne ayant acheté fiefs, maisons ou héritages, patrimoniaux de son parent et d'icelui adhérité, perd son droit de proximité. Et peut autre parent faire la reprinse, en faisant les debvoirs tels que dessus.

[123.] Le ratraiant, apres l'héritage à lui adjugé ou recongneu ou remboursement fait, est comme subrogué au lieu de l'acheteur, tenu et obligé au contenu du marché et d'iceluy l'acheteur du tout en deschargé.

XVIII. De l'échange.

[104.] Que deux vassaux et tenans peuvent eschanger l'un à l'autre leurs tenemens et héritages tenus d'un mesme seigneur, sans pour ce payer aucun droit seignourial et néantmoins où l'un auroit soulte de deniers au pardessus l'héritage eschangé, seroit et est deubt de ladite soulte et non plus.

XIX. Du louage.

[140.] L'usufructuaire et viagier de maison, fief et héritage les peut baillier en louage ou cense, si à telle maison appendent pretz, pastures ou terres à laboeur, le terme de noeuf ans ou en dessous, moyennant que ledit louage ne se fasse que deux ans par avant le viel bail expiré. Et si à telle maison n'appendent aulcuns pretz, pastures ou terres à laboeur, l'espace de trois ans ou en dessous, moyennant qu'il ne se fasse qu'un an par avant le précédent louage expiré.

[141.] Les censiers ou louagiers ne sont tenus eux déporter de l'occupation et joissance de leurs censes et louages, ains en peuvent et doivent possesser, le parfait d'iceux, nonobstant que les propriétaires y volsissent aller résider, pourveu que ledit louage soit encommencé.

[143.] L'on ne peut froisser (1) ne desroier (2) terres à laboeur, sans le consentement de l'héritier, à péril de payer demie cense de tel froichis (3) et desroiement (4), par dessus le rendaige (5).

(1) Briser l'assolement. — Richebourg : « fraisser ».
(2) Changer la « roie » ou rotation. — *Id.* « desvoyer ».
(3) *Id.* « fraissure ».
(4) *Id.* « desvoiement ».
(5) Fermage. — *Id.* « vendaige ».

XX. Des hypothèques.

[155.] Rapport d'héritage fait pardevant la justice des lieux engendre hypotecque à la sceurté de ce pour quoi ils sont faits.

[156.] Quand aucun est judiciairement réalisé en fiefs, maisons et héritages (1), à la charge des rentes, sommes de deniers ou autres choses, lesdits fiefs, maisons et héritages sont affectés pour telles charges.

XXI. De la « main-assise ».

[153.] Pour, en vertu de commission de main assise (2), qui se décerne seulement dudit gouverneur de Douay ou son lieutenant, créer sceureté et hypotecque, pour quelque rente héritière ou viagere, sur fiefs, maisons et héritages et biens adhérans au fond, situés ès mettes desdits gouvernance et bailliage, est requis que telle main assise soit accordée par lettres obligatoires passées et reconnues pardevant icelui gouverneur de Douay ou son lieutenant, ou auditeurs audit Douay, sous le seel du souverain bailliage. Et ne se peut faire sur aucuns biens moeubles ou réputés pour biens moeubles. Ny apres le trespas des obligés ou reconnoissans, que préalablement les lettres ne soient reconnues ou prononcées exécutoires. Et se décrete sur un défaut, à ce ajourné le S^r, bailli ou lieutenant, de qui lesdits fiefs, maisons, terres et héritages sont tenus et, s'il n'y a l'un d'eux résident en ladite ville, chastellenie et gouvernance de Douay, le S^r supérieur, son bailli ou lieutenant, ensamble les obligés et reconnoissans (3), parlant à leurs

---

(1) Richebourg : « héritages sont affectés » ; en sautant plusieurs membres de phrase.

(2) Mainmise.

(3) Le reste de l'article manque dans le Ms. de 1555.

personnes ou domicile esleu. A faute de laquelle signification ainsi faite deument et légitimement, telle hypotecque et asseurance, faite par ladite voie de main assise, seroit nulle et deffective.

XXII. De la vente forcée.

[168.] Par ladite adjudication de décret (1), l'acheteur ou dernier renchérisseur n'est réputé saisi ni héritier desdits fiefs, maisons et héritages, tant et jusques à ce que la possession lui ait esté baillée par la loi et justice du S^r de qui ils sont tenus.

[169.] Si les S^{rs} desquels tels héritages décrétés sont tenus ne s'opposent audit décret, pour estre payés de leurs arriérages, ils sont fourclos et privés de répéter lesdits arriérages sur les héritages ainsi décrétés.

XXIII. De la prescription.

[23.] Un S^r ne peut prescrire contre son vassal ni le vassal contre son S^r, en tant que touche la jurisdiction et seignourie, mais au regard des rentes et paiements de relief, un vassal peut prescrire contre son S^r.

XXIV. De la procédure criminelle.

A. Service de cour et de plaids.

[16.] Tous héritiers féodaux et rentiers sont tenus de servir en court de leur S^r, avec leurs pairs et compagnons, quand judiciairement requis et sommés en sont, à péril de

(1) La forme en est indiquée dans les articles 161 à 167, l'adjudication ayant lieu au siège de la gouvernance.

l'amende de lx sols, s'ils n'ont commis responsibles (1), lesquels responsibles, sommés et requis judiciairement, eschéent, en cas de défaut, en pareille amende de lx sols, lequel le S^r, bailli ou lieutenant peut poursuivre par plainte et saisine desdits fiefs et héritages cottiers, proffits et revenus en procédans, en y observant les devoirs judiciaires.

B. *Des amendes pour fol appel et fol jugé.*

[7.] Semblablement compete auxdits hauts justiciers et vicomtiers amende de soixante sols de folles appellations entrejectées (2) de leur justice. Et aussi des fols jugés faits par justices de leurs vassaux, par eux réformés.

C. *Des franches vérités.*

[11.] Auxdits hauts justiciers et vicomtiers, leur bailli ou lieutenant, compete et appartient la connoissance de franches vérités.

D. *Compétence de la justice vicomtière.*

[24.] Que à tous propriétaires et S^{rs} tenans fiefs et seignouries esdites villes, chasteaux et chastellenies, ayant en iceux leurs fiefs, du moins seignourie vicomtiere, compete et appartient la court et connoissance de tous mésus, délits et fourfaitures commis et advenus en leur seignourie et jusques à lx sols parisis d'amende, ensemble d'exécuter larrons par la corde jusques à la mort inclusivement et in-

---

(1) Le « responsible, » fourni par l'homme de fief du château de Douai, était reçu par la cour féodale du bailliage et s'appelait « homme desservant ».

(2) Richebourg : « et protestées ».

férer autres corrections en dessous, soit par fustigation, exoreillier ou bannissement. Néantmoins ne peuvent torturer sans évoquer les juges et officiers provinciaux (1) ou leurs commis pour ce faire.

[2.] Auxdits hauts justiciers ou vicomtiers appartient l'amende de lx sols pour le sang et autres amendes pour orbres coups (2), lesquelles amendes ils poursuivent par prise de corps des délinquans en présent méfait, ou information précédente, ou provision sur icelle baillée par leur justice.

[4.] Par la coustume, quiconcque pesque ès eaux, viviers, estangs et fossés desdits S⁺ˢ hauts justiciers, vicomtiers ou d'aultrui en leur seignourie, fourfait, vers lesdits S⁺ˢ, de jour, l'amende de lx sols et, de nuit, fait à punir comme (3) laron.

[5.] Pour toutes fourfaitures et entreprinses faites sur les seignouries desdits hauts justiciers et vicomtiers, sans leur gré, congé ou licence, compete et appartient à iceux amende telle que de lx sols parisis. Et aux S⁺ˢ fonsiers, pour enfrainte de leur justice, lx sols. Et en tous autres cas, cincq sols (4) parisis.

[8.] Un cabaretier, hoste ou autre vendant boire à débit ne peut avoir pots en sa maison et cabaret, qui ne soient de gauge et grandeur suffisante, à péril d'encourir, au profit desdits S⁺ˢ ayans haute justice ou vicomtiere, l'amende de soixante sols pour chacun pot et avoir lesdits pots cassés et rompus. Et s'il y avoit plusieurs pots pris pour une fois,

(1) « Principaulx »; Ms. de 1555.
(2) L'art. 4 de la coutume d'Artois règle l'amende pour le « sang » et l'art. 41 celles pour coups donnés « sans sang ». Maillart, *Coutumes générales d'Artois*, Paris, 1739, in-f. pages 75 et 93.
(3) Richebourg : « cas de ».
(4) Richebourg : « n'y eschet ».

y eschiet seulement salaire de reprinse des droits du renvoi, si requis est (1).

[22] Aussi un S' ayant haute justice ou de vicomte ne peut avoir amende excédante lx sols, ni faire édits, status et, à la conservation d'iceux, imposer amendes ou peines corporelles, s'il n'a à ces fins previlege ou soit en possession immémorialle.

E. Privilège de non confiscation.

[20.] Les biens estans et gisans en ladite chastellenie de Douay, soient moeubles, fiefs ou héritages, ne chéent en commise ou confiscation, pour quelconques délits, félonies, fourfaitures ou cas de crime que ce soit, posé que ce fut crime de leze majesté, hérésie ou aultrement.

F. De l'appel en matière criminelle.

[182.] Appellation n'a lieu en matiere criminelle.

G. Des poursuites.

[10.] Lesdits hauts justiciers ou vicomtiers, leurs bailli ou lieutenant et sergeants ne peuvent procéder à la prise des délinquans, n'est par l'une des trois voies, assavoir ; présent méfait, information précédente et provision sur icelle et par partie formée.

H. Des bans de mars et d'août.

[3] Auxdits haults justiciers et vicomtiers compete et appartient de faire publier les bans de mars et aoust, apres

---

(1) Une note additionnelle fait observer que l'article est applicable à tous les détaillants, marchands de grains ou d'autres choses, ayant des poids et des mesures inusités ou faux.

que lesdits bans, à leur requete ou de leur bailli ou lieutenant, ont esté adjugés par leur justice et prendre et avoir, apres lesdits bans publiés ès lieux ordinaires et accoustumés, les amendes de soixante sols et en dessous, indites par lesdits bans.

> Bibl. publique de Douai, Ms. 678, anc. D 636, folios 1 à 29 : « Coustumes generalles de la gouvernance, bailliaiges et chastelenyes de Douay, dOrchies et des appartenances » ; écriture de 1555 environ. — Archives du greffe de la cour d'appel, fonds de la gouvern. de Douai, registre coté 49, écrit en 1623 pour le greffier ; les coutumes de la gouvernance occupant les folios iij à lviij du registre, le recto seulement couvert d'écriture, sans numérotage des articles.

Remarque sur le n° CXXXVII.

Au mois de juillet 1550, « les lieutenans et officiers de l'Empereur au siège de la gouvernance, bailly et hommes de fief du chastel de Douay, advocats et procureurs postulans audit siege » procédèrent à la rédaction des « coustumes généralles de la gouvernance, bailliages et chastellenies de Douay, Orchies et des appartenances », afin de les soumettre à l'homologation du grand conseil de Malines. Cette coutume, divisée en 25 chapitres, comprend 191 articles. Quelques points douteux (articles 25 et 48) étaient laissés à l'appréciation du Grand-Conseil, notamment s'il était équitable que la représentation ne fût pas admise dans les successions.

Ni en 1550 ni depuis, cette coutume ne fut jamais homologuée par le prince; néanmoins la rédaction faite en 1550 a été observée sans conteste devant les cours et les tribunaux.

Richebourg, dans *Nouveau Coutumier général* (Paris, 1724, in-folio, pages 971 à 982), a publié la coutume de la gouvernance de Douai, mais incomplètement et très inexactement. Cette publication, ne comprenant que 155 articles, s'arrête brusquement à l'article 4 du chapitre (18°): « Des hypothèques et rapport d'héritages » ; elle omet ainsi sept chapitres entiers et trente-six articles. Dans le chapitre (2e) : « Succession directe et collatérale *ab intestat* », après l'article 38, il a été passé un article qui se trouve dans les manuscrits de cette coutume. Quantité de mots ont été mal lus, qui rendent certains articles incompréhensibles ou absurdes.

L'éditeur ne donne pas non plus la date de la rédaction. Il fait suivre sa publication d'un « Certificat, en forme de notoriété, des officiers de la gouvernance de Douay, sur quelques articles de la coustume du bailliage et chastellenie de Douay », délivré le 13 octobre 1691 par Claude Hustin, lieutenant de la gouvernance et François Remy, procureur du Roi, dont les signatures furent certifiées par l'échevinage, le 24 novembre 1692.

SEIGNEURIE
DE SIN-LE-NOBLE.

CXXXVIII.

Confirmation des privilèges de Sin, accordée par le roi Charles V, lors de sa joyeuse entrée à Douai (1). — (*Douai, 9*) *septembre 1368.*

1°

KAROLUS, etc. Notum facimus uniuersis presentibus pariter et futuris, nobis, pro parte dilectorum nostrorum, scabinorum et communitatis ville nostre de Sim prope Duacum, expositum extitisse, quod cum ipsi, a tali et tanto tempore quod de contrario hominum memoria non existit, habuerint et habeant legem et omnimodam juridicionem in dicta villa, nec non scabinatum, curiam, cognicionem et judicium, ad conjuramentum baillivi nostri de Duaco, omnium et singulorum casuum quomodolibet emergencium seu eueniencium in dictis villa et scabinatu dicti loci, habeant etiam ceteros usus et consuetudines, quibus ipsi et eorum predecessores usi fuerunt usque ad presens et adhuc utuntur pacifice et quiete. Nichilominus, quia, jam diu est, per factum guerrarum regni nostri contra Flamingenses, eorum priuilegia super hujusmodi lege, jurisdicione,

(1) « Le samedi après la natiuité Nostre Dame; » Cf. Dehaisnes, *Catalogue des manuscrits de la bibl. de Douai,* Paris, 1878, in-4, p. 102.
Une rémission du même prince est également datée de Douai, 9 septembre 1368 (Archives nation. reg. JJ 99, pièce liij° xxxvij, f. cxl).
Charles V venait de Cambrai, le jour même (*Id.* pièce v° lxix, f. clxxiiij verso).

scabinatu et consuetudinibus antedictis, combusta fuere, iidem exponentes, sine causa rationabili, per officiarios nostros regios impediuntur et turbantur multociens et vexantur, contra dicta eorum priuilegia, juridicionem, libertates et consuetudines predictas indebite veniendo, in dictorum exponentium graue prejudicium non modicum et grauamen. Quamobrem prefati scabini et communitas nobis fecerunt humiliter supplicari, premissis consideratis, quod quum ipsi fuerint nobis semper veri subditi et fideles, pluribus indictionibus tailliis pro facto regni nostri ac juuaminibus onerati, eisdem vellemus de fauoribus presidio subuenire.

Hinc est quod nos, qui subdictos nostros in suis libertatibus, immunitatibus, priuilegiis et juribus volumus, totis conatibus, obseruari, nostris temporibus et foueri, premissis attentis, quodque per informationem, virtute certarum litterarum a nobis seu curia impetratarum, super hujusmodi juridicione, scabinatu et aliis juribus supradictis, per gubernatorem Insulensem et Duaci, aut ejus locumtenentem, solemniter factam et aliter de scabinatu, juridicione, lege, usibus et consuetudinibus antedictis, nobis sufficienter extitit facta fides, predictorum exponentium supplicationibus, in nostro jocundo aduentu in dicta nostra villa Duaci, benigniter inclinati, volumus et, de nostra speciali gracia auctoritateque regia, dictis exponentibus concedimus per presentes, ut ipsi predictis lege, scabinatu, juridicione et causarum cognicione, priuilegiis, consuetudinibus, usibus et aliis juribus quibuscumque, quibus ab antiquo usi fuerunt et hactenus et utentur, de cetero pacifice et quiete gaudeant et utentur.

Quocirca gubernatoribus et baillivis Insulensibus et Duaci ceterisque justiciariis et officiariis nostris, preseutibus et futuris, aut eorum locatenentibus et cuilibet eorumdem, prout ad eum pertinuerit, earumdem serie litterarum mandamus, firmiter injungendo, quatenus prefatos scabinos et communitatem dicte nostre ville de Sim, modernos atque futuros, presenti nostra gratia, concessione juriumque supradictorum uti et gaudere deinceps, pacifice et quiete, faciant et permittant, ipsos nullatenus in contrarium perturbando vel impediendo, aut perturbari seu impediri quomodolibet permittendo, sed si forsam aliquid in contrarium factum vel attemptatum repererint, id ad statum pristinum et debitum reducant aut reduci faciant indilate.

Quod ut firmum, etc. Saluo, etc.

Datum anno Domini millesimo ccc⁰ lxviij regnique nostri quinto, mense septembris.

Ainsin signée : *Erkeri. Reco*.... Visa.

Per Regem, dominis requestorum presentibus. J. DE RENIS (1).

<blockquote>
Archives nationales, trésor des chartes, reg. JJ 99, 1360-1369, f. cxxix verso, pièce iiij^e ij, indiquée ainsi en marge : « *Pro habitantibus ville* de Sim » et à la table du registre : « *Confirmatio priuilegiorum ville* de Sim *prope Duacum* ».
Cf. Secousse, *Ordon. des roys*, Paris, 1736, in-f. V, 146.
</blockquote>

2°

CHARLES, par la grace de Dieu, roy de Franche, scauoir faisons à tous presens et futturs De la part de noz chiers, les escheuins et communaulté de Sin lez Douay, a esté exposé que, comme iceulx, de tel et sy loing temps que du contraire nest en memoire dhomme, ilz aient euo et aient

---

(1) Secrétaire du Roi.

loy et toutte jurisdiction en icelle ville et aussy escheuinaige, court, congnoissance et jugement, au conjurement de nostre bailli de Douay, de tous et quelzconques les cas suruenans en icelle ville et escheuinaige, aient aussy certains usaiges et coustummes, par lesquelz eulx et leurs predicesseurs ont usé jusques ad present et usent paisiblement et sans contredict. Neantmoings, pour ce que japiecha, par leffect des ghuerres de nostre roiaulme contre les Flamengs, leursdis priuillieges, quandt à icelle loy, jurisdiction, escheuinaige et coustume auant dictes, ont estées bruslez, iceulx exposans, sans cause raisonnable, par noz officiers et de nostre roiaulme, sont empeschiez et troublez souuentfois et sy sont vexez et trauailliez, contre leursdis priuillieges, jurisdictions, libertez et coustummes auant dictes, sans raison, venant à grandt prejudice et griefz desdis exposans. Par quoy, lesdis escheuins et communaulté nous ont faict humblement suplier, affin que, ces choses considerées et aussy quilz nous ont esté tousjours vrais, fidelles et subjectz à pluissieurs tailles et inductions pour le faict de nostre roiaulme et chargiez des aides, nous leur volsissons subuenir de fauourable remede.

Pour ce est il que nous, qui desirons et vollons que noz subjectz soient entretenus en leurs preuillieges, libertez, immunitiez et droix, durant nostre regne et, ad ce faire, y entendons, de toutte nostre puissance, à les nourir et fauoriser, ces choses considerées, aussy que, par information, en vertu de certaines lettres, de nous et de nostre court impetrées, sur la verité dicelle jurisdiction et escheuinaige et aultres droix dessusdictz, par nostre gouuerneur de Lille et Douay, ou son lieutenant, faicte deuement et aultrement de lescheuinaige, juridiction, loy, usaiges et coustummes auant dictes, nous a esté faicte plaine foy, inclinans benignement aux supplications desdis exposans, en nostre joieuse entrée en ladicte ville de Douay, vollons, de nostre especialle grace et auctorité roialle, octroions ausdis exposans, par ces presentes, quilz joissent doresnauant, paisiblement et sans contredit, des auant dictes loy, escheuinaige, jurisdiction, congnoissance de causes, preuillieges, couslumes, usances et aultres droix quelzconoques, dont et ainsy quilz ont usé.

Par quoy, aux gouuerneurs et baillifs de Lille et Douay et à tous aultres justiciers et noz officiers, presens et futturs ou à leurs lieutenans et à chacun deulx, comme à lui appartiendra, mandons, par ces presentes, expressement commandement, que iceulx escheuins et communaulté de nostre ville de Sin, à present reignans et futturs, fachent et permectent joir et user de nostre presente grase et concession et desdis preuillieges et declaration et que ne les troublent au contraire, les perturbant et empeschant et ne seuffrent ou permectent estre perturbez ou empeschiez, mais silz perchoyuent ou trouuent au contraire quelque chose en estre faicte, ilz le remectent et facent mectre, sans delay, au premier estat et deu.

Et affin que ce demoeure establo à tousjours, nous auons ordonné que nostre seel soit mis à ces presentes lettres, saulf en aultre chose nostre droict et touttes choses, le droit daultrui.

Données à Douay, lan de Nostre S^r mil trois cens soixante huit et de nostre reaulme le chincquiesme année, au mois de septembre.

Ainsy escript sur le ploy : *Per Regem. Dominis requestarum presentibus.* Et signé : J. DE REMIS.

Soubz script, Je, JACQUES DU MONDT, nottaire, ay translaté fidellement, de latin en nostre langaige, comme les lettres dont cy dessus est faicte mention et sy ay trouué lesdictes lettres et le seel en verde chire, y appendant, saines et enthieres. Tesmoing et ainsy signé: JA. DE MONTE.

Et en bas estoit escript. Collation faicte par nous, nottaires appostolicques et publicques, soubz signez, de la coppie cy dessus à lorriginal en pappier, signé et escript de la main de M⁰ *Jacques du Mont*, pbʳᵉ, nottaire appostolicque et a esté trouué concorder de mot à aultre. Tesmoing noz saings cy mis, le xxviij° jour de aoust lan mil chincq cens et trente noeuf. Ainsy signé : A. WION et W. DE CLAUAIN.

> Archives municipales, DD 146 (layette); copie collationnée, sur papier, du milieu du XVIᵉ siècle, commençant ainsi : « Extraict faict hors du registre estans reposans au ferme des maieur et escheuins de Sin le Noble lez Douay, ce quil senssieult. — Coppies de lettres, vidimus, sentences de recongnoissance ou daultres, concernans les priuillieges de ceste ville de Sin et aultrement, ainsy quil senssieult. » A la fin de la copie est cette mention : « Collation a esté faicte à lorriginal et trouué concorder par moy, Denis dAuby, greffier de Sin. Tesmoing : D. dAuby, greffier. »

CXXXIX.

Lettres patentes de l'engagement de la seigneurie de Sin-le-Noble, par le gouvernement des Pays-Bas espagnols, à Michel d'Aoust de Jumelles, moyennant 2 500 florins. — Bruxelles, 31 octobre 1626 (1).

PHILIPPE *et cetera*. A tous ceux qui ces presentés verront, salut. Comme pour remedier à plusieurs grandes et

(1) Antidate. Les lettres n'ont réellement été confectionnées que vers septembre 1646 et même l'antidate est inexacte, attendu que l'adjudication n'eut lieu que le 19 décembre 1626.
Il y a eu d'autres lettres d'engagement, datées de Bruxelles, le 23 mai 1634 et d'un contexte différent; une copie, délivrée par le greffier du bailliage de Douai, le 31 octobre 1643, s'en trouve dans le fonds de la chambre des comptes, portefeuille ancien D 268 et E 50, liasse E 50.

inexcusables necessitez et charges suruenantes journellement...... nous auons trouué conuenir, par l'aduis de nostre treschere et tresamée bonne tante, madame *Isabel Clara Eugenia*, par la grace de Dieu, infante d'Espaigne (1)..... de vendre à tiltre de gagere et rachapt, à nostre moindre lesion et plus grand prouffict, aulcunes parties des domaines de noz pays de pardeca, si comme seigneuries ayans haulte, moyenne et basse jurisdiction, villages, pretz, cens et semblables biens à nous appartenans.....

Ayans lesdicts de noz finances procédé audict engagement publicquement et au plus offrant, au dernier coup de baston et entre aultres de la haulte, moyenne et basse justice des terre et seigneurie de Sin le Noble, proche de la ville de Douay, icelle seroit demeurée, auecq ledict coup de baston, à messire *Michiel d'Aoust*, chevalier, Sʳ de Jeumelle, preuost de nostre ville de Cambray, comme dernier encherisseur (2) et plus offrant, pour la somme de deux mille cincq cens liures, du prix de quarante groz, nostre monnoye de Flandres la liure, une fois, qu'il a payé es mains du recepueur de nosdites finances ... (3).

Et ayant ledict messire *Michiel d'Aoust* requis que, pour l'asseurance de son achapt, tant pour luy, que ses hoirs, successeurs ou ayans cause, luy soyent despeschées noz lettres patentes en tel cas pertinentes.

Scauoir faisons que nous, ayans ledict engagement pour aggreable, bon, ferme et stable et en voulans ledict messire

---

(1) Gouvernante des Pays-Bas espagnols, 1621-1633.

(2) Le 19 décembre 1626, d'après les lettres d'engagement de 1634.
Ce prévôt (maire) de Cambrai était déjà seigneur en partie de Sin, à cause du fief de Dion, mouvant de Marquette-en-Ostrevant; il y possédait en outre un fief innommé, mouvant de Montigny.

(3) Au folio 45 verso, la quittance des 2500 florins, délivrée à « Michiel d'Aoust, Sʳ de la Jumelle, preuost » de Cambrai.

Michiel d'Aoust, sesdicts hoirs, successeurs ou ayans cause plainement asseurer, auons, de nostre pleine science, authorité et puissance absolute, vendu, cedé et transporté, vendons, cedons et transportons, par ces presentes, par forme et tiltre d'engagement, ladicte haulte, moyenne et basse justice des terre et seigneurie de Sin le Noble, proche de la ville de Douay, ensemble les rentes, sçauoir : cincq cens œufs, pour lesquels se paye vingt solz parisis en deniers, pour recognoissance d'un solt parisis et tel nombre de chapons (1), comme tous aultres droicts qu'à nous y competent. Pour en jouyr et user en la mesme forme et maniere que nous en auons faict et peu faire jusques ores, tant et si longuement que nous ou nosdicts successeurs aurons redimé et rachapté ladicte haulte et basse justice et rentes en dependans : ce que nous ou nosdicts successeurs pourrons faire toutes et quantesfois que bon nous ou leur semblera, nonobstant aulcun laps de temps, soit immemorial ou aultre quelconque, en restituant et remboursant audict messire *Michiel d'Aoust*, sesdicts hoirs, successeurs ou ayans cause ladicte somme de deux mille cincq cens liures dudict pris, une fois, en telle monnoye que lors aura cours, selon noz placcartz.

Reseruans à nous le son de la cloche, tailles, aydes, ressort, remissions, legittimations, confiscations à cause de guerre, crime de lese majesté diuine et humaine et aultres regales.

A condition que ledict messire *Michiel d'Aoust*, sesdicts hoirs, successeurs ou ayans cause seront tenuz de tenir en fief ladicte haulte, moyenne et basse justice, de nostre bailliage de Douay et au surplus aux aultres charges et

(1) La terre de Sin n'était plus alors qu'une seigneurie « en l'air », ne consistant qu'en quelques rentes et en droits honorifiques et utiles, sans un pouce de terre.

conditions sur ce publiées et proclamées. Et pour faire sortir ladicte gagere son plain et entier effect, à l'asseurance dudict acquirant, nous auons separé, demembré et esclissé, separons, demembrons et esclissons, par ces presentes, ladicte haulte, moyenne et basse justice des terre et seigneurie de Sin le Noble, auecq les rentes cy deuant specifiées, de noz domaine et recepte de Douay, sans que, durant ladicte engagere, noz officiers y puissent auoir ou pretendre aulcuns droicts, administration ou cognoissance, que celles cy dessus mentionnez et reseruez.

Promettans de bonne foy et en parolle de roy et prince de garantir ledict messire *Michiel d'Aoust*, sesdicts hoirs, successeurs ou ayans cause, enuers et contre tous.....

Pourueu qu'auant pouuoir jouyr de l'effect de cesdites presentes, ledict messire *Michiel d'Aoust* sera tenu de faire presenter ces mesmes originelles, tant au conseil de nosdictes finances, qu'en nostre chambre des comptes à Lille, pour y estre respectivement registrées, veriffiées et intherinées en la maniere accoustumée.

Si donnons en mandement à nos treschers et feaulx les chef, presidens et gens de noz priué et grand conseils, ausdicts de noz finances et de noz comptes à Lille..... que de ceste nostre presente cession...... ilz facent, souffrent et laissent ledict messire *Michiel d'Aoust*, sesdicts hoirs, successeurs ou ayans cause plainement et paisiblement jouyr et user....

Car ainsy nous plaist il, nonobstant les ordonnances cy deuant faictes sur la conduicte de noz domaines et finances....

En tesmoing de ce, nous auons faict mettre nostre seel à

cesdictes presentes. Donné en nostre ville de Bruxelles, le dernier d'octobre l'an de grace mil six cens vingt six.

Paraphé : *Ros* v'. Plus bas estoit escript. Par le Roy. Le marquis de Castel Rodrigo (1), lieutenant general *et cetera*. Le comte d'Issembourg, chevalier de l'ordre de la thoison d'or, premier chief....

<small>Archives départ. chambre des comptes, 70e reg. des chartes, commençant en juin 1646 et finissant en juin 1649, folio 43 verso; avec la mention de l'enregistrement au conseil des finances, à Bruxelles, 13 septembre 1646, signé : « le comte d'Isenbourg », chef, etc. — et à la chambre des comptes, à Lille, 12 décembre suivant.</small>

CXL.

Erection en marquisat de Sin (2), par le roi Louis XV, des seigneuries de Sin, d'Haponlieu, etc. et des fiefs de Jumelles (à Waziers), de Dion (à Sin), etc. en faveur de Jacques-Eustache-Joseph d'Aoust de Jumelles, chevalier. — Paris, avril 1718.

Louis..... Nous ne pouvons donner des marques plus certaines de notre estime à ceux de nos sujets dont l'ancienne noblesse, soutenue par leur mérite, les distingue du commun, qu'en leur accordant des titres d'honneur qui puisse faire connoitre à la postérité la vertu de ceux à qui

---

<small>(1) Gouverneur des Pays-Bas espagnols, 1644-1647.

(2) Au titre officiel de marquis de Sin le bénéficiaire des lettres de 1718 et ses successeurs préférèrent le titre de marquis de Jumelles, qu'ont consacré l'usage et un arrêt du parlement de Flandres de l'an 1739 (Goethals, *Onomasticon du Diction. généalogique*, Bruxelles, 1864, in-4, p. 49). Le titre de marquis de Sin fut attribué par l'usage et comme simple courtoisie au fils aîné de celui qu'on appelait le marquis de Jumelles.

Le petit fief de Jumelles, situé à Waziers et mouvant de la seigneurie de Waziers-Flandre, en justice vicomtière, était, depuis le milieu du XVIe siècle, le nom de terre de la famille d'Aoust.</small>

nous avons accordé ces graces que nous attachons à leurs terres et seigneuries, pour honnorer leur personne, afin d'exciter leurs descendans à les imiter.

Et considérant la naissance et les bonnes qualités de notre cher et bien amé, *Jacque Eustache Joseph d'Aoust*, chevalier, seigneur de Jumelle, de Sin, de Dion, de Rocourt, d'Harponlieu, de Bourcheul et partie de celle de Lambres et autres lieux, issu d'une des plus anciennes et nobles maisons de Flandre. Dont les ancestres se sont tousjours distinguez, depuis les siècles les plus reculez, par leur vertu, leur zèle et leur entier dévouement au service de leurs souverains, sans que jamais, dans les tems de troubles qui ont longtems régnez au pays de Flandre et pendant lesquels ils auroient soufferts plusieures fois la confiscation de leurs biens, ils se soient jamais départis de la fidélité deue à leurs princes. C'est ce qui leur auroit procuré successivement des alliances illustres avec des filles de généraux d'armée, gouverneurs de provinces, chambellans et échansons des ducs de Bourgogne. Et cette maison, s'étant attachée auprez des roys nos prédécesseurs, ils en auroient été servis si utilement et avec tant de fidélitée, que, pour leur témoigner la satisfaction qu'ils en avoient, ils leur auroient confié des employs considérables de l'Estat, soit par des commandemens dans leurs armées, des gouvernemens des grands bailliages et en les nommant députez pour les négociations les plus importantes et plénipotentiaires dans les traités de paix.

Qu'enfin cette maison a contracté, de tous tems, des alliances illustres et a été receue dans les colleges des Pays Bas où l'on admet que les anciennes noblesses militaires

Ayant aussy possédée des terres considérables et entr'autres partagé avec le comte de Flandre la seigneurie de

Douay séparée, par la rivière de la Scarpe, du domaine du comte, nommé aujourdhuy Saint Albin et anciennement le Vieux Douay, que les comtes de Lalaing et d'Egmont ont possédez depuis (1).

Ledit sieur d'Aous:, pour soutenir l'honneur de sa famille et imiter ses ancestres, se mit dans nos troupes, dez sa jeunesse, dans le régiment d'infanterie de Robecque, dans lequel il nous a servi pendant douze ans, scavoir : un an, en qualité de lieutenant, sept en celle de capitaine et quatre, en celles de major et commandant dans le régiment de Ximénès, où il s'est acquitté de son devoir avec beaucoup d'application.

Et s'est allié avec la famille de Belleforière, une des plus anciennes du pays, par son mariage avec dame *Thérèse Antoinette de Belleforière*, veuve du Sr *Charles du Quesnoy*, vicomte de Dormal, en faveur duquel le feu Roy, notre très honoré seigneur, aurait érigé en marquisat la terre du Chateau, scituée en notre comté du Haynault, appartenante à ladite dame. Mais ladite terre étant depuis tombée sous une domination étrangère, ladite érection leur devient inutile.

Sachant d'ailleurs que lesdites terres de Jumelle, de Sin, de Dion, de Rocourt, d'Harponlieu, de Bourcheul et partie de celle de Lambres, consistant en terres à clocher, château, bassecourt, moulin, prés, bois de haute futaye, terres labourables, circonstances et dépendances, peuplées d'habitans, composent une grande étendue et un revenu capable de soutenir le titre de marquisat. Ledit sieur d'Aoust nous a très humblement fait supplier de vouloir bien les unir en un seul corps de seigneurie et l'ériger en

---

(1) Cf. *Châtelains*, II, 734-735.

titre de marquisat, sous le nom de Sin, relevant de notre chastelet de Douay, en considération de ses services et de ceux de ses ancestres.

A ces causes, voulant favorablement traiter ledit Sr d'Aoust, faire connoitre à ses descendans l'estime que nous faisons de sa personne et élever sa maison par un nouveau titre d'honneur qui puisse passer à sa postérité.

Nous, de l'avis de notre très cher et bien aimé oncle, le duc d'Orléans, petit fils de France, régent de notre royaume, avons joint, uny, annexé et incorporé et, par ces présentes, signées de notre main, joignons, unissons, annexons et incorporons sesdites terres et seigneuries de Jumelle (1), de Dion, de Rocourt, d'Harponlieu, de Bourcheul et partie de celle de Lambres, avec tous leurs droits, circonstances et dépendances, pour ne composer à l'avenir qu'une seule même terre et seigneurie. Laquelle nous avons, de nos graces spéciales, pleine puissance et autorité royale, créé, érigé et décoré, créons, érigeons, élevons et décorons, par cesdites présentes, en nom, titre et dignité en prééminences de marquisat de Sin.

Pour en jouir par ledit Sr exposant, ses enfans et postérité masles, successeurs, nez et à naistre en légitime mariage, propriétaires de ladite terre, audit nom, titre et dignité....

Sans qu'au défaut d'hoirs nez et à naistre en légitime mariage, nous ny nos successeurs régnans puissent prétendre aucune desdites terres et seigneuries estre réunies à notre couronne, en vertu des édits..... auxquels nous avons dérogé par ces memes présentes. Mais retourneront seulement en leur première qualité et titre....

(1) On remarquera que le nom de la principale terre, celle de Sin, qui servait à désigner le nouveau marquisat, est omis dans le dispositif, du moins sur la copie que nous avons vue.

Sy donnons en mandement.... Et de leur contenu jouir et user ledit Sr exposant et sesdits enfans et descendans masles, propriétaires dudit marquisat......

Car tel est notre plaisir....

Donné à Paris, au mois d'avril l'an de grace mil sept cent dix huit....

[Suit la mention de l'enregistrement au greffe du parlement de Flandres, le 13 mai 1718, —au bureau des finances de Lille, folio 122 du 13e registre aux Provisions, le 7 juillet 1719 — et au greffe de la gouvernance de Douai, le 23 novembre suivant.]

<small>Archives du greffe de la Cour d'appel, fonds de la gouvernance de Douai, registre aux Mémoires, 1718-1724, folio 61 verso.</small>

SEIGNEURIE DE WAZIERS-FLANDRE

ou du

VIEIL-CHASTEL.

CXLI.

Sentence arbitrale prononcée devant le bailli d'Artois (1) en faveur de la ville de Douai, contre le seigneur de Waziers, au sujet de certaines portions des pâtures (2) avoisinant Waziers et Sin (3). — Lens, 31 décembre 1224.

Nous Wistasses de Nueuile li jouegnes, Gui de Inchi, sire de Waencort, Loeys de Andifer, cheual. et Girars Li Noirs et Jakes Esturions, escheuin (4), disons sor nos (5) loiautés, par nostre dit, de le mise ki est sor nous, de part (6) mon segneur *Hellin de Waurig,* dune part et les borjois de Douway (7), dautre, ke par lenqueste ke nous en auons

---

(1) Arras et Douai étant alors réunies à la couronne, ainsi que Lens, St-Omer, etc. avant la création du comté d'Artois (1237), une sorte de province s'était formée, sous le très court règne de Louis VIII (1223-1226), dont Arras était la capitale et Douai une dépendance.

(2) Dépendant de la vaste étendue de territoire, appartenant anciennement à la paroisse de Waziers et désignée sous le nom de Grand-Marais-de-Raisse (Rache) ; c'est aujourd'hui Frais-Marais, banlieue de Douai.

(3) Sur le cartul. T, AA 84, f. xxv, la sentence est ainsi intitulée : « Lettre dun dit sur j debat meu entre le ville de Douay et le seigneur de Wasiers, pour la cause des mares. » Ecrit. du commencement du XIVe siècle.

(4) Les deux derniers, échevins (d'Arras?).

(5) Dans la charte, ci-après citée, sous le sceau du bailli d'Artois : « not ».

(6) Id. « par ».

(7) Id. « Doway ».

faite, ke tout li mares defors Wasiers, ki là endroit nous fu moustrés, ki estoit sor nous à enquerre, defors le poncel ki ist el mares deuers Seym et defors le Viex Mote et defors les vies entrepresures des cortiex de (1) vile de Wasiers, est commune pasture et communs herbages, par coustume paiant, ke cil ki i soient, por vendre, j den. en doiuent par an, de chascune faucille et ki i veut fauchier à fauc, por vendre, ij den. en doit par an. Et por lor usage, sans vendre, nen doiuent nule coustume (2). Et tex est nos dis, por le plus loial enqueste ke nous en poimes faire.

Et por ce ke (3) li dis de ceste mise soit fers et estaules, je HELLINS DE WAURIG ai fait cest dit conferrer de mon seel.

Ce fu rendu à Lens, en plaine cort, en lan de lincarnation Nostre Segneur m. cc. et xxiiij, le deerain jor de dissembre.

Archives municip. DD 105 (layette) ; orig. avec le sceau en cire verte d'Hellin de Wavrin, chevalier, pendant à des lacs de soie rouge. — Le sceau équestre, avec le contre-sceau armorial, de ce seigneur de Waziers est décrit par M. Demay, sous le n° 1802 de l'*Invent. des sceaux de la Flandre*.

CXLII.

Sentence de la cour de Flandre reconnaissant à la ville de Douai, malgré les prétentions contraires du sei-

(1) Dans la charte du bailli d'Artois : « de le ».

(2) Cet antique privilège concernant les pâtures voisines de la ville et qui soumettait à un impôt annuel ceux qui y allaient « soyer ou faukier herbe ou jons, pour vendre », tandis qu'en étaient exempts ceux qui envoyaient « coillir herbe ou soyer ou faukier, pour espandre en leur maisons ou pour convertir en leur usages », — est consacré de nouveau par la charte des comtes Thomas et Jeanne, de l'an 1241. — Arch. municipales, cartul. T, AA 84, f. xiij.

(3) Dans la charte semblable, délivrée sous le sceau d'Adam de Milly (Demay, n° 4941), la finale varie ainsi : « ce soit ferm et estaule, je Adans de Milli, ki a donc estoie balliex dArras, por ce ki cist dis fu rendus deuant moi, je i fis mettre mon seel en tesmoignage. Ce fu fait à Lens », etc.

gneur de Waziers, la juridiction sur les maisons et les terrains situés entre la Scarpe et la chaussée de Rache, depuis Douai jusqu'au pont de Rache, ainsi que sur les pâtures (1) *s'étendant à gauche de la même chaussée menant de Douai à Rache. — Douai, novembre 1267.*

Nous MARGHERITE, contesse de Flandres et de Haynau, faisons sauoir à tous, ke comme *Hellins de Wasiers,* nostres foiables, demandast et vosist traire à son droit le justice haute et basse es lius et es maisons ki sunt entro le caucie et le riuiere, des Dowai jusques al pont de Raisse et es mares et es pasturages et es waskies ki sunt dautre part celi caucie, si comme il se estendent et dune part et dautre. Et nostre escheuin de Dowai, pour nous et pour nostre vile de Dowai, le traisissent à nostre droit et al droit de nostre vile de Dowai et disoient ke ce estoit de lor jugement et des apartenances de Flandres (2). Nous, pour nous et pour nostre vile de Dowai et li deuant dis *Hellins,* pour lui meismes et par le conseil de ses amis, en presimes, de commun assens, preudoumes, cest asauoir : *Guyon de Montegny,* ceualier, maistre *Erard,* chanoine de le eglise Saint Amei de Dowai et *Jehan Verdiel,* bailliu de Haynau, pour oyr les tiesmoignages et les veriteis et pour enquerre le droit des parties es choses deuant dites. Li queil troi preudoume, oys les tiesmoignages et les veriteis pour lune partie et pour lautre diligemment, raporterent par deuant nous, en nostre court à Dowai et par deuant nos houmes ki present i estoient, cest à sauoir : nostre treschier fil, *Guy,* conte de Flandres et marchis de Namur, *Robert,*

---

(1) Aujourd'hui Frais-Marais.
(2) Le gros de la seigneurie de Waziers était une terre d'Empire, dépendant du comté de Hainaut.

seneschal de Flandres, *Thierri*, signeur de Beure (1), *Maelin*, counestable de Flandres, *Rogier de Mortaigne*, *Guyon de Montegny*, cheualiers et autres pluiseurs de nos houmes, les queis nous conjurasmes, sour la foi ke il nous deuoient, ke il, selonc les tiesmoignages et les veriteis oyes pour lune partie et pour lautre, sour les choses deuant dites, desissent droit.

Et il, le dit des tiesmoignages des choses deuant dites oys et entendus diligemment et par le conseil de preudoumes et de boenes gens à qui il sen conseillierent, disent par droit, par loi et par jugement, ke *Hellins* deuant dis, ne li signeur de Wasiers nauoient droit es choses deuant dites et ke la justice haute et basse, es lius deseure dis, est des apiertenances de Flandres et à jugier par nos eschieuins de Dowai.

Et nous *Margherite*, contesse de Flandres et de Haynau deuant noumée, cest dit et cest jugement, en le fourme ki ci deseure est contenue, loons, confermons et approuuons et le proumetons à faire tenir, comme dame de la tierre et à ce obligeons nous et nos hoirs, signeurs de Flandres.

En tesmoing et en seurtei de la queile chose, nous auons fait mettre nostre saeil à ces presentes lettres, ki furent dounées en lan del Incarnation Nostre Signeur Jhesu Crist mil deuz cens soissante siet, el mois de nouembre.

Arch. municip. AA 48 (layette); orig. avec le sceau pendant à des lacs de soie violette.

(1) Beveren, en Flandre.

CXLIII.

Lettres de non préjudice de la dame de Waziers, à qui les échevins avaient permis de prendre, au marais de Sin, de la tourbe pour sa consommation (1). — 1306, 1er mai.

Jou AELIS DE COMMINES, dame de Wasiers, fach sauoir à tous chiaus qui ches presentes lettres verront et orront, que je recognois que je ne puis, par nul droit, prendre ne demander fuille (2) ens ou mares de Syn, sil ne mest otroyet de grace des esqueuins de Douay. Et pour che que mes lius de Wasiers est wastés (3) et que je ni pooie prendre fuille pour men ostel, je fis priere as esqueuins de Douay, liquel esqueuin sont amiablement descendu à me pryere et mont fait courtoisie, ceste anée, pour prendre i me fuille pour men hostel de Wasiers, par ensi que che ne puet à mi ou à mes hoirs aidier à acquerre droit ou dit mares, ne porter prejudice as dis esqueuins, ne à le ville de Douay.

Et pour che que ches choses deuant dites soient creables, jai cheste propre lettre seelée de men seel.

Che fu fait en lan de grace mil trois cens et sis, le premier jour del mois de may.

> Archives municip. cartul. T ou registre aux privilèges, de l'an 1320 environ, AA 84, folio xxxij, sous cette rubrique : « Lettre de le dame de Wasiers, du congiet que elle prist de faire tourbes el mares de Sin. »

(1) Le feu de tourbe était donc en usage alors, même dans les demeures seigneuriales.

(2) *Folium*, feuillage. *Fuille*, dans le sens de tourbe, mot encore usité au commencement du XIVe siècle, était déjà, vers 1320, remplacé par celui de tourbe. On sait que celle-ci est un résidu de plantes et d'herbes, réduites en un état presque charbonneux.

(3) Les tourbières de Waziers avaient probablement été inondées durant l'hiver de 1305-1306.

CXLIV.

Lettres de non préjudice du seigneur de Waziers et de Jean de Waziers, chevalier, au sujet d'un lépreux de Waziers que les échevins de Douai avaient consenti à admettre dans la léproserie de Garbigny (1). — *1313, juin.*

Nous HELLINS DE WASIERS, chevaliers, sires de Wasiers, de Heudincourt et de Commines et JEHANS DE WASIERS, chevaliers, faisons sauoir à tous cheus qui ches presentes lettres verront u orront, que, comme li escheuin de le ville de Douay, à no pryere et à no requeste, aient rechut et fait recheuoir *Simon Wauket*, de Wasiers, à estre as maisons de Garbigni (2), en le compaignie des mesiaus des dites maisons, qui sont en lescheuinage de Douay, nous volons que, comment que les dites maisons soient de le porrosche de Wasiers, que che ne porche, ne puist porter nul prejudice, en tans auenir, as escheuins ne à le communauté de Douay. Et recognissons que li dit escheuin le dit *Symon*, à nos pryeres et à le pryere de nos homes de Wasiers, ont rechut et de leur grasce especial.

En tesmoingnage des choses dessus dites, nous *Hellins* et *Jehans*, chevalier deuant nommé, auons ches presentes

(1) Au lieu dit Garbigny, était, au XIIe siècle, un terrain ferme, au milieu de marécages, sur lequel le magistrat de Douai (qui y avait la juridiction, quoique Garbigny dépendît, comme Frais-Marais, de la paroisse de Wasiers) permit d'élever des cabanes pour les lépreux.
Voir, sous l'année 1269, le n° CXIX.

(2) Pareilles lettres de non préjudice furent données, le 27 juillet 1383, par « Hellins, sires de Wasiers et de Heudincourt », à cause d'un « mallede du mal monsieur saint Ladre », autorisé « à auoir se mancion et habitlacion en une maison del hospital com dist de Garbegni ». Les deux actes de 1313 et de 1383 sont attachés ensemble par une ligature de parchemin. — Voir Pilate, n° 612.

lettres seelées de nos seaus, qui furent faites lan de grasce mil trois cens et treze, el moys de jung.

> Arch. municip. anc. layette 331, n° 361 de la *Table chronol.* de Pilate ; original au bas duquel pendaient, à double queue de parchemin, deux sceaux armoriaux en cire brune. Le premier, celui du seigneur de Waziers, est indiqué à la p. 82 de notre travail intitulé : *Une Vieille Généalogie de la maison de Wavrin,* Douai, 1877, in-8. Quant au sceau de Jean de Waziers, plus petit que l'autre, il est brisé.
> Au dos du parchemin, d'une écrit. du commencement du XIVe siècle : « Lettre du segneur de Wasiers et de Mons. Jehan de Wasiers, de un mesel que li eschevins misent à Garbegni, à leur requeste. »

CXLV.

Reconnaissance par le seigneur de Waziers, que la maison de Grainnorit, située entre la chaussée de Rache et la Scarpe, est de la juridiction de l'échevinage de Douai. — Cérémonie de la restitution opérée par le maire de Waziers, au nom du seigneur, à la requête du bailli, du lieutenant de la gouvernance et des échevins de Douai, en signe de réparation d'un exploit de justice indûment fait dans la maison de Grainnorit. — 1538 (vieux style), 21 janvier.

1°

Jou Hellins, chevaliers, sires de Wasiers, de Heudincourt et de Commines, fay sauoir à tous que, comme jou eusce (1), par *Jehan Loffroit*, men mayeur de Wasiers, fait metre saisine en le maison *Jehan dou Four* dit *Le Leu*, qui siet entre le cauchie de Raisce et le riuiere et, en celi maison, eusce fait leuer un cent de faissiel com dist

---

(1) « Eusse »; sur la copie faite, le jour même, par les notaires et insérée dans leur instrument, qui suit.

pikaués, pour chou que je tenoie que ce fust de me juridition et de me justice et, depuis, jai esté souffissaument enfourmés que li lieus dessus dis est de le tenance du Roy Monsr et à jugier par les escheuins de Douay et que li Roys Mess. y a toute justice haute, moyenne et basse. Pour quoi, par le dite information, jai fait le dit lieu resaisir et restablir des dis faissiaus. Et donne en mandement, par le teneur de ces lettres, à *Jehan Loffroit,* main (1) mayeur de Wasiers, que il, ou lieu de mi, face le dit restablissement et resaisine ou dit lieu.

En tesmoing des queles choses, jai ces presentes lettres seelées de men propre seel.

Donné vint et un jour el mois de jenvier, lan de grace mil troys cens trente et wite (2).

[Au dos, d'une écriture du temps.] Lettre de Monsr de Wasiers, faisant mention que il recognoist que le maison de Grainnorit est de lescheuinage de Douay (3).

2°

In nomine Domini amen. Cum vir nobilis, dominus *Hellinus,* miles, dominus de Wasiers, de Heudincourt et de Commines, fecisset, ut dicitur, apponi sasinam in quadam domo *Johannis de Furno* alias dicti *Le Leu,* sita juxta Duacum, inter calciatam Rascie et flumen et in eadem domo fecisset, ut dicitur, leuari centum fassellos lignorum, galice nuncupatos *picaués,* dicens et asserens quod dicta domus erat sub jurisdictione et justicia ipsius. Et postmodum dictus dominus *Hellinus,* ut dicitur, fuisset sufficienter

---

(1) Sur la copie : « men ».

(2) Id. « huit ».

(3) Le sceau en cire verte, qui pendait à double queue de parchemin, est brisé.

informatus quod domus predicta erat et est sub jurisdictione et dominio domini regis Francorum et in judicato scabinorum Duacensium et quod dictus dominus rex in eadem domo habebat et habet omnimodam justiciam temporalem, scilicet summam, medianam et bassam. Propter quod dictus dominus *Hellinus* dedit, ut dicitur, *Johanni* dicto *Loffroit*, majori suo de Wasiers, per suas litteras in mandatis, quod ipse *Johannes*, nomine dicti domini *Hellini*, restitueret et resasiret dictam domum de fassellis predictis, prout hec omnia apparere videntur in litteris dicti domini *Hellini* super hoc confectis, quarum tenor inferius est inscriptus.

Nouerint uniuersi quod, in presentia nostrum, notariorum publicorum et testium infrascriptorum, ad hoc vocatorum specialiter et rogatorum, propter hoc personaliter constitutis viris honorabilibus et discretis, *Anselmo de Valle Hugonis*, balliuo Duacensi, nomine dicti domini regis, *Petro Le Ribaut*, locumtenente domini *Godemardi de Fay*, gubernatoris Tornacensis et summi balliui Insulensis, Duacensis et pertinentium, *Guillelmo Catel*, *Heluino de Goy*, *Andrea Pikete*, *Jacobo Bel* et *Arnulpho* dicto *de Landast*, scabinis ville Duacensis, nomine scabinatus et ville predicte, ex una parte et *Johanne* dicto *Loffroit*, majore de Wasiers, nomine dicti domini *Hellini*, ex altera. Predicti balliuus et scabini, habentes et tenentes dictas litteras, sanas et integras et omni suspicione carentes, sigillo dicti domini *Hellini*, prout prima facie apparebat, sigillatas, eas ostenderunt ac legi palam et publice ac de verbo ad verbum fecerunt, per magistrum *Johannem de Cauillon*, clericum ville Duacensis predicte, in hec verba (1).

(1) Suit la transcription des lettres du seigneur de Waziers, reproduites ci-dessus d'après l'original même.

Quibus litteris sic ostensis, lectis et publicatis, ut premittitur, predictus baillivus interrogauit *Johanem Loffroit*, majorem predictum, si se ad locum hujusmodi, nomine dicti domini *Hellini*, presentabat pro restituendo et resasiendo domum seu locum hujusmodi, de fassellis predictis, quos dictus dominus *Hellinus* fecerat arrestari et leuari, ut premittitur. Qui major respondit quod sic et quod paratus erat ad plenum facere restitutionem et resasinam predictas, juxta tenorem dictarum litterarum.

Et tunc dictus major, nomine quo supra, quendam fassellum reposuit in locum predictum, in signum restorationis fassellorum leuatorum et aliorum arrestatorum in domo seu loco predicto, dicens quod, per ipsum fassellum, ipse restituebat et resasibat locum seu domum hujusmodi, ad plenum, de fassellis predictis leuatis et quibuscumque aliis arrestatis in loco seu domo hujusmodi, nomine et occasione dicti domini *Hellini*, juxta formam et tenorem dictarum litterarum. Recognoscens palam, publice et expresse, quod dictus *Hellinus* ore tenus dictas restitutionem et resasinam sibi facere preceperat, prout fecit et superius est expressum. Recognoscens etiam, nomine quo supra, quod locus seu domus hujusmodi erat et est sub jurisdictione et dominio et de tenentia domini regis predicti et in judicato scabinorum Duacensium et quod prefatus dominus rex, in eodem loco seu domo, habebat et habet omnimodam justitiam temporalem, scilicet summam, medianam et bassam, prout superius continetur.

De quibus omnibus et singulis, predicti ballivus, locumtenens et scabini a nobis, notariis publicis infrascriptis, petierunt habere publicum instrumentum.

Acta fuerunt hec, in loco predicto, infra primum hostium manerii, seu domus, predicti, anno Domini millesimo trecentesimo tricesimo octauo, indictione septima, die vigesima prima menssis januarii, circa occasum solis, pontificatus sanctissimi in Xp° patris et domini, domini *Benedicti*, diuina prouidentia, pape duodecimi, anno quinto. Presentibus viris prouidis : *Jacobo de Goy, Willelmo de Spina, Johanne Lalemant,* filio *Jacobi, Matheo Portesteule, Johanne Rube, Johanne Hamelle* dicto *de Furno, Johanne Caignet* de Rascia, *Thoma de City* juxta Nouiomagum, *Jacobum Prounier* de Auenes le Comte, *Johanne Carbonnier, Nichasio Potier* de Attrebato et *Johanne Gielée* de Fauquenberghe; Nec non presentibus, minoribus annis, *Ricardo,* filio *Nicolay Bayardi, Nicolao,* filio *Hugonis Le Tapicier, Jacobo,* filio *Johannis de Ruaucourt, Willelmo,* filio *Johannis Le Poiure,* condam, *Thoma,* filio *Johannis de Sin, Johanne,* filio *Walteri Coullon, Jacobo,* filio *Johannis Lescuelier, Waltero,* filio *Xpiani Weist* de Bruges, *Gerardo,* filio *Johannis de Sancto Quintino, Guidone,* filio *Johannis de Anhiers,* clericis et *Jacobo,* filio *Jacobi de Sailli, Adam,* filio *Nicasii Le Careton* de Escarpiel, *Waltero,* filio *Wolteri de Hanon, Johanne,* filio *Johannis Le Vincent, Johanne,* filio *Jacobi Le Bateur* et *Nicolao,* filio *Andree de Bailleul,* laycis ac quam pluribus aliis testibus, ad premissa vocatis specialiter et rogatis.

Et ego Guillelmus Baralion, clericus papiensis, publicus imperiali auctoritate notarius, interrogationi, responsioni et restitutioni predictis ac omnibus et singulis supradictis, una cum magistro *Symoni de Platea,* notario publico infrascripto et testibus prenominatis, presens interfui predictasque litteras transcripsi et in hoc presente instrumento incorparaui, facta de ipsis ad presens instrumentum collatione diligenti, super quibus hoc publicum instrumentum confeci, quod manu propria scripsi et in hanc publicam formam redegi signoque meo consueto (1), una cum signo dicti magistri *Symonis*, signaui, rogatus in testimonium omnium et singulorum premissorum.

Et ego SYMON DE PLATEA, Attrebatensis diocesis clericus, publicus imperiali auctoritate ac curie Attrebatensis juratus notarius, premissis omnibus et singulis, prout supra scribuntur, dum sic agerentur, una cum dictis notario et testibus suprascriptis, presens fui et ea fieri vidi et audiui, hic me subscripsi meoque signo consueto (2), una cum signo predicti notarii, presens instrumentum signaui, una cum *Guillelmo*, predicto notario, vocatus ad premissa in testimonium presentis confirmande veritatis.

Archives municip. anc. layettes 299 et 331; n°⁵ 433 et 434 de la *Table chronol.* de Pilate.

(1) La signature de ce notaire apostolique ou papal, apposée à gauche de cette formule, représente une tour et un clocher d'église, sur laquelle tour sont posées, l'une au-dessus de l'autre, les lettres G et B (ses initiales).

(2) La signature du second notaire, qui était notaire épiscopal, ne pouvant instrumenter que dans le diocèse d'Arras (tandis que son collègue pouvait le faire dans toute la chrétienté), placée aussi en marge de sa formule, représente un ostensoir.

SEIGNEURIES

DE

MONTIGNY-EN-OSTREVANT

ET DE

VÉSIGNON A LEWARDE.

CXLVI.

Approbation, par le comte de Flandre, de l'échange fait avec l'abbaye d'Anchin, par son vassal, Robert de Montigny, avec sa femme Iburge, ses fils Robert et Rénier et ses frères Rénier, Ivan et Simon. — Le seigneur de Montigny a cédé une partie de son bois contigu à celui d'Anchin et reçu quatre pièces de terre situées près de la sortie du bois et aux lieux dits Alnel, Bernard-Mont et Vieille-Ville. — 1168.

Ego PHILIPPUS, Dei gratia, Flandrensium comes, notum fieri volo omnibus fidelibus, tam futuris quam praesentibus, quod *Robertus de Montengi* et *Iburgis*, uxor ejus, ac filii eorum, *Robertus* et *Rainerus*, concedentibus fratribus ipsius *Roberti*, *Rainero, Iwano*, atque *Symone*, dederunt aecclesiae Aquicinensi partem siluae suae, quae est contigua siluae ipsius Aquicinensis aecclesiae. Et ipse *Robertus* in concambium accaeperit ab eadem aecclesia quatuor portiones terrae. Quarum una est juxta exitum nemoris, quae scilicet fuit *Wenemari* et *Walteri*, filii *Huberti*. Altera apud Alnel. Tertia apud Bernardi Montem. Quarta apud Veterem Villam. Ita videlicet, ut partem ejusdem nemoris aecclesia Aquicinensis, sicut proprium allodium, libere et quiete in perpetuum possideat et praefatas terras, quae pro eodem nemore commutatae sunt, idem *Robertus* de me in feodum teneat.

Cum igitur praefatus *Robertus*, cum uxore et filiis, eandem commutationem fecissent et ejusdem siluae donationem super altare Sancti Saluatoris Aquicinensis aecclesiae optulissent, idem *Robertus* praesentiam meam adiit et, ut commutationem quam fecerat benigne concederem, satis deuote rogauit. Ego vero, quia commutationem pro feodo meo accaepi, precibus ejus benigne assensum prebui et sepe dictam commutationem ratam esse decreui et, ut in perpetuum firma et inconuulsa permaneat, sigilli mei impressione et testium qui interfuerunt annotatione corroborari praecepi.

S. mei *Philippi*, comitis Flandrensium. S. *Roberti*, praepositi Sancti Audomari. S. *Hellini* dapiferi. *Walteri de Atrebato. Gerardi de Landast.* HUGONIS DE SANCTO ALBINO. *Engelranni de Gulesin. Rogeri de Helengies, Bernardi*, fratris ejusdem.

Actum est hoc anno millesimo centesimo l°·xviij°.

Archives départ. fonds de l'abbaye d'Anchin, 2ᵉ carton, 1131-1170; sceau en cire brune du comte (équestre, le bouclier au lion, avec contre-sceau, aussi équestre, le bouclier et la bannière au lion), pendant à des lacs de soie rouge. — Au dos de la charte, d'une écrit. de la même époque : « Philippi, comitis Flandriae, de commutatione siluae et terrarum inter nos et Robertum de Montengi. »

Cf. St-Genois, *Monum. anciens*, I, 377; d'après un cartul. de Hainaut. — Escallier, *L'Abbaye d'Anchin*, Lille, 1852, in-4, p. 119.

CXLVII.

Approbation par Hugues, châtelain de Cambrai (comme sire d'Oisy), de la cession d'un bois (à Montigny) tenu de lui en fief, faite au profit de l'abbaye d'Anchin, par le seigneur de Montigny. — 1173 (1).

In nomine patris et filii et spiritus sancti, amen. Ego Hugo, Cameracensis castellanus, notum esse volo omnibus tam futuris quam presentibus, quod *Robertus*, filius *Roberti de Montengi* et *Iburgis*, mater ejus, me expetentes dixerunt se voluntatem habere ut quoddam nemus, quod de me in feodum tenebant, aecclesiae Aquicinctensi in elemosinam darent, rogaueruntque ut idem donum ego quoque concederem et aecclesiae ipsi, sicut obses, adquietarem. Ego itaque, petitionem eorum exaudiens, eis in utroque assensum prebui, ut et donationem concederem et ut quietum maneat aecclesiae obsidem me inde constituerem et sigilli mei munimento insuper et subscriptione idoneorum testium confirmarem.

Signum mei ipsius *Hugonis. S. Landrici de Gulesin. Stephani de Lambres. Anselli de Forest. Stephani aduocati, Raineri*, filii ejus. *Gozelli de Aniz. Henrici de Malni.*

---

(1) Au XIIe siècle, une partie de la terre de Montigny et de Lewarde mouvait donc du château d'Oisy; au siècle suivant, ne mouvait plus d'Oisy que le Vinage de Lewarde (droit de travers sur la route de Douai à Valenciennes).

Il y a, dans le fonds d'Anchin, une charte semblable du comte de Flandre, de la même date, relative à la cession, par ledit Robert, d'une partie de bois : *quandam sui nemoris portio.* Voir Escallier, *L'Abbaye d'Anchin*, Lille, 1852, in-4, pp. 121-122. — Il est probable qu'une portion de ce bois mouvait du château de Douai. D'ailleurs le comte de Flandre était alors suzerain direct du châtelain de Cambrai, sire d'Oisy ; de sorte qu'à ce titre, son approbation était également requise.

Sigeri de Duaco. Johannis Papalart. Johannis Boiart et aliorum multorum.

Actum est hoc anno ab Incarnatione Domini m° c° lxx° iij°.

<small>Archives départ. fonds de l'abbaye d'Anchin, 3e carton, 1171-1180; original avec le sceau équestre du châtelain, en cire brune, pendant à double queue de parchemin. — Cf. Demay, *Sceaux de la Flandre*, II, n° 5505.</small>

CXLVIII.

Sentence arbitrale du comte de Flandre, terminant un procès entre l'abbaye d'Anchin et le seigneur de Montigny, au sujet du droit de pêche dans le ruisseau du Bouchart, lequel droit est reconnu appartenir à l'abbaye. — Lille, 17 octobre 1281.

Nous Guis, cuens de Flandres et marchis de Namur, faisons sauoir à tous, ke, coume debas et descors ait estei meus par deuant nous, entre religieus houmes le abbeit et couuent dAnchin, dune part et nostre chier et foiauble, mon seigneur *Robert de Montigni*, cheualier, dautre part, del usage de le peskerie en un fosseit, li queils est apelés Boussars, ki sestent par le tiere dou dit *Robert de Montigni* et outre dusques à Anchin, le queil usage de peskier ou deuant dit fosseit chascune partie, li une contre lautre, disoit apartenir à li. Nous, del assentement des deus parties deuant dites, le veirité de ces choses, enquises les raisons et les drois de chascune partie, oies et entendues, auons dit, par le conseil de preudoumes, ke al abbeit et au couuent deuant dis apartient li deuant dis usages de peskier, de tout en tout et nulement à mon seigneur *Robert* deuant dit.

En tesmoignage de la queil chose, nous auons ceste presente lettre saielée de nostre saiel, faite et dounée à Lille, lan del incarnation Nostre Seigneur mil deus cens quatre vins et un, le nuit de Saint Luc.

> Archives départ. fonds de l'abbaye d'Anchin, 10e carton, 1271-1290; orig. muni d'un sceau équestre en cire brune pendant à double queue de parchemin, avec contre-sceau armorial. Au dos du titre, d'une écrit. du XIIIe siècle : « *Littera comitis Flandrie, de piscatione* du Bouchart. »
> Cette sentence est transcrite inexactement dans le 4e cartul. de Flandre (chambre des comptes, reg. B 1564), XIIIe siècle, f. 21 verso, pièce 66; on lui attribue la date du jeudi avant la St-Luc (16 octobre).

CXLIX.

Mandement du Roi, au bailli de Vermandois, de protéger les échevins et les bourgeois de Douai, contre Robert, chevalier, seigneur de Montigny, dans le cas où celui-ci voudrait se venger d'une expédition faite par les Douaisiens dans des pâtures que l'abbesse de Maubeuge (1) *et le seigneur de Montigny prétendent être de la juridiction du comte de Hainaut et où ils avaient creusé des viviers et des fossés et planté des bornes, au mépris des privilèges de la commune de Douai, que le bailli de Vermandois devra maintenir contre tous. — Paris, mardi 8 août 1290.*

Ph. Dei gratia Francorum rex, bailliuo Viromandensi, salutem. Relatum est nobis quod in pasturis et mariscis communibus, in regno nostro et de teneura et franchisia ville Duacensis, ut dicitur, existentibus, abbatissa de Mauluege et *Robertus*, dominus de Monteigniaco, miles, quasdam injurias et intercepturas fecerunt, quandam partem de

---

(1) Elle avait à Montigny une seigneurie qui dépendait du Hainaut. Quant au seigneur de Montigny, le gros de son fief était en Flandre, mais une partie dépendait également du Hainaut.
Le lieu litigieux entre ces seigneurs et les Douaisiens faisait partie du Marais de Sin, d'après une note ajoutée au dos du titre, au XVIIe siècle.

dictis pasturis et mariscis sibi appropriando, viuaria et fossata in eis faciendo et metas apponendo et alias, quam quidem partem dicti abbatissa et miles aduoant se tenere a comite Hanoniensi : quod est contra jus nostrum (1) ac contra jus et consuetudines scabinorum et burgensium Duacensium, ut dicitur. Que viuaria et fossata bailliuus, scabini et burgenses Duacenses impleuisse, destruxisse et dictas metas deposuisse dicuntur, jus nostrum et suum ac eorum consuetudines obseruando: propter que, dictus miles eisdem scabinis et burgensibus minas dicitur intulisse.

Quare mandamus vobis quatinus, si vobis de dictis minis de plano constiterit, aut de alio casu quare dicti scabini et burgenses a dicto milite et suis assecurari debeant, ipsos ab eodem milite et suis faciatis assecurari. Et si casus non fuerit propter quem assecurari debeant, inhibeatis dicto militi, ex parte nostra, ne dictis scabinis et burgensibus aliqua grauamina seu molestias faciat vel inferat, seu permittat a suis fieri vel inferri. Propterea dictos scabinos et burgenses, in hiis et aliis, in suis consuetudinibus et juribus teneatis et seruetis et faciatis à quibuscumque teneri et seruari, cum super hoc fueritis requisitus.

Actum Parisiis, die martis ante festum beati Laurentii, anno Domini millesimo ducentesimo nonagesimo.

> Archives municip. DD 141 (layette); original; fragment du sceau royal avec contre-sceau, en cire jaune, pendant à simple queue de parchemin.

(1) On remarquera l'absence de toute mention des droits du comte de Flandre, le seigneur immédiat des Douaisiens et du sire de Montigny. En la cause, le roi croyait sans doute devoir intervenir directement, parcequ'il y avait conflit entre la couronne et un état voisin (le Hainaut, dépendant de l'Empire).

C'était en réalité le prélude de la lutte qui éclata, six ans plus tard, entre le roi, défenseur énergique de l'unité française et le comte, protecteur intéressé des aspirations autonomistes et séparatistes.

CL.

Annexion par le Roi, à la seigneurie de Montigny, du bois de Vesignon qu'Eustache, chevalier, sire de Montigny (1), venait d'acquérir de Gautier de Roucourt, damoiseau, lequel l'avait tenu en fief du Roi à cause du château de Douai. — Chartres, en octobre 1329.

Philippus, Dei gratia, Francorum rex. Notum facimus uniuersis tam presentibus quam futuris, quod cum dilectus noster *Eustacius*, dominus de Montigniaco, miles, a nobis teneat in feodum locum suum de Montigniaco, cum pertinenciis suis, in castellania nostra de Duaco et, in eadem castellania acquisiuerit triginta mensuras nemorum vocatorum de Vessenon, valoris quindecim librarum redditualium vel circa, a *Galtero de Roucourt*, domicello, in et de feodo nostro existentes, — nos, feodum dictarum triginta mensurarum nemorum dicto feodo de Montigniaco adjungentes et illud feodum de Montigniaco augmentari volentes, volumus et eidem militi, de gratia speciali, concedimus per presentes, quod ipse miles dictas triginta mensuras nemorum, usque ad summam dictarum quindecim librarum redditualium, a nobis teneat, una cum alio feodo de Montigniaco, ad solam fidem et solum homagium et quod ipse miles ejusque heredes et ab ipso causam habentes et habituri non teneantur, nec possint compelli ad prestandum nobis et successoribus nostris, Francorum regibus, nisi solam fidem et solum homagium, casu ad hoc se offerente, pro duobus feodis supradictis. Quod ut ratum et stabile

---

(1) Est-ce « Eustache de Montigny », un des chefs des galères que le roi Philippe VI envoya contre les Turcs, ainsi qu'il résulte d'un arrêt du parlement du 7 avril 1334? — Cf. le P. Anselme, VII, 744 B.

perpetuo perseueret, presentibus litteris nostrum fecimus apponi sigillum, saluo in aliis jure nostro et in omnibus quolibet alieno.

Datum Carnoti, anno Domini m° ccc° vicesimo nono, mense octobri.

Per dominum regem, ad relationem dominorum *Th. de Marfontanis et P. de Cugneriis*. Gyem.

<small>Archives nationales, trésor des chartes, reg. JJ 66 (1329-1334), fol. 47 verso, pièce vj^{xx}ix, sous la rubrique : « Gratia facta domino Eustacio, domino de Montigniaco, militi, quod tringinta mensuras nemorum hic denominatas et feodum suum de Montigniaco teneat in unum feodum unitum. »</small>

CLI.

Charte de Robert, chevalier, sire de Montigny, qui, de l'aveu de ses proches, reconnaît que son château fort de Montigny, mouvant du château de Douai, doit être baillé et ouvert au comte de Flandre à toute réquisition. — 1371, 2 mai (1).

Je Robers, sires de Montigni, cheualiers, fay sauoir à tous que, comme je tiengne en foy et en hommaige de mon treschier et redoublé seigneur Monsr le conte de Flandres, le chastiel et maison de Montigni, descendant de son chastiel de Douay, je cognois et confiesse, par ches presentes lettres, pour moy, mes hoirs et successeurs, seigneurs de Montigni, que ledit chastiel et maison de Montigni doit estre ouverte à mon dit redoublé seigneur Monsr de Flaudres et à ses hoirs et successeurs contes de Flandres. Et ay promis et promech ioyalment en bonne foy, pour moy et

<small>(1) Malgré cette charte, la mouvance du château de Montigny demeura litigieuse entre les provinces de Flandre et de Hainaut.</small>

mesdis hoirs et successeurs, de baillier, liurer et ouurir, ou faire baillier, liurer et ouurir le dit chastiel et maison de Montigni à men dit redoublé seigneur, Mons' de Flandres et à ses hoirs et successeurs, ou à leur command, ainsi comme bons et loyauls subjects, homs et vassauls doit liurer et ouurir sa maison à son seigneur, de qui il tient en foy et en hommaige, toutefois que moy, mes dis hoirs et successeurs en serrons requis, sans fraude et mal engien.

En tesmoing de che jai ches presentes lettres scellées de men propre seel. Et pour plus grand seureté et cognissanche des choses dessus dites, jai pryet et recquis, prie et recquier à mes chiers et amés *Jehan de Montigni*, men frere, à Mons' *Piere* (1), seigneur de Warlaing, Mons' *Jaqueme* dit *Hustin de Hauesquierque*, Mons' *Jehan*, seigneur dou Bos, Mons' *Guillamme de Byaussart* dit *le Bleu*, cheualiers et *Piere de Wiskete* (2) dit *le Arrabe*, escuyer, de quel linage je sui et en qui presence je cognuch et promis les choses dessus dites, quil voeillent metre leurs sceauls à ches presentes lettres, aueuc le mien (3).

Et nous, *Jehans de Montigni* (4), freres, *Pieres*, seigneur de Warlaing (5), *Jaquemes* dis *Hustins de Hauesquierque* (6), *Jehans*, seigneur dou Bos, *Guillammes de Byaussart*

---

(1) Pierre de Landas, dit le Borgne, qui, d'après les généalogistes, épousa Jeanne de Montigny, fille d'Eustache, chevalier, sire de Montigny-en Ostrevant et de Catherine de Haveskerque. — Il était donc bel oncle de Robert, sire de Montigny.

(2) C'était un Haveskerque. — Il mourut vers 1383 et eut pour héritier son frère, « Giles de Wysque ». *Annales du comité flamand*, Lille, 1877, in-8, XIII, 110.

(3) Demay, *Invent. des sceaux de la Flandre*, Paris, 1873, in-4, I, n° 1358.

(4) *Id.* n° 1355.

(5) Cf. Demay, n° 1186.

(6) Demay, n° 1037.

dit *le Bleu*, cheualier et *Pieres de Wiskete* dit *le Arrabe* (1), escuyer, parent et ami au dit seigneur de Montigni, auons, à se diligence, pryere et recquieste et en coghissanche et tesmoignage que toutes les choses dessus dites furent par lui cognutes et promises en nostre presence, mis nos sceaus à ches presentes lettres, aueuc le seel du dit seigneur de Montigni.

Qui furent faites et données le second jour de may l'an de grace mil ccc soisante et unze.

[Au dos du titre en parchemin, d'une écriture du temps.] Lettre dou seigneur de Montigny et daucuns de ses amis, quil cognoist que la maison et le chastel de Montigny est maison ouuerte à Monsr et à ses hoirs et quil le doit liurer et ouurir toutes fois quil ou ses hoirs en seroit requis.

Archives départ. chambre des comptes, carton B 932, pièce n° 10312, original auquel furent appendus, à double queue de parchemin, sept sceaux en cire verte : le 5e manque et le 6e est fruste.

CLII.

Contrat de mariage de Robert, chevalier, seigneur de Montigny, avec Sibille de Gavre de Lens, fille de feu Mr de Lens (Arnoul de Gavre de Hérimez, chevalier) et de Jeanne de Rassenghien. — Saint-Ghislain, 21 décembre 1372 (2).

Nous JEHANNE, dame de Lens, de Rassenghien et de Lidekierke, ERNOULS DE GAURE, ses fiuls, comme hoirs et

---

(1) Petit sceau armorial : une fasce accompagnée de deux étoiles en chef.

(2) L'union du sire de Montigny et de la demoiselle de Lens fut stérile; celle-ci, devenue bientôt veuve, convola avec Jean, chevalier, châtelain de Bergues-Saint-Winoc, mort en 1380 ; elle-même décéda en 1394, le 23 mai et fut inhumée à côté de son second mari. (Goethals, *Dictionnaire*, II, Gavre-Hérimez, XII.)

hiretiers des dis lieus, ROBIERS, sires de Montigny en
Ostreuant, cheualier et JEHANS DE MONTIGNY, ses freres,
escuyers, faisons sauoir à tous chiaus qui ces présentes
lettres veront u oront, que les couuenenches dou mariage
fait de mi, le dit signeur de Montigny et de noble demisielle, demisielle *Sebille de Gaure*, demisielle de Lens, fille
à nous, le ditte dame et suer à my, ledit *Ernoul*, sont
telles que chi apries sensuit.

Et premiers. Nous, li ditte dame et *Ernouls*, ses fiuls,
auons donnet et donnons, pour goyr en preus prendant,
en don de mariage, à le ditte demisielle, le tiere de
Gaiges (1), qui fu monsigneur de Lens, marit à nous, le
ditte dame et pere as dis enfans...... tenue en fief u en
main ferme dou signeur dou Ruels u dautre... Le tierche
partie de tous les fiefs et hiretages entirement, qui poront
eskeyr par le trespas de nous, le ditte dame et au jour de
no trespas, ens ou pays de Flandres et de Braiband, tant de
le tiere de Lidekierke, de Rassenghien, comme ailleurs...
rezeruet le castiel de Lidekierke et toute le entrepresure et
tous les fossez et bassecourt dou dit castiel, qui demorer
doit frankement au dit *Ernoul*... Le tierche partie ossi de
tout chou qui poroit venir et eskeyr de me demisielle de
Lidekierke (2), ante à nous le ditte dame.... Le tierche
partie de tout tel droit que nous auons et auoir deuons en
le tiere de Bredas....

Se jou, li dis sires de Montigny, aloie de vie à trespassement deuant le ditte demisielle de Lens, le ditte demisielle

---

(1) Sur sa tombe, aux Chartreux de Hérinnes, la veuve du châtelain
de Bergues est qualifiée de dame de Gages (Goethals, *l. cit.*).

(2) Très probablement Marie de Gavre, demeurée en célibat. C'est par
erreur que Goethals (*Diction.* II, Gavre-Liedekerke, XI-3°) en fait
l'épouse en 1331 de Jean de Pollers, seigneur d'Itre, chevalier: il la
confond avec une autre Marie de Gavre, dame de Montigny-St-Christophe.

doit possesser, tout le cours de se vie, de le moitiet de toutes les possessions, tieres, droitures et reuenues que je, li dis sires de Montigny, aroie ou royalme de France et en le contet de Flandres, sans fraude, rezeruet le castiel de Montigny, les gardins, le bassecourt et les haus bos de Montigny, tant seulement. Et en ce lieu, elle, li ditte demisielle de Lens, doit auoir, en nom de maison de doaire, le maison d'Escarpiel u autre maison souffisans, se celle nestoit adonc en estat......

Item, doit yestre fait à le ditte demisielle de Lens, par my, ledit signeur de Montigny, uns doaires de fief, par loy et selonc le coustume dou pays de Haynnau, de le somme de dys liures par an, estant en le contet de Haynnau et sans en riens amenrir les coses deuant dittes. Et se doit chou yestre fait ainchois que jou espeuse le ditte demisielle de Lens (1).

Et nous, li ditte dame de Lens, deuons no ditte fille viestir et aourner et faire nueches à le plaisance et volentet de nous, le ditte dame, sans maise ocquison......

Et prions et requerons amiablement à nobles personnes, nos chiers signeurs et bons amis, monsigneur *Willaume*, signeur de Lingne, de Thumaides et de Granbrueck, monsigneur *Gerart de Rassenghien*, signeur de Basserode (2)

---

(1) On trouve en effet cet article de recette des droits seigneuriaux dus au comte de Hainaut, dans le compte du grand bailliage du 22 août 1372 au 24 juillet 1373, f. 1 verso (aux Archives départ.) : « Dou signeur de Montigni en Ostreuan adont, li quels auoit dowée me dame se femme de x liureez de terre lan, à prendre sour sen fief dou Mares. Se furent aualueez à iiij^{xx} libres. C'est pour le ve denier xvj libres, qui valent, audit fuer, xiiij frans v sols. » Le compte se rendait en « frans de Haynnau, xxiiij gros le pieche ».

La seigneurie du Maret, située à Masny, était alors tenue en fief du comte de Hainaut, avec les parties de la terre de Montigny qui mouvaient de ce comté. Détachée plus tard de Montigny, elle forma un arrière-fief de Montigny-Hainaut ; au XVIe siècle, elle passa successivement dans les familles Le Boucq et Herlin, de Valenciennes.

(2) Gouverneur du souverain bailliage de Lille, 1379-1390.

et monsigneur *de Gaure*, signeur de Stainkierke (1), qui furent au dit traitiet comme proisme et mariaulx, pour le partie de nous, le dame de Lens et *Ernoul*, sen fil, auoecq monsigneur *Jehan*, signeur de Le Hamaide, monsigneur *le Bleu de Wingles*, signeur de Rullecourt (2), monsigneur *Gerart de Vendegies*, cheualiers et *Robiers de Vendegies*, escuyer, li quel furent au dit traittiet comme proisme, mariaulx et amit, pour le partie de nous, le dit signeur de Montigny et *Jehan*, son frere et ossi à *Jehan* dit *Ramage de Mastain* (3), *Watier Frusniel*, *Jehan Oliuier*, *Jakemart de Minebecke* et *Jakemart Barret*, li quel dessus nommet furent as coueneuches et traittiet dou mariage deseure dit ordonner et acorder, comme mariaulx, que il voellent metre et appendre leurs sayauls à ces presentez lettres, auoecq les nos, en tiesmoignage de veritet.

Et nous, li dessus nommet.... chil de nous qui sayaus auons..... auons mis et appendus nos sayaus à ces presentes lettres, auoecq les leurs, en tiesmoignage de veritet.

Et de ces lettres sont faites deus dune meisme teneur, dont nous, li dame de Lens et *Ernouls*, ses fiuls, à cause de nous et pour le ditte demisielle *Sebille*, auons unes et jou, li dis sires de Montigny, pour my, à le cause de le ditte demisielle *Sebille* et ses hoirs, les autres.

Che fu fait, si que dit est, à Saint Gillain en Chielle, lan

---

(1) Probablement Guillaume de Gavre, seigneur de Stenkerque, oncle paternel de la future (Goethals, *l. cit.* XI 2°).

(2) Appelé ailleurs : Guillaume de Beausart *dit* le Bleu (voir mes notes sur la *Maison de Wavrin*, pp. 111-112, ainsi que le n° précédent).

(3) Bailli de Douai en 1353 ; lieutenant-bailli (sous le gouverneur du souverain bailliage de Lille), de 1366 à 1368.

Lui et les quatre individus qui suivent sont les hommes de loi chargés de la rédaction du contrat de mariage.

mil trois cens sissante douse, le vint et unisme jour dou mois de decembre.

> Archives départ. supplément de la chambre des comptes, carton 113, pièce 37 ; orig. auquel ont été pendus, à double queue de parchemin, les neuf premiers en cire rouge, seize sceaux, dont il ne subsiste que le 10e, celui de « Monsr de Vendegies », en cire verte, sceau armorial, à la roue.

CLIII.

Vente par Robert, chevalier, sire de Montigny-en-Ostrevant, à la ville de Douai, du droit d'extraire des pierres dans une pièce de terre située à Lewarde (1). — *1374, 5 mai.*

A tous cheulx qui ces presentes lettres verront ou orront, ROBERS, sires de Monthigny en Ostreuant, chevalier, salut. Sachent tout que nous avons vendu, ottroié et transporté, parmi le somme de trente florins dor, com dist frans royaulx, que recheu en auons, de quoy nous tenons pour bien payés, as eschieuins et six hommes de le ville de Douay, aoeulx et proflit de le dite ville, une quarantainne de nostre terre ou enuiron, seant ou terroir de Le Warde, en nostre tenance, joignant à le (2)............... que soloit tenir le dite ville de Douay, dune part et à terre le seigneur de Lalaing, dautre part, pour, depuis hores en auant, en le dite terre, par les dis de Douay ou leurs commis, fouir, fosser et heuier, tout à leur plaisir et prendre et oster pierre et admener à Douay ou là où il leur plaira, tant que pierre pourra estre trouuée en che lieu, tant seul-

---

(1) C'était, croyons-nous, en vue de la construction prochaine de notre beffroi, ce géant de grès qu'on admire encore aujourd'hui. Voir *Mém. de la Société de Douai*, Douai, 1875, in-8, 2e série, XII, 254.

(2) Quatre à cinq mots illisibles, à cause de l'usure du parchemin.

lement et sans ce que nous, ne autres de par nous, y doions, ne puissons faire ne mettre aucun empeecement ne contradition. Et si tost le dite pierre en serra ostée, revenir doit et deuera, li dite pieche de terre, à nostre heritage. Et ce que dit est avons promis et encouuent à tenir ferme et estable.

En tesmoing de ce, nous avons ces lettres seelées de nostre seel, le v° jour de may lan de grace mil ccc soixante et quatorze.

Archives municip. DD 143 (layette); orig, avec sceau en cire rouge, pendant à simple queue de parchemin; sceau armorial, au lion, l'écu penché et timbré d'un heaume. — Cf. Demay, *Flandre*, I, n° 1358.

CLIV.

Lettres de non préjudice délivrées au seigneur de Montigny par le conseil du duc de Bourgogne, au sujet de l'arrestation de deux malfaiteurs, opérée par le bailli de Douai dans le bois de Vésignon. — *Lille, 9 septembre 1395.*

Pn° filz de roy de France, etc. A touz ceulx qui ces lettres verront, salut. Comme nostre amé et feal chevalier, le seigneur de Montegny en Ostreuant, se feust complains et doluz, pardeuant reuerend pere en Dieu, leuesque d'Arras, nostre amé et feal chancelier et les gens de nostre conseil estans en nostre chambre à Lille, de ce quil dist : que, le jour de la Purification Nostre Dame derrain passé, nostre bailli de Douay, acompaignié de pluseurs noz sergens, auoit prins, en la terre et seignorie dudit seigneur de Montegny, ou bois de Vesegnon, quil tient de nous, à cause de nostre chastel de Douay, où il a toute justice haulte, moyenne et basse, deux compaignons, un nommé *Gillis de Beaussart*, briseur de pierre et un sien vallet et yceulx menez prisonniers en noz prisons de Douay, senz les vouloir rendre ou restablir, en le despointant, tourblant et empeschant en sa dite justice et seignorie indeuement, si comme il disoit, en requerant à noz diz chancelier et gens de nostre dit conseil, que des diz empeschemens et despointemens il feust reparez et restabliz en la maniere quil appartendra. A quoy, par nostre procureur, fu respondu que nostre dit bailli de Douay nestoit tenu de le reparer ou restablir audit seigneur de Montegny, pour ce que le dit *Gille* estoit banni pour la mort de feu *Jehan Croquier*, par la loy de Bethune et son dit compaignon famé et suspect de pluseurs delis et furent, par nostre dit bailli, comme souuerain de la dite terre, trouuez et prins comme dit est, auec autres raisons par lui alleguées.

Sauoir faisons que, appellés et oys, par noz diz chancelier et gens de nostre conseil, aucuns de noz officiers et autres, sur les choses dessus dites, noz diz chancellier et gens de nostre conseil ont dit et ordené que les diz exploits, faiz par nostre dit bailli de Douay et ses sergens, ne porteront aucun prejudice à icelui seigneur de Montegny, ne à sa dite justice et seignorie et que, par ce, aucun nouuel droit ou possession ne nous sera acquis, mais demeurons nous et le dit seigneur de Montegny en noz drois, comme estions parauant les diz esplois faiz.

En tesmoing de ce, nous auons fait mettre nostre scel à ces presentes.

Donné à Lille, le ix° jour de septembre lan de grace mil ccc iiij^{xx} et quinze.

Ainsi signé. Par le conseil ouquel vous estiez. DANIEL.

Archives départem. chambre des comptes, 3e registre des chartes, 1393-1399, B 1598, folio xxiij verso, avec cet intitulé : « Lettres données par Monseigneur au seigneur de Montegny en Ostreuant, que aucuns exploiz de justice, faiz en sa terre de Montegny par les genz et officiers de Monseigneur, ne portent aucun prejudice audit seigneur de Montegny, ou temps auenir. »

Une copie sur papier, à peu près de la même époque, se trouve dans le carton B 1598, pièce 13249.

CLV.

Déclaration du revenu (1) *de la terre de Montigny.* — (*Vers 1473.*)

Fredericq de Hornes, seigneur de Montigni en Obstreuans et des aultres terres et seignouries à lui appartenant, tieng de nostre tresredoubté Sr et prince, monsieur le duc de Bourgongne, à cause de son chastel de Douay, noblement et en fief dicelui Sr, ledicte terre et seignourie de Montigni.

Laquelle se comprend en chastel, village, four, mollin. Et se a, en icelle, toute justice et signourie haulte, moienne et basse, sauf le ressort es cas où il appartenra.

Item, se comprend ancoires ladite terre en prez, bos, terres ahanables, rentes dargent, de chappons, blez et auaines et peult valloir en reuenue, chacun an, en une année rapportans à laultre, ix^c liures parisis, monnoie de Flandres.

---

(1) En vertu des ordres du duc Charles le Téméraire, les fieffés de la châtellenie de Douai eurent à fournir, pour assoir les taxes militaires en hommes ou en argent, des déclarations semblables, dont un assez grand nombre sont conservées dans les portef. Flandre 129 et 130 de la chambre des comptes.

Telle déclaration est, bien entendu, distincte du relief que le vassal devait servir à son seigneur dans les quarante jours à dater de la mutation par décès ou vente, — ainsi que du dénombrement à fournir dans un autre délai de quarante jours.

Sur quoy ledit S' est chargié des redifficacions et retenages dudit chastel, maison de censes et pluiseurs aultres retenages conuenables et necessaires au bien de la chose.

Et sy est ladite terre chargiè, des le temps des predicesseurs dudit seigneur, de ij° frans de rente viagiere, chacun an, enuers messire *Jehan de Wisquette*, chevalier, jadis seigneur dEscoiues.

Tesmoing ceste declaration seignée de la main de *Jehan de Haucourt*, bailli de ladite terre.

J. DE HAUCOURT (1).

Archives départ. chambre des comptes, portef. Flandre 130 (ancien D 388), original sur papier, signé.

(1) Alors greffier civil de la ville de Douai.

SEIGNEURIE DE CANTIN [1]

CLVI.

Confirmation par Jean dit Boutier, chevalier, sire de Cantin, de l'affranchissement de la taille et de plusieurs autres charges, octroyé, en août 1259, par feu son père, Pierre de Douai, chevalier, sire de Cantin, à l'hôpital des lépreux de Douai, pour la terre des Frions, sise à Cantin. — 1289, avril.

Jou Jehans Boutiers de Cawentin, cheualiers, fius mon segneur Pieron de Douay, cheualier, ki jadis fu, faic sauoir à tous chiaus ki ches lettes verront u orront, ke jou, pour Dieu et pour le salut de mame et pour lame de men pere et de me mere et de mes anchisseurs, done, otrie et claime quite à tous jours as freres de le maison des mesiaus de Douay, toutes les mierchis, tous les reliés, toutes les coroées et toutes les tailles ke jou u mi hoir auiemes u poyemes auoir en vint et deus rasieres de terre, pau plus, pau mains, ke on apiele le terre des Frions, ke li frere de le maison deuant dite ont el terroir de Cawentin, en pluiseurs lius. De lequele terre on tient de mi quatorse rasieres de terre, pau plus, pau mains et jadis les autres wit rasieres de terre soloit on tenir de mon segneur *Hellin de Wauerin*, cheualier, ki fu [2]. Et si ai encouuent loialment

---

(1) Voir *Souvenirs de la Flandre wallonne*, 1re série, X, 5 et XI, 5. — Id. nos *Recherches sur la seigneurie de Cantin-lez-Douai*, 1065-1782; Douai, Crépin, 1871, in-8.

(2) Hellin de Wavrin, chevalier, sire de Haponlieu (voir *Une Vieille Généalogie de la maison de Wavrin*, Douai, 1877, in-8, p. 26), avait tenu à Cantin un fief qui constitua plus tard, avec d'autres domaines, la seigneurie qu'eut en ce lieu l'abbaye de Flines.

ke jou ne mi hoir ne porons, ne deuerons jamais à nul jour demander, ne auoir, ne preudre, en toute le terre deuant dite, mierchis, reliés, tailles, coroées, sieruiches, ne nule autre droiture, fors seulement justices et les enfraintures ki auenir poroient sour celi terre. Et sil auenoit chose ke li eschieuin u li home de Cawentin faisoient, en auchun tans, taille sour les homes, sour les teuans u sour les terres de Cawentin, pour locioison de mi u de mes hoirs, jou et mi hoir, se de mi estoit defalit, en deuons faire quiter de ches tailles et de tous frais les freres de le maison deuant dite et en deuons eaus et leur terre deuant nommée del tout aquiter et warandir.

Et faic encore à sauoir, ke jou ai recognut et recognois ke me sires PIERES DE DOUAY, cheualiers, mes chiers peres, ki fu, ke Dius assoille, dona, otria et clama quite perpetuelment, as freres de le maison deuant dite, toutes les mierchis, tous les reliés et toutes les tailles ke il u si hoir auoient u pooient auoir en toute le terre deuant dite, tout en autele fourme et en autel maniere com chi deuant est dit et deuiset. Et cest don et ceste quitanche fist il, as freres de le maison deuant dite, pour Dieu et en aumosne, pour le salut de same et de sen pere et de se mere et de ses anchisseurs, en lan del Incarnation Nostre Segneur, mil deus cens et chuinquante et nuef, el mois de aoust.

Et pour chou ke toutes ches choses soient bien et fermement tenues à tous jours de mi et de mes hoirs et de tous chiaus ki apries mi venront, jou ai ceste presente chartre seelée de men seel.

Ce fu fait en lan del Incarnation Nostre Segneur, mil deus cens quatre vins et noef, el moys de auril.

Archives municip. anc. layette 291; n° 194 de la *Table chronol.* de Pilate; original dont le sceau, qui pendait à des lacs de soie rouge, a disparu.

Au dos est cette mention, du commencement du XIV° siècle : « Lettre du segneur de Cantin, du relais fait as mesiaus de Douay. »

CLVII.

Vente à la ville de Douai, par Jacques d'Halluin, chevalier et Jean d'Halluin, son fils du château fort de Cantin, pour le démolir (1), *sous la réserve d'un cellier et d'un puits situés dans la cour du château. — 1379, 1ᵉʳ août.*

Approbation donnée par le comte de Flandre. — Gand, 4 août 1379.

1°

A tous ceulx qui ces presentes lettres verront ou orront, Nous JAQUES DE HALLUYN, chevaliers et JEHANS DE HALLUYN, escuiers, ses filz, salut. Sauoir faisons que nous recongnoissons et confessons, par le teneur de ces presentes, auoir vendu bien et loiaument, moiennant et parmi certain et juste pris de deniers, estassauoir le somme de mil liures, monnoie de Flandres, que nous en auons eu et receu comptant, dont nous nous sommes tenu et tenons pour content et ad plain satesfyet, à noz bien amez les escheuins, six hommes et conseil de le ville de Douay, pour et au prouffit dicelle ville, toute le pierre, quelle que elle soit, gisans et estans ou lieu, tenement et pourpris de nostre chastel de Cantin et des appartenances et appendances dicellui, tant en maconnerie, comme hors maconnerie, de fons en com-

(1) On sait que les matériaux furent employés à la construction de notre beffroi.

ble, en fossez, en murailles, en tours, en solages, en portes, edefices, closures dudit lieu et pourpris et en quelconques autre maniere, lieu ou estat que pierre y soit, ne puist estre trouuée. Reserué et mis hors, à nostre prouffit, un chelier et un puch, qui sont en le court du dit chastel. Pour le quelle pierre oster, leuer et emenener hors de nostre dit lieu et heritage, nous sommes et serons tenu de baillier lieu et widenghe parmi les chemins de toute nostre terre et juridicion que nous auons à Cantin, sauz coust et sanz frait encourre à ceulx de Douay. Dont il aront espace et tamps de le auoir widié et mise hors du dit chastel, le terme de huit ans continuelz (1), commencans au jour de le datte de ces lettres. Entendu en ce que, se, à cause de le dicte widenghe, les diz de Douay, leurs ouuriers, voituriers ou maisnies faisoient aucun damage es warisons (2) ou biens de nous ou dautre personne, quelle que elle fust, eulx le seroient tenu de rendre et restorer plainement à cellui ou à ceulx qui le damage en aroient receu. Et est assauoir que, pour fouages, empeecemens de teraulx, de mortiers, de groises ou autres choses, que les diz de Douay ou leurs ouuriers facent ou dit chastel et pourpris, pour oster et esleuer hors la dicte pierre, eulx ne seront tenu, ne ne deueront pour ce faire ent aucune reparacion ne remplage en fossés, ne en autre maniere, comment que ce soit. Et tout cestui present marquiet et vendage auons nous proumis, proumettons et auons en conuens et cascuns de nous, par no foy, à conduire, garandir, deliurer, despeechier, tenir et faire tenir et auoir

---

(1) Le 2 décembre 1385, « nobles homs Jehans de Halluwin, escuiers », dont le père était mort, accorda à la ville une prolongation de délai de dix ans. (Archives municip. DD 4.)

(2) Récoltes sur pied.

paisible, enuers tous et contre tous, as diz de Douay, à
leur procureur ou au porteur de ces lettres, ou nom que
dessus, sanz de riens aller ne faire aller contre, jamais à
nul jour. Et quand ad ce, nous en auons obligiet et submis,
obligons et submettons et cascuns de nous, en droit, en loy
et en abandon, enuers tous seigneurs et toutes justices,
nous et tous noz biens, auec les biens de noz hoirs, meubles, cateuls et heritages presens et auenir, par tout où
quil soient et poront estre trouué, à camp ou à ville. Pour,
par les dis de Douay, leur procureur ou le porteur de ces
lettres, estre pris, saisis, arrestez, justiciés et executez,
jusques au plain conduit, garand et despeecement de
tout le deuant dit marquiet et vendage hiretablement.
Et sur le quint denier que euls ou li porteres de ces
lettres, ou nom que dessus, en poroient donner à quelconque
seigneur ou justice, que mieulx leur plairoit, sur nous,
sur tous noz biens et hoirs, se nous estiemes trouué en
deffaut dudit garandissement et despeecement, en quelconque maniere ou clause que ce fust, sanz en riens le principal fait amenrir et tous as propres cousts et frais de nous,
de noz biens ou des biens de noz hoirs et successeurs.

En tesmoing de ce, nous auons ces presentes lettres scellées de noz propres seaulx, qui furent faites et données le
premier jour du mois de aoust lan de grace mil trois cens
soixante dix et neuf (1).

(1) Deux petits sceaux armoriaux pendent à double queue de parchemin. Le premier, en cire brune, montre, dans un encadrement gothique, un écu à trois lions ; la légende a presque complètement disparu par cassure. L'autre, en cire rouge, est fruste ; on y entrevoit l'écu aux trois lions, avec un lambel de trois pendants.

Halluin ou Hallewin, en la Flandre wallonne, porte : D'argent à trois lions de sable, couronnés, armés et lampassés d'or.

Au dos du parchemin, d'une écriture du XIVe siècle : « Accat de le piere de le tour de Cantin. »

2º.

Nous Loys, contes de Flandres, duc de Brabant, contes de Neuers, de Reth et sires de Malines, faisons sauoir à tous, que les lettres et tout le contenu en icelles, seelleez des seels de *Mes. Jaque de Haelwin*, chevalier et *Jehan de Haelwin*, son filz, faisans mention du vendaige quil ont fait à nos bonnes gens de nostre ville de Douay, de toutes les pierres estans ou chastel de Cantin, ainsi que plus à plain est contenu es dites lettres, parmi les quelles nos presentes sont infixeez, nous auons loé, greé, accordé et confirmé et, par cez lettres, loons, greons, accordons et confermons, tant que à nous touche et puet touchier. Et saucun droit à nous puet ou doit appartenir, à cause dudit vendaige, nous le quittons, de grace especial, se mestiers est, sauf le droit dautrui.

Donné à Gand, soubs nostre seel, le iiij jour daoust lan de grace m. ccc. soissante dys et noef.

Par Mons. de bouche, present *Gille du Castel*.

JOSSE (1).

Archives municip. DD 4 (layette).

(1) Les lettres du comte sont fixées aux précédentes par une attache en parchemin, au bas de laquelle pend un fragment du sceau de ce prince, en cire jaune ; c'est le scel aux causes décrit par M. Demay au n° 183 de son *Invent. des sceaux de la Flandre*.

SEIGNEURIE D'ESTRÉES [1]

CLVIII.

Autorisation du duc Jean Sans-Peur de rétablir, aux Wastines [2] et à Estrées, des confréries d'arbalétriers et d'archers, accordée à la sollicitation du seigneur de ces lieux, Roland du Chastel de La Houardrie, chevalier, dont le père avait trouvé, de son vivant, de semblables confréries en cœxercice. — Douai, 16 juillet 1405.

1°

Lettres de la confrarie darbalestriers, ottroiée es villes de Watignes et dEstrées, jusques au nombre de iiij^{xx} personnes, en et par la fourme, condicion et maniere declairés es dites lettres cy dessoubz.

Jehan, duc de Bourgoingne, conte de Flandres, dArtois et de Bourgoingne, palatin, seigneur de Salins et de Malines. A tous ceulx qui ces presentes lettres verront, salut. Sauoir faisons nous auoir receue lumble supplicacion de nostre amé et feal chevalier, messire *Rolland de La Houarderie*, seigneur de Watignes et dEstrées, contenant que, comme esdiz lieux de Watignes et dEstrées, en nostre chastellenie de Douay, dont ledit suppliant est seigneur, du

---

[1] Cette terre fut érigée en comté par le roi d'Espagne en 1623, au profit d'une branche de la famille d'Ongnies. Nous n'avons pu découvrir les lettres d'érection, qui du reste n'ont point été enregistrées à la chambre des comptes de Lille. Elles ne semblent pas non plus l'avoir été au conseil d'Artois; peut-être furent-elles enregistrées à Bruxelles.

[2] Les Wastines, à Cappelle en Pévele (arrond. de Lille). La seigneurie des Wastines, qui mouvait du château de Douai, a eu longtemps les mêmes seigneurs qu'Estrées.

viuant de feu son pere, eust esté acoustumé dauoir confrarie darbalestriers, laquelle, depuis le trespas dicellui feu son pere, soit adnichillée et à present mise au neant. Et il soit ainsi que ledit suppliant, qui volentiers remettroit sus ladite confrarie, nous ait fait remonstrer que, sil auoit une confrarie darbalestriers esdiz lieux, iceulx en seroient plus aisiement et seurement deffenduz, gardez et garentiz à lencontre de noz ennemis, saucuns venoient en icelle nostre chastellenie de Douay (que ja nauiengne), en nous humblement suppliant et requerant de nostre grace et licence sur ce.

Pourquoy nous, oye la relacion daucuns des gens de nostre conseil et autres, par lesquelz auons trouué que par ce pourrons dudit suppliant, ou temps auenir, mieulx et plus puissaument estre seruiz et aussi desdiz arbalestriers. Aians regard au bien, utilité euident, seurté et deffense desdiz lieux de Watignes et dEstrées, à icellui suppliant auons ottroié et ottroions, par ces presentes, de grace especial, quil puisse de nouuel remettre sus, faire et soustenir une confrarie darbalestriers, gens paisibles, de bonne renommée, ydoines et souffisans de maintenir le fait et jeu de ladite arbaleste, esdiz lieux, jusques au nombre de quatre vins personnes. Ausquelx arbalestriers auons ottroié et ottroions, par ces presentes, quilz puissent et leur soit loisible de aler et porter leurs armeures et harnois conuenables, toutes et quantesfois quil leur plaira, ensemble ou chacun à par soy, paisiblement et sans contredit ou empeschement aucuns, en et parmi noz chastellenies de Lille, Douay et dOrchies et conté de Flandres, à heure deue, sans pour ce mesfaire à personne quelconque. Et porter avec eulx deux viretons et trois ou quatre vires, pour lesbatement dudit arbaleste, tant seulement. Parmi ce que lesdiz arbalestriers seront tenuz de faire serement es mains de nostre gouuerneur de Lille et de Douay, lequel, quant à ce, nous auons commiz et deputé, commettons et deputons, par ces presentes, à le receuoir deulx, de nous seruir bien et loyaulment, toutesfoiz quilz en seront requis de par nous, par tous les lieux et places quil nous plaira les mener ou faire conduire, dont nous les ferons contenter raisonnablement. Et ainsi seront tenus de y aler et estre bien armez et habillez, comme à arbalestriers appartient et doit appartenir. Cest assauoir : chacun desdits arbalestriers aura et sera tenuz de auoir et porter deux arbalestes, baudriers, engins et quatre douzaines de trait bon et souffisant, comme dit est. Et ny seront aucuns receuz, se ilz ne sceuent bien jouer de ladite arbaleste. Et en oultre deulx monstrer, toutes les fois que requiz en seront, pardeuant nostre dit gouuerneur ou son lieutenant à Douay et illec faire enregistrer leurs noms et surnoms. Et saucun ou aucuns deulx estoient trouuez defaillans dauoir et faire les choses dessusdites, ilz nous paieront, pour chacune fois, la somme de soixante solz parisis, monnoie de nostre dit pais de Flandres. Pourueu que lesdiz arbalestriers ne pourront faire aucunes assemblées en deducasses, nopces ne ailleurs, se ce nest pour donner pris les uns aux autres, ne faire aucune liurée (1) que de chaperons seulement et que ce soit fait par le congié et ordonnance de nostre dit gouuerneur ou de soudit lieutenant. Tant quil nous plaira.

Si donnons en mandement à icellui nostre gouuerneur de Lille.....

Donn. en nostre ville de Douay, le xvj° jour de juillet lan de grace mil quatre cens et cinq.....

(1) Un uniforme.

2°

Lettres de confrairie darchiers es dites villes.

Jehan..... [comme ci-dessus] confrarie darchiers..., souffisans de maintenir le fait du jeu de larc à main, esdiz lieux, jusques au nombre de quarante personnes..... Et porter avec eulx des vires et deux ou trois fleches, pour lesbatement dudit arc à main..... Cet assauoir : chacun desdits archiers aura et sera tenuz dauoir et porter deux ars et quatre douzaines de fleches bonnes et souffisans.....

<small>Archives départ. chambre des comptes, 5e reg. des chartes, folios xxv verso et xxvj recto.</small>

CLIX.

Procuration du seigneur de Bruyelle, donnée à Jean des Wastines dit Wastinois, écuyer et à son bailli des Wastines et d'Estrées, pour réaliser, devant son maïeur et ses « hommes cottiers » d'Estrées, la vente qu'il a faite, à la confrérie des Écoliers de Paris, d'une pièce de terre, sise près du château d'Estrées et amortie au profit de cette confrérie. — 1427, 9 octobre (1).

A tous ceulx qui ces presentes lettres verront ou orront, Jehan, seigneur de Bruielle, des Wastines et dEstreez, chevalier, salut. Sacent tout que je, pour moy et en mon nom, ay fait, constitué et establi et, par ces presentes, fay, constitue et establis mes procureurs generalx et mesages

<small>(1) Ce pouvoir est inséré dans l'acte en chirographe reçu le 11 du même mois par le maïeur, Jacquemart Le Fevre et cinq « hommes cottiers de hault et noble Monsr Jehan, seigneur de Bruielle, des Wastines et dEstreez, en sa terre et juridiction quil a en ladite ville dEstreez ».</small>

especiaulx, est assavoir : *Jehan des Wastines* dit *Wastinoiz*, escuyer (1) et *Guillaume de Bethune*, mon bailli en mesdites terres des Wastines et dEstreez, ausquelx mes procureurs dessus nommez, à chacun deux ou à lun deux portans cez lettres, je ay donné et donne, par ces presentes, plain pooir, auctorité et mandement especial de estre et comparoir, pour moy et en mon nom, pardeuant tous juges et seigneurs, de quelques estat quilz soient et de toutes mes causes, querelles et besongnes meues et à mouuoir, tant en demandant, comme en deffendant, poursuir et deffendre. Et par especial je ay donné et donne, par ces presentes, à mesdiz procureurs et à chacun deux portant cez lettres, comme dessus est dit, pouoir, auctorité et mandement de aller et comparoir, pour moy et en mon nom, pardeuant mon maieur et hommes cottiers jugans en ma court au dit lieu dEstreez et illec, en le presence de mon dit maieur et hommes, recongnoistre que jay vendu, quitié et werpi bien et loialment, à tous jours heritablement, le terre et heritage qui ci aprez sensuit par declaration, cest assavoir: à venerables et discrepz, maistre *Simon Bante*, doyen et canoine de leglise Saint Pierre dudit Douay, *Jehan de Bruille*, bourgois et clerc des eschevins de ladite ville et *Adrieu Le Compte*, comme confreres, procureurs, gouuerneurs et administrateurs de le confrarie de Nostre Dame con dist des escolliers de Paris, pour, ou nom et au proufit dicelle confrarie, pour atribuer à laugmentation du seruice diuin qui se fet, cascune sepmaine de lan, en leglise parrochial de Nostre Dame dicelle ville, al honneur et reuerence del tresglorieuse vierge Marie, chincq rasieres de terre ou enuiron,

---

(1) Seul comparant à l'acte du 11 : « nobles homs, Jehan des Wastines dit Wastinoiz, escuyer ».— En 1431, il est qualifié de seigneur de Roupy; voir n° CXCVIII.

gisans, en une piece, desoubx et assez prez de mon chastel et forteresse dudit lieu d'Estreez, joingnans à iiij rasieres *Jehan Le Brun* dit *Hauard* (1), bourgois de Douay, dune part et à chincq rasieres des enffans *Jehan Locri*, dautre part et à xvj rasieres des religieux de Marchiennes, dautre. Qui doiuent de rente par an, cascune rasiere dicelle terre, à *Jehan du Hem*, escuyer, à cause de (2) dame *Maguerite Pourcel*, sa femme, quatre deniers parisis, monnoie de Flandres. Moyennant et parmi lequel vendange et transport, lesdiz accateurs, ou nom desdiz confreres, sont tenus de moy rendre et payer, pour le vente et amortissement dicelles chincq rasieres de terre, la somme de cent frans, xxiiij gros, monnoie de Flandres, pour cascun francq, parmy ausi et à le querque de ung denier parisis de rente heritiere, monnoie dite, que moy, mes hoirs et successeurs arons et prenderons, cascun an, heritablement et à tous jours, sour toutes les chinq rasieres de terre, pour tous autres seruices et redeuances, à cause de ce que je leur ay amorti ladite terre, par noz autres lettres données en las de soye et scelleez de mon seel (3).

Pour de toutes les chincq rasieres de terre dessus dites joir et possesser par lesdiz acateurs, confreres, confrarie et aians cause, à tous jours heritablement, à le querque des rentes ci dessus declareez et de icelles chincq rasieres de terre rapporter, par rain et par baston, en le main de mon dit mayeur et en le presence de mes diz hommes et men dessaisir, desuestir et desheriter, pour my et pour mes

---

(1) Le premier des « hommes cottiers » de la seigneurie d'Estrées, qui reçurent l'acte du 11 octobre 1427.

(2) Dans l'acte du 11 : « ma dame de Fremicourt ».

(3) Ces lettres d'amortissement n'ont point été conservées dans le fonds des Clercs parisiens.

hoirs, sans y riens retenir, fors la justice et seigneurie, auec ung denier de rente sour lesdites chincq rasieres de terre, tant seulement et de faire toutes les solennitez que en tel caz est acoustumé de faire.

De greer, consentir et acorder que ledit maistre *Simon Bante*, doyen, lun desdiz acateurs, ou autres desdiz confreres, soient de toutes lesdites chincq rasieres de terre dessus dites, par moy vendues, par men dit maieur, au jugement de mes diz hommes, saisis, vestis et aheritez souflisamment et à loy, pour en goir par lesdiz confreres et confrarie de Nostre Dame, acateurs, ou leur command, leurs successeurs et aians cause, depuis la en auant, à tous jours heritablement, comme de leur boin et propre heritage, à le querque desdites rentes. De recepuoir, pour moy et en men nom, ladite somme de cent frans, à moy deuwe pour ledit vendage et amortissement et de ce qui receu en sera baillier et faire quitance vaillable et souflisant de icelli marchié et vendage, pour moy et en men nom, promettre à conduire et garandir ausdiz accateurs, confreres, confrarie, leurs successeurs et aians cause, de tous empechemens quelconques qui y poroient estre trouuez hores ou en tampz aduenir, autres que lesdites rentes dessus declareez, enuers tous et contre tous et ad ce oblegier mes biens et heritages, pour executer par tous seigneurs et justices. Et generalment de faire et dire, recongnoistre es choses dessus dites, pour moy et en men nom, tout ce entirement que à boin et loyal werp et transport de heritage appartient à faire et que recongnoistre, dire et faire porroie, se presens y estoie en ma propre personne, ja fust il que le chose requisist mandement plus especial.

Si promes et ay encouuent par la foy de mon corps et

par lobligation de tous mes biens et heritages presens et futurs, pour executer, se mestiers est, par tous seigneurs et justices, à tenir et auoir pour ferme et estable à tous jours tout ce que par mesdiz procureurs ou lun deulx, portant cez lettres, sera fait, recongneu, passé, procuré et receu es choses dessus dites, sans jamais, à nul jour, aller au contraire.

En tesmoing de ce, jay mis et appendu mon seel (1) à cez presentes lettres, qui furent faites et données le ixe jour du moiz doctobre lan de grace mil cccc et xxvij.

Archives municip. GG, Clercs parisiens.

(1) D'après le chirographe du 11 : « le seel dudit seigneur dEstreez, en chire vermeille et queuwe pendant ».

SEIGNEURIE

DE

MARQUETTE-EN-OSTREVANT

CLX.

Sentence de la cour féodale de Douai, rendue après une enquête et terminant un procès entre le chapitre de Sainte-Croix de Cambrai et Adam de Beaudegnies (seigneur de Marquette), au sujet de leurs juridictions respectives à Marquette. — 1273 (vieux style), 10 mars.

Sacent tout cil ki sont et ki auenir sont, ke debas fu entre les signeurs de Sainte Crois de Cambray, dune part et *Adan de Biaudignies*, dautre part, dendroit ostes et tenans ke li signeur de Sainte Crois deuant nomet ont à Markete, sour les ques ostes et tenans *Adans de Biaudignies* disoit kil i auoit le signerie et le justice et li signeur le debatoient. Sour co, li signeur deuant dit et *Adans de Biaudignies*, deuant només, sen misent en mise sour nobles homes : mon signeur *Wion de Montigni*, mon signeur JEHAN DE HAMIEL (1) et sour le baillius de Douay. Et deuoient li miseur deuant dit enquere coui drois cestoit et lenquisent bien et loiaument et furent li tiesmoignage mis en escrit et li enqueste saelée dou saiel mon signeur JEHAN DE HAMIEL et fu li enqueste ouierte pardeuant les homes me dame, en le court à Douay. Et dist *Robiers d'Astices*, baillius de Douay à ce tans, par le

---

(1) Gentilhomme issu de la maison de Douai et auteur présumé de la branche de Tortequesne d'Hamel.

consel des homes me dame ki lenqueste auoient oit lire pardeuant aus, ke *Adans* nauoit nulle justice ne nulle signerie sour les ostes ne sour le tenement les signeurs de Sainte Crois et ke *Adans* en laissast goir pasiulement les signeurs deuant dis.

A co dit dire, furent home me dame : me sire *Gilles de Biaudignies, Oliuiers Petis Dieus, Tiebaus de Le Vincourt,* ki fu ballius de Douay et de Lille, *Bauduins de Douay,* sierjans me dame, li maires de Coustices, *Mikieus dou Rius, Jehans dou Ais, Belins Pietdargent, Bauduins de Roucourt, Bouriaus de Vesignon, Jakemes de Markete, Jehans de Raisse, Gilles de Ruesne, Waticrs Pilate* de Remi et *Willaumes do Mes.* Tout chist deuant nomet sont home de fief me dame le contesse de Flandres et de Hainau. Et sapielerent chist home deuant nomet et li miseur, à leur consel, mon signeur *Nich. de Lalaig,* ceualier et mon signeur *Grart de Wasnes,* ceualier. Et fu procureres les signeurs de Sainte Crois deuant dis me sire *Jehan Li Panelier,* can. (1) de Sainte Crois.

Et pour co ke ce soit ferme cose et estaule, jou *Wis,* ceualiers, sires de Montigni, jou JEHANS, ceualiers, sires de Hamiel et jou *Robiers dAstices,* baillius de Douay, auons ces presentes lettres saelées de nos saiaus.

Ce fu fait en lan del Incarnation Nostre Signeur mil cc lxx iij, el mois de marc, le dieus apries le Saint Grigore.

<blockquote>
Archives départ. fonds de Sainte-Croix de Cambrai, 3e carton, 1250-1279; orig. avec les débris de trois sceaux pendant à double queue de parchemin; le premier, en cire brune, du sire de Montigny (Cf. Demay, *Flandre,* I, n° 1351); le 2e, en cire blanche, armorial, au chef d'hermines, brisé d'un bâton en bande brochant et d'une bordure; restes de la légende : ... .AN. DE. H..... et le 3e, en cire brune, armorial, parti d'un lion et de trois fasces chargées de tourteaux ?
</blockquote>

(1) Chanoine.

CLXI.

Déclaration du revenu de la terre de Marquette, faite par le seigneur au bailli de Douai. — 1473 (vieux style), 5 février.

Cest le declaration que jo JACQUES DE MARQUETTE, chevalier, seigneur de Marquette, fay et baille, à Monsr le bailli de Douay, du fief, ville, terre et seignourie de Marquette en Obstreuant, que je tieng de mon tresredoubté sire et prince, Monsr le duc de Bourgongne, conte de Flandres, à cause de son chastel de Douay, à dix liures de relief à le mort del heritier et le dix^e denier à le vente. Lequel fief se comprent es parties et ainsy quil sensieult.

Primes. Ledit fief et seignourie se comprent en lostel du seigneur, auec en une maison et deux aultres amasée de grange, porte, marescauchies et autres ediffices, contenant, parmi gardin et terres ahanables, xxvij m. de terres ahanables, qui sont à trois royes, dont on rend, chacun an, xxxiiij m. de blé.

Item, appartiennent audit fief xij m. dauaine de rentes seignouraulx, chacun an, sur pluiseurs heritages, lieux et tenemens qui sont mouuans et tenus dudit fief et seignourie de Marquette.

Item, en rentes de bled, cappons et argent, chacun an : l liures.

Item, en prez, bos et sauchois, chacun an : l liures.

Item, y a ung droit de terrage sur aucunes terres seans oudit terroir de Marquette, qui poelt valloir, chacun an : iiij liures.

Item, ay, à cause de mondit fief et seignourie, justice telle que à viscontier appartient.

Sur quoy ledit fief est chargié, chacun an, enuers le vesue feu *Jehan de Boubaix*, en le somme de xxxiij livres x sols de rente viagiere, chacun an.

Et se fault paier, pour gaiges de bailli, mayeur, recepueur, procureur et autres officiers, chacun an, la somme de xxiiij liures et, pour fondation daucuns obys et entretenement du luminaire de leglise de Marquette, chacun an, viij liures de Flandres.

Tesmoing mon seing manuel, cy mis le ve de feurier an lxxiij.

JAQUE Sr DE MARQUETTES ET C{a}

Archives départ. chambre des comptes, portef. Flandre 130 (ancien D 388); original signé, sur papier, avec une « copie de copie » délivrée en 1619.

CLXII.

Don par les Archiducs, souverains des Pays-Bas espagnols, à Joachim d'Enzenhear, de la seigneurie de Marquette, confisquée sur la famille de Hertaing. — *Bruxelles, 12 juillet 1603* (1).

ALBERT et ISABEL CLARA EUGENIA, infante d'Espagne, par la grace de Dieu, archiducqs d'Austrice.....

Considerans les longs, fidelz et aggreables seruices que nostre bien amé *Joachim dEnzenhear*, garde joyaulx et ayde de chambre de nous archiducq, a faict et rendu, tant à feu de treshaulte memoire, le roy *Ph{le}*, deuxiesmo de ce nom, nostre treshonnoré Sr et pere, que Dieu absolue, que à nous, en pluisieurs et diuerses manieres.....

(1) Dans le compte du bailli de Douai pour 1602-1603, on voit que le donataire avait en outre obtenu des Archiducs, par lettres patentes du 16 janvier 1604, la remise du droit seigneurial dû à l'occasion de cette donation.

'Audict *Joachim d'Enzenhear*.... donnons.... la terre et seigneurie de Marquette en Osteruant, la seigneurie viscontiere d'icelle, les cens et rentes, tant en auaine, grain, plumes, que aultres especes, terraige sur aulcunes terres, eschoites de bastards, de homicides, de droictz seigneuriaulx, des reliefz, droict de four, qu'est de dix huict deniers de chacune personne demeurant sur ladicte seigneurie, par an, de ceulx eaigez de quinze ans, doibz qu'ilz ont attaint l'eaige de sept ans et non deuant. Ensamble le nombre de cent quatre vingtz dix neuf [199] razieres deux coupes trois careaulx de terre, en pluisieurs pieches. Item, aultres cent cincquante cincq rasieres [155] trois couppes et trois quarantiennes de terre labourable et huict rasieres de prairies et toute aultre chose y appertenante et deppendante. Ainsi que le tout a esté possedé par feu *Guillame de Hertaing*, en son viuant S^r dudict Marcquette et selon que le tout est plus particulierement speciffié par le denombrement que dame *Franchoise des Bouchieres*, vefue de feu *Jehan de Coroube*, en bailla, le premier jour de septembre mil cincq cens soixante neuf [1569]. Et comme ladicte terre et seigneurie nous a esté adjugée par sentence de nostre conseil en Flandres, le vingt uniesme de juillet seize cens [1600] et par aultre de nostre grand conseil, rendue le septiesme de ce mois, entre *Jehan de Hertaing*, Sr de Viuier [du Vivier], d'une part et noz fiscaulx, d'aultre.

Pour, par ledit *Joachim d'Enzenhear*, ses hoirs, successeurs ou ayans cause, en joyr et possesser, depuis l'an seize cens ung [1601] en auant, heritablement et à tousjours...

A charge.... de tenir le tout, en deux fiefz, de nous et de nostre chasteau de Douay, comme ladite dame *Françoise* l'a releué de feu ledit Sr Roy.

Promectans, en parolles de princes, pour nous, noz hoirs, contes et contesses de Flandres, S⁶ et dames de Lille, Douay et Orchies, entretenir et faire valoir ceste nostre presente grace, don, cession et transport, sans y contrevenir directement ou indirectement en maniere quelconcque, nonobstant toutes ordonnances, mandemens ou restrinctions à ce contraires...

Archives départ. chambre des comptes de Lille, 43ᵉ reg. des chartes, folio ij^c ij verso; enregistrement du 25 septembre 1603.

CLXIII.

Vente de la seigneurie de Marquette par Daniel de Hertaing, seigneur de Marquette, lieutenant général de la cavalerie des états des Provinces-Unies, au profit de don Joachim d'Enzenhear, seigneur de Marquette, garde des joyaux de l'Archiduc. — Valenciennes, 31 mars 1610(1).

A tous ceulx quy ces presentes lettres verront. Dom JEAN DE ROBLES, comte d'Annappes, baron de Billy, S^r d'Escou, etc. gouuerneur et capitaine general des villes et chastellenies de Lille, Douay et Orchies. Salut. Scauoir faisons que, pardeuant *Toussainct Dupret* et *Pierre Dupret*, auditeurs par nous commis à ce ouir, comparut en sa personne noble Sr *Daniel de Hertaing*, Sr de Marcquette, lieutenant general de la cauaillerie des estatz des Prouinces Unies, estant presentement en la ville de Vallenchiennes.

(1) Par décret rendu le 27 août 1615 au grand conseil de Malines, le retrait de la seigneurie de Marquette fut adjugé à Pierre de Boubais, écuyer, seigneur des Wastines, comme fils de feu Françoise de Hertaing (mariée à Adolphe de Boubais), tante du vendeur de 1610. — Archives municip. reg. aux plaids du bailliage, 1613-1626, f. 25.

Lequel, tant en son nom, que comme procureur especial, suffissamment fondé, de noble homme *Guillaume de Zoete* de Haultain, admiral de Zelande et de madame *Olympe de Hertain*, sa compaigne, fondé de pooir procuratoir par lettres données des bourgmestres, escheuins et consaulx de la ville de Mildelbourg en Zelande, dattées du xxij° de feburier de cest ans seize cens dix. Et aussy en quallité de procureur especial de Da¹¹° *Lucresse de Hertain* (1), fille à marier (lesdictes dame *Olympe* et Da¹¹° *Lucresse de Hertaing*, sœurs dudict S'), pareillement fondée de pooir procuratoir par aultres lettres données des escheuins et magistratz de la ville et ducé de Cambray, le xxix° jour de ce mois de mars seize cens dix. Lequel S', esdicts noms, recognut, pour son prouffict apparant et des susnommées, ses beaufrere et sœurs, moiennant la somme de trois mil florins carolus de vingt pattars piece, tant pour les vins, que mediateurs du marchiet cy apres touché, à en disposer par l'acheteur, ainsy que bon luy samblera et à son plaisir et volunté et, pour les deniers principaulx du susdict marchiet, la somme de trente mil florins carolus dudict pris, que ledict S' at confessé et confesse auoir receu comptant du S' don *Joachin Dencenhaer*, S' de Marcquette, garde joyau de Son Alteze SS. dont icelluy S' comparant s'est contenté, auoir, ad ceste cause, vendu, quicté et werpy bien et leallement, sans fraulde, audict S' don *Joachin*, toutte la terre et S'¹° de Marcquette en Oostreuent, dict le Grand Faruacque, auecq touttes les appertenauces et dependances d'icelle, tenue de leursdictes Altezes SS. à cause de leur chastel de Douay, sans aucune chose y reser-

(1) Epousa Michel de Buissy, chevalier, seigneur de Louez, demeurant en Cité-lez-Arras, qui en 1621 fit le retrait de Marquette et qui vendit cette seigneurie en 1624.

ver, excepter ne retenir et tout ainsy qu'en ont parcideuant jouy, usé et possessé les predecesseurs d'icelluy S^r comparant et sans aulcunes charges de douaire, quind ny portion de quind. Consistant ladicte terre et S^{rie} en trois cens cincquante sept razieres de terres à laboeurs. Item, dix razieres de prairies ou enuiron, de present remises à laboeur. Auecq en plusieurs rentes fonssieres et S^{rialles}, tant en chappons, pouilles, grains, que argent et le four bannier. Et de laquelle terre et S^{rie} sont aussy tenus et mouuansvingt trois arrieres fiefz, chargez de reliefz et le dixiesme denier à la vente, don ou transport.

Pour de tout en jouir et paisiblement possesser par icelluy S^r don *Joachin* et par ses hoirs et ayans causes, depuis ce jourdhuy en auant, heritablement et à tousjours, à la charge de telz droix de reliefz, seruitudes et anchiennes redebuances que ladicte terre et S^{rie} poeult debuoir, enssamble de la somme de unze mil huict cens septante cinq florins de deniers capitaulx, courans à rente heritiere, au foeur du denier vingt, en quoy ladicte terre et S^{rie} est affectée et hipotecquée, au prouffict de diuerses personnes, reuenant le tout, en cours annuel, à la somme de cincq cens nonante trois florins quinze pattars. Si comme : deux cens huict florins quinz' pattars, au prouffict du Sr de Bercus (1), à cause de dame *Margueritte de Boubaix*, sa compaigne. Item, cent cincquante cinq florins, aussy au prouffict d'icelluy Sr de Berchus, à la cause dicte. Item, aultre somme de cent quinze florins, au prouffict de ladicte Da^{le} *Lucresse de Hertaing*. Et aultres cent quinze florins, au proffict des heritiers de feu le Sr du Vivier (2). Le tout, par chacun an,

---

(1) Jacques de Tenremonde, chevalier. Sa femme était fille d'Adolphe de Boubais, écuyer, seigneur d'Anvain et de Françoise de Hertaing. (*Souvenirs de la Fl. wallonne*, 1e série, X, 81.)

(2) Jean de Hertaing, écuyer.

au rachapt dudict denier vingt. Lesquelles rentes sont, depuis ce jourdhuy, à la charge d'icelluy S' dom *Joachim*. Promettant par ledict S' comparant vendeur descharger tous cours et arrieraiges en escheuz jusques cedict jourdhuy. A charge aussy des parfaictz des baulx de censse qu'en at faict et passé ledict S', au prouffict de *Jean de Macquignies, Bettremieulx Drappier* et *Honoré de Bertrancourt*. Ayant ledict S' vendeur conditionné par expres, que, aduenant que ladicte rente de cent quinze florins, vers les susdicts heritiers d'iceluy S' du Viuier, fut estainte ou aultrement adnullée, en tout ou partie, que en ce cas ledict S' comparant aura à son prouffict ce que porra reuenir de ladicte rente et principaulx deniers d'icelle.

Et sy at aussy le susdict S' comparant faict apparoir aux auditeurs soubsignez de certaines aultres lettres faictes et passées pardeuant les bourgmestres, eschenins et regens de La Haye, au comté d'Hollande, en datte du quinziesme de feburier seize cens dix, par lequel appert madame *Anne de Licuin*, vefue de feu le S' *Guillaume de Hertaing*, en son viuant S' dudict Marcquette, gouuerneur de Berghes sur le Zoom, mere dudict S', auoir aussy donné pooir absolut audict S' de vendre et ceder tous et chacuns droix et actions qu'elle auoit, à cause de son douaire et aultrement, sur les biens dudict feu son mary. Comme de mesme at ledict S' faict apparoir d'aultre acte donné par les estatz generaux des Prouinces Unies, à La Haye en Holande, le quinziesme de feburier seize cens dix, paraphé : *Bichman vidit*, signé : Par ordonnance : *Aerssens*, pour le regard dû pooir et auctorité, à luy donné par lesdicts S" des estatz, de vendre et adenierer les biens des enffans de feu dame *Anne de Hertaing*, aussy soeur dudict S', en son temps alliée au S' *Ladmoral van der Noot*, S' de Risoir, aussy decedé.

Promettant au surplus par ledict S' vendeur ladicte vente tenir et entretenir, mesmes la conduire et garandir vers et contre tous......

Domicile esleu au chastel de Douay......

Il at donné et donne pooir de, en son nom, aller et comparoir pardeuant messieurs les bailly et hommes de fiefz de leursdictes Altezes, au chastel de Douay et, en jugement ou dehors, soy dessaisir et desheriter, en sondict nom et en quallitez que dessus, de la susdicte terre et S^{rie} et accorder l'adheritance reelle, fonssiere et proprietaire en estre baillée audict S' don *Joachim*, ses agens ou procureurs, le tout aux despens d'icelluy S' dom *Joachim*....

Ayant tout ce que dessus esté accepté, pour et au nom du susdict S' dom *Joachim*, par le S' *Jacques Dauarenis*, alfere de la garnison ordinaire de Bouchain, à ces fins comparant et fondé de pooir donné dudict S', en la ville de Bruxelles, pardevant *Michiel Morissens*, nottaire et tabellion publicque, le vingt sixiesme de ce mois....

En tesmoing de verité, auons, à la relation desdicts auditeurs, faict seeller cestes du seel du souuerain bailliaige desdictes villes. Quy furent faictes et passées en la ville de Valenchiennes, le dernier de mars seize cens dix.

G. DESPRETZ.

Archives du greffe de la cour d'appel, fonds de la gouvernance de Douai, liasse de dénombrements et de titres divers; grosse en parchemin, expédiée par le greffier de la gouvernance, en vertu d'une ordonnance du lieutenant, y annexée, du 8 mar 1640; les sceaux perdus.

FIEF du VINAGE de LÉCLUSE (1)

CLXIV.

Tarif du droit de passage sur la chaussée de Lécluse.
(*Vers 1280.*)

Cest li winages de Lescluse.

Li roi, li conte, li duc, li clerc (2), les contesses, les duskesses ne doiuent nient de winaige (3).

Ch[evalie]r, esquier, clerc et toute maniere de gent, quel quil soient, doiuent de leur markandise, sil markandent.

Item, une carete wide doit ij douisiens.

Item, uns cars wis, iiij douisiens.

Et si li karete est kerkiié, u li cars, de blé, dauainne, de pois, de feues, de tous grains con mengue, il ne doit nient.

Une karete kerkiié de quoi que chou soit doit iiij douisiens.

Uns cars kerkis de quoi que chou soit doit viij douisiens.

Cascune brouete wide doit j douisien.

Et sele li brouete est kerkiié de quoi que chou soit, doit ij douisiens.

Cascune bons (4), cascuns paniers, que on porte à col, sil est wis, doit une maille douisienne.

Et sil est kerkiers de quoi que chou soit, doit j douisien.

---

(1) Cf. *Châtelains*, II, 831-833.
(2) Ajouté au XVe siècle : « parisien ». — Les clercs sont omis sur le tarif de 1574, ci-après cité.
(3) Id. « Tout clerc marcant doiuent de leur marchandise. »
(4) *Banse*, en patois wallon : panier d'osier.

Uns keuaus à sonme, u à bast, ou à fardel, doit iiij douisiens.

Et saukuns keuaus passe sans frain et sans sele, sil ne va en ost ou en cheuauciié, doit j douisien.

Item, que se li carete, u li cars, u li brouete, ou li keuaus, ou li bons, u li paniers, ou li fardiaus sont kerkiet des choses qui chi sont dites et nommées, il doiuent cascuns à se quantité, ensi que deseure est dit.

Item, sil sont kerkiet de dras, de toiles, de tiretainnes, de lainnes, de boure, de quircs à conréer (1), de waide, de waude, de waidele, de waranche, de bresil, dalun, de fer dachier, de plonc, de carbon de terre, de cire, de sieu, de toute craisse, de miel, de vin, de roisins, de figes, de voirre, de poires dangoisse ou de cailloy, de herens, de sel, de pisson de mer.

Item, uns fardiaus à col, sil est cordés, il doit ij douisiens.

Et sil nest cordés, il doit j douisien.

Lainne con porte à col, en sac u autrement, sil y a piere (2) ou plus, doit ij douisiens.

Et sil y a mains de piere, j douisien.

Item, se merciers passe qui porthe panier, il doit maille douisienne.

Et sil porte à wige, il doit j douisien.

Et saucuns passe qui porte faus, il doit j douisien.

Et sil porte espées markandes, il doit j douisien.

Et sil porte dautoire, bekime, bernagoe, hef dont on heue, ais, cascune piece doit maille douisienne.

Uns piauceliers qui passe doit j douisien.

---

(1) Cuirs à tanner.
(2) Tarif de 1574 : « Pierre de pesart ».

Item, saucuns u aucune mainne vakes, boes u genices, cascune beste doit j douisien.

Item, brebis, mouton, aigniel et pourcel, ane, mullet, quieures et bouc, enes, cascune de ces bestes doit maille douisienne.

Cascune huce doit iiij douisiens.

Cascune keute doit iiij douisiens, soit de boure, soit de plume.

Cascuns andiers, iij douisiens.
Toutes bestes qui alaitent ne doiuent nient.
Item, uns pos de keuure doit iij douisiens.
Uns pos lauoirs doit iij douisiens.
Uns feriens, sil est loiiés, doit j douisien.
Et sil nest loiiés, maille douisienne.
Une caudiere et uns cauderons loiiet, j douisien.
Sil sont desloiiet, maille douisienne.
Une paiele loiié, j douisien.
Et se ele est desolié, maille douisienne.
Uns bacins loiés, un douisien.
Et sil est desloiiés, maille douisienne.

Item, saucuns bourgois de le vile (1) mainne à voiture quoi que chou soit, il doit winage.

Et ce winaige, ensi con il est dis, doit on aporter à le maison celui qui le tient.

Jakes li Carliers de Lescluse a tenu cest winaige xviij ans et *Amourris*, vj ans et *Jakemes li Was*, vj ans, à tel us et à tel maniance con deseure est dit.

(1) Sous entendu: « de Lescluse ».

Archives de la Société académique d'agr. des sciences et des arts, centrale du départ. du Nord, séant à Douai ; titres et copies de titres provenant du conseiller Minart ; original sur parchemin. — Il y est joint un autre titre, également sur parchemin, du 5 mai 1574, signé : « J. Sauary », greffier des échevins de Lécluse et contenant « la declaration et parties de marchandises quy doibuent vinaige à Lescluze, lequel se recœulliera ainsy que cy apres sera declaré, suiuant la restriction faicte par messieurs les escheuins dudit lieu, en enssuiuant la donnation faicte [en 1528] dudit droict, au prouffit des pourès dudit Lescluzé, par Robert du Hem, en son viuant escuier », lequel « winaige » était « demouré » pour trois ans, commençant au 24 juin, à « Anthoine Le Clercq, parmentier », comme « le plus offrant et dernier rencherisseur ».

SEIGNEURIE
DE LA SOTIÈRE.

CLXV.

Dénombrement baillé au roi d'Espagne par le seigneur de Croix, à cause de Françoise de Lille, sa femme, pour la seigneurie de La Sotière, située à Troisvilles-en-Cambrésis (1) et mouvant du château de Douai. — 1565 (vieux style), 9 février.

Cest le raport et denombrement que je, Adrien de Noyelle, chevalier, seigneur de Croix, Flers, Hellesmes, Marcz, Cuhem, etc. fay et baille au Roy, nostre sire, dung fief et noble tenement à moy appartenant à cause de dame *Franchoise de Lille*, ma compaigne, appellé vulgairement le fief de Le Sotterie, tenu dudict S^r roy, à cause de son viel chastel de Douay. Soy comprendant auchiennement en tout ung lieu manoir, maison, granges, estables et marescauchies, de present ruynés par la guerre, ensemble en prez, gardins et heritaiges contenant six mencaudées ou enuiron. Item, sept vingtz dix mencaudées de terre à labeur, appendans à ladicte maison, en pluiseurs pieches et à trois royes, dont les unze mencaudées solloient estre parcideuant à usaige de bois et de present mis à labeur. La premiere roye contenant quarante quatre mencaudées, assa-

---

(1) Le village de Troisvilles est à 40 kilom. de Douai, à 22 de Cambrai et à 5 du Câteau. Il a été formé des trois localités appelées Euviler, Le Fay et La Sotière.

La mouvance d'une seigneurie aussi éloignée de Douai semble provenir des affinités qui, au XIe siècle, ont existé entre les châtelains de Cambrai et ceux de notre ville. Voir : *Châtelains*, 1, 56-63.

voir.... an Marquais Gonnet tenant à unze mencaudées des Troisuilles.... Au chemin allant de Bertry au Chastel en Cambresis.... Au chemin allant du Fay au Chastel en Cambresis....

La deuxiesme roye contenant soixante trois mencaudées.... Au chemin allant de Vallenchiennes à Saint Quentin.... Au chemin quy maisne de Euwillers au Chastel en Cambresis. Item, dixhuict mencaudées tenant... à deux muidz du Sr du Fay.... Item, sept mencaudées tenans de deux sens aux terres du Sr de Vendosmes (1).... Tenant au chemin allant de Cambray au Chastel et à dixsept mencaudées du S^r dInchy....

La troiziesme roye contenant quarante trois mencaudées....

A cause duquel mondict fief me sont deues pluiseurs rentes seigneurialles en auaine, chappons, poulles et argent, que me doibuent pluiseurs personnes, quy tiennent de moy en fief et cotterie, sur leurs heritaiges et manoirs, sy comme : *Jehan Maresse*, au lieu de *Jehan de Lattre*, pour son lieu contenant deux mencaudées, tenant au lieu de *Jehan de Brabant*, une pouille et trois mencauls dauaine............ *Salmon Darson*, pour son lieu contenant trois boistellées, tenant à ma censse et au lieu de *Seruay Maresse*, doibt six chappons et une poulle..... (2).

Lequel mondict fief dessus declaré tiens et adueue tenir en foy et hommaige de mondict S^r roy, à cause de son viel chastel de Douay, en toutte justice, celle que à visconte appartient, à dix liures, monnoye de Flandres, de relief, à la mort de lheritier et le dixiesme denier à la vente, quant

---

(1) Henri de Bourbon, roi de Navarre, duc de Vendôme (Henri IV en 1589). Il tenait en fief de l'archevêque de Cambrai la seigneurie de Troisvilles.

(2) Total : 11 « rentiers ».

le cas y eschiet, aussy service de plais à la court de mondict S^r roy, auecq mes pers et compaignons, hommes de fief dicelle seigneurie de viel chastel, toutes et quantesfois que sommé en seray.

Ce present raport faict par amendement et protestation que, sy mondict fief contient plus ou moingz que cy dessus nest declaré, que ce ne puist prejudicier à mondict S^r roy, à sadicte seigneurie de viel chastel de Douay, à moy, ne à mondict fief, ne pareillement à mes successeurs ou ayans cause, ores ne en temps aduenir.

En tesmoing de ce, jay ce present raport signé et sellé de mes saing et seel, le noeufuieme jour de feburier mil cincq cens soixante cincq.

ADRIEN DE NOYELLE.

> Archives départ. chambre des comptes de Lille, portef. Flandre 129, ancien D 387; orig. parchemin, avec grand sceau en cire rouge pendant à double queue de parchemin. Les armoiries de ce sceau presque fruste paraissent être semblables à celles du seigneur de Croix décrites aux pages 28, 98 et 152 du tome I des *Quartiers généalog.* de Le Blond, Bruxelles (1788), in-8.

SEIGNEURIE DE RACHE

CLXVI.

Confirmation par la princesse Clémence au prieuré de Faumont, dépendant de l'abbaye de Bourbourg, des biens, situés à Coutiches, cédés par Elisende, châtelaine de Rache et par ses fils, le châtelain Godefroid et Waulier. — (Vers 1120.)

Notum sit omnibus fidelibus, tam futuris quam presentibus, quod ego CLEMENCIA, Dei gratia Flandrensium comitissa, donauerim, pro salute anime mee, ecclesie Sancte Marie de Falmont xij mansos et quatuor bonerios terre in Peiuela, ea condicione, ut domina *Elisendis de Raisa* teneat eamdem terram totam, in vita sua, de prefata ecclesia, ad censum xij solidorum et iiij°ʳ denariorum, post obitum vero ejusdem domine *Elisendis*, tres mansi terre videlicet del Bruc (1) ecclesie remaneant. Qui vero tenuerit residuam terram, id est nouem mansos et quatuor bonerios, de prefata ecclesia, cum solucione releuamenti, suscipiat et censum nouem solidorum et quatuor denariorum annuatim persoluat.

Hujus rei testes sunt. *Clemencia* comitissa. *Godelidis* abbatissa (2). *Rodulfus* capellanus. *Euerardus* notarius. *Hugo* dapifer. *Lambertus* pincerna. *Thomas* et fratres ejus. *Godefridus de Harlebeca. Godinus de Cans* (3), *Jordains,*

---

(1) Le Bru, hameau de Coutiches.
(2) Première abbesse de Bourbourg.
(3) Cans ou Camps, lieu dit à Coutiches.

filius ejus. *Simon de Humenges. Odo de Raisa* (1) *Godefridus* et *Walterus*, filii domine *Elisendis*, testes et consentientes, idemque donantes.

Innotescat itidem omnibus fidelibus, quod *Imbertus* decimam duodecim boneriorum terre, quam tenebat in feodo de domina *Elisende*, castellana, circa fines de Cans, assensu ejus et filii sui *Godefridi* et insuper mea, *Clemencie* comitisse, concessione, ecclesie Sancte Marie de Falmont perenniter possidendam donauerit.

Amolricus etiam decimam sex boneriorum terre, quam tenebat de *Godefrido* castellano, ipso concedente et me annuente sepedicte ecclesie, pro anima fratris sui *Lideberti*, tradidit.

Simon quoque de *Humenges* homo abbatisse effectus est et fidelitatem ecclesie cum jurejurando, omni tempore vite sue, se seruaturum promisit. *Hamericus* etiam clericus domos quas edificauerat et nemus quod possidebat in terra Sancte Marie Casletuli (2), annuente *Mainsende*, uxore ejus, memorate ecclesie concessit.

Has igitur concessiones donationes sigilli mei impressione et subscriptorum virorum testimonio confirmaui : *Hugonis* dapiferi, *Gerardi, Stephani, Anselmi*, fratrum ejus, domine *Elisendis, Godefridi* et *Walteri*, filiorum ejus, *Gerardi de Cans, Seggonis, Godini, Stephani* et *Amolrici de Landast, Rogeri de Helemnis, Walberti*, fratris ejus, *Hugonis Galli* de Coustices, *Jordains*, *Thome* et *Rambaldi*,

---

(1) Serait-ce le châtelain de Douai Eudes, en fonction en 1087 ? Voir nos *Châtelains*, I, 90. Dans ce cas, il serait probablement père de Wautier de Rache ou Wautier II, châtelain de Douai, cité dans la charte suivante, de l'an 1129 environ.

Cf. la charte de 1120 environ, de la même princesse, relative au cours de la Scarpe et parmi les témoins de laquelle est nommé « *Walterus de Raisa* » *(Châtelains*, I, 100-101), très probablement notre Wautier II.

(2) Casselet, lieu dit à Flines.

fratris ejus, *Walteri* villici (1), *Nicolai de Halli* (2), *Odonis* et *Johannis*, filii ejus (3).

    Bibl. nation. Ms. latin 9126, cartul. de l'abbaye de Bourbourg, de 1526 f. 31, avec cet intitulé : « Lettres de Clemence, contesse, etc», données deuant lès precedentes [charte confirmative des biens de Faumont, délivrée par le comte Charles, à Arras en 1121, le 22 juin] comme est presumer, saines et entieres, sellées, en patte ou chire blanche, dung sean pendant en double quewe, par lesquelles ladite Clemence donne à leglise de Nostre Dame de Bourbourg », etc.

CLXVII.

Donations de la comtesse Clémence au prieuré de Faumont, à propos desquelles figurent comme témoins ou comme cessionnaires : Elisende, châtelaine de Rache et ses fils, le châtelain Godefroid et Wautier ; Wautier de Rache, châtelain de Douai (4) *et ses frères Gérard et Godin ; Robert, prévôt de Douai et ses frères, Asson de Le Mer et Thibaut d'Hally ; le sire de Landas, etc. — 1129.*

1°

Ego CLEMENCIA, Dei gratia, Flandrensis comitissa, om-

(1) « *Walterus, villicus* de Costices », est témoin, en 1130, à Bruges, d'une charte du comte Thierry pour le prieuré de Faumont, après « *Amolricus* de Landast » et avant « *Walterus et Godefridus, filii domine Elisendis de Raissa* ». ld. f. 35.

(2) Hally, lieu dit à Flines.

(3) Cf. la charte suivante.

(4) Il est maintenant prouvé, grâce à la charte 1°, de l'an 1129 environ, que la seconde maison des châtelains de Douai était issue d'un cadet de la maison des châtelains de Rache.
Voilà qui explique pourquoi nos châtelains du XIIe siècle possédaient la moitié du « pontenage » de Rache et des rentes seigneuriales dans la Pèvele ou Pève (*Preuves*, p. 67).
Il est à remarquer en outre que les châtelains de Rache du XIIe siècle et du XIIIe (jusque vers 1250) se sont transmis le nom de Wautier, héréditaire également dans la maison de Douai.

nibus fidelibus imperpetuum notum sit, omnibus tam presentibus quam futuris, quod comes *Robertus* Flandrensis (1) et ego *Clemencia*, ejus uxor, pro remedio animarum nostrarum, ecclesiam quamdam apud Falmontem constituimus. Dedimus namque huic ecclesie, ad usus monialium ibidem Deo seruientium, decimas de Noua Terra que a modo usque in sempiternum succreuerit et, de Veteri Terra, decimam lini (2), quam dominus meus, *R*. comes, ad usus meos dederat, predicte ecclesie concessimus et, de Noua Terra, duodecim bonarios similiter concessimus.

Deinde, defuncto comite *Roberto*, bone memorie viro, assensu et concessione filii mei, comitis *Baldewini* et *Caroli* comitis, qui post eum regnauit et comitis *Theodorici*, omnia que predicta ecclesia obtinet, testimonio baronum nostrorum, eidem concessimus. Quorum nomina subscribuntur.

S. *Wilelmi*, nepotis comitis (3). S. *Iwani de Gant*. S. *Henrici de Broburc*. S. *Rogeri*, castellani de Insula. S. *Roberti*, filii ejus. S. *Baldwini*, dapiferi *de Henin* (4). S.

(1) Robert II dit de Jérusalem, mort en 1111.

(2) « Decimam in Peiula de Noua Terra, tam culta quam colenda et decimationem lini » (la dîme du lin). — Charte des comtes Robert et Clémence, de 1110 (même cartul. f. 20 verso).

(3) Willaume d'Ypres ou de Loo, sire ou comte d'Ypres, bâtard de Philippe de Flandre, comte d'Ypres et fils cadet de Robert I dit le Frison, comte de Flandre.

(4) Baudouin d'Hénin-Liétard, sénéchal de Flandre.
Ce seigneur d'Hénin-Liétard est un personnage différent du châtelain de Lens, avec qui il a été confondu. Cf. *Souv. de la Flandre wallonne*, 1re série, XVI, 39 et XIX, 124 et 131.

Il est appelé « *Baudoinus* de Lense, *dapifer* », dans la charte du comte Thierry, en faveur des Templiers et datée de Cassel, le 13 septembre 1128 (Archives nationales, Musée, n° 143).

Ce sénéchal de Flandre est le véritable auteur de la maison d'Hénin-Liétard, dont l'origine est assez ancienne, ainsi que le démontrent nos chartes, rapprochées de celle de l'an 1123 du comte Charles (*Flandre wall*. XIX, 124), pour qu'elle laisse tomber sa vaine prétention relative à la maison de Lorraine et d'Alsace.

Danielis de Tenrem [onda]. S. *Hugonis de Aqua.* S. *Oliueri de Bunduis.* S. *Tetbaldi de Vitriaco.* S. *Baldwini*, castellani de Lens. S. *Goscewini de Noua Ecclesia.* S. *Stephani* dapiferi. S. *Amolrici de Landast.* S. WALTERI, castellani de Duaco. S. ROBERTI prepositi (1). S. *Godefridi de Belmeis.*

Et in presentia predictorum, diffinitum fuit quod, de terra et de bonis meis, pro amore Dei, michi licitum esset dare.

Preterea terram quamdam, quam GALTERUS DE RASCA [Raisa?], castellanus de Duaco (2), obtinebat, cum terra de Alno, michi reddidit et eam libere, sine aliqua contradictione, assensu predicti GALTERI, ecclesie possidendam tradidi. Hanc vero terram tenent de ecclesia, scilicet : *Galterus* et *Liltaldus* et *Stephanus* et *Johannes* frater ejus (3).

Unum quoque bonarium de terra *Menieri* et terram cujusdam mulieris *Angligene* ecclesie concessimus. Volumus etiam ut notum sit omnibus, quod *Robertus Galgau*, seruiens meus, tres bonarios de terra et duos hospites, quos de me in feodo tenebat michi, absque ulla contradictione, reddidit et ipse, sanus et alacer corpore, me rogauit ut illam terram et illos hospites tali conditione ecclesie daremus, ut inde, in festo sancti Remigii, sex solidos et, in Natali Domini, tres solidos et tres capones et tres denariatas panis eadem ecclesia haberet : quod, sicut predictus *Robertus* me rogauit, constitui, hiis astantibus.

(1) Robert, prévôt de la ville de Douai ; probablement le même seigneur que nous avons signalé comme vivant vers 1140 et 1150. — Voir *Châtelains*, I, page 312.

(2) Très probablement le seigneur appelé « *Walterus de Raisa* » dans la charte de la comtesse Clémence de Jan 1120 environ, relative au cours de la Scarpe. — *Id.* page 101.

(3) La cession faite vers 1129 par notre châtelain Wautier II est rappelée en ces termes, l'an 1139, par le comte Thierry : « *terram quoque et alnoit que Walterus de Raissa dedit* ». Même cartulaire, f. 35.

Stephano dapifero. GALTERO castellano, GERARDO et GODINO, fratribus suis. *Amelrico de Landast*, *Stephano*, fratri suo. *Rogero*.

(1) Innotescat itidem omnibus fidelibus, quod *Imbertus* decimam duodecim bonariorum terre, que habebat in feodo de domina *Elissenda* castellana, ejus assensu et filii sui, *Godefridi* castellani et insuper domine *Clemencie* comitisse, predicte ecclesie, perpetuo jure possidendam, donauit. *Ammalricus* etiam decimam sex bonariorum terre, quam de domino *Godefrido* castellano tenebat, assensu ejus et domine *C.* comitisse, sepedicte ecclesie, pro salute anime fratris sui *Ledberti*, possidendam tribuit. Scimul etiam *Simon de Homengges* homo abbatisse effectus est et fidelitatem ecclesie cum jusjurando, omni tempore vite sue, seruaturum promisit. *Heimericus* clericus domos quas edificauerat et nemus quod possidebat in terra Saucte Marie Casletuli, uxore sua *Mainsinde* fauente, sepius dicte ecclesie concessit.

Cujus rei veri testes subscribuntur. *Hugo* dapifer et frater ejus *Gerardus, Stephanus, Anselmus. Godefridus* castellanus. Domina *Elisendis, Walterus*, filius ejus. *Gerardus de Campis. Seggo. Godinus. Stephanus* et *Amalricus de Landast. Rodgerus de Helemeis, Walterus*, frater ejus. *Hugo Gallus* de Costices. *Jordains de Campis. Thomas* et *Rembaldus*, frater ejus. *Walterus* villicus. *Nicolaus de Halli. Odo* et filius ejus *Johannes*.

<small>Bibliothèque nation. Ms. latin 9126, cartul. de l'abbaye de Bourbourg, de 1526, f. 21, avec cet intitulé : « Copie des lettres de Clemence, contesse de Flandres, saines et entieres quand à la lettre, ausquelles ny a seau, mais seullement une double quewe pendant, à laquelle appert y auoir eu seau. Par icelles lettres, icelle Clemence vient à confirmer les dons mentionnés aulz let-</small>

(1) Cf. pour la fin de cette charte, celle qui précède.

tres precedentes [de 1110, f. 20 verso], faictz par ledit S^r conte Robert, son mari, à la maison et ecclise de Faumont. Oultre, du consent de Baldewin et Charles, contes et filz, etc^a, apres la mort dudit Robert, son mari, donne pareillement à ladite eglise pluiseurs biens particuliers declarié en ladite lettre, desquelles la teneur sensuit. »

2°

Ego CLEMENCIA, considerans illud euangelicum : « Sicut » aqua extinguit ignem, ita elemosina extinguit peccatum ». Emi terram ad ecclesiam Marcinensem pertinentem, assensu domini *Amandi* abbatis et tocius capituli ejusdem ecclesie, quam, pro remedio anime mee et antecessorum meorum, ad mensam sanctimonialium, in ecclesia Fannimontis sancte Marie seruientium, attribui.

Ut autem inconuulsum permaneret, sigillo nostro confirmari haud inutile duximus. Nomina autem testium hec sunt. Dominus *Aluicus* abbas (1). *Walterus* monacus. *Herbrandus* monachus. *Wilhelmus de Ypra. Walterus de Bruile. Johannes de Melcicort* (2). WALTERUS castellanus. *Gerardus de Cans. Sigo. Godinus. Hugo de Custices. Odo de Alci* (3). *Lambertus de Bevuri. Stephanus de Lanbres.* ROBERTUS prepositus et fratres sui, ASSO DE MARI (4), THEOBALDUS DE HALI.

Actum est hoc anno MCXXIX.

  Bibl. nation. Ms. latin 9126, cartul. de l'abbaye de Bourbourg, de 1526, f. 22, avec cet intitulé: « Aultres lettres de ladite Clemence, données en lan mil c xxix, saines et entieres, sellées de son seau, par lesquelles appert comment ladite Clemence,

(1) Alvise, abbé d'Anchin, ensuite évêque d'Arras.
(2) Mauchicourt ; par corruption : Monchecourt, village de l'ancien comté d'Ostrevant.
(3) Auchy, près d'Orchies.
(4) Le Mer, lieu dit à Flines.

contesse *et cetera*, a achaté aulcunes terres à leglise de Marciennes, du consent de Monsr Amand, abbé et tout le chapitre de ladite eglise, laquelle terre a donné à leglise de Faumont, pour subuenir aulz religieuses seruant illec Dieu. Desquelles sensuit la teneur. »

CLXVIII.

Sentence de l'évêque d'Arras adjugeant la seigneurie d'Anhiers, avec la haute justice, au prévôt de la collégiale de Saint-Amé de Douai, contrairement aux prétentions de Wautier, châtelain de Rache (1). — Arras, 7 novembre 1214.

R. diuina permissione, Attrebatensis episcopus, omnibus quibus paginam istam videre vel audire contigerit, salutem in omnium Saluatore. Scire volumus tam posteros quam modernos, quod, cum *Walterus*, castellanus de Raisse, ecclesie Sancti Amati Duacensis et *Roberto*, ejusdem loci preposito, super villa de Anhiers et appendiciis ejus, que ad preposituram ecclesie jamdicte pertinere noscuntur, injurias multiplices et molestias sepius intulisset, tandem memoratus prepositus eundem castellanum propter hoc ad nostram fecit presentiam euocari. Partibus itaque ad hoc in nostra presentia constitutis, castellanus de Raisse totam justiciam in villa et territorio de Anhiers ad se pertinere proposuit et prepositum ecclesie antedicte in eadem villa et appendiciis suis nichil jurisdictionis habere. Prepositus vero proposuit ex aduerso totam villam de Anhiers, cum pertinentiis suis et justiciam ejus, tam altam quam bassam, ad se, ex parte ecclesie, pertinere.

Lite igitur sollempniter contestata et testibus super pre-

---

(1) Le 27 juillet de la même année, « Watiers, li castelains de Raisse », s'était distingué à Bouvines dans les rangs des Flamands. — Philippe Mousket, *Chronique rimée*, Bruxelles, 1838, in-4, II, 352 et 358.

dictis articulis ab utraque parte productis ac diligenter examinatis ; inspectis etiam cum diligentia priuilegiis ecclesie memorate, post publicationem attestationum et omnibus rite ac legitime adimpletis, cum nobis de meritis cause plenius constitisset, nos tandem, de consilio prudentum virorum, per sentenciam diffinitiuam judicauimus prefatum castellanum in villa et territorio de Anhiers nichil penitus juris habere, sed eam totam, cum appendiciis suis et justiciam ejusdem, altam pariter et bassam, ad prepositturam ecclesie Beati Amati Duacensis in omnibus libere pertinere.

Quod ut memorie commendatum debitam in perpetuum obtineat firmitatem, in memoriam rei geste, ad postulationem sepedicti prepositi et canonicorum ecclesie Beati Amati Duacensis, presens scriptum fieri fecimus et sigilli nostri munimine roborari, subscriptis nominibus illorum qui interfuerunt. Hii autem fuere presentes : *Symon*, archidyachonus noster Ostreuandensis, magister *Robertus de Duaco*, canonicus et officialis noster, *Johannes Crispinus*, canonicus Attrebatensis, *Fromundus*, capellanus noster et *Stephanus*, presbiter de Raisse.

Datum Attrebati, anno Dominice Incarnationis millesimo ducentesimo quartodecimo, septimo idus novembris.

Archives départ. fonds de St-Amé, 3e carton, 1200-1220; original dont le sceau pendait à des lacs de soie verte qui ont été coupés.

CLXIX.

Vente par Wautier, châtelain de Rache et Isabeau, sa femme, à l'abbaye des Prés-lez-Douai, de dix-huit bonniers de terre situés à Coutiches (1). — *1223, décembre.*

Nouerint uniuersi presentem paginam inspecturi, quod ego Walterus, castellanus de Raiscia et Elizabeth, uxor mea, vendidimus monialibus de Pratis juxta Duacum, Cisterciensis ordinis, decem et octo bonerios terre, sitos in parrochia de Costices. Et si forte contingerit quod aliqua femina, sub nomine dotalicii, in predicta terra aliquod jus exigeret et super hoc predicte moniales in aliquo dampnificarentur, nos ipsis monialibus assignauimus quinque modios auene annui redditus super omnia nostra, ubicunque voluerint accipere, donec ad plenum dampnum suum rehabuerint et emptionem suam libere et pacifice poterint possidere. Preterea, si quis ex heredibus nostris predicte conuentioni contra ierit, ipsam emptionem sepedictis monialibus super omnia nostra pepigimus acquitare, prout lex patrie dictauerit.

Et ut predicta inconcussa teneantur, cartulam presentem sigilli nostri muniminne roboramus.

Actum anno Incarnationis dominice millesimo ducentesimo vigesimo tercio, mense decembri.

<blockquote>
Archives départ. fonds de l'abb. des Prés, 1er carton (1201-1240); orig. avec le sceau du châtelain, en cire brune, pendant à double queue de parchemin (Demay, *Sceaux de la Flandre*, II, n° 5572).
</blockquote>

(1) Une mention du XVIIIe siècle, mise au dos du titre, porte : « Pour Verenescuel » ; au XIIIe siècle : Werin-Escuel, lieu dit du village de Coutiches.

Par une autre charte de la même date, le châtelain et sa femme autorisent l'abbaye à acheter vingt bonniers de terre, « *que tenetur de nobis, absque omni seruicio, saluo tantum redditu nostro et justicia quam ibi retinemus* ». C'était encore à « Coustiches, pour Verenescuel ».

CLXX.

Charte de Wautier, châtelain de Rache, qui, — en présence de ses fieffés, notamment de son oncle, Barthélemy de Raisse, de Wautier d'Hally, fils de ce dernier, de Bernard de Le Mer, tous chevaliers, des maires féodaux de Rache et de Coutiches, — affranchit de tout service féodal les dîmes et les autres possessions qu'avait acquises, en sa châtellenie (1), le prieuré de Faumont. — 1223 (vieux style), février.

Uniuersis presentem paginam inspecturis, W. castellanus de Raissa, in Domino salutem. Nouerit uniuersitas vestra quod ego, ad peticionem *Julliane*, priorisse de Faumont, pietatis intuitu, concessi ecclesie monialium de Faumont, quod ipsa teneret in pace, sine homagio et absque omni seruicio, decimas et alias possessiones quas eadem ecclesia hactenus acquisierat, in mea castellania constitutas.

Huic autem concessioni presentes affuerunt homines mei, videlicet : *Bartholomeus de Raissa*, auunculus meus, *Galterus de Hali*, filius ejus, *Bernardus de Mari*, milites, *Jacobus*, major de Raisse, *Willelmus de Bersces*, *Gerardus de Le Hargerie*, *Willelmus de Beurui*, *Hugo de Costices*, *Walterus*, major de Costices, *Willelmus de Faches*, *Walterus Boutepain* et *Walterus de Bosco*.

Ad cujus rei memoriam, presentem paginam sigilli mei munimine roboraui. Actum anno gracie millesimo ducentesimo vigesimo tercio, mense februario.

---

(1) La châtellenie ou seigneurie de Rache s'étendait non seulement à Rache, mais aussi à Coutiches.

Bibl. nation. Ms. latin 9126, cartul. de l'abbaye de Bourbourg, f. 45 verso, avec cet intitulé : « Lettres de W. chastellain de Raisse, données lan mil deux cens vingt et trois, saines et en tieres, sellées de son seau en chire verde, pendant en double quewe », etc.

CLXXI.

Amortissement et mise hors fief par Wautier, chevalier, châtelain de Rache, au profit de l'abbaye des Prés-lez-Douai, d'un fief situé à La Caignerie (1), *vendu à l'abbaye par Renaud de Cans, chevalier, qui le tenait de Guillaume Caignon* (2), *celui-ci vassal du châtelain.* — *1239 (vieux style), mars.*

Ego VUALTERUS, miles, castellanus de Raisscia, notum facio omnibus tam presentibus, quam futuris, quod, cum vir nobilis *Renaldus de Campis*, miles, teneret in feodum a *Vuillermo Caignon* terram, pratum, nemus, redditus et omnia ea que habebat ad locum qui dicitur le Caignerie et idem *Vuillermus Coignons* omnia predicta de me, tanquam domino suo, similiter in feodum teneret, predictus *Renaldus de Campis* (3), miles, vendidit libere et absolute ecclesie Beate Marie de Pratis juxta Duacum, Cysterciensis ordinis, predictam terram, nemus, pratum, redditus et omnia ea integraliter que habebat a le Caignerie. Et sciendum quod ego et heredes mei et predictus *Vuillermus Caignoins* et etiam heredes ipsius *Vuillermi* omnia predicta quictauimus in perpetuum et concessimus esse

(1) Aujourd'hui : La Quennerie, à Faumont.
(2) Famille qui avait donné son nom à La Caignerie.
Un fief Caignon fut réuni au domaine de Rache ; un autre fief Caignon, situé à Rache, mouvait de la Salle de Lille
(3) Fils cadet de Renaud de Croisilles, chevalier, mort avant 1234 et d'Ermentrude, dame de Cans ; il portait les dix losanges des Croisilles. (Archives de l'abb. des Prés.)

libera et exempta ab omni jure et seruicio feodali. Ita quod nos nec heredes nostri in premissis de cetero nichil seruicii aut juris poterimus reclamare.

Hec omnia facta fuerunt coram me et coram dicto *Vuillermo* et de communi assensu nostro et etiam coram hominibus meis et hominibus predicti *Villermi*, qui dixerunt omnia supradicta bene et legitime esse facta, sicut decebat. Ego vero, castellanus de Raissia predictus, hec omnia, que suprascripta sunt, supradicte ecclesie, tanquam dominus, erga omnes tenebor garandire.

Que ut rata permaneant in posterum et firma, presentes literas sigilli mei munimine roboraui.

Actum anno Domini m° cc° tricesimo nono, mense marcio

Archives départ. fonds de l'abb. des Prés ; orig. avec le sceau du châtelain, en cire verte, décrit par M. Demay, *Sceaux de la Flandre*, II, n° 5572. — Au dos du parchemin, d'une écrit. du XIIIe siècle : « Li carte le castelain de Raisse, dou bos de Le Caignerie, ke Renals de Cans nos vendi ».

CLXXII.

Amortissement par le châtelain de Rache des terres, maisons, moulins, rentes, etc. que l'abbaye d'Anchin possédait à Rache. — 1260, avril.

Je Jehans de Maullenghien (1), castelains de Raisse et

---

(1) Maldeghem, en Flandre.

Dans un vieil armorial du XVe siècle, on trouve cités : « le seigneur de Maldeghem », portant « d'or à le croix de gueules, à l'ourlet de merles de meismes » — et « le chastelain de Raisse », au comté de Flandre : « d'or à le croix de sable, à l'ourlet de merles de meismes » (Dinaux, *Archives histor.* Valenciennes, 1842, in-8, 2e série, IV, pp. 14 et 16).

D'après cela, un cadet de Maldeghem, châtelain de Rache, brisa en modifiant les couleurs de la croix et des merlettes. Le sceau décrit plus loin prouve que le châtelain de 1260 brisait d'un lambel.

Yzabiaus, me feme, faisons sauoir à tous chiaus ki ces presentes lettres verront et orront, ke nous volons et greons ke li eglise d'Aanchin et ses commans goie perpetuelment et paisiulement de trente rasieres de terre ou là entour, seans en deus piechies, con apele le Ries les Moines, el terreoir de Raisse, de quoi contens a esté pluseurs fois entre nos ancestres et liglise deuant nommée et kele goie ensement de quanquelle tient el terreoir et en le parroche de Raisse, en terres, en rentes, en maisons, en ostes et en moelins et quelle puist goir et faire se volenté quitement de che quelle a en toutes ces coses deuantdites.

Et ches coses deuantdites prometons nous à warder, par foi et par sairement, à tous jours fermement et en pais et obligons nous et nos oirs à che tenir et warder perpetuelment.

Et pour che ke che soit ferm et estaule, nous auons baillié à leglise deuantdite ces lettres enseelées de nos seeaus, en lan del Incarnation Nostre Signeur mil deus cens et sessante, el mois dauril.

> Archives départ. fonds de l'abbaye d'Anchin, 8e carton, 1251-1260; original en parchemin, avec deux sceaux en cire brune qui pendaient à des lacs de soie verte : le 1er, armorial, à une croix accompagnée de douze oiseaux faisant l'orle, au lambel de cinq pendants brochant; trois branches de chêne au-dessus et à côté de l'écu. « + S' Jehan [chlr caste]la]in de) Rase » (cf. Douet d'Arcq, *Sceaux*, III, n° 10459); l'autre sceau, brisé.
> Au dos, d'une écrit. du XIIIe siècle : « Segneur Jehan de Maullengien, castelain de Raisse et se feme. De Raisse, lxvij. »

CLXXIII.

Sentence de la cour féodale de Douai, renforcée de plusieurs fieffés de Lille, rendue au profit de l'abbaye d'Anchin contre la châtelaine de Rache, au sujet d'une écluse du ruisseau dit le Bouchart, près de la Scarpe. — Douai, 16 avril 1311.

A tous cheaus qui ces presentes lettres verront et orront, JEHANS COUSINS, ballius de Douay, de Lille et des apartenances, salut.

Comme debas et contens fuist meus entre noble dame le castelainne de Raisce, dune part et religieus labbé et le couuent de leglise Saint Sauueur dAnchin, dautre part, pour le cause dune escluse que li dit religieus ont fait faire, au liu que on dist au Boussart, qui saboute à lEscarp. Et disoient li dit religieus eaus estre en possession et en saisine de tel temps de faire ou de faire faire le dite escluse, que elle doit et deuoit demorer à tous jours pasiulement au dit liu. Le dite castelainne li opposant au contraire. Et nous, comme sires, à le requeste des dites parties, nous soions enfourmet dou droit de lune partie et de lautre et pardeuant hommes de fief le Roy, no seigneur, de son castel de Douay, cest asauoir : Monsr *Jehan de Warlaing*, chevalier, *Jehan dAstices*, *Jehan de Raisce* et *Alixandre Le Philier* et par plenté de bonnes gens dignes de foy, des anchyens dou pays, pour sauoir et enquerre le verité dou droit de lune partie et de lautre. Les tesmoins conduis de lune partie et de lautre ois et examinés diligaument sour le dite cause, pardeuant les dis hommes et autres pluseurs, les dites parties renoncans, tant de lun les, comme de lautre, à leur proeues et tesmoins, nous, pour le droit de cascune des dites parties, aportames le dite information en plainne court, ou castel à Douay, pardeuant plenté dommes le Roy, no dit seigneur, tant de son dit castel de Douay, comme de se sale de Lille, cest asauoir : Monsr GILLE, castelain de Douay, Monsr *Ansel dAigremont*,

Mons' *Pierre de Senghin*, Mons' *Pierre de Le Haie*, Mons' *Jehan de Warlaing*, Mons' *Brunel d'Astices*, Mons' *Jehan de Raisce*, chevaliers, *Alart de Lannon, Jehan d'Astices, Jehan de Landas, Robert de Clenkemeure, Huon de Lomme, Henri de Le Mote, Bauduin de Roucourt, Cholart Hocet, Jehan* loir *dou Gardin, Jehan des Wastines, Jaquemon de Hali, Jehan dou Mes, Robert Ghieschiere, Simon dou Bus, Gillion de Canni, Jehan de Cantin, Ph. Lorfeure, Cholart d'Emmileuille, Robert d'Aenglos, Watier de Raisce, Alixandre Le Philier, le Bleu de Montegni, Thumas Le Chieure, Cholart de Doregni, Jehan de Courtray, Riquart Bonnebroque, Bauduin dou B...* et *Jehan de Le Tour.* Li quel dit homme le Roy, no dit seigneur, disent à nous *Jehan*, bailliu dessus nommé et par cou que cascune des dites parties auoit bien prouué sentention, mais li dit religieus auoient mieus et plus souffisaument prouué leur entention et que li dite escluse doit et deuoit demorer pasiulement dore en auant, au liu là où elle est maintenant, cest asauoir au liu que on dist au Boussart.

En tesmoingnage de chou, nous *Jehans*, baillius dessus nommés, auons mis no seel à ces presentes lettres, qui furent faites et données à Douay, le sezime jour dou mois dauril lan de grace mil trois cens et onse.

Archives départ. fonds de l'abbaye d'Anchin, 11e carton, 1291-1340 ; orig. en parchemin, avec le sceau du bailli, en cire brune, pendant à double queue de parchemin, sur l'une desquelles, sous le sceau et partie à la suite de celui-ci, on lit : « ... . n Cousin, bailliu de Douay et de Lille ». — Cf. Douët d'Arcq, *Collection de sceaux*, II, n° 5117.

CLXXIV.

Pièce du procès entre le Roi et le comte de Flandre, au sujet des limites des châtellenies de Lille et de Douai, cédées au Roi par le comte, — tendant à prouver qu'originairement la ville d'Orchies aurait fait partie de la châtellenie de Rache (1) *et qu'elle ne dépendait ni de Douai ni de Lille.* — (*Vers 1314.*)

RAMEMBRANCE DE LE VILLE DE ORCHIES et des appendanches.

Premierement. Li dite ville nest dependans de Douay ne de le castelerie, ne de Lille ne de le castelerie, anchois depent tout nuement dou castiel et de le castelerie de Raisse (2). Et ce apert clerement. Car on trouuera notorement que, à un jour qui passa, li castelain de Raisse auoit, à Orchies et es appendances, toute haute justice et toute seignerie, hors mis v sols, que li cuens de Flandres i auoit (3). Ore auint que li dis castelain pendi à un kenne, viers Saint Amant, un des sergans le conte de Flandres et, pour ce fait,

---

(1) Les raisons alléguées par le conseil du comte étant sans aucune valeur, il n'est point étonnant que ce prince n'ait pu faire triompher ses prétentions.

(2) Il n'y eut jamais, en réalité, de châtellenie de Rache, dans le sens de plat pays ou petite province, sens qui s'applique bien aux châtellenies de Lille et de Douai; la châtellenie de Rache ne fut que l'office féodal du gardien du château fort, avec des droits seigneuriaux, non seulement dans cette localité, mais aussi à Orchies, Coutiches et Flines, dépendant de la terre de Pèvele. Voir le dénombrement de Rache de l'an 1402; *Preuves*, CLXXVI.

(3) C'est un dire impossible à justifier. Au contraire, la petite châtellenie (plat pays) d'Orchies, formée dans le diocèse de Tournai et l'antique contrée des Ménapiens, sur les confins du diocèse d'Arras et de la contrée des Atrébates, apparait, dans des temps féodaux assez reculés, comme un domaine direct du comté de Flandre. A diverses reprises, elle en fut détachée, pour servir de douaire ou d'apanage, notamment en 1111, pour la comtesse douairière Clemence de Bourgogne; en 1191, pour la comtesse douairière Mahaut de Portugal; vers 1223, pour l'apanage de la princesse Marguerite de Flandre, sœur cadette de la comtesse Jeanne; à raison de son domaine d'Orchies, cette princesse prenait la qualité de dame de Pèvele.

il fu fourjugiés de toute se terre. Apres grant tans, me
dame li contesse *Marg[heri]te* rendi al hoir de Raisse (1)
se terre et le maria (2) et retint adont, me dame li contesse, de le noblece et de le seignerie, chou que à li pleut.
Et ce pora on sauoir par Mons' *Bauduin de Mortagne* (3)
et par les anchyens dou pays.

Item Il apert que li dite ville dOrchies nest mie dependans des deuant dites casteleries. Car, de nouuiel, les villes
de Lille et de Douay et les appendances furent adjournei
à Paris, contre les boines villes de Flandres, pour contribuer à ceste pays (4). Et là il (5) disent, par deuant cheaus
qui establi i estoient, quil nestoient point des casteleries de
Lille ne de Douay, anchois estoient de le castelerie de Raisse
et auoient tous jours estei. Non constrestant que li bailliu
de Douay ait esploitié à Orchies : car cestoit par le volontei
dou prince (6) et pour acroistre le baillie de Douay qui estoit
trop petite (7). Et ce sera seu par escheuins d Orchies.

(1) La série des châtelains (dits seigneurs, à la fin du XIVe siècle) de
Rache ne semble pas avoir été interrompue par une confiscation. De 1120
à 1250 environ, on trouve une succession de personnages appelés
Godefroid et Wautier; puis apparaît un Pierre, châtelain de Rache,
pendant deux à trois ans.
(2) Un seigneur flamand, Jean de Maldeghem (n° CLXXII), surgit vers
1255 comme châtelain de Rache, sans doute à cause de sa femme Isabeau, qui semble l'héritière du châtelain Pierre. Serait-ce la comtesse
Marguerite qui aurait marié « l'hoir de Raisse » à ce flamand ?
(3) Celui qui en 1313 vendit au Roi la baronnie de Mortagne et la châtellenie ou vicomté de Tournai. Voir aux *Preuves*, CLXXXVII à CLXXXIX.
(4) La paix entre le Roi et les Flamands rebelles.
(5) Les procureurs de la ville d'Orchies, pour se défendre dans le procès
intenté devant le parlement, par les villes de Gand, Bruges, Ypres, etc.
contre celles de Lille et de Douai, afin de charger celles-ci d'une quotepart de l'amende infligée aux rebelles.
(6) Sous la comtesse Marguerite et le comte Guy, son fils, le bailli de
Douai exerça d'ordinaire les mêmes fonctions à Orchies.
(7) Après l'avènement au comté de Flandre (1244) de la princesse Marguerite, qui avait possédé comme apanagiste la terre de Pèvele, la châtellenie d'Orchies subit un démembrement considérable, au profit de celle
de Douai, reconnue « trop petite » : elle perdit alors Rache, Landas,
Bouvignies, Aix, Warlaing, Les Wastines à Cappelle, Roupy à Nomain, etc.

Arch. départ. fonds de la chambre des comptes, supplément, carton coté *anno* 1300 ; note en parchemin, rédigée par les gens du comte de Flandre.

CLXXV.

Lettres de non préjudice du seigneur de Rache (1), *que les échevins de Douai avaient autorisé, cette année-là, à envoyer paître les bestiaux de son château dans le marais de l'échevinage.* — *Douai, 20 mai 1401.*

Je PIERRES DE HAVESQUIERQUE, sires de Raissce (2), chevalier, cambrelan du Roy, nostre sire et de Monsr le duc dOrleans, salut.

Comme il soit ainsy que les escheuins de le bonne ville de Douay maient donné grace et licence, jusques à leur volenté, de toutes les bestes que je ay et puis auoir en mon hostel et maison de Raissce, daller et faire cachier en pasture ez mares (3) et ou pooir de leschieuinage de la dite ville, sans meffait aucun, en ceste presente année. Sacent tout que, pour ceste grace, je veul que ce soit sans porter prejudice, ou tamps present ne auenir et que lesdiz eschevins se puissent tenir pour content de my, sans asaisiner (4) contre ledite ville, pour ces graces dessus declarées.

En tesmoing de ce, jay ces presentes lettres seellées de mon seel, qui furent fetes et données en icelle ville de Douay, le xxe jour du mois de may lan mil iiij^c et un.

Archives municipales, DD 88 (layette); original dont le sceau, qui pendait à simple queue de parchemin, a été arraché.

(1) C'est vers 1360 que le châtelain de Rache changea son antique qualification en celle de seigneur de Rache et châtelain d'Orchies.
(2) La seigneurie de Rache appartenait réellement alors au frère ainé de Pierre, nommé Robert, tombé en état d'imbécillité. Voir le numéro suivant.
(3) Le Grand-Marais de Raisse (Rache), aujourd'hui Frais-Marais.
(4) Acquérir saisine ou possession.

CLXXVI.

Dénombrement de la terre de Rache, ainsi que du fief de la châtellenie d'Orchies (1), *mouvant du château de Douai, baillé par Pierre de Havesquerque, chevalier, au nom de son frère aîné, Robert de Havesquerque, écuyer, seigneur de Rache.* — *1402, 8 avril.*

CEST LE GRANT DENOMBREMENT ET RAPPORT que je *Pierre de Hauesquerque*, chevalier, comme aiant la garde, gouuernement, tutelle et cure de *Robert de Hauesquerque*, mon aisné frere, fay à mon tres doubté seigneur et prince, Mons' le duc de Bourgongne, conte de Flandres, d'Arthois et de Bourgongne, palatin, sire de Salins, conte de Rethel et seigneur de Malines. De ce que je tieng et adueue à tenir, à la cause dessusdite, de lui, descendant de son chastel de Douay. Est ascauoir : la ville et terre de Rasse, auec le chastel, Orchies, Flines, Coustichs et Auchy, appartenences et deppendences dicelles, tout en ung fief, par la fourme et maniere que cy apres seront desclairées. A dix libres de relief, quant le cas y eschiet.

Primierement. Le chastel de Raisse, ainsi quil se comporte, enclos deaues et de fossés, gardins, caingles, sauchoies et eaues, contenant enuiron sept bonniers et demi deritages. Item, derriere ledit chastel, une tieullerie, maison et heritages, contenant enuiron de ij [rasières] de heritage, dont on rent par an six libres..... Item, a, delà de la riuiere de l'Escarp, ung prey appellé le Bouissart, descendant dudit chastel, contenant enuiron v [rasières] et demie, que

---

(1) Le dénombrement affirme que la seigneurie de Rache et la châtellenie d'Orchies ne formaient encore qu'un fief, assujéti à un seul droit de relief de dix livres. A la fin du même siècle, il n'en était plus ainsi: elles constituaient deux fiefs distincts, l'un mouvant de Douai et l'autre d'Orchies.

prey, que saulcoy, dont on rent par an vij frans par lieuage, communes années. Item, a, appendans audit chastel, xxix bonniers de prey ou enuiron, parmy les caingles, appellé le Vivier, tourbieres et hault prey, tenant de trois costés à Artois (1). Item, a, appendans audit chastel, quarante deux bonniers de bos ou enuiron, tenant dun lez au bos de Flines et dautre au bos de Faumont. Item, a, appendans audit chastel, ung moulin à vent, gisant ou terrouer de Raisse, dont on rent huit muis et demi de blé par an.

Item, ay, sur chascune nef passant en la riuiere, derriere ledit chastel, une couppe de sel, quant elles menrront sel. Et se aucune nef arriue en ladite terre, y ay j denier de passenable. Item, ay de vinaige, cest ascauoir : sur chascune huge, coffres, qui passe sur le pont de Raisse, soit à quar ou à queual, ou dessoubz par planque, soit à nef ou à bacquet, pour chascun, ung denier. Et de toutes terres de potier ou sauelon, de chascune carrée j denier de vinaige (2).

(1) Vers Roost (auj. Roost-Warendin), qui était une paroisse de l'Artois.
(2) Ce péage, nommé le Petit-Vinage de Raisse et ancien membre de la châtellenie ou seigneurie de Rache, est distinct du Pontenage.
Au XIIe siècle, la moitié de celui-ci était un membre du fief du châtelain de Douai (cadet de la maison des châtelains de Rache). Quant à l'autre moitié, qui avait dû rester attachée à la châtellenie de Rache, elle en aura été distraite et on la retrouve formant un fief mouvant de Bouvignies et appartenant à un particulier. Acquis vers 1420 par le seigneur de Rache, ce fief finit par s'incorporer à cette terre.
Le grand tonlieu de la Scarpe et de l'Escaut de l'an 1271 (Archives municip. CC 149) ne contient, sur les péages du pont de Rache, que les indications suivantes.
« Cest li wienages con doit prendre al pont de Raisse. — De cascune nef pour qui il couient le pont leuer, trois sols douysiens. Et sil ne couient le pont leuer por li, ele ne doit nient des trois sols. — De le nauée de seil, soit grande u petite, une coupe de seil, tant seulement. Et toutes ses aleuioires sont quites. — Et cest quankes on doit de wienage à Raisse. »

Item, en laditte ville de Raisse, aforage de vins, de ceruoises, goudailles et de tous bruuages de grains, est ascauoir, de chascune carrée de vin ou de vins, quatre los et de tous aultres bruuages, de chacun brassin, xviij los.

Item, en laditte ville et terre de Raisse, dOrchies, Flines, Coustichs et Auchy, plusieurs rentes, tant de bleds, dauaines, soille, cappons, poulles, oefs, argent, douissiens, coruées, pains, comme plusieurs autres droitures que les tenanciers et subgés me doiuent sur leurs terres que ilz tiennent de my, auecques la justice. Dont ilz mont fait rapport, tant de fief, comme en cotterie, dont la teneur sensuit, est ascauoir..........

[Détail des « coteries » ou « ténemens » roturiers de Rache. — « Manoir seant en la ruelle du Chastel » et « aboutans à la riviere de lEscarp ». — « Ou Vivier », tenant « à la terre *Robert de Belleforiere* ». — « A le voye de Baillon ». — Plusieurs parcelles de terre, avec cette mention : « et est du fief Caignon » (1). — « Rue de lOspital ». — « Tenant à lescluse de Belleforier ». — « Manoir appellé le maison Baillion ». — « En Weirmoussart ». — « A le Vies Motte ». — Un « bonnier de riés, sur le Mont Escouvet ». — Trois « couppes » de terre, à « dame *Cale du Castel* », qui « furent *Jehan du Fosset* » et « tenant au quemin de Lille ». — « Au quemin de Tournay ». — Cinq « couppes de terre », d *Andriu du Buisson*, « tenant au bos de Raisse, au Chokoit, dune part et dautre à la terre *Jaques Wille* », qui « ne doit rien au S^r, fors le justice, à terraige Nostre Dame de Coustihc ».]

(1) C'est-à-dire : dépendant de l'ancien fief Caignon, incorporé à la terre de Rache.

[*Fiefs mouvant de Rache.*]

[1.] Item, ay et tient de my, en fief et en houmage, descendant de mondit castel et terre de Raisse, est ascauoir, *Waghe Waude* (1), qui en tient ce qui cy apres sensuit, est ascauoir. Sur demi bonnier de terre, seant au Choquoy, tenant au bos de Waurin, doit ij couppes dauaine, j cappon, j courvée demie ix deniers douisiens. Item, j bonnier de terre, seant à le Hagheuiere, que tient *Robert Wille*, tenant au bos de Raisse. Doit au terme du Noel.... Item, sur ij couppes de terre, seans au Sauchoy, doiuent.... Item, ay, sur une r[asière] de terre, seant au Chokoy, que tiennent ly hoirs *Collard Wille*, doiuent.... Item, sur le manoir... seans à le place deles le moustier de Raisse, doit.... Item, sur iiij r[asières] de terre, tenant à le place vers le Moustier, doiuent.... Item, sur iiij r[asières] de terre, que tient ly abbeie des Pres, empres le moustier de Raisse, tenant as iiij r[asières] de terre dessus dites.... Item, sur j manoir... seans à le Mauter[ie], doit.... Et tout ce je *Waggue Waude* tieng et adueue à tenir de mondit S^r, à xxx sols de relief et le tieng en fief et en houmage et y ay justice fonciere.

[2.] Item, ay et tieng de my un certain fief et heritage, descendant de mon castel de Raisse, contenant vij bonniers de terre ou enuiron, parmy une masure et une motte de moulin, appartenant à *Jehan de Roucourt* le josne (2), gisant ladite terre ou terrouer de Coustihc, appelé le fief de

---

(1) Plusieurs fois échevin de Douai, de 1392 à 1405.

(2) On trouve plus loin, parmi les tenanciers roturiers : « Jehans de Rocourt, du Bray », à Raimbaucourt, « Jehan de Roucourt », à Flines et à Coutiches et « Jaque de Roucourt », dont la maison était située « dales la place du Brut », à Coutiches.

Maisille (1). Lequel est tenu de moy, à cause de mondit chastel, à xxx sols de relief, quant le cas y eschiet.

[3.] Item, sensuit le fief du Més. Est tenu du chastel, auquel a xxx sols de relief et y a justice fonciere. Et se on y vend quelzconqnes bruuages que ce soit, je y ay les afforages. Liquelx fief est en ma main, par laccord fait par dame ma mere (2). Et y ay hostes subgés, lesquelz me doivent les rentes qui sensuivent (3).......

[Détail des terres « cotières » ou « coteries » chargées de rentes foncières. — « Entre le Habuerie et Orchies ». — « Au Bray, dales le courtil le Brumelle ». — « Dales la place du Brut ». — « Devant le voie du Chastel ».]

[4.] Item, sensuit la terre que labbeie dAnchin tient dudit chastel de Raisse en fief...... Le maison, gardin et heritage, contenant ij r[asières].... Et appendent à ladite maison et as terres hennables denuiron de xxxvij r[asières] de terre. Et y ont justice fonciere (4).

[*Justice vicomtière à Rache.*]

Et est ascauoir que li homme cottier appartenant à ma justice, à la cause dessusditte, jugent et ont congnoissance

---

(1) Sur le fief de Mégille, qui a donné son nom à une branche de la famille Becquet, de Douai, voir *Souv. de la Flandre wallonne*, 1re série, III, 76.

(2) Jeanne de St-Venant, veuve de Pierre de Haveskerque *dit* de Wisquette, chevalier, sire d'Erre et de Rache (*Une Vieille généalog. de la maison de Wavrin*, Douai, Crépin, 1877, in-8, p. 55).

(3) Le fief du Mez fut définitivement incorporé à la terre de Rache.

(4) La terre de Rache, dont ne dépendaient plus que quatre hommages au commencement du XVe siècle, en comptait douze et plus en 1223. *Preuves*, CLXX.

En 1681, alors que le fief d'Anchin, s'étendant à Rache et à « Maret Warendin, sur Artois », venait d'être acheté par le seigneur et réuni à sa « table », il ne restait plus qu'un fieffé : celui de Mégille. — Dénombr. de Rache du 30 septembre 1681, reg. en parch. folios 4 verso et 7 verso, reposant aux Archives municipales.

de juger, quant le cas se y offre et il y eschiet, en fait damende ou amendes de lx lb. sur qui que soit, quant on preuue que ilz ont meffait. Dont les lx lb. quant elles y sont jugés, mon tres redoubté S' et prince (1) y prent ou fait prendre, par son bailly dè Douay, les deux pars et à my, à la cause dessus ditte, ou fait de le justice, y ay le tierhs.

Quant est au dessoubz de lx lb. tout est à moy, à la cause dessus ditte. Est ascauoir : l lb. xl lb. xxx lb. xx lb. x lb. c sols, lx sols, xl sols, xxx sols, xx sols, x sols, viij sols, vj sols, ij sols, vj deniers, tous douisiens. Et tout ce jugé par loy de le ditte ville de Raisse, appartient à moy, à le cause dessus ditte. Et aussy a on goy et usé, en fait de justice, en la dite ville et terre de Raisse, tant pour le passage qui est estrois, comme autrement, de tous dons, clains, quis, paines qui y sont donné.

Et aussi y a, en laditte ville et terre de Raisse, appartenant à moy, à la cause dessus ditte, v awardours, qui vont, au conjurement de mon bailly ou lieutenant, afforer tant vins, ceruoises, comme autres buurages vendus en laditte ville. Et aussi awarder et mettre à pris tant pain, char, comme toutes denrées vendues en laditte ville pour le commun pueple. Et font cil awardour, par mon baillif ou lieutenant, serment suffisaument. Et quant lesdis awardeurs ainsi creés tiennent les hostes vendans les denrées dessus dittes, lors quilz y eschieent amende ou admendes, ilz les mettent en escript, jusques en fin de lannée que ilz doiuent yssir pour faire nouuiaulx, les baillent au juge pour les juger, present bailly ou lieutenant, se'on la coustume de lesware d'Orchies.

(1) Le duc de Bourgogne, comme comte de Flandre.

En toute laquelle terre de Raisse dessus ditte, jay et doy auoir et aussi ont mes predecesseurs toute la justice et seigniourie viscontiere et au dessoubz, sauf le ressort là où il appartient, auecques les drois qui cy dessus sont declairés.

[*Justice foncière à Flines.*]

Item, sensuivent cilz qui tiennent de moy, eu laditte ville et terrouer de Flines, descendant de mondit chastel de Raisse, en laquelle terre de Flines jay justice fonciere, entrée, yssue, rentes dargent, aduaines, cappons, poulles, courvées, oefs, douisiens, sieutes, dont le teneur de mes tenans sensuit, est ascauoir les rapports que iceulz mont fait....

[« En Bassinkenoit », tenant « au Clerekemel », les « cappons et les sieutes, au terme de Noel ». — « Es Lauoirs ». — « Au Sagolier ». — « Derriere Hally ». — « En la parroiche de Coustiche, empres le place Brenier ». — « Derriere Lannoy ». — « A Gorlainpuch ». — « Es camps de le Brauderie ». — « Rue du Passaige du Parch ». — Un « manoir gisant à le Halle ». — « En Bassinquesnoy », tenant « aux wés de le Pliche ». — « Es Heudieces ». — « As Parfons Mortiers ». — « En Clerquesniel ». — « Es Heudieces », tenant « au fief *Pierre de Chauny* » (1). — L'abbaye de Flines, pour un « mesnaige tenant au fossé qui cueloit le manoir de Le Mer » et « au quemin de le Braderie ». — « A Casselet ». — Une « massure » tenant « au quemin qui va de le rue à le place de la Halle ». — « En le Plice ». — « En le rue du Bos ».]

(1) Fief de Chauny, à Flines, mouvant d'Orchies, en justice foncière.

[Ancien fief Caignon, incorporé à la terre de Rache.]

Item, ay encores ung certain tenement qui est de ma ditte terre de Raisse et sappelle de Caignon, par vente le x⁰ denier et au seurplus de mon dit tenement iiij deniers dentrée et iiij deniers dissue.

[Justice foncière à Coutiches.]

Item, sensuient leditte terre et seignourie de Coustiches, en laquelle je ay justice fonciere. Et se on y vent quelques buuraiges que ce soient, je y ay les afforaiges. En tout, ce que en justice fonciere peut et doit appartenir, dont la declaration des tenemens, tant de ce que jen tieng en mon demaine, comme de ce que on en tient de moy, sensuit.

Primiez. iiij bonniers et demy et iij c[ens] de pré. j bonnier de terre, qui est retrais à Monsr (1), à deffaulte de rente non paiée, liquelz est censis iiij r[asières] dauaine, si quilz dient. Item, ij c[ens], liquel ne sont point censis. Et sont retrait comme dessus, lesdits ij c[ens] de terre.

Item, plusieurs subgés, hostes, manans et hireliers, qui doiuent les rentes, tant dargent, blé, soille, auaine, douisiens, cappons, poulles, courvées, pains, entrées, yssues, dont la teneur sensuit....

[La « maladerie » d'Orchies, pour son « mesnaige du Moulinnel ». — « Labbeie des Prés », pour un pré « derriere le maison dAuterive et lapellon le pré de Villers ». — « Item, pour le court, maison et terres du Werinesquel et de le Caugnerie », chargées de 42 sols douisiens. — « Au quemin de le Hazerie ». — « Au Lannoy demoiselle

---

(1) Réuni à la « table » ou au domaine du seigneur de Rache.

Ysabel de Cangny ». — « Le praielle à Verinestrel ». — « A le Geroudelle ». — « Les menistres de Nostre Dame de Rost ». — « Empres le molin de Marquette ». —« Entre les mottes de Faumont et le Grant Vaquerie ».]

[*Justice foncière à Auchy.*]

Cest ce que jay à Auchy, descendant de mondit chastel et terre de Raisse. En laquelle terre et seigniourie dAuchy, jay justice fonciere et puis chachier mes rentes et lais. Et ne y ay que iij sols, ne dessoubz ne deseure, damendes. Et y ay bailly, lieutenant et hommes. Et si on y vendoit vin, seruoise, je y aroie les afforaiges. Et si y ay rentes dargent, de douisiens, cappons, aduaines. Et de tout ce que y ay de rentes, mes hommes, qui tiennent de my, mont fait rapport, dont la teneur sensuit....

[*Châtellenie d'Orchies.*]

Item, sensuient toutes les droitures que jay, à la cause dessus ditte, à Orchies, tant en la ville, comme ou terrouer enuiron et dont jen suis chastellains. Et est du fief de Raisse. Dont les droitures sensuyent.

Primiers. Y ay, en la ville, ung chastellain, liquelz fait et prent toutes les droitures que je y ay, dont la teneur sensuit. Est assauoir : afforaiges de vins, de chascune quarée de vin, iiij los et de tous autres buuraiges, de chascun brassin, xviij los. Et se y ay rentes de cappons, poulles, douisiens, sieultes, aduaine, à iiij deniers parisis de sieulte sur le r[asière]. Est ascauoir que toutes celles qui ont cappons et douisiens ne doiuent que iiij deniers parisis. Et quant on vent ou transporte les heritages, leur je, comme chastellains, prens les rentes dessus dittes et y ay les entrées et yssues, est ascavoir : de chascun merchiet, viij los de vin. Est ascauoir : du vendeur, iiij los et de lachetteur, iiij los, tant en la ville comme ou terrouer.

Et aussi, de tous les heritages qui sont vendus en lescheuinaige dOrchies, qui sont tenus de mon tres redoubté S' et prince, Mons' de Bourgongne, des hospitaulx, de maladerie, comme deglises, quant elles vont de main à autre, ay les entrées et yssues comme dessus, combien que je ny aye point de rente sus. Et quant as fiefs qui sont enclaués en lescheuinaige, je ny pren rien. Que en dedens le doignon (1) ny a que viij maisons qui doiuent le vin dentrée et dissue, comme dessus. Car tout le remain dudit doignon ne doiuent au chastellain que j tournois dentrée et j tournois dissue. Dont desdittes viij maisons la declaration sensuit.

.... Maison.... dales le Wés. Item, le maison de labbeie de Los, devant ledit Wés...... Le maison de lEswart, devant ledit Wés......

Item, sensuient tous ceulz qui doiuent les rentes à my appartenant, à la cause dessus ditte. Est ascauoir, au kief, le mayeur *Gillard Conmere [alias] Conmiere*.....

[« A Maugarnit ». — « Rue le Maieur ». — « Au ponchel de Grignon ».]

Tout lequel rapport et denombrement, je fay, à la cause de *Robert*, mon aisné frere, comme dessus est dit, à mondit tres redoubté S' et prince, comme dit est, par la maniere dessus dicte, sauf le plus ou le mains. Et se plus ou moins y estoit nommé, se le adueue je à tenir de mondit S', au relief dessus dit.

Tesmoing mon sceel mis ad ce present rapport ou de-

---

(1) Dans l'enceinte de la petite ville forte d'Orchies.

nombrement, fait et donné le viij[e] jour daurilg lan de grace mil cccc et deux apres Pasques communiaulz.

Archives départ. chambre des comptes de Lille, portef. Flandre 135, ancien D 394; copie sur un cahier en parch. de 24 ff. écrit. de la fin du XVe siècle, sans sceau ni signature.

CLXXVII.

Don de la haute justice de Rache, sauf les cas réservés, fait par le duc de Bourgogne à Gilles de Rouvroy dit *de Saint-Simon, bailli de Senlis* (1). — *Au château d'Hesdin, 17 juillet 1464* (2).

P[H]*, par la grace de Dieu, duc de Bourgoingne, de Lothier, de Brabant et de Lembourg, conte de Flandres, dArtois, de Bourgoingne, palatin, de Haynau, de Hollande, de Zellande et de Namur, marquis du Saint Empire, seigneur de Frise, de Salins et de Malines. Sauoir faisons à tous presens et aduenir, que, à lumble supplicacion de nostre amé et feal conseillier et chambellan, messire *Gilles de Rouvroy* dit *de Saint Simon*, chevalier, bailli de Senlis et pour consideracion des bons et agreables seruices que aucuns ses parens et amis nous ont faiz par ci deuant, nous à icellui messire *Gilles de Saint Simon* auons, pour nous, nos hoirs et successeurs, contes et contesses de Flandres, donné, consenti, octroié et accordé et,

(1) Un des meilleurs serviteurs du Roi, « le héros de sa race ». Voir *Comptes rendus et mémoires du comité archéol. de Senlis*, Senlis, 1882, in-8, 2[a] série, VII, 75-90.

(2) Le don fut fait lorsque durait encore la grande amitié entre Louis XI et Philippe le Bon ; leur entente était rompue, quand cette donation fut enregistrée (23 octobre 1464).

par ces presentes, de nostre certaine science, auctorité, plaine puissance et grace especial, donnons, consentons, octroions et acordons, en acroissance de fief, lexercite de la haulte justice de la ville et paroisse de Rasse, si auant quil en tient de nous en fief, à cause de nostre chastel de Douay, pour en joyr par ledit messire *Gilles*, ses hoirs, successeurs et aians cause, seigneurs et dames dudit lieu de Rasse, perpetuelement et à tousjours, tout ainsi que noz officiers en ont acoustumé de joyr, pourueu que iceulx noz officiers en joyront par preuention, semblablement, quant les cas escheront, ainsi quilz ont acoustumé et sans en faire renuoy audit seigneur de Rasse, de laquelle preuention useront nosdits officiers, nonobstant ce present don. Et saouf et reserué à nous et à nosdits successeurs, contes et contesses de Flandres, toute congnoissance et lexercite de ladite haulte justice, seul et pour le tout, es cas de lege majesté, demeute ou de conspiration, de faulx monnoyers, de rapt, de feu bouté et de cas pour lequel lexecution se doit faire par ardoir le crimineulx. La cognoissance desquelz cas et dautres semblables et plus grans cas, se aucuns se comettoient et aussi tous cas preuilegiés et de souueraineté, nous auons reserué et reseruons à nous et à noz officiers et juges cui ce regarde. Et aussi reseruons en ce, pour nous et nosdits hoirs et successeurs, noz haulteur, souueraineté et aydes, en toute cognoissance appertenant en cas de ressort et autrement, à nous, aux gens de la chambre de nostre conseil en Flandres et à nostre gouuerneur de Lille ou à son lieutenant. En reseruant aussi auoir de bastars et confiscation destrangiers non affranchiz, à cause desdits cas à nous reseruez. Et si nentendons point que cestui nostre present don et octroy se doye extendre es dependences de ladite terre et seigneurie de Rasse, ne ailleurs que en ladite ville et paroisse, si auant quil en tient de nous, tant seulement.

Si donnons en mandement à noz amez et feaulx les gens de noz finances et de la chambre de noz comptes à Lille, quilz procedent à lenterinement et verification de cesdites presentes. Mandons en oultre ausdits gens de la chambre de nostre conseil en Flandres, à nostre souuerain bailli de Flandres, à nostre gouuerneur de Lille, Douay et Orchies, à nostre bailli de Douay et à tous noz autres justiciers et officiers cui ce regarde, presens et aduenir, ou à leurs lieuxtenans et à chascun deulx, si comme à lui appertendra, que de nosdits grace, don et ottroy et de tout le contenu en ces presentes ilz facent, seuffrent et laissent ledit suppliant et sesdis hoirs et successeurs, seigneurs et dames dudit lieu de Rasse, joyr et user plainement, paisiblement et perpetuelment, par les forme et maniere dessus declarées, sans lui y faire, mettre ou donner, ne souffrir estre fait, mis ou donné, ores ne pour le temps aduenir, quelque grief, destourbier ou empeschement au contraire. Car ainsi nous plaist il.

Et affin que ce soit chose ferme et estable à tousjours, nous auons fait mettre nostre seel secret à ces presentes. Sauf, en autres choses, nostre droit et laultruy en touttes.

Donné en nostre chastel de Hesdin, le xvij° jour de juillet lan de grace mil iiij c soixante quatre (1).

Ainsi signé. Par monseigneur le Duc, leuesque de Tour-

---

(1) Par lettres de même date, le duc ordonne à la Chambre des comptes d'enregistrer ce don, nonobstant toutes ordonnances contraires.

L'enregistrement n'eut lieu que le 23 octobre, après que, le samedi 20, « Monsʳ le duc » eût commandé à deux maitres des comptes de venir « vers lui, en son logis à Lille » et leur ait dit que, « sans plus de delay ou difficulté », la Chambre eût à enregistrer « les lettres quil auoit baillées à messire Gilles de Rouuroy *dit* de Saint Simon, seigneur de Raisse, chevalier ».

nay, les Srs de Croy, de Chimay, de Kieurain et de Goux et plusieurs autres, presens. P. Milet.

Et au doz dicelles est escript. *Recepta apud me.* P. Milet.

<blockquote>Archives départ. chambre des comptes de Lille, B 1608, 13e reg. des Chartes, f. clxiij.</blockquote>

CLXXVIII.

Erection en comté de la seigneurie de Rache, par le roi d'Espagne, en faveur d'Eugène de Berghes, chevalier, seigneur de Rache. — Madrid, 16 décembre 1665.

Charles, par la grace de Dieu, roy de Castille, de Leon *et cetera* et Marie Anne, par la mesme grace, royne de Castille *et cetera*, mere, tuttrice et curatrice dudit *Charles*, nostre fils et commis à la regence de ses royaumes et estats. A tous presens et à venir, qui ces presentes verront ou lire oiront, salut. Scauoir faisons que, comme aux princes souuerains, desquels tous estatz et degrez de noblesse, preeminence et seigneurie procedent, conuient et appertient desleuer et decorer d'honneurs, tiltres et prerogatiues ceux qui, par continuels exercices et experience de notables et vertueux faicts et seruices, ils cognoissent (1) l'avoir mérité

---

(1) C'est, avec l'intitulé : « Lettres patentes d'erection en comté de la terre et seigneurie de Rache, pour messire Eugene de Berghes », tout ce qui subsiste de ces lettres, dans le 77e reg. des chartes de la chambre des comptes de Lille, au folio clxxvj verso. Les feuillets 177 à 185 inclus (en tout neuf feuillets de parchemin, grand format) ont été coupés par les vandales révolutionnaires.

La table mise en tête du registre permet de constater, qu'outre la plus grande partie des lettres d'érection de Rache, on a fait disparaître : 1° les « lettres patentes d'érection en comté de la terre et seigneurie de Hasselt, scitué au pays et comté de Flandres, pour messire Phl^{rs} François du Faing, baron de Jamoigne *et cetera* » (f. 179 verso); 2° les « lettres patentes d'annoblissement pour Guillaume Seruais Faulconnier et sa posterité » (f. 182 verso); 3° et le commencement des « lettres patentes doctroy pour ceux de la ville d'Ipres » etc. (f. 185 verso).

et en estre dignes et capables, afin de tant plus les mouvoir, induire et obliger à y persévérer de bien en mieux et attirer et inciter d'autres, mesmes leurs successeurs, à les imiter et ensuivre et les esguillonner non seulement pour attaindre la bonne renommée et réputation d'iceux, mais aussy au plus haut degré et comble de vertu, pour l'avancement du bien publique.

Et pour le bon rapport que fait nous a esté de la personne de messire *Eugène de Berghes*, sieur de Rache, mestre de camp d'un terce d'infanterie walonne et qu'il seroit issu d'une des plus illustres et anciennes maisons de nostre pays et comté de Flandres, dont les prédécesseurs auroyent esté viscomtes de Berghes Saint Winox, passé quelques sièrles et qu'à l'exemple de ses ancestres, il nous auroit rendu des signalez services en plusieurs occasions et exploicts de guerre, souvent au péril de sa vie, tant pendant les charges qu'il a possédées en la cavallerie et depuis en l'infanterie de nos armées. Pour ce est-il que nous, ce que dessus considéré et ayant favorable égard à ladite noble extraction, loyauté, services et expérience et autres bonnes parties qui concourrent en la personne dudit messire *Eugène de Berghes*, sieur de Rache, voulans, à cette cause, l'élever, accroistre et décorer de plus grand lustre, honneurs, droicts, prérogatives et prééminences, avons iceluy, par avis de nostre cousin, le marquis de Caracena, lieutenant, gouverneur et cappitaine général de nos Pays Bas et de Bourgongne et de ceux de nostre conseil d'Estat aux affaires desdits Pays Bas, residens lez nostre personne, de nostre certaine science, grace spéciale, libéralité, pleine puissance et autorité souveraine, fait et créé, faisons et créons, par ces présentes, comte et sa terre, bourg et seigneurie de Rache, tenue de nous à cause de nostre chasteau de Douay, à laquelle nous avons uny et annexé, unissons et annexons, par cestes, la terre de Boubers, située en nostre pays et comté d'Artois, créé et érigé, comme nous la créons et érigeons, par cestes, en dignité, tiltre, nom, cry et prééminence de comté, avec toutes leurs appendances et dépendances, hauteur, jurisdiction et revenus y appartenans audit messire *Eugène de Berghes*, outre ce que luy et ses successeurs y pouront encore adjouster, unir et incorporer à l'avenir, en augmentation et pour plus grand lustre d'icelle comté. Pour, par ledit messire *Eugène de Berghes*, ses hoirs et successeurs masles et femelles, naiz et à naistre en loyal mariage, tenir d'orenavant, héréditairement et à toujours, ledit tiltre de comte immédiatement de nous, nos hoirs et successeurs, comtes et comtesses de Flandres et au surplus en jouir et le posséder, en tous droits, honneurs, dignitez, autoritez, prérogatives et prééminences, tout ainsy et en la mesme forme et manière que tels et semblables comtes ont accoustumé de jouir et user, le tout à charge et condition que ledit messire *Eugène de Berghes*, ses hoirs et successeurs, comtes et comtesses dudit Rache, seront tenus d'en faire les reliefs, hommage et serment de fidélité, à cause dudit tiltre, ès mains de nous et de nos hoirs et successeurs, ou de nos lieutenans, gouverneurs et cappitaines généraux de nos Pays Bas, lesquels, en nostre absence et celle de nosdits hoirs et successeurs d'iceux Pays, avons à ce commis et autorisé, commettons et autorisons, par cesdites présentes. Et par ledit serment jurer et promettre de tenir ledit tiltre de comte de nous et de nosdits successeurs, en la manière que dessus. Et auparauant qu'estre admis audit serment, sera aussy tenu de faire apparoir que le revenu de ladite seigneurie, maintenant comté de Rache, avec ladite seigneurie de Boubers, terres et rentes y incorporées et unies, monte au moins à douze mil florins par an (1). Item, que ce qu'à l'avenir sera adjousté, uny et incorporé audit comté, n'en pourra après estre séparé, démembré et eclissé par ledit comte de Rache, ny ses successeurs, par succession, testament ou autre contract et que cette nostre présente grace, création et érection ne tournera ores, ny à l'avenir, à nostre préjudice, ny de nos droits, hauteurs, seigneuries, jurisdiction, ressort, souveraineté, autorité et prééminence.

Si ordonnons......

Et afin que ce soit chose ferme et stable à toujours, nous reyne, en qualité susdite, avons signé les présentes de nostre main et fait contresigner par le secrétaire d'Estat aux affaires des Pays Bas et de Bourgongne sousigné et sceller du scel dont nostre très honoré seigneur, père et mary respectivement, a usé par deçà et nous userons tant que celuy du roy, nostre fils, soit fait, y pendant en lacs d'or. Donné en nostre ville de Madrid, royaume de Castille, le seizième de décembre l'an de grace 1665 et du règne de nous *Charles*, le premier. Paraphé : Vl. V. Signé : MARIE ANNE......

Sur le dos :

Aujourd'hy quatrième du mois de septembre 1666, messire *Eugène de Berghe*, S* de Rache, mestre de camp d'un

---

(1) A la suite des lettres d'érection, fut enregistrée l'attestation donnée sous serment, devant des notaires royaux, « au bourg de Feruen » (Frévent), le 10 juin 1666, par des individus de Boubers-sur-Canche et des voisins de ce village, à la requête de « haut et puissant seigneur, messire Eugène de Berghes, comte de Rache, sieur de Boubers sur Canche, etc. » et constatant « que la terre dudit Boubers peut bien valoir annuellement jusqu'à la somme de dix à onze mil florins de revenu, tant en bois, moulins banier, terres, terrage, censives, prairies et autres parties fort considérables, attendu aussy que lesdits bois sont d'une grandeur notable et qui se vendent à grand prix, par chacun an, tant pour les bois à pied, que ceux de haute futaye ».

terce d'infanterie walonne, denommé au blanc de cestes, a presté le serment de comte dudit Rache, dont il est chargé par iceluy blanc et ce ès mains de Son Excellence le marquis de Castel Rodrigo. Fait à Mariemont, les jour, mois et an que dessus. Moy présent. Signé : *Verreyken* (1).

Archives départ. chambre des Comptes, 77e reg. des Chartes, B 1672, folio clxxvj verso, « commenchant le xviij^e de nouembre seize cens soixante quatre et finissant » (*sic*) — et Bibl. nation. départem. des manuscrits, collection des 182 Colbert-Flandres, vol. 9, folio 467; copié le 20 mars 1670, sous le certificat de l'archiviste Godefroy et extrait dudit 77e registre en parchemin des chartes de la chambre des comptes de Lille.

CLXXIX.

Erection par Louis XIV du comté de Rache en principauté, en faveur de Philippe Ignace de Berghes, de sa femme, Marie-Françoise de Berghes, prince et princesse de Rache et de leurs descendants des deux sexes. — Marly, en avril 1701.

Louis....... Ayant en singulière recommandation les personnes de *Phlippes Ignace de Bergues*, prince de Rache et de *Marie Françoise de Bergues*, princesse de Rache, son épouse, non seullement à cause de leur haute naissance, mais aussy en considération du zèle et de l'attachement qu'ils ont fait paroistre pour nostre service, qui les a porté à désirer vivre et mourir nos sujets et, pour cette fin, qu'il nous plust transférer sur leur comté de Rache, seize près nostre ville de Douay, le titre de principauté qui est affecté

(1) A la suite, avaient été encore enregistrés : le visa du conseil des Finances, daté de Bruxelles, le 15 septembre 1666 et mis au dos des lettres d'érection; la mention de l'enregistrement fait à la chambre des Comptes, datée de Lille, le 1er décembre suivant et mise sur le pli des lettres; enfin l'attestation rappelée ci-dessus.

sur leur terre et baronnie de Zetrud, au comté de Namur, en conséquence sur lettres patentes du trente décembre 1681, accordez par le feu roy catholicque à *Eugène de Berghes* (1), mestre de camp général de ses armées aux Pays-Bas et depuis chevalier de la toison d'or et grand bailly du païs d'Haynault, oncle paternel de ladite dame *Marie Françoise de Berghes*. Par lesquelles lettres patentes ledit *Eugène* a esté créé prince, avec faculté de porter le titre de prince de la terre et seigneurie, à luy appartenante, qu'il dénommeroit, pourveu qu'elle fût scituée sous la domination d'Espagne. Et ladite terre a dez lors esté érigée en dignité, titre, nom, cry et prééminence de principauté de Rache. Pour en jouir par luy, ses héritiers et successeurs masles et femelles.

A l'effet de quoy et attendu que ledit *Eugène* et *Charles Alexandre de Berghes*, son frère et héritier immobiliaire patrimonial, père de ladite *Marie Françoise de Berghes*, sont décédez sans avoir fait ladite nomination de terre, ledit Sr *Phlippes Ignace de Berghes*, prince de Rache et ladite dame son espouse ont nommé leur dite terre et baronnie de Zetrud, par l'acte de déclaration qu'ils en ont passez au mois de septembre 1698, au bailliage de Namur. Mais comme ils souhaiteroient, ainsy qu'il a esté dit, que ledit titre de principauté fût transféré sur leur dite comté de Rache, tant à cause qu'elle est sous nostre domination, qu'à cause qu'elle porte le nom quy a esté affecté à ladite principauté et vendre ladite baronnie de Zetrud.....

Que nous sommes bien informez qu'ils sont issus, l'un et l'autre, de l'illustre maison des chastellains et viscomtes héréditaires de Berghes Saint Winnox, par *Phlippes de*

(1) Celui qui avait déjà été créé comte de Rache en 1665. Voir le nº précédent et le P. Anselme, VIII, 698.

Berghes, leur bisayeul commun (1) et qu'ayant, par leur mariage, réuny les deux branches quy sont sorties dudit *Phlippes*, ledit *Phlippes Ignace* se trouve à présent le chef de cette maison ....

Qu'ils possèdent actuellement plusieurs belles et grandes terres et seigneuries, savoir : ledit comté de Rache, Boubers, y annexé, Auberlieu, La Tour, Zetrud, Lumay, Houdegarde, Olhain, Verderey, Hersin, Coupigny et Roupy Nommain (2). En laquelle comté de Rache, quy est mouvante et relevante de nous, à cause de nostre chasteau de Douay, il y a bourcq, paroisse, justice haute, moienne et basse, avec quantité de beaux droits seigneuriaux et plusieurs fiefs quy en relèvent (3), autel que, par l'union, quy y a esté faite, de la terre de Boubers, size en nostre pays et comté d'Artois et relevante de nous, à cause de nostre chasteau de Hesdin, elle a un revenu très considérable et peut aisément soustenir le nom, titre et qualité de principauté.....

Nous avons ladite terre, comté, bourg et seigneurie de Rache, y compris ladite terre et seigneurie de Boubers.... créé et érigé... en titre, nom et qualité de principauté, sous le nom de Rache et ce, en faveur dudit *Phlippes Ignace de Berghes* et de ladite dame *Marie Françoise de Berghes*, son espouse, leurs héritiers et successeurs, masles et femelles, nez et à naistre en loyal mariage...

Car tel est notre plaisir...

(1) Ce seigneur de Rache, marié à Françoise d'Halluin, était le bisaïeul de Philippe-Ignace et l'aïeul de Marie-Françoise. Voir le P. Anselme, VIII, 698-699.

(2) La terre de Roupy, à Nomain, détachée de celles des Wastines, mouvait du château de Douai. Voir n° CXCVIII.

(3) Alors il n'y en avait plus qu'un seul et de peu d'importance au point de vue féodal : c'était le fief de Mégille, à Coutiches, ne consistant qu'en une pièce de terre, sans justice, même simplement foncière.

Donné à Marly, au mois d'avril l'an de grace mil sept cens un et de nostre règne le cinquante huitième...

<small>Archives du greffe de la cour d'appel, fonds du parlement de Flandres, folio 31 verso du reg. coté : « Edits et déclarations depuis 1701 jusqu'en 1704; 1re chambre, n° 17 primo ». — L'enregistrement fut ordonné par arrêt du 19 octobre 1701.</small>

CLXXX.

Union, par le roi Louis XV, à la principauté de Rache, de deux nouvelles terres, avec confirmation d'une substitution au profit des descendants de Jean Joseph de Berghes et de sa femme et nièce, Marie Françoise de Berghes, prince et princesse de Rache, même en ligne féminine (1). — Versailles, en décembre 1731.

LETTRES PATENTES PORTANT UNION DE TERRES A LA PRINCIPAUTÉ DE RACHE près la ville de Douay et confirmation d'une substitution masculine, graduelle et perpétuelle, portée par le testament conjonctif du sieur prince et de la dame princesse de Rache.

Louis..... Le feu Roy, notre très honoré seigneur et bisayeul, désirans donner des marques de distinction à la maison de Berghes, l'une des plus illustres et des plus anciennes des Pays Bas, auroit, par ses lettres patentes du mois d'avril 1701 (2), confirmé, en faveur de *Philippes Ignace de Berghes*, de dame *Marie Françoise de Berghes*, son épouse et de leurs héritiers et successeurs masles et

<small>(1) Malgré cette substitution exceptionnelle, la minuscule principauté de Rache n'eut guère de durée, puisqu'elle fut morcelée en 1779.
Achetée alors par le marquis de Bacquehem, la terre de Rache, quoiqu'elle eût été érigée en comté en 1663 et en principauté en 1701, redescendit au rang de simple seigneurie.
(2) Voir le n° précédent.</small>

femelles, nez et à naistre en loyal mariage, le titre de prince, accordé en 1681 par le feu roy d'Espagne, à *Eugène de Berghes*, chevalier de la toison d'or et, par les mêmes lettres, érigé en leur faveur le comté de Rache, sis en Flandres, près notre ville de Douay, en titre, nom et dignité de principauté, ordonnant que la terre et seigneurie de Boubers, située en notre pays d'Artois, y seroit jointe et unie à toujours, affin que la principauté de Rache fût plus en estat de soutenir ce titre.

Et quoyque le revenu en soit assez considérable, néantmoins, pour en augmenter davantage le lustre, *Jean Joseph de Berghes*, frère cadet dudit deffunt *Philippes Ignace de Berghes* et *Marie Josephe Isabelle de Berghes*, son épouse, fille et héritière dudit deffunt *Philippes Ignace de Berghes*, aujourd'huy prince et princesse de Rache, nous ont fait représenter qu'ils désireroient, de leur part, unir et annexer encore à ladite principauté de Rache la terre et seigneurie de Fortel, ainsy que la terre, seigneurie et baronnie de Ligny-sur-Canche, qui leur appartiennent, l'une et l'autre sizes en notre pays d'Artois et contigues à celle de Boubers, qui y est déjà unie, la première, mouvante et relevante de nous, à cause de notre chateau de Hesdin et la seconde, mouvante et relevante de l'évesché d'Amiens.

Que d'ailleurs les exposans, pour perpétuer le titre d'honneur dans leur maison et le transmettre à leurs descendans à perpétuité, auroient, par leur testament conjonctif du 25 février 1729, établi une substitution masculine, graduelle et perpétuelle à l'égard de la principauté de Rache et de la terre et seigneurie de Boubers, qui y est déjà unie, ainsy que de celles de Fortel et de Ligny-sur-Canche, qu'ils désirent y unir pareillement. Laquelle substitution, au défaut de males, aura lieu en faveur de la fille descendante d'eux qui se trouvera la plus proche, à charge par celuy à qui elle sera mariée de prendre et porter le nom et les armes de Berghes-Rache.

Mais comme, par les ordonnances des souverains des Pays Bas et nottament par l'édit perpétuel des archiducs *Albert* et *Isabelle*, du 12 juillet 1611, observé en Flandres et en Artois, les substitutions estant restraintes à trois degrez, la disposition portée par le testament conjonctif des exposans n'auroit lieu que pour un tems, s'il n'y estoit pourveu par notre autorité, ils nous ont très humblement supplié de vouloir bien leur accorder nos lettres patentes nécessaires, tant pour l'union de ladite terre et seigneurie de Fortel et de ladite terre, seigneurie et baronnie de Liguy-sur-Canche à ladite principauté de Rache, que pour la validité et l'exécution de la substitution masculine, graduelle et perpétuelle, portée par leur dit testament conjonctif dudit jour 25 février 1729.

A quoy ayant égard et désirans, à l'exemple du feu Roy, notre très honoré seigneur et bisayeul, continuer et augmenter le lustre des anciennes familles et maisons de notre royaume et donner d'ailleurs ausdits sieur prince et dame princesse de Rache des marques de notre bienveillance et de la satisfaction que nous avons de leur zèle, fidélité, affection et attachement au bien de notre service et de notre Etat.

A ces causes et autres nous mouvans, de l'avis de notre conseil et de notre grace spéciale, pleine puissance et autorité royale, nous avons joint, uny, annexé et incorporé, joignons, unissons, annexons et incorporons, par ces présentes, signées de notre main, à ladite principauté de Rache, lesdites terres et seigneuries de Fortel et baronnie de Ligny sur-Canche, circonstances et dépendances, appartenantes ausdits exposans, sizes en notre province d'Artois, près la terre et seigneurie de Boubers, déjà unie à ladite principauté de Rache par lesdites lettres patentes du feu Roy, notre bisayeul, du mois d'avril 1701. Pour le tout ne faire et composer, à l'avenir et à toujours, qu'une seule et même terre, seigneurie et principauté, sous ladite dénomination de principauté de Rache et estre ladite terre tenue et possédée par lesdits sieur prince et dame princesse de Rache, leurs enfans et descendans males et femelles, nez et à naître en loyal mariage, sous ledit titre, nom et dignité de principauté de Rache. A la charge de relever de nous, à une seule foy et hommage......

Et de nos mêmes grace, pouvoir et autorité que dessus, nous avons approuvé, validé, authorisé et confirmé...... la substitution masculine, graduelle et perpétuelle, portée par ledit testament conjonctif....... dont copie collationnée est cy attachée sous le contrescel de notre chancellerie, en faveur de leurs enfans et descendans mâles et femelles, nez et à naître en loyal mariage et suivant le degré de progéniture, dans la propriété, possession et jouissance de ladite principauté de Rache et desdites terres et seigneuries de Boubers, Fortel et Ligny, unies et annexées à ladite principauté.

Voulons qu'au deffaut d'enfans et descendans mâles, ladite substitution ayt lieu en faveur de la fille qui se trouvera la plus proche. A la charge toutesfois, par celuy auquel elle sera mariée, de prendre et porter le nom et les armes de Berghes-Rache et non autrement, conformément audit testament et à ladite substitution portée par iceluy, laquelle nous voulons estre exécutée et observée en toutes ses charges, clauses et conditions, tant et si longuement qu'il subsistera des enfans et descendans males et femelles desdits sieur prince et dame princesse de Rache, nez en légitime mariage.......

Si donnons en mandement à nos amez et féaux conseillers, les gens tenans notre cour de parlement de Flandres à Douay, présidens et trésoriers généraux de France au bureau des finances à Lille et tous autres nos justiciers et officiers qu'il appartiendra, que ces présentes ils ayent à enregistrer et du contenu en icelles faire jouir et user lesdits sieur prince et dame princesse de Rache et leurs enfans......

Car tel est notre plaisir. Et affin que ce soit chose ferme et stable à toujours, nous avons fait mettre notre scel à ces dites présentes. Sauf en autres choses notre droit et l'autruy en toutes.

Donné à Versailles, au mois de décembre l'an de grace mil sept cent trente un et, de notre règne, le dix septième.

Signé : Louis.

Y est appendant un grand scel de cire verde, sur un lac de soye rouge et verde et contrescellé d'un même scel de cire verde et lac de soie aussy rouge et verde.

Et sur le reply desdites lettres est écrit. Par le Roy. Signé : BAVYN, avec griffe.

A costé, sur ledit reply...... [sont les mentions de l'enregistrement au greffe du parlement de Flandres, le 28 mars 1732 — et au greffe du bureau des finances de Lille, folio 13 verso du 21ᵉ registre aux provisions, le 20 juin 1732].

SENSUIT LE TESTAMENT CONJONCTIF attaché aux susdites lettres.

In nomine Domini amen.

Pardevant nous M* *François Coeud*, prestre, curé de la paroisse de Boubers sur Canche, diocèse d'Amiens, sous-signé, sont comparus.

Haut et puissant seigneur, messire *Jean Joseph*, viscomte de Berghes, prince de Rache, baron des terres franches et hautes justices de Zetrud-Lumay et de Ligny-sur-Canche, seigneur de Boubers sur ladite Canche, Fortel, Olhain, Verdrel, Frenicourt, Etré en partie, Hersin, Coupigny, La Tour, La Cornhuze, etc. premier pair du comté de Namur — et haute et puissante dame, madame *Marie Josephe Isabelle de Berghes*, princesse, baronne et dame desdits lieux, son épouse..... demeurans en leur château dudit Boubers.....

Voulans que leurs corps, après leurs décéds, soient mis en cercoueil de plomb, dans la cave et sépulture de la chapelle qu'ils ont fait faire auprès du cœur de l'église dudit Boubers........

Quant à leur succession mobiliaire....... qu'elle soit partagée également entre tous leurs enfans.......

Et quant aux biens, terres et seigneuries qu'ils délaisseront........ qu'ils appartiennent, après leurs décéds, totalement, sans quint, portion d'iceluy, tiers ou autre partie, catheux, bois blancs et maréchaussée, à *Philippes Charles Joseph de Berghes*, leur fils aisné, propriétairement, à la charge de payer, par luy, ses hoirs ou ayans causes, à ses frères et sœurs cadets, enfans desdits testateurs, annuellement, par quartier et d'avance, la somme de six mil six cens livres, monnoye de France, de rente partagère......... Leurs enfans puinés, à présent en nombre de six (1). Scavoir, à l'advenant de douze cens li-

---

(1) Huit enfents, quatre fils et autant de filles, sont cités dans l'*Hist. généal.* du P. Anselme, Paris, 1733, in-f. VIII, 699-700.

vres aux fils et mil livres aux filles, tous lesdits cadets, héritiers l'un de l'autre, décédans sans hoirs de loyal mariage, à raison de moitié, à l'encontre dudit aîné ou celuy le représentant, pour l'autre moitié......

Et pour que la principauté de Rache puisse plus convenablement soutenir ce titre dans leur famille, lesdits testateurs veuillent et ordonnent que les terres, baronnie et seigneuries de Ligny-sur-Canche et Fortel........ que le testateur a acquis par retrait, comme lignager de dame *Claude de Bourbon* (1), sa trisayeule, soient, après leurs décéds et à toujours, unies et annexées à ladite principauté de Rache, comme l'est déjà la terre, seigneurie et pairie de Boubers-sur-Canche, suivant les lettres patentes de Sa Majesté *Louis* quatorze, de glorieuse mémoire, du mois d'avril 1701......

Et au défaut de leur dit fils aîné et mâles descendans de luy par loyal mariage, lesdits testateurs veuillent et ordonnent que lesdites terres et principauté de Rache...... appartiennent par ouverture de substitution, comme dessus, à leur second fils et, après luy, à ses descendans mâles, à toujours et ainsy des autres enfans mâles desdits testateurs, jusqu'au dernier...... Lesquels, chacun après la mort de leur père ou autre de quy ils auront droit d'avoir lesdites terres et principauté, se nommeront toujours prince de Rache....

Et s'il arrivoit que, de tous leurs fils, il ne descendit que des filles, audit cas, lesdits testateurs veuillent et ordonnent

---

(1) Claude de Bourbon-Vendôme (branche bâtarde), dame de Ligny, mariée en 1571 à Jean, seigneur de Rambures et morte en 1620 (le P. Anselme, I, 380), — mère d'Antoinette de Rambures, — aïeule de Charles de Berghes, — bisaïeule de Marie-Anne de Berghes, — trisaïeule de Jean Joseph de Berghes (*Id.* VIII, 697 à 699).

que celle qui aura droit de les succéder, comme aînée, ne puisse posséder les biens de leur succession, qu'à la charge de faire porter, par celuy qui l'épousera, le nom et les armes de Berghes prince de Rache et de la substitution masculine cy devant stipulée, aussy avant qu'elle pourra avoir lieu......

Dénommans pour leurs exécuteurs testamentaires monsieur le marquis de Longastre (1), leur parent, monsieur l'abbé *Hébert*, chanoine de l'église cathédralle d'Arras, qu'ils prient de vouloir bien en prendre la charge et de leur rendre cet office d'amis, dont ils leur seront très obligés.....

Archives municip. reg. aux plaids du bailliage de Douai, 1715-1737, f. 133 verso.

---

(1) Louis-François-Joseph de Houchin, mort en 1750. Son fils, Louis-Albert-François-Joseph, épousa en 1734 la fille aînée du prince et de la princesse de Rache, Marie-Andrée-Josèphe de Berghes, chanoinesse de Maubeuge, née en 1718. — Le P. Anselme, VIII, 699 E. — Colonia, *Recueil généalog. des familles origin. des Pays-Bas*, Rotterdam, 1778, in-8°, II, p. 10. — P. du Chastel, *Généal. de la fam. du Chastel de La Howardries*, Tournai, 1872, in-8, 120-122.

SEIGNEURIE DU BRAY [1]

A
RAIMBAUCOURT

CLXXXI.

Charte de Wautier, châtelain de Rache, qui reconnaît après débat les droits que possède au Bray l'abbaye d'Hasnon, dont il est vassal. — 1238, mai.

Che sachent chil qui or sont et qui aduenir sunt, que jou Watiers, castellains de Rasche, pour chou que je voeul appaisier et oster les plaintes et les querelles qui naissoient et mouuoient entre my, dune part et leglise de Hasnon, daultre part, de le ville qui est appiellée Brais, recongneult et ottroyai à leglise de Hasnon plainement sen droit que elle doit auoir en le ville de Bray.

Et li drois de leglise est telz que elle doit auoir les iij parties des rentes et des lois, si que de claim et de respeus et dentrées et dissues et de relief et de toutes cosses qui aduenir pooent, fors le haulte justiche. Et le quarte partie doy jou auoir et le haulte justiche auoeuc. Mais tous li tieraiges et troy conroit et xvj s. ij d. m. à le Saint Denis sont tout à leglise. Et nientmains et le rente que jai acquise dechi à xiiij raisiere et demie dauaine et iiij capons et un conroit à le Pasque et un freton à le Saint Denis et ij

---

[1] Démembrée en 1593 de celle de Rache, elle forma jusqu'en 1789 un fief distinct, mouvant, en justice vicomtière, du château de Douai.
 Quant au fief que le seigneur de Rache tenait de l'abbé d'Hasnon au Bray, en haute justice, il paraît que l'abbaye parvint à l'acquérir : c'est dans ce sens qu'il faut entendre le commentaire de dom Queinsert, que nous reproduisons plus loin.

hommaiges de fief que jay en le ville sont tout mien et li eglise ny a nient. Et aquerre puis en le ville et acater et li eglise aussi, sauf le droit dune cascune partie.

Et celle quarte partie que jai encontre leglise et le haulte justiche et teulz rentes et telz drois que jou y ay, je les ay recuptes en fief de leglise à demi liget et jen ay fait homaige à labet, pardeuant ses hommes de fief.

Mais des mares del Bray ne se mesle point li eglise. Et li eglise doit auoir en le ville del Bray son siergant qui recoipue ses rentes et ses escanches (1) à chiauls qui les doiuent. Et là u elles esqueront et son ne le payoit leglise, li siergans de leglise sen doit plaindre au castellain et sil ne li faissoit auoir, leglise poeult saisir le fief le castellain quil tient de leglise, dechi que li castellains li ara amendé : et à celle plainte, doit li eglise auoir sen droit et li castellains le sien. Et auoeuc tout chou, li castellains doit mener le ville par loy.

A ceste recongnisanche fu damp *Olris*, qui donc est abbé de Hasnon, à cui li hommaiges fu fais et li home labbet : *Gilles del Montel* et *Jaques* li maires, deuant cui che fu fait. Et dampz *Jehan de Tornay*, qui donc estoit ausmoniers et damp *Willames Brifaus* et damps *Pieres de Monchi* et damps *Hues de Renenges* et damps *Jehan de Douuay*, moisne de Hasnon. Et sires *Hues de Wallers*, cheualiers, del consiel de leglise. Et del consiel le castellain : sires *Biernars de Le Mer*, cheualiers et *Jehan Petisdieus*. Et *Bauduins de Cans* et *Watiers*, li maires de Bray, homme le castellain de fief. Et sires *Jehans Painsmoulliez* et sires *Reniers*, ses freres, bourgois de Douay et *Renolz de Cans*, tenans le castellain.

Et pour chou que ceste congnissanche soit ferme et es-

(1) Echéances; droits et profits.

tauble, jay saillée ceste chartre de men sayel. Che fu fait en lan del Incarnation Nostre Sr M. ij c et xxxviij, el mois de may.

> Bibliothèque nationale, collection Moreau, volume 154, 1237-1238, folio 172 ; d'après une copie prise, le 27 février 1775, par dom Queinsert, « au chartier » de l'abbaye d'Hasnon, sur un cartulaire de l'abbaye, nommé « le Livre velue, contenant 164 feuilles en papier, escrites d'une écriture de 1442, larges de 8 poulces, sur xj poulces de hauteur ».
> « Bray (ajoute le bénédictin) est un hameau assez grand, situé sur la Deuille ou canal descendant de Douay à Lille et de Lille à Doullement, où il se jette dans la Lis, rivière, entre Comines et Armentières. Cet hameau est situé dans la paroisse de Raimbaucourt, proche le pont à Rache......
> » Depuis ce temps, l'abbaye ayant trouvé moyen de réunir le tout à son domaine, elle est seule, audit Bray, qui possède toute justice et droits. »
> Corrigé sur le cartulaire d'Hasnon (folio xl) de l'an 1445 environ, de 164 feuillets numérotés, en papier, larges de 21 centimètres sur 29 de hauteur. — Au folio cxij, un vidimus de cette charte, donné, le 10 novembre 1396, par Jean, abbé de St-Amand « en Peule », d'après « unes lettres saines et entieres de parquemin, descripture et de seel sans visce et sans corruption, seelées dou seel de noble homme Watier, castellain de Rasse ».
> Le cartulaire d'Hasnon a passé, en 1878, du cabinet du président Tailliar à la bibliothèque publique de Douai.

SEIGNEURIES
DE
LANDAS ET DE BOUVIGNIES [1]

CLXXXII.

Exemption du droit de tonlieu accordée à l'abbaye d'Anchin par le seigneur de Landas, de Bouvignies et de Warlaing. — 1229, juillet.

Nouerint uniuersi presentes et futuri, quod ego Amolricus de Landast, dominus de Bouegnies et de Warlaing, ob Dei amorem et anime mee et anime uxoris mee, *Margarete,* necnon et animarum antecessorum meorum remedium et salutem, dedi et concessi, in perpetuam elemosinam, ecclesie Aquicinctensi omnem wienagii et thelonei exactionem, que ad me pertinent de omnibus rebus ad usum dicte ecclesie pertinentibus, siue per terram, siue per aquam, per dominium meum transeuntibus, excepto hoc quod, si forte ecclesia prefata bladium vel alia vendiderit burgensibus seu aliis, ecclesia memorata non tenebitur res venditas de wienagio nostro et theloneo garandire.

Quod ut ratum sit et firmum, presentes litteras ecclesie prefate tradidi, sigilli mei munimine roboratas. Actum anno Domini millesimo ducentesimo vicesimo nono, mense Julio.

Archives départ. fonds de l'abbaye d'Anchin, 5º carton, 1201-1230; orig. en parch. avec un grand sceau armorial en cire verte, cassé, pendant à des lacs de soie rouge : Emanché en pal de huit pointes et deux demies; petit contre-sceau, aux armes (Cf. Douet d'Arcq, *Sceaux*, I, nº 2526). — Au dos, d'une écrit. du XIIIº siècle : « De wienagio et theloneo domini Amolrici de Landast nobis collatis. »

[1] Originairement réunies, avec celle de Warlaing, dans la main du sire de Landas, qui avait en outre l'hommage de Brillon, d'Aix-en-Pèvele, du Fay à Cobrieux, etc. etc.

CLXXXIII.

Confirmation, par Amaury, chevalier, sire de Landas, époux de Marguerite et père d'Amaury, encore mineur, de la coutume de Bouvignies, telle qu'anciennement l'avaient confirmée ses prédécesseurs, pour en user selon le record des échevins du lieu. — 1233, octobre.

Jou AMOURI DE LANDAS fais scavoir à tous ceulx qui sont et qui advenir sont, que je et dame *Marguerille*, me femme, avons juré et confirmé, par foi et par serment, as homme de Bouvignies, à tenir heritablement icelle loi que mes predicesseur ja ont fait et loé as gens de le ville, par le recors des echevins, fors les ausnois et le vivier, qui sont à me volunté. Le secq laigne doivent avoir au bois et deux harces (1) pour le fay d'herbe loié et les chevaux doivent aller au bois, quand le bois aura trois ans et les courouées au dit d'eschevin et le querrue doit iiij doniers par an, pour ce que vont au bois et li menneuvrier, deux deniers. Et je puis faire, se je veux, tous mes bois haver (2) et enclore et sont quitte de le rente par ce.

Et le dois faire loer, à mon pooir, sans engin, *Amori*, men fils aisnet, quant il arra s'eages et, s'il li point de mespreseure, raler en doit on au recort d'eschevin.

Et pour cou que cou soit ferme et stable, avons pendu men saiel à ceste cartre.

---

(1) Mot mal lu par le copiste du XVIe siècle. Ce doit être le nom d'une monnaie. Au f. vj du même cahier, où la charte de 1233 est analysée, il est dit que « les manans de Bouvignies » doivent au seigneur une rente de « deux liars » pour « le seiche laigne » et « le faiz d'herbe loyé » qu'ils ont le droit de prendre au bois.

(2) Défricher; arracher avec un croc ou *havet*.

Ce fut fait en l'an de l'Incarnation de Nostre Seigneur mille ans deux cens et trente trois, el mois d'octobre.

> Archives du greffe de la cour d'appel, fonds de la gouvernance de Douai, liasse des coutumes des villages, Bouvignies. Folio vij d'un cahier de 10 feuillets en papier, intitulé : « Copie des chartres et previleges anchiens de Bouvignies » et écrit vers 1580.
> La copie de la charte de 1233 y est intitulée : « Copie tirré horses du ferme des eschevins de Bouvignies », avec cette finale : « Ainssy soubz seellez de chire vermeilie pendant à double ceue, marquié ledict seelz à deulx costés. »
> L'original en parchemin, avec sceau et contre-sceau, se trouve peut-être encore parmi les titres de l'ancien « ferme » du village, que nous avons entrevus, il y a une vingtaine d'années, dans une chambre du clocher de l'église de Bouvignies.

CLXXXIV.

Tarif du vinage dû au seigneur de Warlaing pour les marchandises naviguant sur la Scarpe et passant devant le château de Warlaing. — 1265, avril (1).

CHEST LI WINAGE que monsigneur *Amourris de Landas* prenoit et leuoit, à son temps, à Warlaing.

Premiers.

Recheuoit et prendoit, au premiers tonniel de vin, ij los de vin et as autres apres ensieuant, xij parsis.

---

(1) La base de ce droit de vinage paraît être de un pour cent.
Cf. le tarif des vinages de la Scarpe et de l'Escaut, réglé par la comtesse de Flandre et de Hainaut en 1271 (Archives municip. CC 149), au chapitre intitulé : « Chest chou ke li sires de Warlaing doit prendre* à son wienage à Warlaing ». — Les différences entre les deux tarifs sont nombreuses.
Quoique perçu depuis un temps immémorial, ce droit fut supprimé purement et simplement par arrêt du conseil d'Etat, du 2 octobre 1731, sous le prétexte qu'à « raison de son droit de vinage » le seigneur n'entretenait « aucuns ponts, chemins ni autres ouvrages » (*Recueil des édits*, Douai, Derbaix, 1780, in-4, X, 332). C'était un avant-coureur des confiscations révolutionnaires et une grave atteinte portée à la propriété féodale.

Item, à la nauée de bled, iiij sols parsis et ij denrées de pain à escaille.

Item, se ne puet une escarpoise conduire en le riuiere, que lui tierch.

Item, se puet on mener jusques à xiiij muis de tous grains, pour ij parsis le muy.

Item, pour cascunne nauée dauaine, iiij sols parsis.

Item, pour tous autres grains, pour cascune nauée, iiij sols parsis.

Item, pour cascun tonniel de cendre floureche, xij parsis.

Item, pour une nauée de wede, viij sols parsis.

Item, pour cascune nauée de waude, viij sols parsis.

Item, pour cascun tonniel de craisse, iij sols parsis.

Item, de tous avoir de pois (1), pour cascune deux pois-[es], iij mailles parsises.

Item, pour sel, cascune navée, iiij sols parsis et ij vaissials de sel.

Item, pour bois ouuret, pour cascune ij pieches, iij mailles parsises. Hormis car oeuuré, lequelle doit ij parsis.

Item, de ij garbes dosier, iij mailles parsises.

Item, pour une nauée de mairien sauuage, ij parsis.

Item, pour une nauée de faissiel, ij parsis.

Item, pour une nauée de raime, ij parsis.

Item, pour une nauée de carbon de tiere, ij parsis.

Item, une voiture sans aviion pendant, j parsis.

Item, pour une nauée de brese, ij parsis.

Item, pour cascune nauée de fuerre, ij parsis.

Item, pour cascune nauée de ros, ij parsis.

Item, pour cascune nauée de loyens, ij parsis.

Item, pour cascune nauée destraing, ij parsis.

Item, pour cascune nauée de gluis, ij parsis.

(1) Marchandises se vendant au poids.

Item, pour cascunne nauée de lames, pour cascunne lame, xij parsis.

Item, pour cascune nauée de quariaux de coulombes et de piere ouurée, pour cascune deus pieches, iij mailles parsises.

Item, pour j noch de piere, iiij parsis.

Item, une moelle de mollin, xij parsis.

Item, pour cascune deux roees de carretons, iij mailles parsises.

Item, pour cascune nauée de pomes, ij vaissiaus.

Et pour cascun sach de pomes et tous autres fruis, iij golonies (1).

Item, pour boliette, cascune deux saquiés, iij mailles parsises.

Et pour nauette et canewise, autant.

Item, pour cascun cent de harenc, j harencq.

Item, pour cascun cent doex, j œf.

Item, pour cascun cent de hanas, descuyelles, de platiaux et de toutes fustailles, dou cent, j.

Item, pour cascun cent de vans et cascun cent de corbilles, de cretins et de mandelette, dou cent, j.

Item, pour cascun bacon (2) à teste, xij deniers parsis et sans tieste, nient. Et pour j pourchiel vif, xij parsis.

Item, cascune nauée de tieule, xij parsis.

Item, pour une voiture sans auiron, vj parsis.

Item, pour cascune nauée de tierre, xij parsis et pour une voiture sans auiron, vj parsis.

Item, pour ij cayeres, iij mailles parsises.

Item, pour une taule, iiij parsis.

---

(1) Golenée; petite mesure de grains.
(2) Porc salé.

Item, j bancq, iiij parsis, une sielle, iiij parsis, une huge, iiij parsis, j forgiet (1), iiij parsis.

Item, une kieutte, iiij parsis, un coussin, iiij parsis, un orilliet, iiij parsis.

Item, un pot de coiure et un andier, ij parsis.

Item, un caudron, une payelle, un pot destaing, cascun, j parsis.

Item, pour cascun cent de vasselemenche de terre, une pieche.

Item, pour cascun cent des res dongnons, une res.

Item, des cascum cent de loyens daux et de cascun cent de bouges de porions, dou cent, j.

Item, des cruises et panaises, de cascun cent, un.

Item, à cascune nef, de sc bienvenue, xij parsis.

Item, une voiture, vj parsis.

Item, uns bakés, vj parsis.

Item, une esquippe, ij parsis.

Item, uns baqués à erbe, ij parsis.

Item, unes fardiaux cordés, ij parsis.

Item, de toute mercherie, de cascun cent, j.

Item, uns trons de foullon, iij parsis.

Item, de cascun deux saines (2), trois mailles parsises.

Item, cascun keminiaux, ij parsis.

Item, uns tonniaux à ij fons, viij parsis. Item, à un fons, ij parsis.

Item, une quue, ij parsis.

Item, un grail, iiij parsis.

Item, uns draps entiers, iiij parsis.

Item, de cascum cent de ramons, j ramon.

Item, escorche, est ascauoir : le nauée, xij parsis.

---

(1) « Forgier, forgeret, *forgcrium* », coffre.
(2) Seine, filet à pêcher.

Item, uns bakés noefs, se on le mainne ens une nef, iiij parsis.

Item, deux taques de cuir, iij mailles parsises.

Item, une piau de mouton, ij parsis.

Et toutes coses doiuent winage à leur auenant, hormis sause, carbon de harchon et fiens. Et doit on aporté le wignage à Warlain, ou castiel. Et qui emporteroit le wignage, il serroit à lx sols de parsis.

Et cest escript liura messire *Amourris de Landis* à madame *Boussarde* (1), le mere *Amourry*, son nepueut (2), lan de grassce mil cc et lxv, el mois dauril.

Archives du greffe de la cour d'appel de Douai, fonds du greffe de Malines, sac 1180; copie sur parchemin, sans sceau, ni signature, d'une écriture de l'an 1380 environ.

CLXXXV.

Loi de Brillon confirmée par le seigneur, Gilles de Douai, chevalier et par son suzerain, le seigneur de Landas. — Mode de nomination des échevins et du maire. — Enquête à Saint-Amand dans les cas difficiles. — Paiement des rentes seigneuriales à Vitry (3) *et à la Motte de Brillon. — 1266 (vieux style), 10 avril.*

Lex de Breillon.

Jou GILLES DE DOUAI, cheualiers, sires de Breillon, fach sauoir à tous cheaus ki ces lettres veront v oront, ke tele ordenance est faite pour bien et pour pais, par conseil de

---

(1) Sur Boussarde de Bourghelle, veuve d'un seigneur de Warlaing, voir *Châtelains*, II, 805.

(2) Neveu ou petit-fils.

(3) Résidence ordinaire de messire Gilles de Douai. Voir : *Châtelains*, I, 127-128.

Vitry était une des principales seigneuries de nos antiques châtelains, les ancêtres du sire de Brillon.

boines gens et pour le pourfit et lauantage de mi et de mes hoirs et de mes homes et de mes tenans de Breillon ki à chou sasentirent, de leur requeste et de leur boine volenté, ensi com chi apries ert deuisé.

Sest asauoir ke, de cascun bounier de tiere con tient de mi ou tieroit de Breillon, con relieue de morte main, de hoir en hoir, que on men doit x sols de relief et dou plus plus et dou mains mains.

Et kiconques acateroit, peruec kil ne fust mes tenans, tiere en me tiere de Breillon, il seroit, de cascun bounier kil acateroit, à x sols et dou plus plus et dou mains mains alauenant.

Et ki del tout isteroit de se tiere, peruec kele fust el tieroit de Breillon, il seroit, pour cascun bounier dont il isteroit, à x sols et dou plus plus et dou mains mains alauenant.

Et se mi home et mi tenant vendent et acatent li uns al autre, bien le pueent faire, parmi xij deniers dentrée et xij deniers dissue.

Et sest asauoir ke hom ne puet vendre heritage, peruec kil ait feme, se se feme ne le loe. Et se li hom est voues et il ait enfans desagiés, werpir le conuient les enfans et par auowet. Ne veue feme vendre sans auowet. Et se elle a hoirs desagiés, werpir le couuient les enfans, sil nont eage et par auowet.

Ne si ne puet nus doner heritage ne aumosner à home ne à feme ki ne justice le heritage par le loy de le ville. Et son li dounoit le heritage, vendre li couuient deuens an et jour et sil ne lauoit vendut deuens an et jour, metre i puet li sires main comme à le siue.

Et sil estoit nus ki aumosnast ne donast heritage à clerc ne à prestre ne à gent de religion, metre leur couuient huers de leur main deuens an et jour et sil ne le faisoient, metre i puet li sires main comme à le siue.

Et sest encore à sauoir ke, de cascun claim con fera en me justice de Breillon, ke on men doit xij deniers et dou faus claim iij sols.

Et kiconques desdiroit eskieuins, il seroit à xx lb. dont jou et mes hoirs deuons auoir x lb. et mi eskieuin les autres x lb.

Et de saisine faite par eskieuins, ki le brise, il est à lx sols.

Et ki enporteroit les pourfis et les preus de tiere ki tierage doiue, sauf chou ke jou v mes hoirs ne leuissiemes tiergiet v ame de par nous, il seroit à lx sols. Et amener le nous doiuent en no grange, à Breillon.

Et sest encore à sauoir ke kiconques enporteroit bos huers dou camp, quant il seroit caupés, ki tierage doiue, peruec kil ne fust tiergiés, il seroit à lx sols.

Et sil le metoit en oeure ens el camp, ains ke jou v mes hoirs nen euissiens eut no droiture del tierage des bos, il seroit à v sols et renderoit le damage.

Et ki no bos cauperoit sour rue et sour kemin et v ke nous leuissiens, il seroit à v sols et renderoit no damage, sauf chou kil pueent ronsses et espines cauper et sehus (1) et saus salengres, sour leur tieres et faire leur preut, sans mesfaire au seigneur, pour amender leur tieres.

Et ki faus claim feroit de heritage, il seroit à lx sols.

Et ki lautrui enporteroit à forche, il seroit à lx sols.

Et ki naroit enclos au jour ke bans seroit fais par eskieuins, il seroit à iij sols.

Et son troeue biestes en damage, puis ke bans en seroit

---

(1) Sureaux. Roquefort, *Suppl. au Glossaire*, Paris, 1820, in-8, p. 277; d'après une communication de Guilmot, tirée du même passage du *Liber albus S. Amandi.*

fais par eskieuins, il seroit à iij sols et rendre le damage à celui ki laroit eut.

Et ki faus sentier iroit, puis ke bans en seroit fais par eskieuins, il seroit à iij sols.

Et de lait dire, son sen plaint, à v sols.

Et ki me rente ne paieroit au jour S. Piere entrant, à Viteri, si comme dauwes, il seroit à iij sols. Et pour cascune quinsainne puis le jour S. Piere ke jou trairoie as eskieuins pour le defaute de me rente, chius v celle ki en defauroit seroit à iij sols.

Et ki mes capons ne me paieroit à me mote à Breillon, cil kil les doiuent au Noel, il seroit à iij sols.

Cest asauoir ke cil et celles ki chi apres seront nomet me doiuent me rente de mes capons à me mote à Breillon, au Noel.

Sest asauoir : *Pieres Giuars*, ij capons, de sen manoir kil a as Frasnoues et dou manoir l v li parchouniers maint, à le Lee rue, iiij capons. *Jehans dou Pont*, de sen manoir à Lee rue, iiij capons. *Pierone de Le Lee Rue*, de sen manoir à le Lee rue, v capons. *Jehans de Le Planke*, de sen manoir à Breillon, iiij capons.

Et pour cascune quinsainne ke je trairoie as eskieuins, pour le defaute de me rente, chius v celle ki en defauroit seroit à iij sols, se je nauoie me rente.

Et sest à sauoir ke tous les capons con me doit de me rente, ke on les me doit à Viteri, sans chiaus et celles ki chi deuant sunt nomet, ki me doiuent mes capons à me mote à Breillon, si ke deuant est dit.

Et sest asauoir ke toute lauainne et les deniers duisiens ke on me doit de rente au Noel, con le me doit à me mote à Breillon, v mounoie au vaillant dou pais. Et ki mauainne ne mes deniers duisiens ne me paieroit à me mote à Breillon, v mounoie au vaillant dou pais, au Noel, si con deuant est dit, il seroit à iij sols. Et pour cascune quinsainne ke je trairoie as eskieuins, pour le defaute de me rente, chius v celle ki en defaudroit seroit à iij sols, se je nauoie me rente.

Et se aucuns acatoit tiere ne heritage ou tieroit de Breillon, peruec kil ne se justichast par eskieuins, tout si acat et si markiet seroient nul.

Et ki as des jueroit, puis ke bans en seroit fais par eskieuins, il seroit à iij sols.

Et estraigne home v estraigne feme herbegeroit plus de une nuit et dun jour, puis ke bans en seroit fais par eskieuins, il seroit à iij sols par cascun jour kil le herbegeroit apries le premerain jour.

Et ki loiaus denrées de pain ne feroit par le dit des eskieuins, il seroit à iij sols et perderoit le pain.

Et ki escondiroit wage à prendre souffisant ki denrées venderoit, il seroit à iij sols, sauf chou ke on le doit racater dedens quinsainne.

Et ki fiert de palme, il est à v sols et se li ferus chiet de le keure, chius ki le fiert est à x sols. Et del cop de baston, à x sols et se li ferus chiet, chius ki le fiert est à xx sols et sil i a sanc, il est à lx sols, dont li ferus a xx sols et jou les xl sols.

Et ki fiert de coutiel, peruec ke sanc i ait, il est à lx sols, dont li ferus a xx sols et jou les xl sols et banis de le ville jusques au dit de mi et deskieuins.

Et ki darc trairoit, peruec ke sans en isse, il est à lx sols et banis de le ville jusques au dit de mi et deskieuins. Dont li ferus a xx sols et jou les xl sols.

Et de assaut de maison, à lx sols. Et sil le brise et il entre ens, à x lb. et chius qui on briseroit se maison en aroit le tierc des x lb. et jou les deus pars. Et cascuns de chiaus ki à le maison brisier seroit, à x lb.

Et ki porteroit arc, ne saiete, ne coutiel à meure, ne hace, ne pafus (1), ne autres armures deffendues à porter, puis ke bans seroit fais par eskieuins, il seroit à iij sols et les armures perdues, peruec kil ne soit estraignes et trepassans parmi le ville.

Et sest encore à sauoir con doit remuer, cascun an, eskieuins de par le seigneur, à cascune Candeler et en doit li sires prendre ij et li doi eskieuin doiuent prendre les autres iij, pour le mius kil saront et ni doit auoir par tout ke v eskieuins. Et doit encore li sires prendre le maieur par le conseil de lui et deskieuins

Et si puet on bien plaidier de toutes choses ki auenroient ou tieroit de Breillon, deuant le maieur et deuant les eskieuins, sans men heritage amenrir. Et ki de men heritage volroit plaidier, il len couuenroit plaidier pardeuant le seigneur de Breillon.

Et sest à sauoir ke, se eskieuin enseignoient par loy au maieur kil arriestast v home v feme, metre i doit li sires main. Et se chius v celle à cui li maires aroit mis main lesforchoit et il en semonoit les homes ki entour lui seroient de lui aidier, chius ki ne li aideroit seroit à xx sols. Et croire doit on le maieur, sour sen sairement, de lo semonsse.

Et sest encore à sauoir ke de toutes les enfraintures et de toutes les choses ki poroient auenir en aucun taus, de quel chose ke ce fust, eu men pourpris de me maison de Breillon, ke li eskieuin ne sen doiuent meller, ne amende, ne droiture demander, ains affiert del tout à amender à mi et à mes hoirs, ensi ke nous veriens ke boin seroit.

Et sest encore à sauoir ke tout cist denier ki chi sunt

(1) *Pafustum*. Du Cange, *Glossarium*, Paris, 1845, in-4, V, p. 8.

deuiset doiuent estre parsis v le vaillant de parsis. Et sunt tout et doiuent estre, ensi kil eskieront, à mi et à mes hoirs, fors chiaus ki en sunt ostet, là aucun doiuent partir contre mi, ensi com chi deseure est deuiset.

Et de tous les cas ki auenroient ou tieroit de Breillon, ki à justichier se feroient par eskieuins, de quoi ceste chartre ne parole, eskieuin de Breillon en doiuent aler à enqueste à Saint Amant, peruec kil nen soient sage et li sires v ses maires les i doit mener et ramener, au coust dou pierdant.

Et pour chou ke jou, GILLES DE DOUAY, cheualiers deuant dis, voel ke toutes ces choses soient fermes et estaules et bien tenues heritaulement de mi et de mes hoirs, ai jou, GILLES, cheualiers deuant dis, ces lettres saielées et confremées de men propre saiel, à le requeste et à le priere de mes homes et de mes tenans de Breillon deuant dis. Et si fianchai et jurai, comme loiaus cheualiers, à tenir bien et loiaument, pour mi et pour mes hoirs heritaulement, toutes les deuises et les choses deuant dites, à mes homes et à mes tenans de Breillon deuant dis et à leur hoirs, tout ensi comme deseure est dit. Et si en renonchai, en tant comme à chou, à tous drois et à toutes lois, à toutes frankises, à tous warans de seignerages, quel kil fussent et à toutes les choses ke jou poroie dire v metre auant, encontre ceste chartre, ki aidier me poroient et greuer v nuire mes homes et mes tenans de Breillon deuant dis, ne leur hoirs, dendroit ces couuenences deuant dites.

Et pri et requier à mon tres chier seigneur, monseigneur *Amourri de Landast*, cheualier, kil à cesti chose sasenche et voelle à ces lettres pendre sen saiel avoec le mien.

Et jou, *Amolris*, cheualiers, sires de Landas et de Bouueignies, fach à sauoir à tous, ke jou ai toutes ces choses loées et graées et mi sui assentis, pour bien et pour pais, parmi le conseil ke jou en euch de mes homes et ai à ces presentes lettres fait pendre men saiel, à le pryere et à le requeste de GILLION, cheualier deuant dit et de ses homes et ses tenans deuant dis, auoec le saiel GILLION, cheualier deuant dit.

Co fu fait en lan del Incarnation Nostre Seigneur M cc et lxvj, el mois dauril, le jour de Pasques flories.

<small>Archives départ. Liber albus S. Amandi, cartul. de l'abbaye de St-Amand, du commencement du XIVe siècle, pièce lxxv, folios lxv verso à lxvij.</small>

CLXXXVI.

Acte relatif à la vente de la seigneurie de Brillon, mouvant de Landas, faite par Gilles de Douai, chevalier, à son suzerain, Bauduin de Mortagne, chevalier, sire de Landas (1). — 1285, mai.

Jou GILLES DE DOUAY, cheualiers, faic sauoir à tous chiaus ki ces lettres veront et oront, ke jou ai encouvent à monsigneur *Bauduin de Mortaigne*, cheualier, pour pais de chiaus ki le tierc de Brillon, ki fu mine, poroient acater à monsigneur *Bauduin* deuant dit, fust à eglise, fust à lai home, nient pour droiture ke jou y aie, ne mi hoir, ne ne clame, ke ce ne soit boins iretages monsigneur *Bauduin* deuant noumet et ai encouvent ke à cui ke mesires *Bauduins* deuant dis venge la tierc de Brillon, soit à eglise, soit à autrui, ke tel droit ke jou onques y cucque, [ne] mi hoir, nous le quitons, ne nul droit nous ni auons à quan-

(1) Il avait acheté Brillon pour l'abbaye de St-Amand, qui obtint alors du comte de Flandre la mise hors fief et l'amortissement de cette terre, sous la réserve de la haute justice.

ques je tient onques dou signeur de Landast, si ke de le tenanche de Brillon, ne nul droit nous ni demandons.

A ces coses et à ces couvenenches oblige jou mi et le mien, partout, se jou aloie de nule cose encontre et woel ke mesires *Bauduins* devant noumés, ou chius qui il y meteroit, me puist faire arester en quelconques signerage ke ce soit, se de riens aloie encontre les couvenenches deseure dites.

Et pour chou ke ce soit ferme cose et estaule, si ai jou, Gilles deseure dis, ces presentes lettres données en tiesmonage, saielées de men propre saiel, ki furent données en lan del incarnation Jhesu Crist mil cc quatre vins et cuinc, el mois de mai.

Bibl. nation. départ. des manuscrits, collection Moreau, vol. 207, 1284-1285, f. 254, avec cette mention : « Je soussigné, religieux de la congrégation de Saint Maur, certiffie avoir transcrit et collationné la présente copie, sur titre en parchemin, large de sept poulces quatre lignes, sur six poulces moins une ligne de hauteur, tout compris, auquel tient, à simple queue de parchemin, partie du scel, empreint sur cire verde. Trouvé au chartrier de l'abbaye de Saint-Amand, située en Flandre françoise. Fait le 7e février 1773. *Queinsert.* »

Au f. 255, un dessin du fragment d'un grand sceau armorial, au chef d'hermines (?) chargé d'une fasce vivrée (?), avec la légende : *S. Gilles de Dovai chevalier....* .. .. (sire de Brillon).

Cette charte est transcrite dans le *Liber albus S. Amandi* (cartul. du commencement du XIVe siècle, aux Archives dédépart.), pièce lx, f. lvj verso.

CLXXXVII.

Traité conclu entre le capitaine des frontières de Flandre, au nom du Roi, d'une part, Bauduin de Mortagne, chevalier et Jean de Landas, son fils, d'autre part, pour la cession au Roi de la baronnie de Mortagne et de l'office féodal de châtelain de Tournai, moyennant l'érec-

tion de la terre de Landas en baronnie, avec droit de haute justice et accroissement de terre jusqu'à concurrence de 800 livres de rente. — Lille, 15 novembre 1313.

A tous chiaus ki ces presentes lettres verront et oiront. PIERRES DE GALLART, chevaliers du roi de France no signeur, maistres de ses arbalestriers et capitaine de par lui es parties de Flandres, BAUDUINS DE MORTAIGNE, chevaliers et JEHANS DE LANDAS, fius dou dit monsigneur *Baud.* salut. Sachent tout ke, comme li lius, li tiere de Mortaigne et toute li baronnie et li castellenie de Tournai et tout li autre liu appendant de icheaus, auoec tous les drois, jurisditions et appartenances, rentes et tous autres emolumens et obuentions quel kil soient, ki auenir pooient et deuoient de la ditte baronnie de Mortaigne et de la castellenie de Tournai, en Tournesis et en tous autres lius, pour quescunques raisons et causes ke ce fust, eussent estei mis et tenu longhement en le main du roi de France Nossr, en tout ou en partie, pour pluiseurs fourfaitures ke *Marie*, dame de Mortaigne, ki darrainement fu et si ancisseur, signeur de Mortaigne, auoient fourfait, ou autres par leurs commandemens, si que on dissoit, ou eaus aians pour forme aussi comme fait pour eaus et en leurs nons, pour quoi toutes les choses dessus dittes et cascune dicelles auoec leurs appartenances estoient encourues et fourfaites au Roi no signeur, si comme nous *Pieres de Gallart* dissions. Et apres la mort de la ditte dame de Mortaigne, nous *Baud.* et *Jeh.* ses fius, dessus dit, comme li plus prochain hoir de la ditte dame en tous ses biens, si comme li plus prochain de son linage, auons requis pluiseurs fois au Roi Nosr et à sen consel, ke tout li bien de la baronnie de Mortaigne, de la castellenie de Tournai et tout li autre bien meuble et non meuble, ke la ditte dame auoit et tenoit et pooit et deuoit tenir entirement, nos fuissent deliuret et bailliet en maniere ke nous en peussiens goir entirement. Et nous *Pier. de Gallart* dessus dis, en non du Roi Nos', meimes auant et deimes pluiseurs raisons et causes pour quoi li dit liu et les appartenances ne leur deuoient mie estre deliuret, ains deuoient demorer au Roi Noss', comme ses propres yretages, pour droit et p[ou]r raison, p[a]r loi, par coustume et usage de pais, p[ou]r le raison des fourfaitures ki deuant auoient estei fourfaites.

A le parfin, p[a]r traitement de pluiseurs amis de cascune des parties, p[a]r consel de boines gens et pour bien de pais, nous *Pier. de Gallart* dessus dis, ou non du Roi Nos' et de ses successeurs et nous *Baud. de Mortaigne* et *Jeh. de Landas*, ses fius, dessus dit, pour nous et pour nos successeurs, auons acordei ke li Rois Noss', ou autres pour lui, doit donner, baillier et deliurer au dit Mons' *Baud.* wit cens liurées de tiere au fort par[isis], à pris juste et loial, fait par le prisié dou pais là où li tiere sera assise, les queles wit cens liurées de tiere dessus dittes li dis Mes. *Baud.* et si successeur tenront yretaulement et frankement en baronnie du Roi Nos' et lui seront assignées ou roiame de France, en liu conuingnable, là il plaira au Roi et à son consel, dedens le jour des Brandons (1) prochainment venant. Le quele tiere, en quel liu kelle soit assise, li Rois doit tenir et faire tenir paisible au dit Mons' *Baud.* et à ses successeurs. Et de tant comme li dis Mes. *Baud.* ou si successeur detrieroient ou aroient defaute des wit cens liurées de tiere dessus dittes, en tout ou en partie, p[ou]r le deffaute del assignation deuwe estre faite dedens le terme dessus dit, il aura de mois en mois (2) à le quan-

(1) 17 février 1314 (n. st.).
(2) Il y a un blanc dans la charte.

titei kil deuroit recheuoir des wit cens liurées de tiere dessus dittes, sil en estoit en saisine.

Item, ke toute li tiere ke li dis *Jeh. de Landas* tient, ki eskeuwe li est de par se mere (1), sera mise et ajoustée auoec lommage et en lommage des wit cens liurées de tiere dessus dittes, ke on doit baillier et deliurer audit Monsr *Baud.* apres le deces du dit Monsr *Baud.* Et ara li dis *Jeh.* les quatre cas de haute justice ke li Rois a en toute le tiere dessus ditte, ki li est eskeuwe de par se mere. Et tout che tenra il en barounie auoec les dittes wit cens liurées de tiere.

Item, ke li Rois Noss^r, ou autres pour lui, donra et paiera audit Monsr *Baud.* ou à ses successeurs trois mille lb. par[isis] fors, compté un gros tournois pour dis deniers et maille, ou autre monnoie al auenant, à le requeste dou dit Monsr *Baud.* ou de ses successeurs.

Item, li Rois Noss^r sera kierkiés de paiier toutes les debtes, dons et autres coses en quoi li ditte dame de Mortaigne pooit et deuoit estre tenue raisonnablement au jour de sen trespas, especialment de cel kelle pooit deuoir et estre tenue deuwement au signeur de Destre, à Monsr *Jeh. de Bellare*, au signeur de Rume, au *Brun de Roumeries* et à toutes autres personnes queles kelles soient. Et en aquitera le dit Monsr *Baud.* et ses successeurs et de tous cous et damages kil i poroient auoir.

Et de toutes les choses dessus dittes ara li dis Mes. *Baud.* pour lui et pour ses successeurs, lettres du Roi Nos^r (2), teles kelles deuront souffire au dit Monsr *Baud.* et à son consel.

Et nous *Baud.* et *Jeh.* ses fius, dessus dit, les lettres

---

(1) Béatrix, héritière de Landas.
(2) Voir CLXXXIX.

euwes du Roi Nos' de confirmation de toutes les choses dessus dittes, laisserons, quiterons, baillerons perpetuelment, pour nous et pour nos successeurs, au Roi Nos' et à ses successeurs, toute le tiere, le liu, le baronnie de Mortaigne, le castellenie de Tournai et tous les autres lius dependans dicheaus, ki à nous et à nos predecesseurs, signeurs de Mortaigne, pooient et deuoient, pueent et doiuent appartenir, soient justices, rentes, possessions, donmaines, fief, arrierefief nobles et autres redeuances et toutes autres coses queles kelles soient. Et transporterons du tout en tout au Roi Nos' la proprietet, la possession, tout autre droit et raison ques kil soit, ke à nous appartiegne et appartenir doie et ki à nos ancisseurs, signeurs de Mortaigne, apparteinst et appartenir peuist, en quelcunques maniere ke ce fust (1). Et volons et otroions kil puist prendre, par se propre auctoritei, p[ou]r soi ou p[ou]r autrui, la possession des choses dessus dittes et prise retenir.

Et prometons en boine foi, cascune des parties, ke nous ne ferons ne dirons riens p[a]r quoi les couuenences dessus dittes puissent estre rompues, anullées ne empechiés en tout ne en partie. Et nous *Baud.* et *Jeh.* ses fius, dessus dit, prometons sollenneument ke nous liuerrons au Roi Nos' toutes lettres, instrumens en toutes les manieres et tant de fois com il plaira au Roi Nos' et toutes autres choses ke nous porrons, p[a]r quoi les couuenences dessus dittes soient entirement gardées fermes.

Et de toutes les choses dessus dittes, acordées en le fourme et en le maniere ke dessus est deuiset, les dittes parties requisent à moi notaire publike, chi desous nommet, ke je leur en fesisse instrument publike, un ou pluiseurs,

---

(1) Le transport fut effectué par lettres du mois de janvier 1313, vieux style; voir le n° suivant.

les ques instrumens les dittes parties promisent et eurent en conuent à seller de leurs seaus, en tesmoignage de veritet.

Che fu fait à Lille, juesdi apres le feste Saint Martin en yuier, en lan de grace mil trois cens et treze, en le presence Mons' *Pierre du Bruech*, adont gouuerneur de Lille, Mons' *Juis de Ruit*, Mons' *Jak. de Sains*, Mons' *Pierre de Senghin* (1), chevaliers et mon signeur *Gheraut dou Tillet*, doctour en loi, cannone de Cambrai, tesmoins as choses dessus dittes, priiés et requis et appiellés.

En tesmoignage des choses dessus dittes, nous *Pier. de Gallart*, ou non dou Roi Nos^r et nous *Baud. de Mortaigne* et *Jehans de Landas*, ses fius, dessus dit, auons seellées ces presentes lettres de nos seaus, lan et le jour dessus dis.

Et je *Rikiers Souplest*, clers, notaires publikes del auctoritei imperial, au mandement especial des dittes parties, ai toutes les choses dessus dittes escriptes de me propre main et mis men signe acoustumei en tesmoignage ke toutes les choses dessus dittes ont estei faites en le maniere com dessus est contenut, priiés et requis, pour ce faire, des dittes parties, en le presence des tesmoins dessus dis.

Archives nationales, Trésor des chartes, layette Mortagne, carton J 529, pièce n° 50.
Pour les sceaux de Pierre de Galart et de Bauduin de Mortagne et le contre-sceau de Jean de Landas, appendus au traité, Cf. Douët d'Arcq, *Collection de sceaux*, Paris, 1863, in-4, I, n°s 223, 2976 et 2528.

(1) Beau-père de Jean de Landas et seigneur de Sainghin-en-Mélantois, terre mouvant de Roubaix en justice vicomtière. Cf. Douët d'Arcq., *Collection de sceaux*, Paris, 1867, in-4, II, n° 3603 : son sceau, de l'an 1311, appendu par lui comme homme de la Salle de Lille.

CLXXXVIII.

Transport de la baronnie de Mortagne et de la châtellenie de Tournai fait au Roi, qui en échange abandonne à Jean de Landas l'hommage de ce que le sire de Sainghin-en-Mélantois tenait du Roi, avec la haute justice de la terre dudit Sainghin et l'hommage de ce que le sire de Gouzeaucourt tenait du Roi à Landas, avec la haute justice de ce fief. — Quant au surplus des 800 livres de rente promises, le Roi l'assignera à Bauduin de Mortagne, chevalier, pour être du ressort du bailliage royal de Lille, comme les assignations précédentes. — En outre le Roi a donné « hors pris » audit Jean de Landas la haute justice de la seigneurie de Landas mouvant du château de Douai, pour le tout, avec ce que le Roi lui a déjà assigné, tenir du Roi en baronnie. — Après la mort dudit Bauduin de Mortagne, la terre que le Roi lui aura assignée accroîtra la susdite baronnie. — 1313 (vieux style), janvier.

A touz ceus qui ces presentes lettres verront et orront. BAUDUINS DE MORTAINGNE, chevaliers et JEHANS DE LANDAS, filz et hoirs dou dit *Bauduin*, escuiers, salut. Sachent tuit que nous auons delaissié, otrié et quitté à tres excellent et puissant prince nostre tres chier seigneur, Monsr *Ph^e*, par la grace de Dieu, roy de France, à perpetuité, pour li, pour ses hoirs et ses successeurs, en non et pour cause de pur et loyal eschainge, tout le droit et toute laction que nous auions ou peussions auoir et demander en toute la terre de Mortaingne et des appartenances, en toute la baronnie et la chastelenie de Tournay et en touz les autres lieus en Tournoysiz et ailleurs, appartenanz et appendanz aus dites terre, baronnie et chastelenie et en toutes autres choses

quelles que elles soient, en quelsconques lieus et pr[o]ffiz
elles soient, qui à nous appartenoient et pooient et deuoient
ou peussent et deussent appartenir, pour la raison et la
cause de la succession de ma dame *Marie*, dame jadis de
Mortaingne, niece de moi *Bauduin* deuant dit. Et li diz
nostre sires li Roys, en restor et en recompensation des
choses dessus dites, est tenuz et a pr[o]mis à faire et à asseoir à moi *Bauduin* dessus dit, pour moi et pour mes hoirs
et pour mes successeurs, à perpetuité, huit cens liurées de
terre à par[isi]s par an, à prisier de tel prisiée et de telle
monnoie que on prisoit et que couroit au temps de Monsr
saint *Loys*, ayeul dou dit nostre seigneur le Roy, p[a]r le
pris (1) de Monsr *Jehan Cosset* et de Monsr *Jacques de
Sains*, chevaliers, nommez et esleuz de par le dit nostre
seigneur le Roy, de Monsr *Jehan dAule* et de Monsr *Michiel* dit *le Juyf de Ruit*, chevaliers, nommez et esleuz de
par nous. Des quelles huit cens liurées de terre li diz nostre
sires li Roys assiet des maintenant à perpetuité à moi *Jehan
de Landas* deuant dit, pour moi, pour mes hoirs et pour
mes successeurs, à la requeste, par le gré et lotroi de moi
Bauduin deuant dit, pere dou dit *Jehan*, loumage de tout
ce entierement que li sires de Saintghin en Melentois tient
dou dit nostre seigneur le Roy et touz les quatre cas de
haute justice que li diz nostre sires li Roys auoit en toute
la terre de Saintghin en Mellentois et des appartenances
et dependances diceli, tant en celi que messire *Pierres*, chevaliers, sires de Saintghin, tient, de quelconques seigneurs
que il le tiengne, comme en celi dont *Marie*, fame de moi
Jehan deuant dit, est heritée, p[ou]r le pris de trente liures
par[isi]s par an, en rabat des huit cens liurées de terre
dessus dites.

(1) La prisée.

Item, li diz nostre sires li Roys baille et donne, en non dassiete, par le gré et lotroi et à la requeste de moi *Bauduin* deuant dit, à moi *Jehan* dessus dit, à perpetuité, pour moi et pour mes hoirs et pour mes successeurs, loumage de tout ce que messires *Hellins*, chevaliers, sires de Goisicourt, tenoit dou dit nostre seigneur le Roy en la ville de Landas, ou terrouer et es appartenances de la dite ville et toute la seignourie et justice haute et basse que li diz nostre sires li Roys auoit ou pooit auoir ou dit houmage et en toutes les choses dessus dites, appartenanz au dit houmage, par le pris des quatre chevaliers dessus diz, en rabat et descompt des dites huit cens liurées de terre.

Et le remanant des dites huit cens liurées de terre li diz nostre sires li Roys est tenuz et pr[o]met à asseoir à perpetuité à moi *Bauduin* deuant dit, pour moi et pour mes hoirs et pour mes successeurs, en son royaume, en lieu conuenable là où il plaira à moi *Bauduin* deuant dit et à mon conseil, là où li diz nostre sires li Roys le me porra asseoir en bonne maniere, p[a]r le pris des quatre chevaliers dessus diz, dedenz le jour des Brandons pr[o]chainement venant, à ses propres couz et fraiz pour ses genz nommées de p[a]r li à la dite prisiée faire et auec touz couz et touz fraiz que nous auriens, encourriens ou soustendriens pour la faute de la dite assise et que nous feriens ou soustendriens en poursiuant le dit nostre seigneur le Roy, pour la defaute de lacomplissement de la dite assise, puis le dit terme des Brandons, jusques à tant que ele seroit faite, parfaite et acomplie dou tout de point en point. Et de tout ce que li diz nostre sires li Roys a assiz ci dessus des dites huit cens liurées de terre et asserra de ce que asseoir en est, en quelconques lieu que il lait assiz et asserra, je li deuant diz *Bauduins*, mes hoirs et mes sucesseurs tenrons franchement à perpetuité en fief dou dit nostre seigneur le Roy, de ses hoirs et de ses successeurs et serons de sa baillie de Lisle.

Item, li diz nostre sires li Roys a donné et donne à moi *Jehan de Landas* dessus dit, heritablement pour moi, pour mes hoirs et pour mes successeurs, hors pris, toute la haute justice que il auoit ou pooit auoir et toute terre que je li diz *Jehans* tieng de li à Landas, à Bouuignies, à Namaing, en toutes les appartenances et dependances des lieus dessus diz, tant es choses qui sont tenues de moi *Jehan* deuant dit, en fiez et en arrerefiez ou en autre maniere, es lieus deuant diz et es appartenances, comme en mon propre dommaine. Le quel don dessus dit, que li diz nostre sires li Roys a fait à moi *Jehan* dessus dit, auec tout ce que il ma assiz par dessus, en rabat des dites huit cens liurées de terre, par le gré de moi *Bauduin* deuant dit, si comme dit est et tout ce que je *Jehans* tenoie dou dit nostre seigneur le Roy; en foy et en houmage, dependant de son chastel de Douay, auant que ceste assise ne ce don dessus nommé me fussent assiz ne fait, je, mes hoirs et mi successeur tendrons tout dou dit nostre seigneur le Roy, de ses hoirs et de ses successeurs, en la maniere et ou ressort que dessus est dit, en un meesme hommage, franchement et en une baronnie perpetuelment. Et toutes ces choses dessus dites tendrons nous en baronnie, tout aussi franchement comme messire *Jehans*, chevalier, jadis sires de Mortaingne, peres à la dite ma dame *Marie*, dame de Mortaingne, derrainnement trespassée, tint onques la baronnie de Mortaingne, quant il la tint onques plus franchement, pour nous, pour nos hoirs et pour nos successeurs.

Et se il auenoit que il defaillist de moi *Bauduin* deuant

dit et la terre, que li diz nostre sires li Roys ma assise et asserra, en acomplissant les dites huit cens liurées de terre, escheist à moi *Jehan* dessus dit, à mes hoirs et à mes successeurs, nous tendriens toute la dite terre à un meesme hommage et à un meesme seruice, auec toutes les choses dessus dites, que je *Jehan* deuant dit tieng dou dit nostre seigneur li Roy, franchement en baronnie, aussi comme dessus est dit. Et nous a li diz nostre sires li Roys promis et encouuenancié toutes les choses dessus dites à faire et aemplir, à tenser et à garantir contre touz et enuers touz, pour tant comme il touche et appartient et puet et doit appartenir à nous, à nos hoirs et à nos successeurs et à chascun de nous.

Item, auec toutes les choses dessus dites, li diz nostre sires li Roys a promis et a encouuent à acquitier et à deliurer tout net, tout quitte et tout deliuré, sanz fraiz, sanz couz et sanz domages, moi *Bauduin* deuant dit, mes hoirs et mes successeurs et touz ceus qui de moi ont ou porront auoir cause, enuer touz, de toutes debtes, couuenances, dons, lais, restitutions, testamenz, obligations et de toutes suites et ressuites, de quoi ou pour quoi len siuroit ou approcheroit moi *Bauduin* dessus dit, mes hoirs et mes successeurs, pour la cause dou formort de la succession et de lescheance de la dite madame *Marie*, jadis dame de Mortaigne et chastellaine de Tournay, si comme toutes ces choses sont plus plainnement, auec autres, contenues es lettres dou dit nostre seigneur le Roy, quil nous a bailliées (1) seur ce.

Nous *Bauduins* et *Jehans* dessus dit le dit eschainge et toutes et chascunne les choses ci dessus contenues laissons, approuuons et otroions et les promettons à tenir et à garder à touz jours et ou non et pour cause dou dit eschainge, dou

---

(1) Probablement le jour même, à Poissy; voir le n° suivant.

don, des promesses et couuenances dessus diz, otrions, quittons, delaissons et guerpissons au dit nostre seigneur le Roy, pour li, pour ses hoirs et pour ses successeurs et en li transportons dou tout, par le bail de ces presentes lettres, toutes les actions, proprietez, saisines, justices et seignouries et touz autres droiz qui à nous appartenoient et pooient et deuoient, peussent ou deussent ou temps auenir appartenir en tout le chastel, la ville et la terre de Mortaingne, la chastelenie et la baronnie de Tournay et en toutes leur appartenances et generalement en touz les biens à la dite ma dame *Marie*, quelque il fussent et en quelsconques lieus et pr[o]ffiz il fussent ou deussent estre. Et tout soit il que les choses dessus dites aient ou temps passé plus valu ou plus vaillent de present ou peussent ou temps auenir plus valoir, tout le plus nous donnons, quittons, otrions, delaissons et guerpissons dou tout au dit nostre seigneur le Roy par don fait entre vis et sanz esperance de rappeler, à touz jours, pour li, pour ses hoirs et pour ses successeurs et en li transportons du tout, par le bail de ces presentes lettres. Et prometons, sus lobligation de nous, de nos hoirs et de nos successeurs et de nos biens et des leurs, que, contre les choses dessus dites ou aucunes de elles, nous ne venrons, ne ne ferons venir par nous, ne par autre, ou temps auenir, aincois les emplirons, tenrons et garderons à touz jours fermement et loyaument. Et renoncons en ce fait à lexception de deceuance outre la moitié de la value des choses dessus dites et à toutes autres exceptions, deceptions barres et cauteles qui porroient estre dites et proposées contre les choses dessus dites ou aucunes de elles et especialment au droit qui reprueue general renonciation et volons que ceste general renonciation vaille en touz les cas que lespecial porroit ou deuroit valoir.

En tesmoing de ce, nous auons mis nos seaus en ces presentes lettres, qui furent faites lan de grace mil trois cens et treze, ou mois de januier.

> Archives nationales, carton J 529, pièce n° 51.
> Les deux sceaux manquent, qui pendaient à des lacs de soie rouge.

CLXXXIX.

Erection par le roi Philippe le Bel de la terre de Landas en baronnie, au profit de Jean de Mortagne, écuyer, sire de Landas. — Poissy, en janvier 1313, vieux style (1).

Phl^e, par la grace de Dieu, roy de France, faisons savoir à tous présens et advenir que, comme *Bauduin de Mortaigne,* chevalier et *Jehans de Landas,* fils et hoir au devant dit *Bauduin,* aient délaissé, otrié et quitté à nous, à perpétuité pour nous et pour nos hoirs et nos successsurs, en nom et pour cause de pur et loyal eschange, tout le droit et toute l'action que ils avoient ou peussent avoir et demander en toute la terre de Mortaigne et des appartenances . ... qui a eus appartenoient.... de la succession de *Marie,* jadis dame de Mortaigne, nièce au dessus dit *Bauduin.* Nous, en restor...... sommes tenus et promettons à faire et asseoir audit *Bauduin,* pour lui et pour ses hoirs et pour ses successeurs, à perpétuité, huit cens livrées de terre...... de telle monnoie que on prisoit et que couroit au temps de Monsr saint *Loys,* nostre ayeul, par le pris de *Jehan Cosset* et de *Jacques de Sains,* chevaliers, nommez et esleuz de par nous, de *Jehan d'Aule* et de *Michiel* dit *le Juif de Ruit,* chevaliers, nommez et esleuz de par les-

---

(1) Le texte de ces lettres patentes, que nous ne reproduisons qu'en partie, est en touts points semblable à celui du n° précédent.

dits *Bauduin* et *Jehan*, son fiuz. Desquelles huit cens livrées de terre nous en asseons dès maintenant et à perpétuité audit *Jehan de Landas*, pour li, pour ses hoirs et pour ses successeurs, à la requeste..... dudit *Bauduin*, son père, chevalier, l'ommage de tout ce entierrement que li sires de Sanghin en Melentois tient de nous et tous les quatre cas de haute justice que nous avions en toute la terre de Sanghin...... tant en celi que *Pierres*, chevalier, sire de Sanghin, tient, de quelconques seigneurs que il le tiengne, comme en celi dont *Marie*, fame audit *Jehan*, est héritée...

Item, nous baillons et donnons, en nom d'assiette, par le gré et l'otroi et à la requeste dudit *Bauduin*, audit *Jehan*, son fils, à perpétuité, pour li et pour ses hoirs et pour ses successeurs, l'hommage de tout ce que *Hellins*, chevaliers, sires de Goisicourt, tenoit de nous en la ville de Landas..... et toute la seignourie..... que nous avons ou poions avoir oudit houmage.....

..... Nous sommes tenus et promettons à asseoir à perpétuité audit *Bauduin*, pour li et pour ses hoirs et pour ses successeurs, en nostre royaume...... là où il plaira audit *Bauduin* et à son conseil, là où nous li porrons asseoir.... à nos propres couz et frais pour nos gens nommés de par nous..... et avec tous couz et tous frais que ils auroient, encourroient ou soustenroient pour la faute de ladite assise et que ils feroient et soustenroient en nous poursivant pour la défaute de l'acomplissement de ladite assise..... Et de tout ce que nous avons assis ci dessus..... et asserrons.... en quelconques lieu que nous l'ayons assis et asserrons, ledit *Bauduin*, si hoir et si successeur tenront franchement à perpétuité en fief de nous et de nos hoirs et de nos successeurs et seront dou ressort de nostre baillie de Lille.

Item, nous avons donné et donnons audit *Jehan de Landas* héritablement pour lui, pour ses hoirs et pour ses successeurs, hors pris, toute la haute justice que nous avions ou poyons avoir ... toute la terre que ledit *Jehan* tient de nous à Landas,..... tant ès choses qui sont tenues de li en fiez,.... comme en son propre dommaine. Lequel don dessus dit, que nous avons fait audit *Jehon,* avec tout ce que nous li avons assis par dessus..... par le gré dudit *Bauduin*..... et tout ce que ledit *Jehan* tenoit de nous...... dépendant de nostre chasteau de Douay, avant que ceste assise ne ce don dessus nommé li fussent de nous assis ne fait, lidis *Jehan*, si hoirs et si successeurs tenront tout de nous, de nos hoirs et de nos successeur..... Et toutes ces choses dessus dites tenront lesdis *Bauduin* et *Jehan de Landas*, ses fils et ses hoirs, en baronnie, tout aussi franchement comme *Jehans*, chevalier, jadis sires de Mortaigne, père à ladite *Marie*, dame de Mortaigne...... tint onques la baronnie de Mortaigne......, pour eus, pour leur hoir et pour leur successeur.

Et se il avenoit que il defaillist dudit *Bauduin* et li terre que nous li avons assise et assenons..... escheist audit *Jehan*, à ses hoirs et à ses successeurs, ils tenroient toute ladite terre à un mesme hommage...... avec toutes les choses dessus dites, que ledit *Jehan* tient de nous, franchement en baronnie..... Et promettons et avons encouvenancié toutes les choses dessus dites à faire..... envers tous, aus dits *Bauduin* et *Jehan*, à leurs hoirs et à leurs successeurs, en tant comme il touche et appartient et puet et doit appartenir, à chacun d'eux.

Item...... nous promettons et avons encouvent à acquitier..... le devant dit *Bauduin*, ses hoirs et ses successeurs et tous ceus qui de li ont ou porront avoir cause, envers lous, de toutes debtes...... de quoi ou pour quoi len sivroit ou approcheroit ledit *Bauduin*, ses hoirs et ses successeurs, pour la cause dou formort de la succession et de l'escheance de ladite *Marie*, jadis dame de Mortaigne et chastellaine de Tournay.

Et pour ce que ces choses soient fermes et estables à tousjours, nous avons fait mettre nostre seel en ces présentes lettres, qui furent faites et données à Poissy, au mois de janvier, l'an de grace mil trois cens et treze.

Lesdites lettres estans en parchemin, saines et entières, seellées d'un seel en chire verde, à lacs de soye rouge et verde, auquel seel estoit imprimé l'effigie d'un roy couronnet.

Ladite copie a esté collationnée à autre semblable copie produite par messire *Pierre de Psalmier*, chevalier, Sr de Brimaigne, au procès qu'il a indécis, en la qualité qu'il traicte, au siege de la gouvernance à Douay, comme demandeur en matière et action de ratraicte lignagiere, allencontre de *Jacques de Baudain*, escuier, Sr de Mauville, aussi en qualité qu'il procède. Laquelle copie, produite audit procès, a esté collationnée et justifiée aux lettres originales produites par ledit Sr de Brimaigne : qui auroit esté trouvé concorder à ceste copie par nous *Jean de Lattre*, escuier, licencié ès deux droix, Sr d'Oudenhove, lieutenant de ladite gouvernance, le vije jour de novembre xv{c} lxj. Tesmoin, ainsi signé : J. DE LATTRE (1).

Archives municip. reg. aux plaids du bailliage, 157^-1587. f. 132.

(1) Copie produite en 1587 à l'appui d'une requête au conseil privé de Bruxelles, adressée par « George de Nedonchel, escuier, Sr de La Vicoigne », acquéreur de la terre de Bouvignies et y revendiquant la haute

Remarque sur les n⁰ˢ CLXXXVII à CLXXXIX.

D'après les conventions intervenues entre le Roi et l'héritier des antiques châtelains de Tournai, l'assignation des 800 livres de rente en terre devait se faire « dedens le jour des Brandons » (17 février) de l'an 1314, nouveau style ; mais elle ne fut réalisée qu'en novembre suivant.

Les commissaires, — qui avaient été nommés par le Roi, à Paris, le 12 février 1313 (vieux style), à la charge de procéder en présence du bailli de Lille (*dilectus et fidelis Petrus de Broco,* — du Breuc, — *ballivus Insulensis, miles noster*), — ne terminèrent leurs opérations que le 9 octobre 1314 ; c'étaient les quatre chevaliers précédemment désignés : Jacques de Sains, Jean Cosset, Jean d'Aulle et Michel d'Aulle, dit le Juif de Ruit. Voici le résultat de leurs estimations.

Pour une terre à Coutiches, que le Roi détachait de son domaine de Douai et d'Orchies, ils estimèrent le revenu, « parmi l'oumaige mon seigneur de Goysiaucourt et parmi l'oumaige de Roupi », à 50 livres 15 sols 4 deniers. Cette terre de Coutiches comprenait : seize hommes de fief, « tant

justice, à l'encontre des gens de la cour féodale du bailliage de Douai, qui la lui déniaient, lui ayant fait « sommation de soy depporter de prendre court et congnoissance de certain prisonnier qu'il a et tient en sa prison, chargé de boutefeu et aultres crimes enportans ladite haulte justice et de leur rendre et restituer icelluy, pour par eulx en cognoistre et juger ».

Il paraît que les prédécesseurs de Georges de Nédonchel à la seigneurie de Bouvignies, les d'Ollehain et les Psalmier, n'exercèrent pas la haute justice, malgré les lettres patentes de 1313. Il est possible que vers 1380, après la dislocation de l'ex-baronnie de Landas créée en 1313, le comte de Flandre ait retiré à lui la haute justice, tant pour Landas que pour Bouvignies.

Nous remarquons aussi qu'après la vente faite vers 1372, par la demoiselle de Landas, de sa terre de Sainghin-en-Mélantois, celle-ci non plus ne semble pas avoir joui davantage de la haute justice que lui avaient concédée les lettres patentes de 1313.

liges, comme à demi service, comme à sept sols et demi et comme à meneur service » ; — 62 « hostes, deus sols parisis pour le seignerie de l'oste » ; 115 « tenans, douze deniers pour la seignourie du tenant » ; des rentes en argent, en chapons, en « poulles et en avainne » (1). Quant à la haute justice, font observer les commissaires, « nous trouvames, par les hus et coustume dou pais, que il n'avoient onques veu prisier haute justice, ne ne sanloit mie con le deust prisier, parmi le grant coust que on y metoit au warder et parmi ce que elle vaut petit ». Finalement et après débat, les parties s'accordèrent pour « que on y mist à la quantité de x livres parisis par an, pour c livrées de terre. Si que nous y meismes c sols parisis par an, par acort ».

« L'oumage et le haute justice de la terre Monsr Perron de Senghin » avaient été estimés à 30 livres de rente « par la cort du Roy no seigneur, si qu'il appert par ses lettres » du 26 avril 1314.

A Mortagne, « seur les winages par terre et par yaue », etc. il fut assigné 519 livres 4 sols 9 deniers de rente.

Enfin les 800 livres furent parfaites au moyen de l'abandon que fit, « pour ledit nostre seigneur le Roi », son maître des arbalétriers, Pierre de Galard, d'une terre d'un revenu de 200 livres (2).

(1) Parmi ces rentes, estimées à 22 livres 16 sols 3 deniers, étaient celles du Bru, qu'un seigneur de Landas ne tarda point à détacher de sa baronnie, pour les vendre à un bourgeois de Tournai, Henri du Mortier. Vers 1350, les rentes du Bru appartenaient à Henri Prouvost, bourgeois de Tournai. (Hautcœur, *Cartul. de Flines*, I, 472-473.)

(2) Des lettres du Roi, à Arras, en juin 1314, constatent le transport à lui fait de « certaines terres » que le maître des arbalétriers « avoit à héritage en la baillie de Lille », afin de faciliter l'accomplissement de l'obligation du Roi envers l'héritier de la maison de Mortagne. — Arch. nation. Reg. JJ 50, pièce xxj, f. xx verso.
Ces terres, avec haute justice, étaient situées près de Mortagne (Noulens, *Docum. hist. sur la maison de Galard*, Paris, 1871, in-8, I, 349).

L'approbation royale fut donnée en novembre de la même année (1).

CXC.

Charte du sire de Landas et de Bouvignies, ber ou baron de Flandre, déclarant (2) que les Douaisiens sont exempts, dans sa terre, du droit de transit, appelé le vinage du Neuf-Pont, au-delà d'Orchies. — *1336, 16 juillet.*

A tous chiaus qui ches presentes lettres verront ou orront, JEHANS DE MORTAINGNE, chevaliers, sires de Landas et de Bouvingnies et bers de Flandres, salut. Sacent tout que, comme jou eusse trait en cause, en me court à Bouuingnies, *Mikiel de Flines*, cordewanier, bourghois de Douay, pour une amende de sissante sols parisis, que je li ametoie auoir fourfaite enviers mi, pour cause dou wisnage dou noef pont dela Orchies, auoir emporté de denrées faisant mener parmi le dit wisnage. Et sour chou, li eschevin de ledite ville de Douay meussent requis que leur dit bourghois vausisse laissier pasiule : car il moffroient à enfourmer souffissaument que, dou tamps passé et anchyen, il estoient en saisine, pour eaus, leurs bourghois et manans et de leur droit, de iestre quites, frans et deliurés dou dit wisnage paier, ne autre redeuance. A le quele information je les rechut.

(1) Archives nation. Reg. du Trésor des chartes, JJ 50, 1314-1315, pièce iiij ˣˣ xiij, f. lix verso.
(2) Les termes de l'acte et notamment l'obligation rigoureuse que s'impose ce seigneur peuvent faire penser que la ville de Douai venait d'acquérir de lui un privilège à beaux deniers comptants. Il aura paru préférable de donner à ce marché la forme d'une déclaration, plutôt que celle d'une vente.

Pour quoy je fay sauoir à tous que, par le dite information faite par mi souffissaument, je ay trouué que je, ne mi deuanchier, de tout le tamps dont il peut estre memore, neumes onques cause de siuir ne approchier, pour le dit wisnage, les bourghois et manans de le dite ville de Douay, leur denrées, ne leurs biens, ainchois recongnois que il en ont esté, sont et doiuent estre franc, quite et deliuré, il, leur bien et leur marchandises. Pour quoy, dou dit arriest et de tous autres, sil y estoient, soit par recreance ou autrement, je me sui delaissiés et delaisse dou tout, en prumettant, par men serement, que jamais empeechement ni meteray ne mettre ferai, par mi ne par autrui, à ce que li dit bourghois et manant de le dite ville de Douay, leur avoir et leur marchandises, desore mais en auant, ne puisse aler et venir pasiulement es franquement parmi le dit lieu et toute me terre, sans wisnage, ne autre redeuance paier. Et de chou je les garandirai et garandir ferai, enviers tous et contre tous. Et à tout chou tenir et aemplir fermement et entirement, je en oblege et ai obligié mi et mes hoirs, tous mes biens et les biens de mes hoirs, cateus et hiretages presens et auenir, pour prendre et justichier, vendre et adenerer, jusques à plain acomplissement de toutes les choses deuant deuisées.

En tiesmoing des choses deuant dites et pour chou que elles soient tenues fermes et estaules de mi et de mes hoirs à tous jours, jai ces presentes lettres seellées de men propre seel, dou quel je use.

Che fu fait en lan de grace mil troys cens trente et sis, seze jours el mois de jule.

<small>Archives municip. lay. CC 150, original avec le sceau en cire brune pendant à double queue de parchemin et la mention au dos, de la même époque : « Lettre de Mons. de Landas, de le frankise que li bourgois et manant de Douay ont parmi se terre et le noef pont dela Orchies. »</small>

Dans la même layette, un vidimus de la même charte, donné par les échevins de Douai, le 29 septembre 1412.

Le sceau de ce seigneur de Landas est décrit par M. Demay, n° 1183 de l'*Invent. des sceaux de la Flandre*.

CXCI.

Confirmation, par Jehan de Mortagne, sire de Landas et de Bouvignies, ber ou baron de Flandre (1), de la coutume de Bouvignies et spécialement de la charte du 14 juillet 1338, délivrée par son père.— 1355, 29 décembre.

Nous JEHANS DE MORTAIGNE, sires de Landas, de Bouuegnies et bers de Flandres, faisons sauoir à tous chiaus qui ches presentes lettres verront ou orront, que, en le presence et par deliberation de plusieurs de nostre conseil, avons veues, oyes et considerées unes lettres saines et entieres, données de feu no treschier et redoubté segneur et pere, Mons' *Jehan de Mortaigne*, segneur de Landas, qui Dieux faiche merchi, à nos amés et feauls gens, le mayeur, escheuins et communalté de lo ditte ville de Bouuegnies, contenans le fourme qui sensuit.

JEHANS DE MORTAIGNE, cheualiers, sires de Landas, de Bouuegnies et bers de Flandres, fai sauoir à tous que, comme me ville et me bonne gent de Bouuegnies me aient monstré aucunes choses dont il se disoient estre greué, pour che que il nestoient mie menet lonch les us et coustumes anchienes et me ont supplyet humlement que je me volsisse enfourmer par les anchiens, comment ne de quels choses il doiuent goyr, par quoy lor franchises lor fuissent gardées et

---

(1) Le valeureux messire Jean de Landas célébré par Froissart, favori du roi Jean, chevalier de l'ordre de l'Etoile à la création, régent du comté de Saint-Pol, à cause de sa femme, Jeanne de Fiennes, douairière dudit comté, tué au désastre de Poitiers, le 19 septembre 1356.

yauls maintenu en lor justes possessions et franchises paisiblement. Je, enclinans pour Dieu et pour lamour que je ay à yauls, men sui enfourmés et, pour declarer, pour my et pour mes hoirs ou tamps avenir, que lor franchises soyent gardées et toutes choses menées au proufit commun de la ditte ville et des bonnes gens qui y sont ou serront manant, lor otrie toutes les choses chi apries escriptes et deuisées en ches presentes lettres, desqueles je me sui enfourmés que anchiennement on les a menés, ensi que chi apriez sera dit et deuiset.

Premiers. Se aucuns hom ou femme de le ditte ville est arrestés, pour quelconques fait que che soit, en le ditte ville ou en lescheuinage, on le doit amener deuant les escheuins et doiuent li dit escheuin congnoistre se li cas est teuls que il pertiegne à lor jugement. Et se li cas pertient à mort domme, il ne doiuent ne poeent jugier, ansois le doit li sires mener par le loy de ses hommes de fief, excepté que che qui est en le volenté dou segneur à jugier, si que il apport par les anchiennes cartres seellées du seel Monsʳ *Amourry de Landas*, qui parollent de le loy que li dis messires *Amourris* otria à chiaus de Bouuegnies (1),

---

(1) Ceci semble se référer non seulement à la charte très sommaire de 1233 (n° CLXXXIII), mais aussi à une autre du même seigneur, que nous n'avons pas et encore à une coutume rédigée à la même époque, qui vers 1580 reposait « au ferme » des échevins et dont une copie, malheureusement très défectueuse, prise alors, occupe les folios j à v recto du cahier déjà cité, conservé au greffe de la Cour.
Cette coutume est divisée en 22 articles, dont le premier porte : « Quiconque met main à homme u à femme par yre, il eskeu en l'amende de 60 sols « douisiens. S'en a le maire » 5 sols. — Le 12ᵉ article règle le « ravestissement » entre époux, d'une manière analogue à la coutume de Douai. — D'après le 20ᵉ, les rentes seigneuriales en nature se payaient « à le mesure de Landas ». — On y remarque plusieurs formules et par exemple celle du 21ᵉ article, que doit employer l'échevin « semons » par le seigneur « d'aller faire » la corvée : « — Sire! je ne feray poinct de » courouwée : car je suis eschevins. Mais s'il vous plaist, je yray warder » ceulx quy les font. »

che demeure en le volenté dou segneur, ensi que ens es dittes cartres est contenu.

Item, se aucuns de le ditte ville est arrestés pour cas qui touche à debtes ou à amendes dargent, se che nest de chose qui soit congneute ou jugié ou de claim fait par loy, il doit estre recreus par caussion, se li escheuin le conseillent. Et se il ne poeent caussion faire et il estoit retenus emprison, il ne doit payer que sys deniers parsis, le jour de prisonnage, sans sen despens.

Item, se aucuns a esté en loffice de le ville et il en ait rendut compte deuant le segneur, escheuins et commun, ensi que on la acoustumé, se on ne le sieut ou approche au jour que il rent sen compte, quittes en est à tous jours.

Item, se aucuns carie sen fiens et il le respant ens ou quemin, reprendre le poet et requeillir, sans estre à fourfait (1).

Item, tout pooent planter ou quemin ou regiet contre lor hiretage, sans le quemin empirier et poeent copper toutes hayes et hallos qui serroient si prochain de lor hiretages, que on ne peuwist cheuauchier entour sans descendre dou quemin, excepté que ils ne coppent kaisnes par terre.

Item, poeent eschevin, en labsence dou baillif, pour eskiuwer peril, toutes fois que mestiers est, faire un baillif et establir, ensi que on en use à Orchies.

Item, se li ville doit, toutes les fois que il samble bon as eschevins et as bonnes gens de le ville, li sires lor doit donner congiet de taillier et assigner, pour oster le ville de damage, sans che que li sires en puist demander proufit.

(1) Le seigneur aurait pu prétendre que le fumier tombé sur ses chemins lui appartenait comme épave.

Item, li sires de le terre ne poet franchir ne amortir hiretage de le ville, que che ne soit paiant les debites et tailles de le ville.

Item, pour che que aucuns de mes bonnes gens de le ditte ville se sont, aucunes fois, dolut de mes sergeans, je establis que, à toutes les fois que on crie ou renouuelle les bans, que on crie, se il est aucuns qui se sache de mes sergans à doloir, il viegne viers my, ou il le monstre as eschevins. Et se je puis sauoir que li sergant se mesusent, je lor ferai amender par le conseil des eschevins, meismes si auant que de raison serra.

Toutes ches choses dessus dittes et deuisées, je *Jehans*, sires de Landas, dessus nommés, otrie et conferme, pour mi et pour mes hoirs, à mes dittes bonnes gens de le ditte ville et qui y demeurent. Et ai encouuent que contre ches choses dessus dittes, ou temps avenir, je nirai, ne ferai, ansois à men pooir les ferai loyalment tenir et garder, pour mi et pour mes hoirs. Et comment que, en ces presentes lettres, soient aucunes choses denommées et espechefyés par nom, pour che nest il mie que je ne voelle que tout li bon usage de le loy de me ville de Bouuegnies ne soient tenut et gardé, ne nest pas mentente que il en soient de riens decheu ne amenry.

En tiesmoing de che, je *Jehans*, sires de Landas, dessus nommés, ai ches presentes lettres sayellées de men seel. Pri et requier à *Jehan de Landas*, men fil et men droit hoir apparant, que il voelle mettre sen seel, avoeuc le mien, à ches presentes lettres, en confremant à mes dittes bonnes gens les choses dessus dittes.

Et je *Jehans de Landas*, chevaliers, aisnés fiuls et drois hoirs apparans à men chier segneur et pere, Mons\^r *Jehan de Mortaigne*, segneur de Landas, dessus nommés, ai mis à ches presentes lettres men scel avoeuc le sien et ai encouuent toutes les choses dessus dittes à tenir et à garder de point en point.

Che fu fait le xiiij° jour dou moys de jugnet lan de grace mil ccc xxxviij.

Lesquelles choses dessus dittes li dit eschevin nous requisent, à grant instance, yestre par nous passées et confremées. Et nous, inclinans à leur requeste et confians de leurs bonnes loyaltés et diligences, avons as dis eschevins, pour eux et pour toute le communalté de le ditte ville, acordé et acordons toutes les coses dessus dittes et chascune de elles, en le maniere que par chi dessus sont escriptes et denisées. Et toutes leur dittes libertés et franchises leur rateffions par ces presentes, approuuons et confremons à tenir de point en point, pour nous et pour nos hoirs à tous jours perpetuelment.

En tesmoing de che, nous avons à ches presentes lettres mis nostre seel, faites et données lan de grace mil troys cens chiunquante chinc, le xxix° jour dou moys de decembre.

[Signé sur le repli, à gauche] J. Bonn....

Archives du greffe de la Cour d'appel, fonds de la gouvernance de Douai, liasse des coutumes des villages, Bouvignies. Original en parchemin, dont le sceau manque.

Cette charte a été copiée, vers 1580, aux folios vij à ix d'un cahier contenant la « copie des chartres et preuileges anchiens de Bouvignies » et conservé dans la même liasse. Elle y est indiquée comme existant alors dans le « ferme des eschevins » et encore munie de son « seelle de chire vermeille pendant à double ceuue ».

CXCII.

Dénombrement du fief en l'air des Huit-Hommages, mouvant de Bouvignies et consistant en la prérogative d'être « chef et seigneur souverain » et vicomtier de huit fiefs situés à Guegnies (1) et à Esplechin, — fourni par Bauduin de Lannoy, dit le Bègue, chevalier, seigneur de Molembaix (2), à Jacques d'Ollehain, écuyer, seigneur d'Estaimbourg. — 1446, juillet.

CHEST LY RAPPORS ET DENOMBREMENS que je, BAUDUIN DE LANNOY dit LE BAIGHE, chevalier, seigneur de Moulambais, de Lannais (3) et de Lamion, conseillier et cambellan de mon tresredoubté S^r et prinche, Monsr le ducq de Bourgongne, de Brebant et de Lembourcq, conte de Flandres, fay et en teng affaire à mon treschier et amé seigneur, *Jacques dOlehaing*, escuyer, seigneur dEstaimbourcq, de Bouuegnies et de Gondecourt, de ung fief que je tieng de Dieu et de mondit S^r, de son castiel et seignorye de Bouuegnies, scitué et assis, tant en la paroche de Wleuaing, au lieu que on dist à Guignies, comme en la paroche dEsplecin et es parties enuiron. Qui se comprent destre quief et seigneur souuerain de wit fief scitués esdites paroches, que tiegnent pluisseurs seigneurs et aultres personnes de my et

---

(1) Velvain et Guegnies formaient autrefois une paroisse du diocèse et du décanat de Tournai.

Wez-Velvain, Guegnies et Esplechin, trois communes de l'arrondissement de Tournai, Belgique.

Jusqu'au XVIIIe siècle (avant l'annexion de Tournai aux Pays-Bas autrichiens), Esplechin et Guegnies figurèrent sur la liste des localités du ressort de la gouvernance de Douai.

(2) Gouverneur de Lille de 1423 à 1435, chevalier de la toison d'or à la création en 1430, mort en 1474.

(3) A Nomain, mouvant d'Orchies.

de madite seignorye, tant en justiche et seignorye de visconte, comme aultrement.

Desquelx fief et les nons des hiretiers le teneur et declaration sensieut.

[1 et 2. *Seigneurie de Ladessous et autre fief, à Guegnies.*]

Et premiers, en tient *Jehan Waye* (1) ung fief liege, nommé le fief de Ladesoulx, scitué en ladite paroche de Wleuaing, contenant ycelui xvij bonniers diretage ou enuiron, tant em manoir, yawes, chaingles et gardins, comme em bos et en terres ahanables. Premiers, contient le manoir de Ladesoulx, les fossés, changles et gardins dudit lieu, deux bonniers et ij^c ou enuiron, tenant dune part au gardin de Liés (2) et daultre part au manoir de *Collart Gossart* dit *Hazart*...... Item, sept quartiers de terre qui gisent entre le terre Monsr de Wilerual (3) et le terre des hoirs de feu *Engherant le Roy Corbille*.....

Sensieut les tenables dudit fief et chieulx qui audit fief doiuent rentes et tierages..... [Rentes en deniers parisis, en « louisiens », en « sols tournois, noef gros Flandres pour chuincq sols », en « frans, à trente six gros Flandres le franq », en « corowées », en « capons » avec autant de deniers parisis de « sieutes », en rasières « tournissiennes » d'avoine, etc.]

Item, en tient ledit *Jehan Waye* ung aultre fief liege, qui jadis fu à *Jehan de Lalaing* (4), qui contient, ou gros dicelui, chuincq bonniers et demy diretage ou enuiron, dont les pieches et parties sensieuent. Premiers, ung bon-

---

(1) Pierre Le Muysy fit, le 3 février 1473 (v. st.), une déclaration pour ces deux fiefs (portef. Flandre 129).

(2) Voir plus loin le fief de Liés, mouvant de celui de Jollain.

(3) Voir plus loin le 5e fief.

(4) Probablement Jean de Lalaing, écuyer, seigneur de Lesdain, près de Velvain, vivant en 1400. Voir notre *Blason de Lalaing*, p. 155.

nier de terre gissant à Boniual.... Au Quesnelet.... Au Coroit.... En le Caluyere.... Au buisson à lirechon....

Sensieut les tenables et les hiretages qui doiuent rente à cestui fief.... [Rentes, notamment d'une « demy rassiere de bled, tel que des gollenées (1) de Saint Quentin et mesure de Tournay »; de « xvj deniers tournois pour quatre coro- wées »; « une abenghe (2) parisis », payable à la Saint- Remi ; en « sols tournois, xxxvj gros Flandres pour xx sols ».]

Item, que tout cil tenable et subget, quant yl vendent aucuns de ces hiretages, yl en doiuent le xe denier au po- sesseur (3). Et quant yl moert aucun des tenables, ly hoir dicelui doiuent de relief le double de le rente.

Item, quant aucuns morent en ladite terre et seignorye, le possesseur a le meilleur catel, syl est natif doultre liawe (4).

Item, est deu, de cascun bonnier de terre à tierage, xx sols Flandres de relief, al le mort del hiretier.

Item, prent le posseseur desdits fiefz tous profis et elmo- lumens sur les chemins et waresqués, auec lois et amendes telles que les tenables ont à jugier. Et a le possesseur des- dits deux fief dessus declarés, en cascun, toute justiche de visconte.

Et se doibt cascuns fief x liures Flandres de relief, al le mort del hiretier et le xe denier al le vente.

[3. *Fief de Jollain, à Guegnies.*]

Item, en tient *Toussains Waye* ung fief gissant en la

(1) *Golenée* : mesure de grains très petite.
(2) *Abenge, abengà* : menue monnaie moindre que la maille.
(3) De la seigneurie de Ladescous et de l'autre fief.
(4) Outre le fleuve de l'Escaut, sur la rive droite, terre d'Empire; tandis que Guegnies, sur la rive gauche, était terre du Royaume.

paroche de Wluaing, emprez Guignies, nommé le fief de Jolaing (1), contenant ychelui xvj bonniers et dix c diretage ou enuiron, dont les pieces et parties sensieuent. Premiers, bonnier et demy de bos, tenant au bos de *Rolland du Gardin* (2) et as bos de labeye de Flines (3).... Item, sept quartiers de terre, tenant... al le terre dudit *Toussains*, de son fief de Liex (4). Item, ung bonnier de terre tenant... al le terre dudit *Tousains*, de sondit fief de Lyés.

Item, a il appendantet tenu de cest fief de Jolaing vj hommages, qui sont les aucuns en justiche de visconte et les aultres non, desquelx fiefz et les nons des possesseurs le declaration sensieut. Et premiers.

En tient ledit *Tousains Waye* ung fief liege qui contient, en manoir, gardin, chaingles, yawes et aultres hiretages, quinze bonnier vj c ou enuiron. Et fu acquis, en tamps passé, par feu *Zeghe Waye* à feu sire *Watier Wettin*, bourgois de Tournay et est apiellés anchienement le fief de Liès, ycelui scitué en ladite paroche de Wluaing, emprès Guignies. Dont la declaration desdits hiretages sensieut.

Premiers, contient le manoir, gardin, viuier et chaingles sept quartiers ou enuiron, gissant entre le terre qui fu *Jacque de Saint Pol* et le gardin de *Jehan Waye* et aboute au pont de piere.... Item, chuincq quartiers, que pret, que terre, qui gist emprez le bos de Le Loge....

Sensieut les tenables de cest fief de Liés.....

Et à cest fief de Lyés appartient toute justiche de visconte. Et toulx cheulx qui tiegnent de cest fief doiuent le x° de-

---

(1) Il devait tirer son nom de celui d'une famille originaire d'un village voisin, Jollain, commune de l'arrondissement de Tournai.

(2) Voir le 6ᵉ fief.

(3) Le bois de Rume. — Cf. Hautcœur, *Cartul. de l'abbaye de Flines*, I, 471.

(4) Mouvant du fief de Jollain.

nier, al le vente de leur hiretage et le double des rentes, al le mort des hiretiers. Et cheulx qui moerent en ladite signorye, qui sont doultre liauue, le posseseur de ce fief prent et lieue le meilleur wage de son catel. Et syl y moert ung bastard, tout demeure audit possesseur. Auec che a yl toulx profis et elmolumens, malfaiteurs et amendes forfaites sur ladite seignorye et sur les chemins et waresqués marchisans à ycelle. Et jugent ly tenable ly ung lautre, au conjurement du seigneur ou de son bailli.

Se doibt cilx fiefz de relief, al le mort del hiretier, au fief de Jolaing chy dessus declaré, x liures Flandre et le xe denier, al le vente, se vente sen faisoit.

Item, en tient ung fief ly hoir de *Simon Pauwe*, qui contient ung quartier de pret, tenant au pret des hoirs *Cotriel*, de deux eostés. Qui doibt de relief, al le mort del hiretier, une blanque lanche et le xe denier, al le vente.

Item, en tient *Ansiel Le Grin* ung fief qui contient ij c dannoit, tenant al le pasture dudit *Tousains* et est appiellée le pasture Macqueriel. Et doibt cilx fief de relief, al le mort del hiretier, au fief de Jolaing v sols parisis Flandre et le xe denier, al le vente.

Item, en tient *Micquiel Hazart* ung fief contenant j c de pret, tenant au pret des hoirs de *Robert Carbon*. Qui doibt audit fief de Jolaing v sols parisis de relief et le xe denier, al le vente.

Item, en tient loir feu *Robert Carbon* ung fief contenant j c de pret, qui tient au pret dessus dit et au pret des hoirs *Cotrel*. Qui doibt au fief de Jolaing v sols parisis de relief et le xe denier, al le vente.

Item, en tient *Jehan Le Feure* ung fief de deux capons de rente par an, à les prendre sur le manoir de *Micquiel*

Hazart, à cause de sa fame. Sen doibt de relief, al le mort del hiretier, v sols parisis et le xe denier, al le vente.

Item, a yl apendans à cest fief de Jolaing pluisseurs hostes, subgés et tenables, qui tiegnent biretages et manoirs en rente, dont la declaration sensieut.

Et premiers, en tient *Micquiel Hazart*, à cause de sa fame, ung manoir gissant audit lieu de Guignies, contenant vj c diretage.....

Tout lequel fief de Jolaing, tenu de moy et de ma seignorye, par la fourme par chy dessus contenue et declarée, tant ou gros dicelui, comme es subgés, fieués et aultres tenables, auoec la justiche et seignorye de visconte à ycelui appartenant, cest asauoir que en ycelle ledit *Tousains Waye* a toute justiche de visconte, le xe denier de toutes ventes, le double de le rente pour le fourmort des rentiers, le sancq, le laron, le bastard et lestrayer et toulx aultres drois et piofis telx que à visconte appartient.

Et se me doibt tel seruiche que fiefz lieges poent debuoir, auoec le xe denier se vente sen faisoit et dix liures parisis, monnoie de Flandres, de relief, al le mort du tresfonsier ou possesseur.

[4. *Fief de 19 bunniers de bois* (1) *à Guegnies.*]

Item, en tient ung aultre fief *Arnoul du Chastiel*, chevalier, Sr de Le Houardrie, de mondit fief et de ma seignorye, lyquelx gist en le paroche de Wlluaing, empries le pasage à Guignies, qui se comprent, ou gros dicelui, en xix bonniers de bos, qui gissent sur le Malannoit de Guignies

(1) Ce fief, nommé alors du Bois-Le Moisne, fut relevé par erreur, le 31 octobre 1662, aux plaids du bailliage de Douai, comme tenu du Roi à cause de son château de cette ville. Il appartenait à la famille Alegambe, lui provenant des Cambry. (Archives municipales, reg. aux plaids du bailliage.)

et tiegnent dune part audit Malannoit et as bos dEstrauielle et daultre part as bos de mesdames les religieuses de labeye des Prés les Tournay et au bos qui sapellent les bos de Leuze.

Auquel fief a pluisseurs tieués et hommages tenus dichelui, desquelx les nons et le grandeur dicheulx sensieut.

Et premiers, en tient *Jaquemart de Saint Pol* ung fief contenant viij bonniers et j quartier, que pret, que terre ahanable, qui gist, em pluisseurs pieches, en ladite paroche de Wleuaing, cest ascauoir..... Pieche oultre les prés de le court de Merlaing (1).....

Et doibt chilx fiefz audit seigneur de Le Houardrie dix liures de relief, al le mort del hiretier et le x° denier, al le vente. Et est tenus en justiche de visconte.

Item, en tient *Jacques Campions* ung fief contenant deux bonniers ou enuiron, quen pret, quen terres ahanables, audit lieu de Guignies, es pieches qui sensieut. Premiers, ung quartier de pret ou enuiron, gissant au Pas à Guignies..... Item, trois quartiers de terre ahanable gissant vers Taintegnies.....

Et doibt chilx fiefz audit seigneur de Le Houardrie lx sols parisis de relief, al le mort del hiretier et le x° denier, al le vente.

Item, en tienent ly hoir de defuncte Demiss. *Mague Doumeries*, vesue de feu *Mahieu dEstrayelle*, un fief contenant ung quartier de pret ou enuiron et gist ases pries du Pas à Guignies et tient aux prés qui furent à Monsʳ *Gerard dAsne* et daultre part au pret de *Tousains Waye*.

Et doibt cilx fiefz audit seigneur de La Houardrie une blancque lanche de relief, al le mort del hiretier et le x° denier, al le vente.

(1) Merlin, hameau de la commune de Jollain.

Item, al ledit seigneur de Le Houardrie toute justiche et seignorie de visconte et sondit fief tenu de my à dix liures de relief, al le mort del hiretier et le x⁰ denier, al le vente.

[5. *Fief de 22 bonniers de bois, à Guegnies.*]

Item, en tient Monsr de Willerual (1) de moy et de ma seignorye ung fief scitué en ladite paroche de Wluaing, empries le pasage de Guignies et se comprent en xxij bonniers de bos, qui tiegnent au bos et tout du loncq au grant quemin de Guignies et aboutent au quemin qui vient de le Baille Hustin audit Pas de Guignies.

Et me doibt cilx fief x liures de relief, al le mort del hiretier et le xe denier, al le vente.

[6. *Fief de 8 bonniers de bois, à Guegnies.*]

Item, en tient *Rolland du Gardin* de moy et de ma seignorye ung fief situé audit lieu de Guignies, qui se comprent en wit bonniers et dix c de bos ou enuiron, empries ledit pasage de Guignies, tenant de deux costés as bos de Messrs de capitle Nostre Dame de Tournay et daultre part au bos de *Clarembaut de Proisy* et saboute au grand quemin contre les bos ledit Sr de Willerual.

Et me doibt cilx fief, à cause de ma seignorye, dix liures parisis de relief, al le mort del hiretier et le x⁰ denier, al le vente.

---

(1) Gilbert de Lannoy, chevalier de la toison d'or, frère ainé du seigneur de Molembaix, le possesseur du fief des Huit-Hommages. Voir le P. Anselme, VIII, 77.

C'est l'auteur des *Voyages et ambassades*, Mons, 1840, in-8.

[7. *Fief du Malannoy, à Guegnies.*]

Item, en tient *Quentin Dare,* bourgois de Tournay, de moy et de ma seignorye, ung fief scitué audit Guignies, qui se comprent en quatorze bonniers et demy, que de prés, que de pastures et sapellent le Malannoy de Guignies et gisent tout en une pieche, tenant d'un costé as bos de Leuze et daultre as bos de Le Houardrie et saboutent au bos de *Rolland du Gardin.*

Et me doibt cilx fief, à cause de ma seignorye, dix liures parisis de relief, al le mort del hiretier et le dixime denier, al le vente.

[8. *Fief de 6 bonniers de bois, à Esplechin.*]

Item, en tient *Jehan du Casteler* (1), Sr de Moulbais, de moy et de ma seignorye, ung fief qui gist en le paroche dEsplecin, qui se comprent en six bonniers de bos ou enuiron et en une pieche et tiegnent as bos Messrs dyen et capitle Nostre Dame de Tournay, dune part et as bos qui furent *Allart de Hem,* daultre part.

Et me doibt cilx fief, à cause de ma seignorye, dix liures parisis de relief, al le mort del hiretier et le xe denier, al le vente.

Item et se, en toulx ces fief par chy dessus declarés ou es dependances dicheulx, esqueoit ou aduenoit aucuns fourfais, par quelque voye ou maniere que che fust, je, à cause de madite seignorye, en doy veir et congnoistre, jusques à lx suls parisis damende pour le sancq et sy doy veir et congnoistre du laron, du bastard et de choze estrayere, sans

---

(1) Jean du Chasteler, seigneur de Moulbais, possédait des terres à Esplechin, à cause de sa femme Jeanne Bourlivet de Bersées.—Cf. Goethals, *Miroir,* II, 857-858.

toutes voyes en riens mesdis subgés amenrir de leurs justiches, à cheulx qui ont justiche et seignorye de visconte et, en ycelles, bailli et hommes pour en congnoistre par renuoy, sy le requeroyent.

Item, ay ge pooir et auctorité de, em madite seignorye, establir et commeptre bailli et sergant pour ycelle garder, de en ycelle tenir plais et mesdits hommes semonre et coniurer et, en ycelle, faire et acomplir toute exersite que à justiche et seignorye de visconte poet et doibt appartenir, en tout et partout.

Et se plus ou mains y auoie que par chy dessus nen soit contenu, se laueu ge à tenir de mondit S^r et à dix liures de relief, al le mort del hiretier et le dixime denier, al le vente, se vente sen faisoit.

Et pour abprobation de plus grand verité, je *Baulduin de Lannoy*, dessus nommé, ay che present raport et denombrement fait et esclarchy au plus pries que je lay peu faire, seloncq lauertisement que jen ay et à ycelui jay mips et apendu mon seel de non et darmes, en quewe pendant par desouix et ensement à cascune jointure de cest present rolle et rapport fait et mips oultre par deuers mondit S^r ou ses officyers, ou mois de juillet en lan de grasse mil cccc quarante six.

<small>Archives départem. Chambre des comptes, portef. Flandre 129 (ancien D 387), rouleau en parchemin de 1^{m}50 de long, sur 0^{m}28 de large, en trois pièces cousues. Sceau en cire rouge, fruste, pendu à simple queue. Des deux sceaux mis en marge, à droite, à la jointure des pièces, il ne reste que les attaches en parchemin et quelques traces de cire rouge.</small>

CXCIII.

Récépissé, délivré par le bailli de Douai, d'un dénombrement présenté par Walleran de Landas, chevalier, seigneur de Landas de Warlaing et de Fournes, pour la seigneurie de Landas, mouvant en justice vicomtière (1) du château de Douai. — 1471, 26 et 31 octobre.

[*Intitulé du récépissé.*]

A tous ceulx quy ces presentes lettres verront, Arnoul Le Carlyer, consillier de mon tresredoubté signeur et prince, Mons.r le duc de Bourgogne, de Brabant, de Lembourcq et de Luxembourcq, conte de Flandres et son bailly de Douay, salut. Sauoir faisons que nous auons receu les lettres de rapport et denombrement de messire *Walleran de Landas*, chevalier, signeur dudit Landas, de Warlain et de Fournes en Weppes, dun fief et noble tenement, quil tient de mondit signeur le duc, à cause de son chastel de Douay, dont la teneur mot apres autre senssuit.

[*Intitulé du dénombrement.*]

Cest le rapport, denombrement et declaration que je, Walleran de Landas, chevalier, signeur dudit Landas, de Warlain et de Fournes en Weppes, fay à mon tresredoubté signeur, Mons.r le duc de Bourgogne, de Lotricq, de Bra-

---

(1) Ce ne fut que dans le dénombrement de 1630 qu'on commença à transformer la seigneurie de Landas en « haute justice », quelque temps après que les seigneurs de ce lieu se fussent parés du titre de baron (pour la première fois, à notre connaissance, le 21 octobre 1609, à la réception d'un « homme desservant » pour la terre de Landas; reg. aux plaids du bailliage, 1609-1613, f. 3).

En 1561, le bailliage de Douai constatait « que la seigneurie dudit Landas n'avoit haulte justice ». Compte du bailliage de Douai, de 1561-1562, f. iiij.

bant et de Lembourcq et de Luxembourcq, conte de Flandres, d'Artois, de Bourgogne, de Hollande, de Zelande et de Namur, marquis du Saint Empire, signeur de Frize, de Salins et de Malines, — d'un fief et noble tenement que je tieng de mondit tresredoubté signeur, à cause de son chastel de Douay, nommé, icelluy fief, la ville, terre et signourye de Landas. Auec lequel furent japieca remis, unis et encorporez le fief de Goisaucourt (1) et le quint dicelluy (2), seant en laditte ville de Landas, pour les tenir, à le cause ditte, en ung seul fief et seruice, en toutte justice et signourie de visconte et en desoubs, en loy priuilegyé de sept eschevins et conffermée des contes et contesses de Flandres, ainsy et parellement que Saint Amand en Peule (3), quy, chacun an, se renouvelle au jour Saint Jehan Baptiste. Lesquels eschevins ont congnoissance et le jugement, à le semonsse et conjurement de mon bailli ou son lieutenant, de tous cas, tant en matere de delit, comme de actions reelles et personnelles, de claims, arrests, saisines et executions quy à justice de visconte et en desoubs competent et appertiennent. Et aussy, à cause de maditte signourye, je ay et me competent et appertiennent grant cantité de rentes heritieres et fonssieres quy se ceullent et lieuent sur tous les heritages de main ferme, tenus de maditte signourye. Et se ay aussy pluseurs hommes de fief. Desquels rentes et hommes de fief, enssamble de la

(1) En 1313, le sire et baron de Landas avait reçu du Roi l'hommage de de ce fief de Goisaucourt (n°ˢ CLXXXVIII et CLXXXIX), ancien démembrement de la seigneurie de Landas. Ce fief fut acquis, vers la fin du XIV⁰ siècle, par un seigneur de Landas et annexé à cette terre.

(2) Vers 1397, le demi-quint du fief de Goisaucourt fut acheté par le seigneur de Landas. (Compte du bailliage, de 1396-1397.)

(3) La loi ou coutume de Landas, des 2 août 1236 et 5 mai 1239, conforme à celle de Saint-Amand, fut confirmée par la comtesse Marguerite (1244-1280) et par le comte Louis II, à Gand, le 31 août 1375. (Arch. départ. Ch. des comptes, carton B 952, pièce n° 10632.)

grandeur diceulx, la declaration serra faitte cy apres. Lesquels hommes de fief, à le semonsse et conjure que dessus, ont congnoissance seullement des actions reelles qui auiennent en maditte signourye, à cause diceulx fiefs tenus de moy.

Et si me competent et appertiennent, à cause de maditte signourye, tous les chemins, tlegars, floz (1), voiryes, arbres et reges, estans en toutte laditte ville et signourye de Landas, lauoir du bastart, les biens estrayers, le sancq et le larron, amendes de lx sols parisis et en desoubs, que jugent lesdiz eschevins à mon proffit, selon leuxigence des cas, molin à vent, terrages, dismes et ung winage qui se ceulle et lieue sur touttes denrées et marchandises passans parmy laditte ville et terroir de Landas, afforages de vin et cheruoise quy sont distribuez à detail en maditte ville, tel que de chacun fons ung lot. Item et auec ce, ay, à cause de maditte signourye, pluseurs heritages que pluseurs tiennent de moy en frans aleux, ainsy et par la maniere que plus applain serra dit et declaré cy apres.

[*Gros du fief de Landas : manoir et terres.*]

Et premyers, à cause de mondit anchien fief de Landas, ay pluseurs heritages appertenans au groz dicelluy fief. Cest assauoir : une maison manable, motte, bassecourt encloze deaues et une maison con dist le Pidrye, tout tenant enssamble, contenant trois quartiers de heritage ou enuiron, tenant tout enuiron lattre de Landas, ouquel tenement les religieuses de Flines ont une grange tenue de mondit fief. Item, ay, en le couture du Wicquet, huit

---

(1) *Flot*, ou mieux *froc* ou *frot* : terre inculte; du bas latin: *fraustum; frausta terra* ou *frosta, frusca, frusta; frocus.* Synonyme de *flégard.* — Ne pas confondre ce vieux mot avec flot, *fluctus.*

bonnyers et ung quartyer de terre ahennable, ou enuiron, tenant dun lez à mon manoir tenu de moy en frans aloeux et au manoir *Jehan Remy*, fils de feu *Mikiel*. Item, en le couture de Buignyes, quatre bonnyers de terre ou enuiron, tenant au courant et à lannoit le Huberde, dune part et à le terre *Guilleberd Brassart*, dautre part. Item, en leditte couture, xix c de terre ou enuiron, gisans au lieu que on dist au Seshuchel, tenant au fief *Pierart Le Pane* et à le terre *Olliuet du Puille*, quy fut *Jehan Clerchon* dit *Fauconnyer*. Item, en leditte couture, xxvij verghes de terre ou enuiron, tenant au fief *Johennes Rogyer*, dune part et à le terre quy fut *Annyez Remye*, dautre part. Item, une motte contenant xviij verghes de terre ou enuiron : et est mon mollin assis dessus, tenant à le terre *Jehan Le Beuf*. Item, xv c de terre ou enuiron, tenant au camp de le Baix, dune part et au quemin commun quy maine de le place de Landas à Ghillancourt, dautre part. Item, en le couture de le Pierre, xxij c de terre ou enuiron, tenant au fosset au Lauoir, dune part et à lè terre *Mahieu Minart*, dautre part. Item, en leditte couture, x c et x verghes de terre ou enuiron, tenant à le terre des enffans de feu *Jehan Coutel*, quy fut *Mikiel Coutel*, sur deux sens et à le terre *Jehan Le Conte* dit *Bruine*, dautre part. Item, en le couture de le Motte du Molin brisiet, deux bonnyers et demy de terre ou enuiron, tenant au loncq du fosset, dune part et à le terre *Thomas dObechicourt*, quy fut *Mikiel Coutel*, dautre part : et sy tient aussi à le terre *Jehan* et *Jacquemart Rogyer*. Item, sept quartiers de terre ou enuiron, tenant à le Feullye et à le terre *Jehan de Le Sauch*, dune part et au fief *Jehan Coutel* dit *Bruine*, dautre part.

[*Rentes seigneuriales.*]

Item, mest deu, à cause de mondit fief de Landas, sur cent trois bonnyers de terre ou enuiron, pluseurs rentes que pluseurs personnes me doiuent, chacun an. Est assauoir : au terme de Saint Remy, iiij^{xx} et x poulles et sept auwes. Item, au terme de Noel : xxj sols v deniers parsiz, xliij sols douisiens, lviij cappons et le xij^e dun, six rasieres de soille, quatre francquart de fourment et onze entieres rentes et demye. Et vault chacune entiere rente iij sols douisiens, ij cappons, iiij francquars dauenne, ung hauot(1) de fourment tournisien, trois courouées, cest assauoir : ceulx quy ont cheuaux, couroueé de cheuaux et les autres qui nont mie cheuaux, couroueé de ce que les gens sceuent faire — et ung agnel, au may. Et xiij muids viij rasieres et les deux [parts] dun quarel et deux francquars reez dauenne.

[*Terrage*]

Item, av, à cause de mondit fief, le terrage sur xiij bonnyers et xiij c de terre ou enuiron, que pluseurs tenans tiennent et en pluseurs lieux et pieces de terres. Quant lesdittes terres sont aduestyes de grains, je preng du cent de garbes viij garbes, sen demeure deux de ront. Et quy enuierroit (2) les grains des dessus dits heritages, sans tiergyer, il fourferoit lx sols damende. Et doit on mener lesdits terrages partout où il plaist au sigueur, audit eschevinage de Landas.

(1) Ou deux « hotteaulx », d'après une déclaration, faite en 1473, du revenu de la seigneurie de Landas (Chambre des comptes, portef. Fl. 130, anc. D 388).

(2) *Envierrer*, engranger, mettre sur l'aire de la grange?
Au siècle suivant, ce mot était déjà tombé en désuétude. On lit en effet dans le dénombrement de 1545 : « Quy cmmencroit les aduestures » etc. (Même layette.)

[*Part de dîme.*]

Item, ay, à cause de mondit fief, une part de une disme, appelée le xe de la place de Landas, sur iiij bonnyers et trois quartiers de terre ou enuiron, en pluseurs pieces et que tiennent pluseurs personnes et à trois royes, dont jou ay deux pars de laditte disme et ly grant doyen de leglize Nostre Dame de Tournay et ly curez de Landas emportent le tierch.

[*Fiefs mouvant de Landas.*]

Item, senssuivent les fiefs et hommages tenus de mondit fief, en justice de visconte et en desoubs, lesquels me doiuent le xe denyer, à le vente ou transport et tels reliefs que cy apres serront declarez en leurs tenemens. Dont la declaration senssuit.

[1.] Et premyers. *Mahieu du Quesnoy*, escuyer (1), en tient ung fief en justice de visconte, gisant en le perroisse de Landas et de Nomain, icelluy fief contenant, ou groz, trois bonnyers et ung quartier de terre ou enuiron. Est assauoir : les cincq quartiers, gisans en le perroisse de Landas, tenant au Mortyer du Ruech et deux bonnyers, gisans en le perroisse de Nomain. Et me doit icelluy fief dix libres de relief, à le mort del heritier et le xe denyer, à le vente. Item, a, en rentes par an, appertenans audit fief, x poulles, ix douisiens, x cappons, xxxvj rasieres dauenne à le mesure de Landas, que luy doiuent pluseurs personnes, sur pluseurs heritages que ils tiennent dudit fief.

[2.] Item, en tient ung fief *Jehan de Le Haye*, gisant en le perroisse [de] Samion, contenant, en prez, eaues et terres

(1) Addition en marge, d'une écrit. à peu près du même temps: « Cest au present à Guerard Seneslart. »

ahennables, six bonnyers ou enuiron, mesure de Saint Amand, gisans en pluseurs pieces. Cest assauoir : deux bonnyers, assez pres du molin du Marez. Item, ung bonnyer, au camp con dist à le Haizette. Item, xviij c de terre ou enuiron, à Ghuiarmez. Item, xviij c de terre ou enuiron, tenans aux prez Rosiere. Et me doit icelluy fief x libres de relief, à le mort del heritier et le xe denyer, à le vente.
— Item, y a ung fief, tenu dudit *Jehan de Le Haye*, que tient *Jehan de France* dit *de Hennau*, à cause de sa femme (1), contenant en rentes sept rasieres dauenne, mesure lambertoize, ung cappon et xiiij deniers parsiz, sur pluseurs heritages. Lequel fief doit audit *Jehan de Le Haye* le xe denier, à le vente et xxx sols parsiz de relief, à le mort del heritier.

[3.] Item, en tient ung fief de moy *Jehan Coutel*, fils de feu *Mikiel* (2), gisant en le perroisse de Samion, contenant en rentes xix rasieres, ung bauot, ung quarel dauenne, mesure de Saint Amand, ung hottel dauenne tournisyen, à combie, xvj cappons trois quars et demy et les deux pars de demy quart et deux poulles, que pluseurs personnes luy doiuent, au terme du Noel, sur pluseurs heritages tenus de sondit fief. Item, y a en sondit fief cincq quartiers et demy de terre ou enuiron, qui a esté ratraitte par deffaulte de rente non payé, que pluseurs personnes tenoyent en rente, lesquels heritages rattrais luy doiuent par an quatre cappons, trois quars, le vj^e et le viij^e dun, v rasieres, ung bauot, iij quarels dauenne, ditte mesure. Et me doit ledit

---

(1) Addition en marge : « Guerard », sans doute le nouveau fieffé indiqué dans l'addition précédente.

(2) Id. « Cest à Jacques du Sart, mary et bail de sa femme, fille dudit Jehan Coutel. »

En 1545, d'après un autre dénombrement de Landas, f. 2 verso (même liasse), ce fief, s'étendant à « Samion et Rummegies », appartenait au chapitre de Notre-Dame de Tournai.

fief cent sols de relief, à le mort del heritier et le x⁰ denyer, à le vente. Item, que ledit *Jehan Coutel* prent, à cause de sondit fief, drois, lois, issues et entrées.

[4.] Item, en tient ung fief ledit *Jehan Coutel*, quy fut feu *Jehan de Le Tainture*, de Tournay, contenant le groz dudit fief ung quartier de terre ou enuiron, appellé le Camp Noblet, gisant derriere le Secrye. Item, en rentes que pluseurs rentyers luy doiuent, est assauoir : au Noel, iij rasieres dauenne et cincq cappons, xij deniers parsiz, iij abenghes et iiij tournois. Se me doit ledit fief x libres de relief, à le mort del heritier et le x⁰ denyer, à le vente. Et ay la justice dudit fief.

[5.] Item, en tient encore ledit *Jehan Coutel* ung fief contenant iiij^{xx} xiiij rasieres dauenne, que pluseurs rentyers luy doiuent, au terme de Saint Remy, lequel heritier a trois sols de lois pour faire venir ses rentes ens. Lequel fief me doit cent sols de relief, à le mort et le x⁰ denyer, à le vente.

[6.] Item, en tient ung fief *Lion dEre* (1) gisant en le perroisse de Brillon, en leschevinage de Landas, au lieu que on dist le Rosyere, lequel fief contient ce quy senssuit. Cest assauoir : le manoir, aucquyé et hebregyé, ainsy quil se comprent, en motte, gardins, chaingles, eaues et peichons, tout tenans enssamble, contenant demy bonnyer de heritage ou enuiron. Item, quatre bonnyers de heritage ou enuiron, gisant entre le maison et le courant, tenant audit courant et au molin de Le Rosiere. Item, deux bonnyers de terre ou enuiron, gisans aux prez du Puch et tenant au quemin quy maine de Landas à Saint Amand et à le motte du molin. Item, deux cappons de rente, que luy doit le vesue de feu *Jehan du Biach*, au terme de Noel, sur

(1) « Cest à Jehan dEscou. »

une piece de terre nommée Leulette. Item, sept rasieres de bled de rente par an, que luy doit *Collard de Hennin*, pour le motte et voye dudit molin de Le Rosiere. Se me doit ledit fief x libres de relief, à le mort del heritier et le xe denyer, à le vente.

[7.] Item, en tient ung fief *Pierre Le Musy* (1). gisant es perroisses de Rumegyes, de Le Houardrye et dAis, contenant six bonnyers et dix cens de heritage, tant en prez, comme en terres ahennables et masurages. Et me doit ledit fief dix libres de relief, à le mort del heritier et le xe denyer, à le vente. Item, a, à cause de sondit fief, xij tenans, quy luy doiuent pluseurs rentes, cest assauoir : au terme du Noel, sur quatre bonnyers de terre, iij sols, j denier et obole. — Item, a ledit *Pierre Le Musy* ung homme de fief, nommé *Pietre Simon* : ledit fief contenant trois bonnyers et demy de pret ou enuiron, gisant à Le Bougrye. Et fut à *Jehan de Lannais*. Qui doit c sols de relief, à le mort del heritier et le xe denyer, à le vente.

[8.] Item, en tient ung fief Monsr *Ernoul du Castel*, chevalier, signeur de Le Houardrye (2), gisant au lieu que on dist le Mares, contenant ung manoir aucquiet et hebregyet et ung quartier de heritage ou enuiron tenant audit manoir, contenant tout demy bonnyer de heritage ou enuiron, tenant au quemin qui maine du molin du Mares à le chensse dicelluy lieu du Mares. Lequel fief me doit cent sols de relief, à le mort del heritier et le xe denyer, à le vente.

[9.] Item, en tient ung fief maistre *Jehan de Le Vacquerye* dit *Vairon* (3), contenant sept bonnyers de heritage ou

---

(1) En 1545, d'après un autre dénombrement de Landas, ce fief était tenu par Hugues de Lannoy, écuyer, fils de feu Jehan.

(2) « Cest à messire Lion du Castel, seigneur de Le Houuardrie. »

(3) « Cest à Guerard Seneslart. »

enuiron, gisant en le perroisse de Landas, tenant au terroy
dAis, dune part et à le terre *Gillard Brassart.* Si me doit
ledit fief cent sols de [relief], à le mort del heritier [et] le
x*e* denyer, à le vente.

[10.] Item, en tient ung fief *Jehan Pellet,* gisant en
pluseurs pieces. Est assauoir : ung bonnyer de heritage ou
enuiron, gisant au lieu que on dist aux Sauchelles, tenant
au fief *Jehan Coutel,* fils de feu *Mikiel,* dune part et à le
terre *Jehan Godin,* dautre part. Item, neuf cens de terre
ou enuiron, es Estambilles, tenant au quemin qui maine de
Samion à Ghuiarmez et au fief *Thuryen de Raimes,* quy
fut *Jehan Normant.* Item, x c de terre ou enuiron, gisans
entre Houppainval et LEspesse, tenant au fief *Pierart Le
Pane,* dune part et à le terre *Jacquemart Rogyer* dit *Benit,*
dautre part. Et me doit ledit fief cent sols de relief, à le
mort del heritier et le x*e* denier, à le vente.

[11.] Item, en tient ung fief *Haquin Coutel* de Le Cattrye (1), contenant xiiij c de terre ou enuiron, tenant au
quemin qui maine de Landas à Nomain, deuant le Petit
Espesse. Et me doit ledit fief cent sols de relief, à le mort
del heritier et le x*e* denyer, à le vente.

[12.] Item, en tient ung fief *Jehan Godin* (2), contenant
ung bonnyer et vij c de heritage ou enuiron, en pluseurs
pieces. Est assauoir : vij c de heritage ou enuiron, tenant
au manoir *Jehan de Le Sauch,* fils *Jehan,* dune part et au
quemin quy maine de Ghuiarmez à Ais, dautre part. Item,
neuf cens de terre ou enuiron, tenant audit manoir et à le
terre *Jehan Brassart.* Item, vij c de terre ou enuiron, gisans
derriere Ghuiermez, tenant à le terre quy fut *Phl^e Coutel,*
dune part et à le terre quy fut *Jehan Clerchon* dit *Fau-*

---

(1) « Cest à [un blanc] Moliere, ad cause de sa femme, fille dudit Hacquin Coutel. »

(2) « Cest à Martin de Le Sauch. »

connyer, dautre part. Et me doit ledit fief cent sols de relief à le mort del heritier et le x⁰ denyer, à le vente.

[13.] Item, en tient ung fief *Izabel Remy*, vesue de feu *Jacquemart Godin*, contenant xiiij c de terre ou enuiron, appellé le Camp Yuont, tenant au courant quy fait dessoiure de Landas et dAis, tenant à le terre *Jacquemart Brassart*. Lequel fief me doit cent sols de relief, à le mort del heritier et le x⁰ denier, à le vente.

[14.] Item, en tient ung fief *Jehan Herman*, demourant à Orchyes, contenant ung bounyer et vij c de heritage ou enuiron. Cest assauoir : xiiij c de heritage ou enuiron, tenant au Mortyer de le Follye, dune part et à le terre *Johennes Rogyer*, dautre part. Item, ix c de heritage ou enuiron, tenant au chemin quy maine de Ghuiarmez à Ais. Item, a ledit *Jehan Herman*, à cause de sondit fief, deux cappons de rente sur le manoir *Mikiel de Le Lieuregnye* et xvj deniers de sieutes. Et me doit cent sols de relief, à le mort del heritier et le x⁰ denier, à le vente.

Tous lesquels fieuz doiuent seruir les plais en me court, touttesfois que mestyer en est et requis en sont.

[*Justice vicomtière.*]

Item, ay, à cause de mondit fief, comme dit est dessus, tous les chemins, flegars, floz, abres, voiryes et reges, en toutte laditte ville et signourye de Landas. Et se aucuns emprent sur iceulx, il fourfait lx sols parsiz, à mon singuller proffit.

[*Vinage ou droit de passage.*]

Item, ay aussy, comme dit est dessus, à le cause ditte,

ung droit de winage, quy se ceulle et lieue parmy la ville et terroy de Landas, par ceulx quy y passent. Est assauoir :

Ung car ferré, de quatro reues, doit viij deniers parsiz.

Ung car ferré, de deux reues, vj deniers parsiz.

Item, ung car bastart doit iiij deniers parsiz.

Item, une brouette quy a le reue ferée doit ij deniers parsiz et, selle nest point ferée, ne doit que ung denyer.

Item, ung cheual portant marchandize doit deux denyers.

Item, se on cache ou maine bestes marchandes, on doit iiij sols du cent, ou à lauenant.

Item, se on maine oisons, on doit iiij sols du cent, ou à lauenant.

Et tout au parsiz.

Et se aucuns ou aucun est reffusant de payer ledit winage ou winager, il fourfait lx sols parsiz.

Item, une personne portant marchandize à col doit ung denyer parsiz.

[Juridiction échevinale.]

Item, tous fourfais et amendes fourfaittes en maditte signourye, tant sur les hommages, comme sur les terres de main ferme, se jugent par lesdiz eschevins, à le semonsse et conjure de mon bailly ou son lieutenant.

[Fief de Goisaucourt.]

Senssuit la declaration de mon fief, terre et signourye de Goisaucourt, jadis reuny et rencorporé auec mondit fief de Landas, comme dit est dessus, quy se comprent en une motte amasée dun blocquich, une masure y tenant, contenant demy bonnyer de heritage ou enuiron, tenant aux fossez de le motte Landas, auec neuf bonnyers et six cens de terre ou enuiron, en pluseurs pieces. Est assauoir :

une motte de molin, con dist le molin Brisyé et le terre quy y tient, contenant en tout deux bonnyers et ung quartier de terre ou enuiron, tenant au fief *Haquinet Coutel*, fil de feu *Jehan*. Item, six cens de terre ou enuiron, en le couture dudit Molin Brisiet, tenant au loncq fosset. Item, en le couture des Eswis, une piece de terre contenant xiiij c de heritage ou enuiron, tenant à le rue de Le Carnoye, dune part et à le terre *Jacquemart Rogyer*, quy fut *Mikiel Coutel*, dautre part. Item, vj c de terre ou enuiron, gisant en leditte couture, tenant à le terre quy fut ledit feu *Mikiel Coutel* et à le terre *Jehan Le Beuf*. Item, en le couture de Buignyes, deux bonnyers et xiiij c de terre ou enuiron, tenant à le motte du molin de Landas et à le terre *Oliuet de Puille*. Item, ung bonnyer de terre ou enuiron, gisant au Rotoir, tenant au manoir *Jehan Brassart* dit *Hacqueloice* et à le terre messire *Pierre Remy*, pbre. Item, dix cens de pret ou enuiron, que on dist le pret Heucque, tenant à le terre *Jehan Coutel*, fils de feu *Mikiel*, aux Fourmissures, dune part et au quemin, dautre part.

[*Rentes seigneuriales de Goisaucourt.*]

Item, me sont deubz, à cause de mondit fief rencorporé, pluseurs rentes sur pluseurs terres et heritages scituez en la terre et eschevinage de Landas. Premyers, au terme Saint Remy, xxxiij poulles et ung tierch, neuf auwes et le viij° dune. Item, au terme de Noel, xxij muids, iiij rasieres, ij quartiers, les iij pars dun et quatre fancars dauenne. Item, audit terme, six hotteaux de fourment tournisyen et cincq rasieres de soille, mesure de Landas. Item, audit terme, six hotteaux de fourment tournisyens, mesure de Landas. Item, xj entieres rentes, le tierch, le quart et le viij° dune, telles que declarées sont audit fief de Landas, avec deux courouées, telles que dessus. Item, cent dix huit cappons, le quart et le viij* dun. Item, xiiij libres, xiij sols, xj deniers oboles parsiz, ung dousien et le viij* dun.

[*Terrage de Goisaucourt.*]

Item, ay aussy, à mondit fief appertenant, le terrage sur xlj bonnyers, ix c, xxj° verghe de terre ou enuiron, que pluseurs tenans tiennent en pluseurs lieux et pieces de terre, quant lesdittes terres sont aduestyes de grain, on a ainsy et par la maniere que declaré est oudit fief de Landas et menet aussy parellement, sur telle amende que contenu est en icelluy fief de Landas.

[*Fiefs mouvant de celui de Goisaucourt.*]

Item, senssuivent les fiefs et hommages tenus de maditte signourye de Landas, à cause de mondit fief de Goisaucourt.

[15.] Item, en tient ung fief *Jehan Remy* (1), fil de feu *Jehan*, contenant xix c et xxiiij vergelles de terre ahennable ou enuiron. Cest assauoir : demy bonnyer et xv verghes de terre ou enuiron, gisans assez pres du Crocquet à Landas, tenant au fief *Jehan Coutel*, fils de feu *Mikiel*, dune part et au fief *Mikiel de Le Lieuregnye*, dautre part. Item, vij c et cincq verghes et demye de terre ou enuiron, gisans en le couture de Buignyes, tenant au fief *Johennes Rogier*, dune part et au fief quy fut feu *Grignart de Landas*, dautre part. Et ung quartyer et trois verghes et demye de terre ou enuiron, gisant au Mortelet, tenant au fief *Mikiel de Le Lieuregnye*, dune part et à le terre *Jehan Brassart*, fil de feu *Oliuyer*, dautre part. Se doit ledit fief le x° denyer,

---

(1) Addition en marge : « Pierart Coutel. »
En 1680, d'après le dénombrement de Landas, f. 12 verso (même layette), ce fief appartenait aux carmes de Douai.

à le vente et lx sols de relief, à le mort del heritier, à mondit signeur de Landas, à cause de sondit fief de Goisaucourt.

[16] Item, en tient ung fief *Mikiel de Le Lieuregnye* (1), contenant demy bonnyer de terre ahennable ou enuiron, assauoir : ung quartier de terre ou enuiron, gisant au Crocquet de Landas, tenant au fief *Jehan Remy*, fils de feu *Jehan*, dune part et au quemin commun qui maine dudit Crocquet à Samion, dautre part et ung autre quartier de terre ou enuiron, gisant au Mortelet des Carneaux, tenant au fief dudit *Jehan Remy*, dune part et à le terre mondit signeur de Landas, dautre part. Se doit ledit fief le x* denyer, à le vente et lx sols de relief, à le mort del heritier, à mondit signeur de Landas, à cause de sondit fief de Goisaucourt (2).

[17.] Item, en tient ung fief *Jacquemart Hermant*, demourant à Orchyes, quy fut *Jehan Clerchon* dit *Fauconnyer* (3), gisant au lieu que on dist le Cané Haye, contenant pluseurs rentes dont la declaration sensuit. Premyers, sept couppes dauenne, sur sept couppes de terre, audit lieu de le Cané Haye. Item, cincq couppes, ung boistel dauenne, sur cincq cens de terre ou enuiron, gisant audit lieu. Item, iij couppes et demye dauenne, sur trois couppes de terre gisans au lieu dessus dit. Item, sept boisteaux dauenne, sur deux cens de terre ilec gisans. Se me doit ledit fief cent sols de relief, à le mort del heritier et le x* denyer, à le vente.

[18] Item, en tient ung fief *Pierart Le Pane* (4), appelé le fief Gombe, contenant trois bonnyers et trois quartiers de terre gisans en quatre pieces. Est assauoir : xviij c de

---

(1) « C'est à [un blanc] de Le Lieuregnie. »

(2) Addition en marge : « Nota que Johennes Rogier en tient j fief à xxx sols de relief. »

(3) « C'est à Jehan Herman. »

(4) « C'est à Guerard Seneslart. »

terre ou enuiron, gisans en le couture de le Ville, tenant à le terre de leglize de Flines. Item, iij quartiers de terre ou enuiron, gisans en le couture de le Feullye, tenant au fief *Jehan Herman*. Item, ung bonnyer de terre ou enuiron, tenant au fief *Jehan Pellet*. Item, xiiij c de terre ou enuiron, gisans en le rue de Gochemez. Item, iiij deniers de rente, que il prent sur deux bonnyers et vj c de terre ou enuiron, gisans en pluseurs pieces, en le perroisse de Landas, que tiennent pluseurs personnes. Lequel fief me doit cent sols de relief, à le mort del herityer et le x° denyer, à le vente.

[19.] Item, en tient *Jehan Le Beuf* ung fief gisant en pluseurs pieces Premyers, une masure contenant cincq cens de heritage ou enuiron, gisant au Hennot, tenant au ponchel de Hennot. Item, deux cens de pret ou enuiron, tenant au pret *Jacquemart Rogyer*, dune part et à le terre *Collard Martin*, dautre part. Item, vj c de terre ou enuiron, tenant audit pret et au manoir *Jacquemart Fauuel*. Item, ung petit pret gisant au pret au Frenne, tenant au pret *Jehan de Raismes*. Item, vj c de terre gisant au pret au Frenne et à le terre quy fut *Collard Martin*. Item, senssuivent les rentes deues audit *Jehan Le Beuf*, à cause de sondit fief. Cest assauoir : une couppe dauenne et trois abenghes et couppe et demye de soille de rente par an, que luy doiuent pluseurs terres tenues de sondit fief. Et me doit ledit fief cent sols de relief, à le mort del heritier et le x° denyer, à le vente.

[20.] Item, en tient ung fief *Anthorne de Landas*, fils de feu *Grignart* (1), contenant quatre bonnyers et demy de terre ou enuiron, gisant en pluseurs pieces. Est assauoir : ung bonnyer de terre ou enuiron, tenant à le rue de Gochemez. Item, cinq quartiers de terre ou enuiron, alencontre de le Vallée, tenant à le voye du Molin. Item, demy

(1) « Walleran de Landas, fils dudit Anthoine. »

bonnyer de terre ou enuiron, gisant assez pres des cincq quartyers dessus diz. Item, xiiij c de terre ou enuiron, gisans deuant le Hourdellyere. Item, x c de terre ou enuiron, gisans en le Couture, tenant à lannoit *Jehan Godin.* Item, deux cens de terre ou enuiron, gisans audit lieu, appellé le camp Caueurelle. Et me doit ledit fief cent sols de relief, à le mort del herityer et le xe denyer, à le vente.

[21.] Item, en tient ung fief *Adam Rogyer* (1), gisant au Grant Hanon, nommé le fief Caillimel, qu; co/tient quatre bonnyers et vij c de terre ahennable, gisans en pluseurs pieces. Item, est deu à icelluy fief plain terrage sur trois quartiers de terre. Item, est deu à icelluy fief demy terrage sur x c de terre en pluseurs pieces. Et me doit icelluy fief xxx sols duisiens de relief, à le mort del heritier et le xe denier, à le vente.

[22.] Item, en tient ung fief *Hacquinet Coutel*, fil de feu *Jehan,* contenant quatre bonnyers et cincq cens de terre ou enuiron, gisans en pluseurs pieces, en le terre de Landas. Est assauoir : dix cens de terre ou enuiron, gisans à le Hourdellyere. Item, ung quartier de terre ou enuiron, gisant au pret Remy. Item, demy bonnyer de terre, tenant au manoir *Jehan Remy*, fils de feu *Mikiel.* Item, cincq cens de terre ou enuiron, gisant en Blocquegnye. Item, cincq quartiers de terre ou enuiron, gisant au riez à lAubel. Item, deux cens de terre ou enuiron, gisant au riez à lAubel. Item, deux cens de terre ou enuiron, gisans à le Vies rue. Item, iij c de terre ou enuiron, gisans en Blocquegnyes. Item, cincq cens de terre, audit lieu. Item, douze cens de terre ou enuiron, tenant au courant de Blocquegnyes. Et me doit ledit fief trente sols de relief, à le mort del heritier et le xe denyer, à le vente.

(1) « Cest à Pierre de Raisme. »

[23.] Item, en tient ung fief *Pierart Meurisse*, contenant trois quartyers de terre ou enuiron, gisant entre le Bonnardrye et lospital de Theomolin, tenant à le terre du beghinage dOrchyes. Et est ledit fief à une perre de blans esporons de relief, à le mort del herityer et le xe denyer, à le vente.

[24.] Item, en tient ung fief *Jehan de Hennau*, demourant à Pesquencourt, contenant en rentes neuf rasieres et demye dauenne, que luy doiuent neuf ostes et six tenans. Et me doit ledit fief xxx sols de relief, à le mort del heritier et le xe denyer, à le vente.

[25.] Item, en tient ung fief messire *Pierre de Le Vigne*, pb^{re} (1), gisant en laditte ville, au lieu que on dist à Hennoit, contenant, en rentes que pluseurs rentyers luy doiuent, xxxij rasieres dauenne, le tierch dune couppe et le quart dun quartier dauenne lambertoize et xx deniers douisiens, au Noel. Et me doit ledit fief xxx sols de relief, à le mort del heritier et le xe denyer, à le vente.

[26.] Item, en tient ung fief *Jehan de Franche* dit *de Hennau*, à cause de sa femme (2), contenant demy bonnyer de terre ou enuiron, tant en gardin, comme en terre ahennable, tenant à ung autre fief que il tient du fief de lEspesse et à la terre *Mikiel Lieurart*. Et me doit ledit fief xxx sols de relief, à le mort del heritier et le xe denyer, à le vente.

[27.] Item, en tient ung fief *Mahieu du Quesnoy* (3), au

---

(1) Possédé en 1603 par Pierre Monnart, argentier d'Orchies (n° 1822 de la *Table* de Pilate; lay. FF 211), il passa, par succession, aux Becquet d'Orchies qui le vendirent, vers 1683, à Gabriel Pilot, « seigneur des Broyaux, etc. », bailli de Pecquencourt (*Table*, n° 2149; même layette). En 1767, qualifié de fief « de Ghoisaucourt », il échut à l'abbé de Ranst de Berchem, du chef de sa mère (communication de feu le comte d'Esclaibes, à Douai).

(2) « Cest à Guerard Seneslart. »

(3) « Cest à Anthoine du Quesnoy, fils de Mahieu. »

lieu que on dist aux Bruielles, empres Le Loirre, contenant sept bonnyers de terre ou enuiron, tant en terre, comme en aunoit. Lequel fief me doit xxx sols de relief, à le mort et le xe denyer, à le vente.

[28.] Item, en tient ung fief *Jehan Coutel*, fils de feu *Mikiel*, contenant deux bonnyers, six cens de terre ou enuiron, en deux pieces. Cest assauoir: xiiij c et xxiiij verghes de terre, en le couture de le Foullye, tenant au manoir de le fille de feu *Jehan Dieuuart* et au waresquel de Guillacourt et à le terre de leglize de Landas. Item, demy bonnyer et deux verghes de terre, en le couture du Crocquet, tenant au fief *Jehan Remy*, fil de feu *Jehan* et à le terre dicelluy *Jehan Coutel* et au quemin. Et me doit ledit fief xxx sols de relief, à le mort del herityer et le xe denyer, à le vente.

[*Quint du fief de Goisaucourt.*]

Item, ay encores ung fief, à cause de maditte terre de Landas, quy fut, en temps passé, le quint dudit fief de Goisaucourt, gisant en le perroisse et eschevinage de laditte ville de Landas, quy contient, en gros de fief, trois bonnyers et xiiij cens de terre ou enuiron. Cest assauoir : ung bonnyer et demy de terre ou enuiron, gisant à le Sabellonnerye et fait le tournant des rues, au lez vers le Sauch Malebeste. Item, en le couture des Euwis, cincq quartiers de terre ou enuiron, tenant à le rue de le Carnoye et audit fief de Goisaucourt. Item, en le couture de Buignyes, xviij c de terre ou enuiron, tenant à le rue des Caneaux, dune part et au fief *Johennes Rogyer*, dautre part.

Item, à cause dicelluy fief, me sont deues, chacun an, par pluseurs heritiers, sur xix bonnyers de terre ou enuiron, au jour Saint Remy, six poulles, xij deniers douisiens et xj deniers parsiz. Item, au terme de Noel, xxxij rasieres, ung boistel dauenne, viij cappons et une entiere rente, le tierch et le viij⁰ dune, au pris declaré audit fief de Landas.

[29.] Item, *Johennes Rogyer* (1) tient ung fief de moy, à cause de mon dessus dit fief de Goisaucourt, contenant xiij cde terre ahennable ou enuiron, gisans en le couture de Buignyes, tenant dune part à ma terre de Landas et dautre part à le terre *Mikiel Bustin* et dune autre part à le terre *Jehan de Le Haye* et à le terre *Jehan Le Conte* et haboudant au fief *Jehan Remy*, fils de feu *Jehan*. Se doit lx sols de relief, à le mort et le x⁰ denyer, à le vente.

[*Relief et service dus au prince à cause de la seigneurie de Landas*]

Tous lesquels fiefs je aueue à tenir de mondit tresredoublé signeur, en tel justice que dit est dessus, en ung seul fief, à dix libres de relief, à le mort del heritier et le x⁰ denyer, à le vente, en tous tels drois, franchises et lybertez que dessus est sepechefyé et declaré et que à justice de visconte appertient, à le cherge de seruir les plais de mondit tres-redoublé signeur en son chastel à Douay, touttesfois que requis en serray.

[*Francs-alleus de Landas.*]

Et est assauoir que, en ma dessus ditte terre et signourye de Landas, a pluseurs heritages et rentes, que on appelle francq aleux, desquels je suy gardyen et, quant don ou vente sen fait, ledit don et vente sen passe pardeuant moy et en la presence de deux frans alyez. Desquels heritages et rentes et ceulx quy les tiennent, la declaration senssuit.

---

(1) « Cest à Caisot Rogier, fils dudit Johennes. »

Et premyers, en deux heritages, lun contenant ung manoir amasé de maison manable, granges, estables, lieu, gardin, tresfons et heritage, gisant au bourcq de Landas, tenant aux gardins et heritages à moy appertenans, sur tous costez et lautre, contenant six rasieres dauenne, chacun an et le terrage des trois pars de trois bonnyers, trois quartyers, trois cens et demy de terre, à moy appertenant, alencontre de Mess" de cappitle Nostre Dame de Tournay, ausquels appertient lautre quart diceulx terrages que pluseurs personnes doiuent sur leurs heritages.

Mons' de Saint Vas, pattron de Landas (1), en a ung, contenant trente rasieres dauenne ou enuiron, en une entiere rente, sans cappons, que pluseurs rentyers luy doiuent, chacun an, sur leurs heritages.

Item, Jehan Coutel dit Benyere en a deux, lun contenant une maison, grange, porte, marescauchyes, lieu, gardin, tresfons, heritage et deux bonnyers de terre ou enuiron, gisans à le Secrye, quy furent maistre *Jehan de Le Tainture* et lautre, contenant cincq rasieres, trois couppes dauenne et ung poullet ou ung cappon, chacun an, que pluseurs personnes luy doiuent sur leurs heritages. Et fut ce derrenyer nommé, en temps passé, à feu *Jacquemart Rogyer*.

Item, le vesue de feu *Toussains Coutel* en tient ung, contenant six rasieres dauenne, chacun an, que pluseurs personnes luy doiuent sur leurs heritages. Et fut, en temps passé, à le vesue de feu *Pierre Martin* et depuis à le vesue feu *Jehan Godin*.

Item et *Mikiel de Le Lieurcgnye* en a aussy ung, contenant trois couppes dauenne, sur une piece de terre et lequelle piece il accata japieca à feu *Leuren Rogyer*.

---

(1) L'église de Landas est sous l'invocation de saint Vaast.

[*Clôture du dénombrement.*]

Sy fay ce present mien rapport, tout par amendement, se mestyer est, par lauis et jugement de mes pers et compagnons, hommes de fief de mondit tresredoubté signeur, jugans pour luy en sondit chastel de Douay, saulf que, se plus ou moings y estoit trouué, que dessus nest dit ou declaré, se le aueue je à tenir de mondit signeur, en maniere ditte.

En tesmoing de ce que dessus est dit, jay, à ce present rapport, mis et appendu mon propre seel. Quy fut fait et donnez le xxvj° jour du mois doctobre en lan de grace mil iiij° soixante et onze.

[*Clôture du récépissé.*]

Et nous, *Ernoul Le Carlyer*, bailly dessus nommé, auons ad ce present rechippicé mis nostre seel, dont nous usons ou fait dudit office, le derrain jour du mois doctobre oudit an soixante et onze.

Archives municip. lay. FF 211 (N° provisoire); cahier en parchemin, provenant du fonds du bailliage, de 8 feuillets, compris la couverture, sur le recto de laquelle est cet intitulé : « Rechippicé, pour Monsr de Landas, du denombrement de son fief, terre et signourye de Landas, quil tient du chastel de Douay. » Le sceau du bailli, qui pendait à double queue de parchemin, a disparu.

CXCIV.

Dénombrement de la seigneurie d'Aix-en-Pévèle, baillé aux tuteurs de Jean de Psalmier, écuyer, seigneur de Bouvignies, par Jacques du Chastel, écuyer, seigneur de La Houardrie. — 1572, 12 décembre.

Cist le rapport et denombrement que je, Jacques du Chastel, escuier, seigneur de La Houardrie, Aix en Peule,

La Cessoye, etc. fay et baille à messire *Jehan dEue*, chevalier, Sr de Loyers, gouuerneur et capitaine des ville et chasteau de Disnan et *Franchois dEue*, escuier, S^r dudict lieu, manbours et curateurs des biens de *Jehan de Psalmier*, escuier, Sr de Bouuignies, filz de messire *Piere de Psalmier*, chevalier, Sr de Briemaigne, etc. dudict fief, tenement, terre, ville et noble seignourie dAix en Peule, à moy appartenant, que je tiens et adueue tenir de Dieu et de mondict Sr de Bouuignies, en toutte justice de visconte.

Se comprendant mondict fief, sy comme le gros dicelluy fief, en motte, eauwes, fossés, ediffices, gardins, tout tenant ensamble, auecq motte et mollin à meuldre bled, pretz, pastures et terres arables, contenant ensamble enuiron de trente quatre bonniers ung cent et demy, à la mesure dOrchies, gisans en madicte ville dAix, es parties quy sensieuuent.

Assauoir, le lieu manoir, quy gist sur le place de ladicte ville dAix, tenant dune part au chimentiere de leglise dudict Aix (1), tant en motte et bassecourt amasée de maison manable, grange, porte, mareschaussie et aultres ediffices, contenant ung bonnier ou enuiron.

Item, le motte et les fosselz dentour, où que le molin dudict Aix est assis dessus, contenant deux cens ou enuiron.

Item, une pieche de pret, gisant en la prarie dAix, nommé le pret à le Plancque, tenant de deux costez au pret de *Claie Fuzelier*, espeuze à *Jacques Becquet* et daultre part à mon pret. Lequel contient ung bonnier trois cens et demy ou enuiron.

Item, une aultre pieche, gisant en ladicte prarie, tenant

---

(1) Situation privilégiée, d'après l'art. 12 de la coutume de la Gouvernance. — Voir ci-dessus, cxxxvii, page 301.

dune part au Hault Mortier et daultre part au pret *Jehan de Louuignies*, contenant unze cens ou enuiron.

Item, une aultre pieche de pret, gisant en ladicte prarie, tenant dune part au bois de le Reppe et daultre part au pret de le cense de Haulte Loge et contient treize cens ou enuiron.

Item, ung aultre pret, nommé le Verdonpret, gisant audict Verdonpret, contenant presentement huyt cens demy ou enuiron, parmy ung quartier de pret que jay puisnaguerres acquis de *Charles Landas*, tenant à mes terres et au terroir de Namaing.

Item, une aultre pieche de pret et pasture, nommé le pret à le Fontaine Sainct Laurens (1), tenant de deux costez aulx terres de mondict fief et daultre part au terroir de Landas, contenant en tout nœuf cens ou enuiron.

Item, deux bonniers ou enuiron de terres arables, gisans deriere mondict lieu manoir, tenant à mon pret de le Fontaine Sainct Laurens, à mon jardin et au chimetiere de leglise dudict Aix......

[Autres pièces de terre, « empres Rainmortier, tenant » au chemin « allant à Orchies » ; pièce de deux bonniers « trois quartiers et demy », nommée « le Fosse le Monnier, gisans en le cousture dudict Rainmortier, au tournant quy maisne dAix à Orchies, tenant audict chemin, de deux costez » et au « territoire de Landas » ; — une pièce d'un bonnier « chincq cens et demy », nommée « le Longuenieulle », sise « en le cousture du Molin dAix, tenant au chemin quy maisne dAix à Samion et audict molin et aulx terres de Haulte Loges » ; — « en le cousture du Pronnel » ; — « en le cousture de lObiel des Mottes » ; — « entre le mortier Nazet et le cense de Vilcas-

---

(1) L'église d'Aix est sous le vocable de saint Laurent.

sault », tenant « à le cariere des Mottes » ; une pièce de « dixhuict cens de terre », nommée « le camp Collin, gisans entre Aix et Wilcassault » ; — une pièce de deux « cens », nommée « les Mottes », tenant « à le terre Mons' du Parcq » ; — « entre le ruielle Moriel et le saulx du Bois, tenant tout du loing le voie allant à Lannay » ; — « en le cousture de le ruielle Moriel, assez pres du Pronniel », tenant « au chemin quy maisne à Wilcassault » ; — « en le cousture de Verdonpret », tenant « au chemin de le Ris, au terroir de Namaing » et « au Verdonpret » ; — « en le cousture » nommée « à le frette Legier, tenant au chemin de le Ris » ; — « à Psalmoncamp » ; — « en le cousture de lObel des Mottes, au lieu que lon dit à Gribensart » ; — « en le cousture de le fosse Monnier » ; — « au chemin quy maisne dAix à le Ryt ».]

Aucquel mondict fief et seignourie dAix en Peule est deu, en rente seignourialle, chascun an, au terme de Noel, soixante treize chappons, deux quars, xij° et soixante douzeisme dun chappon et le quarante huyteisme de demy chappon... [19 « pouilles », 19 « oullées, sixeisme et vingt-quatriesme dune oullée, quy se paient, chascune oullée, pour six pains de fourment tamisiet, en la valleur, chascune oullée, dun hotteau de fourment », — « en menues rentes dargent, tant au denier parisis, comme au tournois louisiens et douisieus, dont les unze deniers louisiens font douze deniers parisis et les trois deniers douisieus font ung denier parisis », 10 livres 3 sols 1 denier, « trois partis et les deux pars dun party et le tiers dun party parisis ».]

Item, encoires audict terme de Noel et my mars, six vingt dix rasieres ung quarel et le tiers dun quarel dauaine, mesure dOrchies, à compter chincq hottel et demy pour le rasiere orchioise.

Item, au terme de my may, chincq aigneaulx et le dixeisme dun aigneau ou enuiron, auecq quatre vingtz dixhuyt courouwées extimé valloir, chascune courouwées, douze deniers parisis.

Touttes icelles rentes sur pluiseurs heritaiges tenus de madicte seignourie, selon les rapportz diceulx, faictz et passez pardeuant escheuins dudict Aix, par vertu de certain mandement obtenu du roy nostre sire, duc de Bourgongne, conte de Flandres, en dacte du douzeisme de januier, an mil chincq cens et dixhuyt. Desquelz heritaiges on y a pluiseurs quy, auecq la rente à moy deue, doibuent terraiges aulx hoirs feu *Piere de Roisin*, escuier, Sr du Parcq (1) et à *Jacques dEstraielles*, aussy escuier, Sr de Mouschin, à cause de leurs fiefz cy apres declarez, que eulx tiennent de moy et de madicte seignourie dAix.

Item, ay aussy pluiseurs heritaiges tenus de moy et de madicte seignourie, lesquelz ne sont tenus vers moy, fors du dixeisme denier, à la vente et à laduenant de vingt solz parisis de reliefz, à le mort de lheritier et doibuent pareillement terraiges ausdicts hoirs *Piere de Roisin*, Sr du Parcq et audict *Jacques dEstraielles*, Sr de Mouschin, à cause de leursdicts fiefz.

Item, me appartient, à cause de madicte seignourie, aulcuns terraiges sur certains heritaiges.

Tous iceulx heritaiges, tenus de moy à cause de madicte seignourie, tant ceulx quy me doibuent rentes, comme les aultres, portant enuiron sept vingtz bonniers dheritaiges.

Aussy sont tenus de mondict fiefz et seignourie dAix quarante trois fiefz.

---

(1) Mort en 1567, d'après Goethals (qui le qualifie de chevalier). *Diction. généalogique et héraldique*, Bruxelles, 1852, in-4, IV (sans pagination!!), Roisin, Parcq.

Et premier, les hoirs feu *Piere de Roisin*, en son viuant escuier, S`r` du Parcq, en tiennent ung fiefz et noble tenement, venant de leurdict feu pere, contenant, tant en manoir amasé, comme en terres labourables, huictz bonniers et demy ou enuiron, gisans en madicte ville dAix. Aucquel fief a pluiseurs hostes et tenans, quy luy doibuent, chascun an, rentes de chappons, doullées, dauaine et dargent, tant au terme de Noel, comme au mars, montant à la somme de chappon et demy et le sixeisme dun, demye oullée et le sixeisme dune, ung denier louisien, trois solz sept deniers parisis, deux couppes dauaine, deux francquartz et demy et le sixeisme dun francquart dauaine, quy se mesure au hotteau tournisien à comble. Et pareillement, hommes de fiefz tenant de luy et de sadicte seignourie. Tous lesquelz fiefz tenus de luy ensamble se contiennent en six bonniers trois quartiers de terre ou enuiron et en une certaine rente deue sur certain heritaige gisant audict Aix Et auecq tout ce, sur pluiseurs heritaiges scituez eu madicte ville dAix, tenus tant de moy comme daultres mes subjectz, luy est deu terraige de chincq garbes lune et, en aultre lieu, de trois garbes les deux. Tout lequel fief, auecq ses deppendences et circonstances, est tenu de moy et de madicte seignourie dAix, en toutte justice de visconte et liegement et à dix liures parisis de relief, à le mort de lheritier.

Item, en tient ladicte *Clare Fuzelier*, espeuze dudict *Jacques Becquet*, ung fief et noble tenement, nommé le fief et terre de Wileassault, contenant tant en mottes, fossetz, viuiers, jardins, ruielles, aulnois, pretz, pastures et terres ahannables, vingt six bonniers ou enuiron, gisans en pluiseurs pieches en madicte ville dAix. Aucquel sont deues pluiseurs rentes doullées, de chappons, dargent, dauaine et aignel, que pluiseurs hostes, tenans et rentiers luy doibuent sur pluiseurs heritaiges, tant au terme de Noel, comme au terme de mars et may, montant à unze oullées de pain, comme les miennes, treize chappons et demy, trente solz six deniers maille parisis, chincq solz et ung denier douisiens. Et au terme de mars, luy est deu nœufz rasieres et demy dauaine, à compter chincq hotteaulx et demy pour la rasiere orchioise. Et se est deu audict fiefz dixhuyt hotteaulx dauaine de soubrente Tout lequel fief, auecq ses circonstances et deppendences, est tenu de moy et de madicte seigneurie dAix, liegement et en toutte justice de visconte, à dix liures parisis de relief, à le mort de lheritier.

Item, ladicte *Clare Fuzelier* en tient ung aultre fief, nommé le fief de Ere, contenant quatre bonniers trois quartiers ou enuiron de terres arrables, gisans en madicte seignourie dAix, à trente solz parisis de relief, à le mort de lheritier.

Item, ladicte *Clare Fuzelier* en tient encoires ung fief contenant parcideuant deux bonniers demy, gisant audict Aix, mais presentement ne contenant que ung bonnier trois quartiers deux cens, pour cause de deux parties dheritaige, lune dun quartier et laultre de six cens, esclichés dudict fief, que tiennent en fief de madicte seignourie dAix *Pierre Blouzet* et *Lion Hazart*, comme cy aprez sera dict. Et aucquel fief appartient quatre hotteaux dauaine de rente, chascun an, sur certains heritaiges gisans audict Aix. — Et dudict fief est tenu ung aultre fief contenant deux bonniers demy, appartenant à *Lambert de Landas*, à luy escheu de *Jehan de Landas*, son oncle, demeurant à Lille, quy luy doibt trente solz parisis de relief, à le mort de lheritier. Mais lequel dict fief, ainsy tenu de luy, me doibt le dixeisme denier, à la vente. — Sy me doibt sondict fiefz trente solz parisis de relief, à la mort de lheritier.

Item, *Pierc Bleuzet*, carlier, en tient ung fief esclischié dudict fief contenant ung quartier de terre... Et doibt de relief, à la mort de lheritier, une paire de blans gantz.

Item, *Lion Hazart*, brasseur (1), en tient ung fief, aussy esclichié du deuant dict fief, contenant six cens de terre, tenans... à lheritaige... nommé le courtil à lAttre. Et doibt de relief, à le mort de lheritier, dix solz parisis.

Item, ledict *Jacques dEstraielles*, escuier, S^r dudict Mouschin, en tient ung fief de noble tenement, nommé le fief de Corby, contenant, en motte, fossés, viuier, gardin, bassecourt, pret, pasture, alnois et terres labourables, dix-nœufz bonniers chincq cens ou enuiron, gisans en madicte ville dAix. Aucquel fief a plusieurs hostes et tenans quy luy doibuent, chascun an, sur certains heritaiges et manoir, rentes de chappons, dargent et dauaine, montans, au terme de Noel, deux chappons, dix sept deniers parisis et vingt trois deniers douisiens et, au terme de mars, seize rasieres deux couppes et demy dauaine et le tiers dune, à compter chincq hotteau et demy pour le rasiere orchioise et, au terme de Sainct Jehan Baptiste, sept solz parisis et, au terme Sainct Remy, sept solz parisis. Tout lequel fief est tenu de madicte seignourie dAix, liegement, en toutte justice de visconte, à cent solz parisis de relief, à le mort de lheritier.

Item, ledict *Jacques dEstraielles* en tient encoires ung fief, nommé le Petit fief, gisant en madicte ville dAix, contenant chincq bonniers et demy de blé ou enuiron. Aucquel fief est deu le quatreisme garbe de chincq de tout les

---

(1) Ailleurs le dénombrant cite : « Lion Hazart, mon bailly dudict Aix ».

terraiges quy sont deuz en ladicte ville dAix, cest assauoir :
de trente bonniers et cent et demy de terre, quy doibuent
plain terraige, de quatre bonniers dix cens et demy, à demy
terraige et de quatre bonniers et ung cent, à quart terraige.
Esquelz ledict *Jacques* prent et lieue de chincq garbes les
quatre, contre les susdictz hoirs *Piere de Roisin,* escuier,
Sʳ du Parcq et, en aulcuns lieux, de trois garbes une. Tout
lequel fief, se comprendant tant en heritaige comme en
terraige, ainsy quil se comprend, est tenu de madicte seignourie, à soixante solz parisis de relief, à le mort de
lheritier.

Item, *Hughues de Lannoy*, escuier, Sʳ de Ghuignies, en
tient ung fief et noble tenement, nommé le fief du Mares,
contenant dixnœuf bonniers ou enuiron, en manoir, fossez,
jardins, pretz et terres ahennables en pluiseurs piecches,
gisans en madicte ville dAix. Aucquel fief a trois tenans et
subjectz, quy luy doibuent rentes montans, au terme de
Noel, dix deniers parisis et, au terme de mars, huyt hotteaulx dauaine. Tout lequel fief est tenu de madicte seignourie, à soixante solz parisis de relief, à le mort de lheritier.

Item, ledict *Hughues de Lannoy* en tient encoires ung
fief, nommé le Petit fief du Maret, contenant quatre bonniers et demy ou enuiron, gisans audict lieu dAix, en
pluiseurs piecches, à trente solz de relief, à le mort de
lheritier.

Item, les hoirs *Michiel des Pringalles* en tiennent ung
fief et noble tenement, nommé le fief de Rongy (1), quy

---

(1) Une branche de la famille de Roisin a possédé la seigneurie de
Rongy (Belgique, Hainaut); d'où est venu le rameau du Parcq, cité ci-
dessus.

Peut-être est-ce la famille de Roisin-Rongy qui a donné le nom du
fief dont il s'agit ici.

contient unze bonniers ou enuiron, en manoir, fossetz et terres ahannables, gisans en ladicte ville dAix. Aucquel fief a pluiseurs hostes et tenans quy luy doibuent, chascun an, rente de chappons, dargent et dauaine montans, au terme de Noel, quatre chappons, ung denier parisis et, au terme de mars, deux rasieres dauaine, mesure orchioise. A soixante solz parisis de relief, comme dessus.

Item, lesdis hoirs *des Pringolles* en tiennent encoires ung fief contenant trois cens ou enuiron, seant audict Aix, à dix solz parisis de relief, à le mort de lheritier.

Item, le seigneur de Raisse en tient ung fief scituez et assis en la ville de Douay, en deux maisons et heritaiges, auccq ung mollin deauwes, seant deuant le pond à lHerbe, à trente solz parisis de relief, à le mort de lheritier.

Item, *Jehan de Louuegnies* en tient ung fief, nommé le fief Quenneson, contenant chincq bonniers dix cens ou enuiron, en masure, en eauwes, fossetz et terres arrables gisans en madicte ville dAix. Et dicelluy fief sont tenus noeuf cens de terre, tenant à ladicte masure.... quy luy doibuent de rente par an, au terme de Noel, trois deniers douisiens. Tout lequel fief me doibt trente solz parisis de relief, à le mort de lheritier.

Item, *Jehan Gahide* en tient ung fief contenant six cens de terre ou enuiron, tenant... au manoir *Jehan de Louuignies*. Et furent dudict fief Quenneson, appartenant audict *Jehan*, esclichiez hors de sondict fief, quy auparavant contenoit noeuf bonniers. Se doibt ledict fief une paire de blancqz gantz de relief, à le mort de lheritier.

Item, mesdames et religieuses de Flines en tiennent ung fief contenant huyt bonniers, gisans en madicte ville dAix, en pluiseurs piecches, entre le pond de Plennart et Bersau-noit, à trente solz parisis de relief, à le mort du responsible, dont à present le est *Martin van Verre*, demourant en la ville dOrchies.

Item.... [Suivent trois petits fiefs innommés, deux au relief d'une paire de blancs gants.]

Item.... ung fief contenant quatre cens et demy ou environ et est le quatreisme partie du quind esclischié hors du fief Quesneson. A la quatreisme part de trente solz de relief que le gros du fief doibt : quy monte sept solz six deniers parisis.

Item... ung fief contenant ung bonnier.... à une paire de blans esperons de relief.

Item, les hoirs sire *Jehan LEmpereur* en tiennent ung fief, nommé le fief Le Moisne, contenant ung bonnier treize cens ou enuiron, tant en une maison, que en terres arables, en madicte ville dAix, à trente solz parisis de relief.

Item, lesdits hoirs sire *Jehan* en tiennent encoires ung fief contenant ung bonnier chincq cens, esclischié dudict fief, tenu de ladicte seignourie dAix, à trente solz de relief.

Item, *Margueritte de Louuignies*, fille de feu *Lion*, espeuze de *Franchois du Bosquet*, escuier, Sr de Stradin, Blequy, etc. en tient ung fief contenant demy bonnyer ou enuiron, gisant en madicte ville dAix, à dix solz de relief.

Item, ladicte *Margueritte* en tient encoires deux fief, chascun diceulx contenant quatre cens demy ou enuiron. Et sont les deulx pars du quind du fief Quesneson, gisant audict Aix. A sept solz six deniers parisis de relief, chascun fief.

Item, icelle *Margueritte* en tient ung fief contenant bonnier et demy ou enuiron, gisant en madicte ville dAix, quy parcideuant fut *Hacquinet Rousiel* et depuis *Jacques Helouart*. A trente solz parisis de relief.

Item, la susdicte *Margueritte de Louuignies* en tient ung fief et noble tenement contenant treize bonniers ou enuiron, tant en motte, fossetz, bassecourt, gardins, ruielles, pretz, aulnois et terres labourables, nommé le fief de Blequy, gisans en madicte ville dAix. Aucquel fief a rentes de chappons, dargent et dauaine, que pluiseurs rentiers luy doibuent, chascun an, montans : deux chappons, une rasiere dauaine, quinze deniers parisis et douze deniers douisiens. Et a ledict fief justice de visconte. Et le tient liegement à dix liures parisis de relief, à le mort de lheritier. Lequel dit fief fut à madame dAnstaing, *Jehenne du Chastel* (1), fille Monsr de Le Houardrie, grand mere dudict feu *Lion*.

Item, ladicte *Margueritte de Louuignies* en tient encoires ung fief, quy fut à ladicte dame dAnstaing, gisant en madicte ville dAix, contenant six bonniers ou enuiron, en pluiseurs pieches, à trente solz parisis de relief, comme dessus.

Item.... [Deux petits fiefs « gisans en la paroisse de Namaing ».]

Item, *Henry Hazart*, ou lieu de *Jehan du Chastel*.... [Un fief à Aix, au relief de cinq sols.]

Item.... [Trois petits fiefs à Aix.]

Item..... ung fief contenant quatre cens et demy.... et est le tierche partie du quind du fief Quesneson, à la quatreisme partie de trente solz parisis de relief, quy font septz solz six deniers parisis.

Item... [Quatre petits fiefs à Aix.]

Item, *Gilles Jolly*, bourgeois, ou lieu des hoirs *Arnould Le Maire*, demourant en Tournay, en tient un fief et noble

---

(1) Sur la dame d'Anstaing, voir p. 449 du tome I des *Notices généalog.* de M. le comte du Chastel de La Howarderie, Tournai, 1881, in-4.

tenement, nommé le fief Labre, contenant nœufz cens ou enuiron. Aucquel fief a ung tenant, quy luy doibt, chascun an, trois deniers parisis. Et sy sont tenus de luy trois bonniers de terre ou enuiron, quy gisent deriere les gardins des Rys, quy luy doibuent demy terraige. Lequel fief gist en madicte seignourie dAix, est tenu de moy liegement et en justice de visconte, à cent solz parisis de relief.

Item... [Deux petits fiefs à Aix, « en le cousture de Plennart », chacun au relief de trente sols, l'un contenant sept « quartiers trois cens » et l'autre « chincq cens », jadis appartenant, « tout en ung fief, à Jehan du Chastel. »]

Item, le roy nostre sire, conte de Flandres, etc. en tient aussy ung fief, à luy escheu par droict de confiscation, quy fut *Gilles Sallet*, demourant en Tournay, de present fugitif et banny pour le faict des troubles, contenant deux bonniers unze cens de terre ou enuiron, en pluiseurs menbres, gisans audict Aix. Se doibt chincquante solz parisis, à le mort de lheritier.

Et se, en mondict fief, justice et seignourie dAix (lequel je aduoue à tenir de mondict S^r, de son chastel de Bouuiguies, comme dit est dessus), escheoit aulcuns droitz ou fourfaictz, je en doy veoir et congnoistre, par le noblesse de madicte seignourie, tout et aussy auant que à fief liege et toutte justice de visconte appartient, sy comme :

De establir bailly, messeur (1) et sergent, icelle garder et faire adjuger bans de mars, les publier en leglise.

De sieuwir seuwes, cours deauwes et chemins et aultres choses touchans lesdicts bans de mars, jusques en amende de chincq solz parisis sur fief et de deux solz douisiens sur main ferme.

(1) Messier.

De faire aussy bans daougst, iceulx publier en leglise, tenir francques veritez generales, une fois lan.

De vcoir et auoir congnoissance du sang, du laron, du bastard et de lestraier et de touttes aultres fourfaictures que en madicte terre et seignourie poeuuent venir et escheir, jusques en soixante solz parisis, monnoie de Flandres, des fourfaictz sur mondict fief et aultres tenus de moy et les prendre par le jugement de mes hommes et amendes de soixante solz, de ceulx quy seroient faictz sur main ferme et les faire jugier par escheuins, à ma semonche, de mon bailly ou son lieutenant.

De requerre ou faire requerir le retour de ma court et de tous mes hostes et subjectz, pardeuant quelz juges temporelz quilz soient attraictz, eulx justicier et pugnir selon le cas, sy auant que raison deura et que à la congnoissance de madicte seignourie et justice de visconte en polroit appartenir de auoir.

Aussy, touttes entrées et issues, cest assauoir : le dixeisme denier de touttes ventes que feroient ou feront mesdicts subjectz des fiefz et heritaiges main fermes tenus de moy, auecq les relief des fiefz telz que declarez sont cy dessus, à la mort des heritiers et, des main fermes, reliefz de double rente ou de vingt solz le bonnier, lequel que mieulx me plaist et tous lieux et manoirs amasés, le dixeisme denier de la vallue diceulx, à le mort des heritiers et, des masures non herbegiés de manandrie, jen prens ung pied pour deux de terre es camps, en relief.

De auoir aussy, par la noblesse de madicte terre et seignourie, trois fois en l'an, plaidz genereulx, quilz se tiennent par mon bailly ou son lieutenant et escheuins, cest assauoir : le premier lundy apres les Roix, le premier lundy apres Pasques closes et le premier lundy apres la

Trinité, sur deux solz douisiens à chascun deffaillans, de ceulx quy tiennent les heritaiges quy les doibent, assauoir : les heritiers lesquelz sont redebuables des courouwées.

De renouueller, une fois en lan, eschenins, cest assauoir : audit prochain lundy apres la Trinité et, par iceulx, exercer en mon office ung an enthier.

De faire et adjuger, tant par hommes que par eschenins, chascun en son endroict, bonnaiges, cerqueminaiges et desreus dheritaiges tenus de moy nus à nu ou par moyen et les faire publier en plaine eglise, sur amende, chincq solz parsis en fief et deux solz douisiens en main ferme, sur chascun chief dhostel deffaillant audict cherqueminaige, au jour sur ce assigné par loy, cest assauoir : sur fief, quarante jours apres le cry et commandement faict en leglise et sept jours apres le cry, sur main ferme.

Et generallement et especiallement ay, en madicte justice et seignourie, en tout et par tout les appendans et appartenances à icelle, touttes telles droictures, amendes et fourfaictures que à fief liege et justice de visconte en appartient.

Ducquel fief, terre, justice, ville et seignourie, ainsy quil se comprend, gist et se estend, circonstances et deppendences dicelluy, je fay rapport et denombrement à mondict seigneur, saulf le plus ou le moings, sil y estoit trouué, que je le puisse amender, croistre ou admenrir, quant il viendra à la congnoissance de luy, de son bailly ou aultres ses officiers. Et le aduoeu tenir de son chastel de Bouuignies, pour obeir à tous seruices, droictures et redebuanches que poeult fief liege debuoir et estre tenus. A dix liures parsis, monnoie de Flandres, de relief, à le mort de lheritier et le dixeisme denier, à la vente.

En tesmoing de quoy, jay ce present rapport seellé de

mon seel armorié de mes armes, le douzeisme jour du mois de decembre an mil chincq cens soixante douze.

<small>Cahier de dix feuillets de parchemin, écrit. du temps, sans traces de sceau et ne paraissant être qu'un projet, sans authenticité. — Cabinet de l'auteur.</small>

CXCV.

Erection (sous forme de confirmation), par Louis XV et sans finance, de la terre de Bouvignies en baronnie, en faveur d'Octave-Eugène de Nédonchel, écuyer, seigneur de Bouvignies (1), *honoré, par les mêmes lettres patentes, du titre héréditaire de marquis de Nédonchel. — Versailles, en septembre 1723.*

Louis...... Nostre amé et féal, *Octave Eugène de Nédonchel*, chevalier, baron de Bouvignies-lez-Orchies en Flandres, nous a très humblement représenté qu'il est d'une des plus anciennes noblesses du pays belgique, laquelle subsiste depuis près de cincq siècles. Que luy et ses ancestres, de père en fils, n'ont jamais fait que des alliances convenables à leur naissance. Que depuis environ deux cens ans, onze damoiselles du nom et de la maison de Nédonchel, ses tantes et cousines, portant pour armes : D'azur à la bande d'argent, couronnées de couronne de baron, ont esté reçues et installées dans les nobles et illustres chapitres des dames abbesses et chanoinesses régulières aisnées de Sainte Remfroye de Denain, de Sainte Aldegonde de Maubeuge et de la ville de Mons, tous de fondation de France et de protection immédiate de nous, après avoir

<small>(1) Seules qualités reconnues au requérant par le parlement de Flandres, lors de l'enregistrement des lettres, le 3 novembre 1723.</small>

fait les preuves légalles de leur noblesse, des huit quartiers paternels et maternels et des quattre degrés supérieurs de filiation de qualité de chacun d'iceux, comme il est nécessairement requis par les fondations. Que même deux desdittes demoiselles ont esté élevées abbesses, tant par leur piété et mérite personnel, qu'à cause de leur naissance très distinguée.

Et qu'enfin ledit Sr de Nédonchel, à l'exemple de ses pères, a eu l'honneur de porter les armes au service du feu Roy, nostre très honoré seigneur et bisayeul, de glorieuse mémoire, pendant huit années consécutives, en qualité de capitaine au régiment de Bresse, où il s'est signalé. Et ses deux fils, quoique dans un âge peu avancé, ont pris le parti des armes, estans actuellement à nostre service.

Outre l'avantage que l'exposant tire de sa naissance et de ses services, il possède encore un revenu très considérable en Flandres et Artois et, entre autre, la terre, seigneurie et baronnie de Bouvignies, située au village et paroisse dudit lieu, proche Marchienne, diocèse d'Arras, consistans en maisons, bois, moulin, brasserie, terres, prets, rentes et droits seigneuriaux, avec haute, moyenne et basse justice, relevante nuement de nous, à cause de nostre château de Douay, qui luy est eschue en ligne directe et qui produit vingt mille livres de rente, quitte de toutes debtes, douaire et hipotecque, — la terre et baronnie de Ravesberghe, dans la paroisse du même lieu, à luy appartenante comme cessionnaire de la dame *Alexandrine de Nédonchel*, chanoinesse au chapitre de Denain, sa tante.... (1) du revenu de cincq mille livres, année commune, — la terre et seigneurie d'Ochtezelle, dans la paroisse dudit lieu et la

---

(1) Cf. Goethals, *Miroir*, Bruxelles, 1862, in-4, II, 909.

vicomté de Stapel.... produisant au moins cincq mille livres de rente....

Que depuis un siècle et demy (1), ses ancêtres estoient barons de Bouvignies, en conséquence des lettres d'érection qu'ils en ont obtenu (2), qualité reconnue et prise dans tous les actes de justice (3) et notamment dans l'aveu et dénombrement de ladite terre et baronnie de Bouvignies, rendu au roy d'Espagne par *Jean de Nédonchel*, le quinziesme de février mil six cent sept, sur lequel il obtint acte de foy et hommage, le seize juin mil six cent vingt et un (4) et par trois arrests du parlement de Tournay des cincq février mil six cent quatre vingt un, vingt trois décembre mil sept cent et dix may 1707....

(1) Ce fut en 1586 que la seigneurie de Bouvignies fut achetée, moyennant 60 650 livres de 40 gros, par Georges de Nédonchel, écuyer, seigneur de La Vicongne, trisaïeul de l'impétrant.

(2) Il n'y avait pas eu d'érection en baronnie de la terre de Bouvignies au profit des Nédonchel; mais peut-être ceux-ci, en prenant le titre de baron, vers la fin du XVI° siècle, croyaient-ils pouvoir invoquer le bénéfice des lettres patentes de 1313 qui avaient créé une baronnie avec les terres de Landas, Bouvignies, etc. *Preuves*, CLXXXIX.

(3) Ce titre fut en effet donné aux ancêtres de l'impétrant, dans une foule d'actes et sans difficulté, sans doute à cause de l'antique noblesse de leur maison; mais ce n'en était pas moins un simple titre de courtoisie, comme ceux du baron de Montigny et du baron des Wastines, attribués au XVI° siècle à des Montmorency, alors que ces terres n'avaient jamais été érigées en baronnie.

(4) A quoi répondait, le 23 décembre 1722, le procureur général du parlement de Flandres, sur le vu du « récépissé du bailly de Douay de l'an 1621 pour la terre de Bouvignies, qualifiée baronnie en plusieurs arrêts de la Cour qui portent cette qualité » : que le bailli « n'a pas l'autorité de changer des terres en baronnies, par sa complaisance à ne pas contredire les titres que le vassal donne à sa terre par son dénombrement. Qu'on produise les récépissés des dénombrements donnés au Bureau des finances et, si le procureur du Roy y a passé ce titre dans le dernier dénombrement, je supposeray alors en faveur du Sr de Bouvignies et m'esclairciray pour assurer la vérité. Mais la production d'aujourd'hui n'est point du tout relevante ». — Archives du greffe de la Cour, fonds du Parlement, liasse des réquisitions du procureur général.

Il nous a très humblement supplié de vouloir luy accorder le titre de chevalier marquis, avec la faculté de l'appliquer sur telle terre qu'il jugera à propos, comme aussy de confirmer, en tant que besoin est ou seroit, son titre de baron de Bouvignies, dont les lettres d'érection, obtenues par ses ancestres, se trouvent égarrées ...

Permettons audit S* *Octave Eugène de Nédonchel* et à l'aîné de ses descendans masles de prendre le titre et la qualité de chevalier marquis de Nédonchel.... de mettre et porter la couronne de marquis sur leurs armes..... même d'appliquer, par ledit S* *Octave Eugène de Nédonchel*, ledit titre et la qualité de marquisat sur telle de ses terres que bon luy semblera, quand même ladite terre ne seroit pas du revenu porté par la déclaration du roy catholique, de l'année mil six cens soixante quattre et autres réglemens.

Voulons en outre qu'en cas de décès du fils aisné dudit sieur *Octave Eugène de Nédonchel* sans enfans masles, ou que dans la suite les masles de sa branche viennent à manquer, lesdits titres et qualité de marquis retournent à l'aisné des autres enfans masles et descendans dudit sieur *Octave Eugène de Nédonchel*, perpétuellement et à tousjours.

Sans que, pour raison de ce, ledit sieur *Octave Eugène de Nédonchel* et ses descendans soient tenus de nous payer, ni à nos successeurs roys, aucune finance....

A la charge que ledit titre et dignité de marquisat relevera de nous et de nostre couronne, sans néantmoins que nous prétendions d'ailleurs rien changer au ressort de ladite terre, non plus qu'à sa mouvance.... Ny pareillement que ledit sieur *Octave Eugène de Nédonchel* et ses descendans puissent prétendre d'autres ny plus grands droits et devoirs sur ladite terre à laquelle il aura appliqué et affecté le susdit titre de marquisat, que ceux dont il jouit à présent.

Et attendu que les lettres d'érection en baronnie de ladite terre de Bouvignies sont égarées, nous.... confirmons, par cesdites présentes, en tant que besoin est ou seroit, ladite terre de Bouvignies dans le susdit titre de baronnie, afin que ledit S*r* *Octave Eugène de Nédonchel* et ses descendants puissent en jouir paisiblement, ainsy et de même que leurs prédécesseurs en ont jouy ou deu jouir...

Car tel est nostre plaisir....

Donné à Versailles, au mois de septembre l'an de grace mil sept cent vingt trois et de nostre règne le neufième.....

Archives du greffe de la cour d'appel, fonds du Parlement, f. 166 verso du reg. intitulé: « Provisions étrangères, depuis 1719 à 1726, 1e chambre, n° 7. »

SEIGNEURIES DES WASTINES

A CAPPELLE ET A BERSÉES

ET DE

ROUPY, A NOMAIN [1].

CXCVI.

Amortissement et conversion en roture, au profit de l'abbaye des Prés-lez-Douai, d'une pièce de neuf bonniers, appelée la terre du Pieroit, située devant la porte de la cense de Verinescuel (2) *appartenant à ladite abbaye et achetée par celle-ci, moyennant cent livres, à Jean des Wastines, chevalier, dit le Clerc, qui la tenait en fief du seigneur des Wastines. — 1275, juillet et 1281 (vieux style), 9 janvier.*

1°

Nous Margherite, contesse de Flandres et de Haynau, faisons sauoir à tous, ke nos chieres amies en nostre Segneur, li abeesse et li couuens des Preis daleis Doai, ont achatei, par nostre otroi, à *Jehan*, cheualier, le clerc des Wastines, noef bouniers de terre, petit plus u petit mains, ke on apele le terre dou Pieroit et gisent, tout en une piece, deuant la porte de lor court de Werinescuel, a oes lor eglise. La quele terre li deuant dis *Jehans* tenoit en fief de *Alart des Wastines*, son neueu, et cil *Alars* le tenoit

---

(1) Unies à l'origine, elles formèrent ensuite deux fiefs distincts.
(2) Aujourd'hui, par corruption : Vernecueil (en 1626, Varnecœul), hameau de Coutiches, près du terroir de Bersées.

auant de nostre chier fil *Guion*, conte de Flandres et marchis de Namur.

Et raporta li deuant dis *Jehans* le fief et toute la terre deuant dite et tout le droit quil i auoit, en la main *Alart des Wastines*, son neueu et son segneur dou fief et de la terre deuant dite, en la presense *Bauduin* et *Gerart des Wastines*, freres, cheualiers, ses peirs. Et comme nous fussiens adont et soions encore ou liu nostre dit fil, ki mise nos i auoit par ses letres pendans et dounei pooir de faire toutes choses quil pooit faire, par toute la terre de Flandres, quant il ni est presens, pour ce ke cis vendages fust mius fais à loi, prestames à *Alart* deuant dit des homes nostre fil deuant nommei, cest a sauoir : *Guion de Montegni*, cheualier, *Willaume*, maieur de Coustices et *Pierron de Preit Augut*, peirs à celui *Alart*, deuant les queus, quant nous li eumes presteis, cil *Jehans*, cheualiers, fist le raport et le werp dou fief et de la terre deuant dite, en la main le deuant dit *Alart*, parmi cent liures de la monoie de Flandres, dont il counut ke la dite abeesse auoit fait son grei. Et disent tout li deuant dit home celui *Alart* et cil ke nous li auiens presteis, ensamble par commun assens et par jugement, quant il les en eut semons, ke li deuant dis *Jehans* li clers des Wastines et ses hoirs en auoient tant fait, quil ni auoient mais droit. Apres ce, pour ce ke toutes ces choses fussent bien faites et à loi, li deuant dis *Alars* raporta en nostre main, comme en la main son segneur, le conte nostre fil, le fief deuant dit et tout le droit quil i auoit et le werpi bien et à loi, en la presense de *Guion de Montegni*, cheualier, de *Willaume*, maieur de Coustices et de *Pierron de Preit Augut* de Pieroue, homes nostre chier fil deuant dit, ses peirs.

Et nous le raport et le werp deuant dis receumes, de par
nostre fil deuant nommei, a oes labeesse et le couuent des
Preis deuant dis et, quant nous eumes le fief et la terre
deuant dite en nostre main, ensi ke dit est, nous toute la
terre deuant dite conuertimes en iretage et le rendimes al
abeesse et au couuent deuant dis, ou nom de lor eglise,
assossé et deschargié de tous fais et de tous seruices de fief
et dautres, à tenir par sis deniers de la monoie de Flandres
de rente par an, ke li abeesse et li couuens deuant dit en
doiuent paier as briés de nostre espyer de Doai, chascun
an, à la S. Remi perpetuement (1).

A toutes ces deuises faire, furent present *Willaumes*,
maires de Coustices, *Mikius Dourins, Pierres de Preit
Auyut* de Pierone et *Willaumes dou Meis*, home nostre
chier fil, le conte deuant dit et autre asseis, ki disent par
jugement, à nostre semouse, ke la dite eglise en estoit
ayretée bien et à loi.

Et pour ce ke toutes ces choses deuant dites soient bien
et fermement tenues à tous jours, nous *Margherite*, contesse
deuant nommée et je *Guis*, ses fius, cuens et marchis
deseure dis, par cui assens et par cui otroi toutes ces
choses deuant dites sunt faites, ensi comme eles sunt deuant
deuisées, auons dounei ces presentes letres al abeesse et au
couuent deuant dis confirmées de nos saieaus, ki furent
donées en lan del Incarnation Jhesu Crist mil deus cens
sissante et quinze, el mois de julie.

    Archives départ. fonds de l'abb. des Prés. carton 3, 1251-
1280; orig. avec deux sceaux en cire brune, pendant à des lacs
de soie rouge, celui du comte, brisé.
    Au dos du titre, d'une écrit. du XIIIe siècle : « Li carte mon
signeur le conte et medame le contesse de Flandres, de ix bouniers de terre ke me sire Jehan des Wastines nous vendi. »

(1) Le compte du domaine de 1372 (n° CXXII) ne mentionne pas la
recette de cette rente de 6 deniers parisis.

2°

A tous chiaus ki ces lettres verront u oront, nous ALANS, sires des Wastines, chevaliers, salus. Nous faisons sauoir à tous, ke dou fief ke nos chiers oncles, me sires *Jehans des Wastines*, chevaliers, a vendu à labbeie des Preis deucosté Douay, le quel fief il tenoit de nous à demie ligée, nous nos tenons bien a paiiet dou seruice et del houmage et en est asses fait à nous et renonchons plainnement al homage dou fief deuant dit et greons et otrions ke li deuant dite abbeie tiegne frankement, sans nul homage, le fief descoure dit, saune toute autre droiture et toute justice ke nous i auiens deuant, se eles i escaoient (1).

Et à che tenir ferme et estaule, oblijons nous et nos oirs p(er)menaulement, par ces presentes lettres saielees de no saiel, données lan del Incarnation nostre Signeur mil cc lxxx et un, le venredi apreis le Tiephane.

<small>Même fonds, carton 4, 1281-1300 ; original avec sceau en cire jaunâtre pendant à simple queue de parchemin et décrit par M. Demay, *Sceaux de la Flandre*, n° 1791.
Au dos du titre, d'une écriture du même siècle : « Li carte mon signeur Alart des Wastines, del otroi kil fist à sen oncle. »</small>

CXCVII.

Mise hors fief par le seigneur des Wastines, au profit du chapitre de Saint-Pierre de Lille, d'un fief acheté par celui-ci et consistant en dix bonniers de bois situés à Moncheaux, au lieu dit la Vellaine. — 1316, octobre et 1317, 16 septembre.

(1) Echoyaient; si elles tombaient à l'avenir sous l'application de la juridiction du seigneur des Wastines.

1°

(1) A tous chiaus qui ches presentes lettres veront ou oront, JEHANS DES WASTINES, sires de Estrées, escuiers, salut. Sacent tout que par deuant mi, presens mes hommes de fiés chi apries nommeis, asauoir est : *Grart Caulant, Baudon le Goudolier de Estrées, Willaume le Rous* et pluiseurs autres, *Grars de Trehout* (2), fius jadis *Alard de Trehout*, se comparut en propre personne et dist que li dis *Alars de Trehout*, ses peres, en sen viuant le assena de deus cens lib. de parisis, bien et souffisaument, à prendre et à recheuoir, apres le dechies de sen dit pere, sour le fief que li dis *Alars*, ses peres, tenoit de mi, li quels fiés contient dis bonniers de bos, pau plus pau mains seans, en une pieche, à le Vellaine, en le parroche de Monchiaus, tenans as bos qui furent *Huon d'Alis*, seigneur de Raimbaucourt. Le quele assene dessus dite il dist quil nauoit onques euwe, pour quoi il me requist que à se dite assenne je le mesisce ou tant len fesisce, que li homme diroient pour droit que je len deuoie faire. Et sil auenoit que drois desist que il eust fali à se dite assenne, si demandoit il à auoir le quint de tout le dessus dit fief entirement, dou fourmort et de le succession dou dit *Alart de Trehout*, sen pere, li quels *Alars* moru hiretiers et tresfonsiers dou dit fief et que li dis *Grars de Trehout* ne fist onques cose par quoi il fust

(1) Cet acte, analogue à ce qu'en droit on appelle une purge, nous semble être un préliminaire de l'acquisition projetée par le chapitre de Saint-Pierre de Lille.

(2) D'après son sceau armorial, décrit par M. Demay (*Flandre*, I, n° 3815), il portait une bordure (comme les Wastines) brisée d'une bande; d'où nous concluons que les Tréhout étaient d'une branche cadette de la famille des Wastines.

Tréhout, ancien lieu dit, à Bersées ou à Cappelle, villages où s'étendait la seigneurie des Wastines (voir le dénombrement de 1445 du fief de La Hargerie, n° CXCIX).

dou droit que il auoit et pooit auoir, ens ou dit fief, arrieres ne fourlongiés et de che il se vouoit en mi et mes hommes dessus dis. Et se plainst et dolu li dis *Grars de Trehout* que *Jaquemes Goumers*, bourgois de Lille, li empeechoit, à tort et à maise cause, le droit que il auoit ens ou dit fief et me requist que li dis *Jaquemes* fust apielés et constrains à che que dou droit que li dis *Grars* auoit ens ou dit fief li dis *Jaquemes Goumers* le laissast ghoir paisiulement et que de che drois len fust fais.

Sour chou, à le requeste dou dit *Grart*, je semons et conjurai mes hommes deseure nommés, quil me desiscent par jugement que jou en auoie à faire. Et mi homme, eaus sour chou conseilliés, disent par loy et par jugement, à me semonse et à men conjurement, que jou adjournasce ou feisce adjourner souffiscaument sour le dit fief, ensi que à loy appartenoit, le dit *Jaquemon Goumer* et tous chiaus et toutes celles qui au dit fief sauoient et voloient droit à demander et à quinzaine et que li adjournemens fust fais sauoir à le plus prochaine maison dou dit fief, là gens demeurent : et tout ensi il fu fait souffissaument.

Et warda li dis *Grars* la premiere journée et le seconde, ensi que à loy appertiunt et, au jour de le tierche journée, li dis *Jaquemes Goumers* vint en court, contre le dit *Grart de Tréhout* et li dis *Grars* contre lui et se presenterent les dites deus parties souffissaument et à loy. Eaus presentes, li dis *Grars de Trehout* renouuela se demande et se requeste, en le fourme dessus contenue, en le presence dou dit *Jaquemon Goumer*.

Le demande et requeste dou dit *Grart* oie dou dit *Jaquemon*, li dis *Jaquemes Goumers* respondit que li dis *Grars de Trehout* en se dite demande et requeste ne deuoit estre ois ne recheus, ne se main il ne deuoit oster de tout le deuant dit fief, ne lui delayer de riens : car à boine cause et à juste il le auoit tenu et tenoit, si comme sen boin hiretage et sen boin acat, que il en auoit fait, ou temps passé, à *Jehan de Trehout*, qui ainsnés freres fu dou dit *Grart* et drois hiretiers dou dit fief et par loial et juste pris de deniers, dont il auoit fait boin et plain paiement : par le quel acat et paiement, li dis *Jehans de Trehout*, demisiele *Agnies*, se femme, par le greit de sen dit mari et auoé, li dis *Grars de Trehout*, freres le dit *Jehan* et demisiele *Bietris*, se soer, par auoet, se estoient desireté, bien et à loy, de tout le droit que il et cascuns deaus auoient et auoir pooient, en quelconques maniere que che fust et peust estre, sans riens oster, retenir ne mettre hors de tout le dessus dit fief entirement et de toutes ses appertenances et li dis *Jaquemes Goumers* ahiretés bien et à loy et toutes les sollempnités faites souffissaument, quil conuient faire à un fief bien vendre et acater et par mi, de qui li dis fiés est tenus et par mes hommes, qui le dit fief auoient et ont à jugier. Et ensi li dis *Jaquemes* dist que à tort et à maise cause li dis *Grars* le siuoit et demandoit aucun droit ens ou dit fief. Se li dis *Grars* connissoit quil fust ensi, il deuoit estre refusés et non recheus ne ois. Et se il le nioit, il le offroit à prouuer par mi et par mes hommes de fief, asauoir est : *Baudon le Goudalier* et *Willaume le Rous*, deseure dis, qui à toutes ches coses faire bien et à loy, auoec pluiseurs autres de mes hommes, auoient esté, comme mi homme.

A chou respondi li dis *Grars de Trehout* et dist que onques de tel droit que il auoit et auoir pooit ens ou dit fief il ne se desireta ne fist cose par quoi il en fust arrieres ne eslongiés de riens et de che il se vouoit en mi et en mes hommes dessus nommeis.

Et sen misent les deus parties deseure dites dou tout au

recort de mi et de mes deus hommes deuant dis. Et jou, comme sires, *Baudes li Goudaliers* et *Willaumes le Rous*, mi homme deseure dit. les dites parties presentes, par deuant le dit *Grart Coulant*, men homme et hommes le Roy no seigneur, de le court de Lille, chi apries nommeis, li quel me furent adont presté souffissaument, cest asauoir: *Huon Goumer, Henri Kikemer, Hellin Raimer* et *Pieron de le Ruiele*, as quels mi dit homme fisent plain recort des coses dessus contenues, desimes et tesmoignames, par nos sairemens, concordaument et en haut, que li dit *Jehans de Trehout*, demisiele *Agnies*, se femme, par le greit de sen dit mari et sen auoet donné par loy, *Grars de Trehout*, freres le dit *Jehan* et demisiele *Bietris*, se soer, par auoet, raporterent, werpirent et quiterent tout le fief deuant dit, ensi quil estoit les quatre cors et le moilon et toutes ses appertenances, en me main et sen desireterent bien et à loy et renonchierent tout souffissaument à tout le droit entirement que il auoient et auoir pooient, en quelconques maniere que che fust et peust estre, ens ou dit fief et en toutes ses appendances et que li dit *Jehans de Trehout*, demisiele *Agnies*, se femme, *Grars de Trehout* et demisiele *Bietris*, se soer, fianchierent par le foy de leur cors et jurerent sour sains sollempnelment, que jamais à nul jour, par eaus ne par autrui, il niroient ne venroient de riens encontre le raport, werp, desiretement et quitance dessus nommeis et que, apries toutes ches coses faites bien et à loy, li dis *Jaquemes Goumers* de tout le fief dessus dit et de toutes ses appertenances fu ahiretés bien et à loy et que toutes les sollempnités furent faites au desiretement et al ahiretement qui à loy i appertiunrent à faire souffissaument. Au quel tesmoignage et recort de mi et de mes hommes dauant nommeis, parties ne se opposerent de riens encontre.

En tesmoignage de toutes ches coses deseure dites, jou *Jehans des Wastines*, sires de Estrées, deseure dis, ai mis et pendu men seiel à ches presentes lettres. Et requit à mes hommes dessus dis et as hommes le Roy deuant nommeis, que il i pengent leur seiaus auoec le mien, en tesmoignage de verité. Et nous, *Grars Caulans, Baudes li Goudaliers* et *Willaumes li Rous*, tout troi homme de fief à no chier seigneur, *Jehan des Wastines* dessus dit et nous, *Hues Goumers, Henris Rikemers, Hellins Raimers* et *Pieres de le Ruiele*, deseure nommé, tout quatre homme de fiés le Roy no seigneur, de le court de Lille, adons presté souffissaument au dit *Jehan des Wastines*, auons mis et pendus no seiaus à ches presentes lettres, auoec le sien, en forche, en vertu et en tesmoignage de verité des coses dessus contenues.

Che fu fait, recordé et tesmoigniet lan de grasce mil trois cens et seze, el mois de octembre.

<blockquote>
Archives départ. fonds de St-Pierre de Lille, carton 7, 1301-1320; orig. au dos duquel est cette mention, du temps: « *Littere Johannis* des Wastines, *pro nemoribus emptis a Jacobo* Gommer. » Des huit sceaux qui pendaient à double queue de parchemin, le premier en cire jaunâtre et les autres en cire brune ou verte, trois seulement subsistent: le premier, celui du seigneur des Wastines et ceux de « Huon Govmer » et de « Hellin Raimmer », tous trois décrits par M. Demay, *Flandre*, I, n°° 1793, 2703 et 2743.
</blockquote>

20

A tous chiaus qui ches presentes lettres veront ou oront. JEHANS DES WASTINES, sires de Estréés, escuiers, salut. Sacent tout que, par deuant mi, present *Mikiel de Le Hocte*, adont men bailliu et me justice tenant, souffissaument de mi establit pour bien faire et à loy les coses qui chi apres sensiuent et par deuant mes hommes de fiés, asauoir est : *Jehan dou Meis, Grart Caulant, Grart de Trehout* et *Jehan Craime*. Se comparurent en propres personnes : *Jaquemes Ghoumers*, fius *Huon Ghoumer*, bourgois de Lille et *Bietris*, se femme, fille *Jehan Clauwet*, de une part et *Grars* li maires de Deulesmons, de autre part. Et conneurent li dessus nommé, *Jaquemes Ghoumers* et *Bietris*, se femme, de leur boines volentés, andoi par auoet, qui donnés leur fu à loy, à leur requeste, que il auoient et ont vendu bien et loialment, hiretaulement à tous jours, à *Grart*, le maieur deseure dit, tout le fief entierement que il tenoient de mi, ou quel fief il disent que il auoit et a entre noef et dis bonniers de bos ou enuiron, seans, en une pieche, à le Vellaine, en le parioche de Monchiaus, tenans as bos qui furent *Huon dAlis*, seigneur de Raimbaucourt et toute le justice, le frankise, le seignourie et le droit que il auoient et auoir pooient ou fief deseure nommei et en toutes ses appartenances et appendances, sans riens oster, retenir pour eaus, ne metre hors. Le quel fief li dis *Jaquemes Ghoumers* auoit acaté et aquis, ou temps passei, à *Jehan de Trehout*, fil jadis *Alard de Trehout*, *Agnies*, femme le dit *Jehan, Grart de Trehout*, sen frere et *Bietris de Trehout*, leur sereur. Et que tout le dit fief et markiet li dis *Grars* li maires auoit et a acatet à eaus, à leur pryere et à leur requeste, par loial et juste pris de deniers, cest asauoir : cascun bonnier dou dit fief, trente siept libres de parisis, dont il disent que li dis *Grars* auoit fait boin paiement à eaus, en boins deniers et bien comptois, que il en auoient ous et recheus, tant que il leur souffissoit et que il se tenoient dou dit *Grart*, pour tout le dit markiet, bien et plainement apayet. Et proumisent et eurent encouuent li dit *Jaquemes Ghoumers* et *Bietris*, se femme, que tout le dit fief et markiet il doiuent warandir et conduire, au dit *Grart* le maire et à celui et chiaus qui le dit fief tenront et manieront, de tous sourfais et de tous empeechemens et deliurer tout quite et tout deliuré tout le dit markiet, parmi les deniers del acat dessus nommeis.

Et auoec che, li dite *Bietris*, par le greit dou dit *Jaquemon Ghoumer*, sen mari, de se boine volenté et par auoet, quita sen douaire et tout le droit que elle poroit auoir et demander, pour quelconques cause que che fust et peust estre, ens ou dit fief, se elle souruiuoit le dit *Jaquemon*, sen mari, tout quite et tout deliuré. Et fiancha li dite *Bietris*, par le foy de sen cors et jura sour sains, que jamais à nul jour, par li ne par autrui, elle niroit de riens encontre ceste quitance. Et sil auenoit que li dite *Bietris* souruesquist le dit *Jaquemon Ghoumer*, sen mari et demandast, apres le dechiés dou dit *Jaquemon*, aucun droit à auoir ens ou dit fief, fust par raison de douaire ou par autre cause, quele que elle fust, dont, en se oquoison et par li, li dis *Grars* li maires ou chius ou chil qui le dit fief tenront et manieront euscent, feiscent et recheuscent cous, frais, empeechemens, griés ou damages, en quelconques maniere que che fust et peust estre, tous ches cous, frais et damages *Jehans Clauwés*, dessus dis, bourgois de Lille, peres à le dite *Bietris*, qui presens estoit adont par deuant nous, proumist et eut encouuent à payer et à rendre, comme se propre dette, tout plainement, sour le simple dit dou dit *Grart* le maire ou de celui ou cheus qui manieroient et tenroient le fief deseure nommé.

Et quant che fu fait, *Jakemes Ghoumers* et *Bietris*, se femme, deuant nommé et par auoet, tout le fief et markiet dessus contenu entirement raporterent et werpirent en le main de men dit bailliu, comme en main de seigneur et sen desireterent, dessaizirent et desuiestirent bien et à loy et renonchierent à tout le droit que il i auoient et auoir pooient, pour ahireter le dit *Grart* le maire, en le fourme et en le maniere que tous li dis fiés estoit adont. Et fianchierent auoec che, par le foy de leur cors et jurerent sour sains solemnelment, que jamais à nul jour encontre cest raport, werp, desiretement et ches dites couuenences il niront, venront ne procurront, par eaus ne par autrui, voie, cause, matere ne oquoison par quoi li dis *Grars* li maires ou chius ou chil qui tenront et manieront le dit fief en soient à damage, au vaillant de quatre deniers ne de nient. Et tant en fisent, que mi homme deseure nommé disent par loy et par jugement, à le semonse et au conjurement de men dit bailliu, que li dit *Jaquemes Goumers* et *Bietris*, se femme, de tout le fief et markiet dessus nommé estoient desireté bien et à loy et que tant en auoient fait, que il ni auoient mais droit.

Et tantost apres, li dis *Mikius de Le Huete*, mes baillius, de me volenté, octroi et assens et parmi men seruiche que jou en eut, dont je me tieng apayés, tout le fief et markiet deseure dit porta et transporta de se main en le main dou dit *Grart* le maire et len ahireta, aniesti et saizi bien et à loy, à tenir de mi en fief et en hommage, à tels us et à telles coustumes que li fiés doit et saus tous drois. Et si disent, apres che, mi dit homme, par loy et par jugement, à le semonce et au conjurement dou dit *Mikiel*, men bailliu, parmi sis libres et wit sols de parisis que il en eurent pour leur carité et leur droitures, que li dis *Grars* li maires de tout le dessus dit fief et markiet estoit ahiretés bien et à loy, à tenir de mi en fief et en hommage, si que dit est et saus tous drois.

En tesmoignage de toutes ches coses, jou *Jehans des Wastines*, sires de Estrées, escuiers, deuant nommeis, ai mis et pendu men seiel à ches presentes lettres. Et requir à *Mikiel de Le Hoete*, men dit bailliu et à mes hommes de fiés deseure dis, que il i pengent leur seiaus, auoec le mien, en tesmoignage de verité.

Et jou *Mikius de Le Hoete*, baillius adont le dit *Jehan des Wastines*, jai mis et pendu men seiel, auoec le sien, en tesmoignage des coses deseure dites. Et nous *Jehans dou Meis, Grars Caulans, Grars de Trehout et Jehans Craime*, dessus dit, tout homme de fiés à no chier et amei seigneur, *Jehan des Wastines*, seigneur de Estrées, escuier, deuant nommé, volons que tout sachent que, à toutes les coses deseure dites faire bien et à loy, fumes present et par nos jugemens elles passerent et auons mis et pendus nos seiaus à ches presentes lettres, auoec les seiaus dou dit *Jehan des Wastines*, no chier seigneur et de sen dit bailliu, en aprouuant les coses dessus contenues.

Che fu fait le prochain venredi apres le jour Sainte Crois, el mois de septembre, lan de grasce mil trois cens dis et siept.

> Orig. au dos duquel est cette mention, du temps : « *Littere de nemoribus* de Monchiaus, *emptis a Jacobo* Gommer. » Des six sceaux en cire brune, sauf celui du bailli en cire verte, pendus à double queue de parchemin, les deux premiers subsistent, le 4e et le 6e cassés, le 3e et le 5e disparus. Le sceau du bailli, Michel de Le Huete, est décrit par M. Demay, *Flandre*, II, n° 5197.

3°

A tous chiaus qui ches presentes lettres veront et oront. JEHANS DES WASTINES, sires de Estrées, escuiers, salut. Comme sage et hennerable li doyens et li capitles del eglize Saint Piere de Lille aient acaté et aquis à tous jours hiretaulement, par loial et juste pris et de leur propres deniers, à *Jaquemon Ghoumer*, bourgois de Lille et à *Bietris*, se femme, tout le fief entierement que li dis *Jaquemes* tenoit de mi, qui contient enire noef et dis bonniers de bos ou enuiron, gisans à le Vellaine, en le parroche de Monchiaus, tenans as bos qui furent *Huon dAlis*, seigneur de Raimbaucourt, li quels fiés fu jadis *Alard de Trehout*. Et de celui dit fief et de toutes ses appertenanches et dependances, de toute le justice, le seignourie et le droit que li dit *Jaquemes* et *Bietris*, se femme, i auoient et pooient auoir, li dessus nommé *Jaquemes Goumers* et *Bietris*, se femme, se soient desireté bien et à loy et *Grars*, li maires de Deulesmons, ahiretés bien et à loy, en telle maniere que se il eust acaté et aquis de lui et de ses propres deniers tout ledit fief et au conjurement *Mikiel de Le Hoete*, adont men bailliu et par le jugement de mes hommes de fiés que chi apries sont nommé, à sauoir est : *Jehans dou Neis, Grart Caulant, Grart de Trehout* et *Jehan Craime* et toutes les solemnités faites, qui au desiretement et al ahiretement appertiunrent a faire, selonc le loy et le coustume dou pais, aoes le doyen et le capitle dessus dis et pour eaus et en leur nom, sans faire mention, par deuant me loy, au desiretement et al ahiretement, dou doyen et capitle deseure noumeis (1).

Sachent tout que, en le presence de mes hommes de fiés dessus dis, jou reconneut et reconnois à plain, de me boine volenté que jou ai eu et recheu des dessus dis doyen et capitle trente lib. de par. des quels deniers je me tieng bien et plainement apayés. Et parmi tant, je me doi consentir et consent, voeil, grée et otrie que li dit doyens et capitles de Saint Piere procurechent et pourcachient et puissent

---

(1) Voir le contrat de vente, à la même date, qui précède.

procurer et pourcachier à men souuerain (1), que il soient ahireté de tout le deuant dit fief et markiet et que tous li dis fiés, hiretages et markiés leur soit amortis, par quoi jou, mi hoir et mi successeur ni ayens ne auoir puissiens droiture, seignourie ne seruitude et que, parmi les trente lib. de par. dessus dites, jou, mi hoir et mi successeur deuons les dis doyen et capitle, de ore en auant à tous jours perpetuelment, laissier paisiulement gnoir de tout le dit fief et markiet et de tous les fruis et pourfis, sans prendre, demander ne auoir, pour le cause dou dit fief, relief, seruice, amende, fourfaiture ou autre droiture qui à nous deust et peust appertenir en aucune maniere quele que elle fust et peust estre.

Et recheuoir deuons, ens ou dit fief, jou, mi hoir et mi successeur, apriés le mort dou dit *Grart* le maire ou en sen viuant, qui que il plaira as dis doyen et capitle et tant de fois que il volront, sans coust, sans frait, sans relief et sans seruiche, dessi atant que li dis fiés soit amorti.

Et tout ensi je leur proumet et ai encouuent et de mi et de men fait, à warandir et conduire et à che je oblige mi, mes hoirs, mes successeurs, tous mes biens, les biens de mes hoirs et de mes successeurs, moebles et non moebles, presens et auenir, enuers tous seigneurs, tous baillius et toutes justices.

En tesmoignage de toutes ches coses, jou ai mis et pendu men seil à ches presentes lettres et requit à mes hommes de fiés deseure dis, que il i pengent leur seiaus auoec le mien, en tesmoignage de verité. Et nous *Jehans dou Meis*,

---

(1) Le roi de France, alors seigneur immédiat de Lille, de Douai et d'Orchies, qui formaient une province française, sous le nom de souverain bailliage de Lille. — C'était au Roi, suzerain du seigneur des Wastines, qu'il appartenait de concéder l'amortissement du bien déjà affranchi de toute charge féodale.

Grars Caulans, Grars de Trehoui et *Jehans Craime,* deuant nommé, tout homme de fiés à no chier seigneur, *Jehan des Wastines,* seigneur de Estrées, escuier, deseure dit, auons mis et pendus nos seiaus à ches presentes lettres, auoec le sien, en aprouuant les coses dessus contenues. Che fu fait le prochain venredi apries le jour Sainte Croix, el mois de septembre, lan de grasce mil trois cens dis et sept.

> Orig. au dos duquel est cette mention, du temps : « *Littere Johannis* de Wastines, *de amortisatione nemorum* de Monchiaus, *emptorum a Jacobo* Gommer. » Des cinq sceaux en cire brune pendant à double queue de parchemin, il ne manque que le cinquième, celui de Jean Craime. Ceux de Jean du Mez (portant l'émanché des Landas), de Grart Caulant et de Grart de Trehout sont décrits par M. Demay, *Flandre,* 1, nos 3814, 3813 et 3815.

CXCVIII.

Dénombrement de la seigneurie de Roupy baillé au duc Philippe le Bon par Jean des Wastines dit Wastinois, écuyer, seigneur de Roupy. — 1431, 17 novembre.

CHEST LE RAPPORT et denombrement que je JEHANS DES WASTINES dit WASTINOIS, escuyer, seigneur de Rouppy, fay à tresexcelent et puissant prinche, mon tresredoublé seigneur, Monsr le duch de Bourgongne, de Lottri (1), de Brabant, conte de Flandres, dArtois et de Bourgongne, de ung fiefz que je ay, scitué et enclaué en le ville et perroische de Namaing, Temploeue et Cappielle en Peule, nommé le fiefz de Rouppy, le quel fiefz coutient et porte,

(1) Lothier.

tant en manoir aukiet (1) et herbegiet (2), en motte, en basse court, comme en gardins, en yauwes, en esclusez, en pret en plache gisans deuant le dit manoir, qui est de mon hiretage, ainsi que le chemin gisans contre men viuier, se comprent en alant long en long me ditte plache jusques au chemin qui maine au ponciel du Més, en retournant ainsi que le chemin maine au hamiel nommé le Vinetrie : toutes ces parties contenant le somme de trois bonniers de hiretage ou enuiron.

Item, ay, en mon dit fief, le somme de noef bonniers ou enuiron de terres abanables, lesquelles je ay rattraittes et racquises à mon ahan (3).

Sensieuent rentes dargent, que pluiseur rentier doiuent, au terme de Saint Remi, pour pluiseurs hiretages que ilz tiennent de mon dit fiefz.... [Monnaie de Flandre, tournois, douisiens, « ung artisyen ou enuiron », « ung louisien (4) et ung partit louisien ou enuiron ».]

Item, mest deu, audit terme, sur pluiseurs hiretages, xvj poules et les iij quars dun poulet ou enuiron.

Sensieuent rentes de cappons, de glines et dargent, que pluiseur rentier doiuent, au terme de Noel, sur pluiseurs hiretages que ilz tiennent de mon dit fiefz.... [« Sur vij masures qui doiuent herbegage (5), pour chescunne masure, ij sols ».]

---

(1) Garni; sous-entendu : de bâtiments.
(2) Bâti.
C'est en cet endroit que fut érigé, en 1513, le beau château de Roupy, par Jean de Montmorency (Du Chesne, *Hist. généalog. de la maison de Montmorency*, Paris, 1624, in-f. p. 346).
(3) Ajoutées à sa culture particulière.
(4) Un denier « lovision » ou de Laon. Monnaie anciennement en usage à Tournai et aux environs.
(5) Redevance due pour une masure, probablement en retour de l'autorisation autrefois donnée de la bâtir.

Sensieuent rentes dauaine et couruweez, que pluiseur rentier doiuent, au terme de march, pour pluiseurs hiretages que ilz tiennent de mon dit fiefz…. [Rasière, « mesure landisienne» (1) et « orchioise » (2) ; 102 « couroūwés ou enuiron».]

Chy apries sensieut li declarations des fiefz tenus de mon dit fiefz et seigneurie de Rouppy, les noms et sournoms de ceulx qui les tiennent, le grandeur et valeur diceulx fiefz et à quelle redeuanche ils sont tenus. Et premiers.

Jehans Caulans, filz de *Mahieu*, en tient j fiefz nommé le fiefz dAnich, gisans en le perroische de Namaing, contenant deux bonniers et onse cens de terre ou enuiron.

Item, a li dis *Jehans* j homme qui, à cause dicellui fiefz, tient de lui j fiefz que on dist en arriere fiefz.

Et tient lidis *Jehans* che present fiefz à justice fonsiere, à une paire de blans wans de reliefz, à le mort del hiretier et le xe denier, à le vente, quant le cas y esquiet.

Item, lidis *Jehans* en tient encore j aultre fiefz nommé le fiefz Houcourt, gisans en le dite perroische de Namaing, contenant quatre bonniers et dix c dhiretage ou enuiron.

Item, a lidis *Jehans* deux hommes qui, à cause dicellui fiefz, tiennent chascun j fief que on dist en arriere fiefz.

Item, est deu audit *Jehan*, chascun an, au terme de Noel, à cause de son dit fiefz, sur pluiseurs hiretages que

---

(1) En usage à Landas.
Dans une déclaration de l'an 1473 environ, concernant le fief d'Amileville à Nomain, mouvant de Roupy (portef. Flandre 130), il est dit que douze rasières d'avoine à la « mesure landisienne » vallent treize rasières à la « mesure de Lille ».
Dans une estimation de la terre de Roupy, de l'an 1565 environ, les rentes en avoine, à la « mesure de Landas, que l'on entend estre quelque poeu plus grande que celle de la ville d'Orchies », sont comptées à raison de 21 gros la rasière (portef. Flandre 130).
(2) En usage à Orchies.

pluiseurs tiennent, iiij^{xx}ix deniers parisis, monnoie de Flandres. Et tient lidis *Jehans* ce present fief à justice fonsiere, telle que pour cachier rentes, loys et amendes, à xxx sols de reliefz, à le mort del hiretier et le xe denie· à le vente, quant le cas y est esquiet.

Jehans de Morcourt, à cause de demisielle *Jehenne de Hauldion*, sa femme et espeuse, en tient ung fief, nommé le fiefz dAmileuille, qui lui puet valoir, chascun an, le somme de vj solz vij deniers parisis, monnoie de Flandres, de rente à lui deue, au terme de Noel et trente-wit rasieres iij quariaulx et le tierch dune couppe dauaine, mesure landisienne, de rente à lui deu, au terme de mi march : lesquelles rentes lui sont deues sour pluiseurs hiretages gisans en le perroische de Namaing. Et le tient lidis *Jehans* à justice viscontiere, à dix libres de reliefz, à le mort del hiretier et le xe denier, à le vente.

Daniel de Le Motte, à cause de demisielle *Climence de Bruyelle*, se femme et espeuse, en tient j fiefz, gissans sur le perroische de Namaing, contenant v bonniers de terre ou enuiron. Item, lydis *Daniaulx*, à cause dicellui fiefz, en tient j cappon et ij poullez de rente à lui deue, au terme de Noel. Item, en tient lidis *Daniaulx* viij rasieres et ij couppes dauaine, mesure orchioise, de rente à lui deue, au terme de mi march, sur pluiseurs hiretages scitués en le dite perroische de Namaing. Et tient lidis *Daniaulx* che present fiefz, à justice viscontiere, à dix libres de relief, à le mort del hiretier et le xe denier, à le vente. Et est ledit fief appellés le fiefz de le Pippardrie.

Item, lidis *Daniaulx*, à cause dessus dite, en tient encore ung aultre fielz, nommé le fiefz Rieulot, gissans en ledite ville et perroische de Namaing, contenant xxviij c dhiretage ou enuiron. Item, lidis *Daniaulx* ha, à cause dicellui fiefz, iij oboles parisis de rente à lui deue sur pluiseurs pieces de terre, au terme de Noel. Et tient che present fiefz, à justice fonsiere, à cent sols de relief, à le mort del hiretier et le xe denier, à le vente, quant le cas y est esquiet.

Item, li dis *Daniaulx*, à cause dessus dite, en tiengt encore ung aultre fiefz, contenant bonnier et demi de terre ou enuiron, en pluiseurs pieces, gissans en ledite perroische de Namaing. Se le tient à xxx solz de reliefz, à le mort del hiretier et le xe denier à le vente, quant le cas y esquiet........ (1).

Tout lequel fief, chi dessus declarié et deuisé, je tieng et aduoe à tenir en feulté et en hommage de mon dit tresredoubté seigneur et prince et de son chastiel de Douay, à justice de visconte, à dix libres de reliefz à le mort del hiretier et le dixiesme denier à le vente, quant le cas y esquiet, à telx seruices, redeuanches, us ou coustume, que mon dit fiefz doit et que on use en ma dite terre et seignourie.

Se fay che present rapport et denombrement par amendement que, se pau ou trop y auoie mis de tierres, de rentes ou de reliefz, je men rapporte à le discretion et correction de mon dit tresredoubté seigneur ou de son noble conseil et de ses frans hommes de fiefz, mes pers compaignous.

En tesmoing de che, jay cestui present rapport et denom-

---

(1) Suit la désignation de seize autres petits fiefs (faisant au total 22 fiefs), tous situés à Nomain, sauf un en la « perroische de Le Cappielle en Peule », au relief soit d'une « blanque lauche », soit d'une paire de « blans wans », soit d'une paire de « blans esporons », soit d'un « blancq cappon », etc.

Parmi les fieffés, pour un bonnier de terre, à 10 sols de relief, nous remarquons Rolland des Westines, très probablement de la maison chevaleresque de ce nom.

brement seellé de men propre seel. Qui fu fais et escrips le dixseptime jour du moys de nouembre en lan de grace mil quatre cens trente et ung.

<small>Archives départ. chambre des comptes, portef. Flandre 130 (ancien D 388), rouleau en parchemin, qui était scellé d'un sceau en cire rouge pendu à double queue de parchemin.</small>

SEIGNEURIE

DE LA

VICOMTÉ DE LA HARGERIE

à BERSÉES (1).

CXCIX.

Dénombrement du fief de La Hargerie, mouvant du château de Douai, baillé au duc Philippe le Bon par Gilles Gossuin, bourgeois de Douai, comme époux de Gilles de Carnin. — 1445, 16 novembre.

CEST LE RAPPORT ET DENOMBREMENT que je GILLE GOSSUIN, bourgois de Douay, bail et mary de *Ghille de Carnin*, ma femme, fay dun fief que je tieng et aduoue à tenir de mon tresredoubté seigneur et prince, Monsr le duc de Bourgongne, conte de Flandres, d'Artois et de Bourgongne, de son chastel de Douay, con dist le fief (2) de Le Hargerie, qui contient, tant en rentes de parisis, duisiens, cappons, blés,

---

(1) Possédée vers 1380 par un patricien de Douai, surnommé le Vicomte, cette seigneurie fut appelée la Vicomté et ses possesseurs se qualifièrent de vicomtes de La Hargerie.

La seigneurie de La Hargerie proprement dite (qu'il ne faut pas confondre avec la Vicomté), située aussi à Bersées, mouvait du château d'Espinoy (à Carvin) en Artois. Elle fut possédée de très haute antiquité par une branche des premiers châtelains de Raisse ou Ruche, qui portaient : D'or à trois chevrons de sable.

(2) La qualification de « fief de la Vicomté de La Hargerie » s'introduisit dans les dénombrements, à la fin du XVe siècle ; elle se trouve dans le dénombrement du 10 novembre 1483, ainsi que dans le récépissé délivré le même jour par le bailli de Douai ; le possesseur y prend et même y reçoit le titre de « viscomte de Le Hargerie » (portef. Flandre 130).

aduenes, terres ahanables, hostes, tenans et à justice telle que à viconte appartient, les parties dont declaration sera faite cy apres. Cest assauoir : iiij deniers dentrée et iiij deniers dissue, toutesfois que les heritaiges qui en sont tenus vont ou sont transportés de main en aultre. A lx sols de relief. Lequel fief est venu et escheu à madite femme, de le succession de feu *Waghe Bonnebroque*, en son viuant bourgois de Douay, son oncle, cui Dieux pardoinst.

Et premiers. Le manoir de Le Hargerie et deux gardins tenant audit manoir, contenant ung bonnier de terre ou enuiron. Dix bonniers de terre ahanable, parmi ung peu de bosquet contenant j quartier de terre ou enuiron, joignant aux terres *Pierre de Raisse* (1), tenant au quemin parmi où on va de Le Hargerie à le maison dudit *Pierre* et au quemin qui maisne dudit lieu de Le Hargerie à Wastines. Item, ung bonnier de terre ahanable ou enuiron, tenant au quemin par où on vient de le croix de le place du Mez, en allant à le crois de Hamel. Trois bonniers iij quartiers et ij c de terre ahanable ou enuiron, joignant à le terre du Mez, dune part et à le terre *Jehan de Le Poeulle*, daultre part. V quartiers de terre ou enuiron, tenant aux terres sire *Jehan Le Feure*, sur deux sens, dune part et à le terre les hoirs *Jaqmart Le Conte*, daultre part. Demi bonnier de terre ou enuiron, tenant aux Camps Boutenier, dune part et aux terres dudit sire *Jehan Le Feure*, daultre part. V quartiers de terre en deux pieces, joignant dune part à le terre *Jaqmart de Le Deulle* et à le terre *Gallois de Neuuirelle*. X c de terre ou enuiron, tenant dune part à le terre des poures dAuchy et daultre part à le terre *Martin Regnart*. Item, vij quartiers de terre ou enuiron, tenant à le terre *Pierart Martin* et à le terre sire *Jehan Le Feure*. Item, aultres x c de terre,

(1) Possesseur de la seigneurie de La Hargerie proprement dite.

tenant du long au pré Hargiet, dune part et daultre part à le terre *Jaqmart Godin*, demourant à Lille

Item, sensieuent les tenans dudit fief de Le Hargerie. Premiers, *Pierre de Raisse* (1) tient en fief ung aunoit et bosquet, contenant iij quartiers de terre ou enuiron, à ung blans esporons de relief, quant il va de main en aultre par succession ou aultrement. Icelui fief tenant aux heritages dudit *Pierre*, dune part et daultre part au manoir *Willaume de Treshoult* et aboutans au quemin qui maisne de Le Hargerie à Treshoult.

Item, sensieuent les hostes et tenans dicelui fief de Le Hargerie, en le paroisse de Bersée, là où le quief lieu dudit fief de Le Hargerie est assis.... (2).

Lequel rapport et denombrement de *Gille Gossuin* dessus nommé fay à mondit tresredoubté seigneur tout par amendement, sauf le plus ou le mains et, se plus ou mains y a, se le aduoeue je à tenir de mondit tresredoubté seigneur, à cause de son chastel de Douay, à telz cherges que deuoir poeult.

Tesmoing mon seel, duquel je use, mis à cest present rapport et denombrement le xvj⁰ jour du mois de nouembre lan mil iiij c et quarante cincq.

Archives départ. chambre des comptes, portef. Flandre 130 (anc. D 388); orig. en parchemin, le sceau du dénombrant perdu; il était en cire rouge et pendait à une simple queue de parchemin.

(1) Le seigneur de La Hargerie.
(2) Suit le détail des manoirs et parmi eux « ung maset non amasé, contenant ij cens de terre ou enuiron, tenant au quemin qui maisne du Fay à Regnaucourt », ainsi que des parcelles de terre, devant des rentes de « cappons en plume » ou d'argent, en parisis et douisiens ; les terres labourables étant d'ordinaire chargées « à lauenant de viij deniers parisis le bonnier » ; soit 1 hectare 41 ares 86 centiares.
Dans une déclaration de l'an 1473 environ, le possesseur de la Vicomté de La Hargerie n'estimait la valeur de toutes ces menues rentes qu'à un revenu annuel de 24 gros (portef. Flandre 130).

FIEF

DE LA

HAUTE-JUSTICE

de CAPPELLE-EN-PÈVELE (1).

CC.

Engagement de la haute justice de Cappelle-en-Pèvele, par le gouvernement des Pays-Bas espagnols, au profit du comte d'Estaires (2), moyennant mille florins (3).—Bruxelles, 14 janvier 1629.

COMME AINSY SOIT que, sur les conditions dressées et publiées sur le fait des gagères des villages, seigneuries et autres parties du domaine de Sa Majesté, est portée, entre autres, que les seigneurs gagers debvroient fournir, en dedans la quinzaine de la demeurée, ès mains et sur lettres de recepte du conseiller et receveur général des finances, messire *Ambroise van Oncle*, chevalier, les entiers deniers de leur engagement, à peine de *parato* execution. En outre qu'attendant la depesche de leurs lettres patentes, lesdits sieurs gagiers seroient, incontinent apres leurs fournissemens de leurs deniers, mis en la réelle et actuelle possession des parties à eux demeurées. Et que, suivant ce, messire

---

(1) Ce fief, créé en 1629, n'est point repris sur la liste de 1604 (*Preuves*, n° CXXXIV). Dans les registres aux plaids du bailliage, il n'en est pas fait mention avant 1699.

(2) Comme seigneur des Wastines, il avait déjà la justice vicomtière dans la plus grande partie du village de Cappelle.

(3) En 1699, le fief de la Haute-Justice de Cappelle était estimé 2676 florins (reg. aux plaids du bailliage, 1695-1700, folio 76).

Jean de Montmorency, comte d'Estaire, chevalier de l'ordre de la toisson d'or, maistre d'hostel de la Sérénissime Infante, ait, à tiltre de gagère, obtenu, comme plus offrant et dernier rencherisseur, toute la justice et juridiction que peut compéter et appartenir à Sa Majesté, avec les droits, proffits et émoluments en dépendans, en toute l'extendue de la paroisse de Capelle en Peuele et tous les fiefs estans en la compréention d'icelle paroisse et tous les arrière fiefs contenus, main ferme et généralement en tous les tenements en dépendans, où ils soient situés et assis et de quel nature et condition qu'ils soient, tenus dudit sieur comte d'Estaire, médiatement ou immédiatement, à cause de plusieurs fiefs seigneuriaux, qu'il ait en icelle paroisse, entre lesquels est celluy de Wastines, que d'autres quels ils soient, pour estre icelle justice et juridiction exercée et administrée, sous ledit comte d'Estaire, par le bailly ou juge qu'il aura pouvoir de commettre et establir en toutes matières criminelles ou civiles, réelles, mixtes ou personnelles, avec mesme pouvoir et authorité que les juges et officiers de Sadite Majesté avoient ou pouvoient avoir droit d'exercer ladite justice et juridiction: lesquels en sont, par cette gagière, exclus et sans qu'ils y puissent doresnavant aucunement attenter en première instance et prévention ou autrement, qu'en cas d'appel, où appel eschiet, lequel se réserve au juge royal immédiat, ou bien pour cas criminels qui seroient surannés, ou qu'il consteroit de la négligence, connivence ou dissimulation de l'officier dudit sieur comte. Avec aussi authorité, audit bailly ou juge, de passer outre à l'exécution réelle de leurs sentences, ordonnances et appointements provisionnels ou diffinitifs ès causes civiles, en dessous et jusqu'à cent florins une fois, ou six florins cinq pattars de rente héritière au rachapt de pareille somme de cent florins, nonobstant ledit appel et sans préjudice d'icelluy, en baillant, par l'impétrant, caution pour réparer ce que sera ordonné en la cause dudit appel. A charge néantmoins d'indemner Sadite Majesté, à l'adjonction du conseiller fiscal, vers ceux y prétendans auoir interrest. Parmi furnissant la somme de mille florins, une fois, es mains dudit receveur général desdites finances. Et de tenir ladite justice et jurisdiction et ce qu'il dépend, en un seul fief, de Sadite Majesté, à cause de son chasteau de Douay, aux droits de relief, seigneuriaux et autres accoustumés.

Son Alteze Sérénissime, désirant satisfaire auxdites conditions et pourveoir à la seureté dudit sieur comte d'Estaire, a, en attendant l'expédition des lettres patentes au nom et de la part de Sadite Majesté (1), ordonné et ordonne, par cestes, au lieutenant de la gouvernance de Lille, ou autre officier de Sadite Majesté, qui en sera requis par ledit sieur comte, de le mettre en possession et jouissance de toute ladite justice et jurisdiction et droits cy dessus mentionnés, pour par lui et ses hoirs et ayants cause, en jouir en la forme et manière que Sadite Majesté a fait, peu et deub faire et user jusques ores. Ordonnant aussi à tous qu'il appartiendra de, en vertu de cestes, le recognoistre et respecter pour sieur gagier de ladite justice et jurisdiction et droits en dépendants. En faisant néantmoins préalablement apparoistre desdites lettres de recepte d'iceux mille florins *in forma*. Promettant Sadite Alteze que lesdites lettres patentes seront despeschées au plus tost, en conformité de ce que dessus.

Fait à Bruxelles, le onziesme de janvier seize cents vingt neuf.

(1) Elles ne furent jamais expédiées par la cour de Bruxelles.

Estoit paraphée de V^t et signée de : ISABELLE, DONGNIES, R. comte de Warfusé, F. DE KINSCOT, VANDEN WOUWERE et J. V. BEKEN.

<blockquote>
Archives municip. reg. aux plaids de bailliage de Douai, 1695-1700, folio 73 verso; d'après une copie authentique de la copie collationnée sur l'original par le greffier du marquisat de Morbecque, le 29 août 1662 et déposée au greffe de Cappelle.
</blockquote>

FIEF

DE LA

HAUTE-JUSTICE

DE WARLAING (1).

CCI.

Engagement, par le gouvernement des Pays-Bas espagnols, de la haute justice de Warlaing, au profit de Claude de Hennin, écuyer, seigneur de Warlaing (2), moyennant mille livres. — Bruxelles, 23 janvier 1629.

PHILIPPES *et cetera.* A tous ceux qui ces presentes verront salut.... (3).

Lesdits de noz finances ont, apres prealables affixions de billetz et proclamations es lieux ordinaires et accoustumez, auec designation du jour et lieu où la passée se feroit au plus offrant et au coup de baston, procedé audit engaige-

---

(1) Warlaing, — avec son château fort, situé sur la rive gauche de la Scarpe et remontant aux premiers temps de la féodalité, — dépendait de l'antique paroisse d'Hamage, localité de la rive droite de la Scarpe.

Aujourd'hui c'est un hameau de la commune d'Alnes (arrond. de Douai, canton de Marchiennes).

(2) Le 18 janvier de la même année, le gouvernement lui avait aussi engagé, moyennant 12 800 livres, la seigneurie d'Artre, avec justice haute, etc. dépendant de la Salle-le-Comte de Valenciennes (f. iiij^{xx}ij du même reg. B 1656).

(3) La longue formule employée par la cour de Bruxelles pour les nombreux engagements du domaine qui se firent alors, en vertu des lettres patentes du roi d'Espagne, données à Madrid le 30 mai 1625, — a été publiée *in extenso* par Mgr Hautcœur (*Cartul. de l'abbaye de Flines*, Lille, 1873, in-8, II, page 903), à l'occasion de l'engagement de la seigneurie de Flines, fait le 18 mars 1631, pour la tenir aussi en fief du Roi à cause de son château de Douai. — Voir le n° suivant.

ment et mis auant la haulte justice du villaige, terre et seigneurie de Warlaing et ce qu'en depend, sur chacun et tous les tenemens estans audit villaige, telz qu'ilz puissent estre, nulz reseruez ny exceptez, auecq tous telz droictz et authoritez qu'ont les aultres haultz justiciers du quartier illecq. A charge d'ung chappon de recognoissance, pour chacun an, à la recepte de nostre domaine de Douay, pendant ladite gaigiere. Et, jusques au rachapt d'icelle, de tenir ladite haulte justice et ce qu'en depend, en fief de nostre chasteau de Douay, aux droicts de relief seigneuriaux et autres accoustumez et maintenir nostre droict, à l'adjonction de nostre conseillier fiscal, vers ceux qui pourroient pretendre interest, dont nous les indempnerons et, au surplus, aux charges et conditions pour ce publiées et proclamées, si auant et tant que toucher peult ladite partie. Et pouuoir de faire eriger ung banc judiciaire et y mectre bailly, lieutenant, hommes de fief, sergeans et aultres officiers, à la semonce duquel S', son bailly ou son lieutenant, lesdits hommes de fiefz deburont et pourront juger et prendre cognoissance et judicature des cas criminelz et ce qu'en depend, excepté et reserué à nous les aydes, reliefs de ladite haulte justice en ladite terre et seigneurie, ressort, remissions des crimes et delictz surannez, legitimations, octroys et aultres regales.

Estant aujourd'huy, date de cestes, toute ladite haulte justice de ladite terre et seigneurie de Warlaing et ce qu'en depend, auecq tous telz droicts et authoritez qu'ont les aultres haultz justiciers du quartier illecq, demeurée à *Claude de Henin*, escuyer, S' dudit Warlaing, Querinain (1), etc^s, comme plus offrant et dernier encheris-

---

(1) Quérénaing, arrondissement de Valenciennes.

seur, pour la somme de mille liures, du pris de quarante gros de nostre monnoye de Flandres, la liure, une fois, qu'il a furny et deliuré es mains de messire *Ambroise van Oncle*, cheualier, conseillier et recepueur general de nosdites finances.... (1). Excepté et reservé à nous, comme dict est, le droict de relief, ressort, remissions de crimes et delictz surannez, legitimations, octroys, ensemble confiscations escheantes à cause de rebellion, felonnie commise vers nous et pour tenir partie contraire, aussy crime de leze majesté diuine et humaine, excepté le sortilege, mineraulx et aultres regales. Bien entendu, neantmoings, que les biens vaccans et des bastards, qui appartiennent aulx hauts justiciers, suyuront au proufflict dudit S^r gager.

Demeurant nonobstant, ledit S^r gagier, en tous les droicts qui luy competent et appartiennent, sans rien y desroguer, à cause de ladite seigneurie viscontiere qu'il at et y at eu de tout temps.

Nous ayant requis ledit *Claude de Henin*, pour la seureté de son achapt, tant pour luy que pour ses hoirs et successeurs, auoir de nous noz lettres patentes en tel cas pertinentes.

Scauoir faisons que nous, ces choses considerées et ayant ledit engaigement pour agreable et sur le tout eu premierement l'aduis et deliberation que dessus, auons, de nostre certaine science et propre mouuement, pour nous, nos hoirs et successeurs, contes et contesses de Flandres, vendu, cédé et transporté, vendons, cédons et transportons audit *Claude de Henin*, à tiltre d'engaigement, pour luy, ses hoirs, successeurs et ayans cause, ladite haulte justice en ladite terre et seigneurie de Warlaing.... Lequel aura et luy donnons et octroyons, par ces presentes, pouuoir et aucto-

(1) La quittance est datée du 29 janvier (f. cxxij du même reg. B 1656).

rité d'instituer et commettre audit lieu, là où bon luy semblera et besoing sera, bailly, lieutenant, hommes de fief, sergans et tous autres justiciers necessaires pour l'exercice et entretenement de ladite haulte justice, suiuant les conditions susdites, mesme de mettre et eriger signe patibulaire là et ainsy qu'il verra au cas appartenir.....

Si donnons en mandement à noz amez et feaulx... qu'ils facent, seuffrent et laissent ledit *Claude de Hennin*, ses hoirs, successeurs et ayans cause, plainement et paisiblement jouyr et user de ladite haulte justice de Warlain..... Et parmy rapportant, par nostre dit receueur de Douay, vidimus ou copie autenticque de ces dites presentes, en nostre dite chambre des comptes à Lille, pour une et la premiere fois tant seullement, nous voulons icelluy nostre receueur estre tenu quicte, franc et deschargé, comme le quictons et deschargeons, en ses comptes, des prouffictz de ladite justice en ladite terre et seigneurie de Warlain et ce qu'en depend, en y faisant mention d'icelles et du rachapt perpetuel cy dessus declaré, tant et si longuement qu'icelluy ne soit faict. Ausquels de noz comptes mandons, par ces presentes, ainsy le faire et souffrir estre fait.

Car ainsy nous plaist il, nonobstant les ordonnances cy deuant faictes sur la conduicte de nos dites finances et mesmes celle de l'an quinze cens trente ung, quarante et quarante cincq, par lesquelles auoit expressement esté deffendu et prohibé de vendre, engager ou aliener nos dits domaines ou partie d'iceux : ce que declarons ne debuoir prejudicier audit *Claude de Hennin*, ny ausdits de noz finances et comptes...

En tesmoing de ce, nous auons faict mectre nostre seel à ces presentes.

Donné en nostre ville de Bruxelles, le 23ᵉ de janvier l'an de grace 1629 et de nos regnes le 8ᵉ.

Par le Roy. Madame l'Infante, le comte de Coupigny, chef...

<small>Archives départ. Chambre des comptes de Lille, B 1656, 61ᵉ registre des chartes, commençant le 1ᵉʳ janvier 1629 et finissant en novembre suivant, folio cxviij.</small>

SEIGNEURIE DE FLINES

CCII.

Engagement, par le gouvernement des Pays-Bas espagnols, de la seigneurie de Flines, au profit de l'abbaye de ce lieu, moyennant 8000 florins. — Bruxelles, 18 mars 1630.

[Les lettres ont été publiées par Mgr Hautcœur dans son *Cartulaire de l'abbaye de Flines* (Lille, 1873, in-8, II, 903), avec le procès-verbal du 9 juin, constatant l'entrée en possession du procureur de l'abbesse, comme nouvelle dame de Flines, par la mainmise « à la cloche principale » de l'église paroissiale (1).

Dès lors, la seigneurie de Flines devint un fief mouvant du château de Douai, au lieu qu'auparavant c'était un membre du domaine d'Orchies, administré par le bailli de cette ville.

Elle ne consistait plus, depuis longtemps, qu'en droits seigneuriaux, avec haute justice, moyenne et basse, rentes foncières, etc. sans un pouce de terre : c'était une seigneurie « en l'air ». L'engagement attribua à l'abbaye les droits de justice, notamment sur les fiefs de Le Mer et Boudet, dit aussi « l'un des petits fiefs de Raisse », mouvant de la motte d'Orchies, en justice foncière ; sur la seigneurie de la Billaudrie, tenue de l'abbé de Saint-Amand, en justice vicomtière; sur celle du Casselet ou Châtelet, appartenant à l'abbaye de Bourbourg, avec justice vicom-

(1) Sur la cérémonie du 14 juillet, jour où l'abbesse en personne prit possession de l'église et de la seigneurie, Cf. la *Bibliogr. douaisienne*, Douai, 1854, in-8, II, n° 1871.

tière ; sur le fief Ravinel, à Casselet, tenu de l'abbé de Marchiennes, en justice foncière.

Après l'engagement, fut réputé mouvant de la seigneurie de Flines celle d'Hally (par corruption : Hailly), consistant en terres et en rentes, avec un hommage, laquelle seigneurie d'Hally on relevait auparavant à Orchies.]

REMARQUE

SUR LA

CHARTE CLXVII 1°.

Aux amateurs de recherches historiques sur l'origine des anciennes familles de notre région nous signalons tout particulièrement la charte de la comtesse douairière de Flandre Clémence, de l'an 1129 environ, au profit du prieuré de Faumont et qui, par un hasard singulier, révèle l'origine de deux grandes maisons.

Elle prouve en effet que la seconde maison des châtelains de Douai, dont nous n'avions pu découvrir le berceau (1), est issue d'un cadet de la maison des châtelains de Rache ; notre châtelain Wautier II étant même encore surnommé quelquefois de Rache vers 1120 et 1129.

Elle donne aussi la véritable origine de la maison d'Hénin-Liétard, encore existante actuellement et ayant la vaine prétention d'être de la même maison que les empereurs, rois, archiducs et ducs d'Autriche-Lorraine-Alsace ; son auteur est un sénéchal de Flandre de l'an 1120, Bauduin d'Hénin-Liétard, dit aussi de Lens.

(1) Voir pp. 90-102 de notre *Histoire du château de Douai*, Châtelains, 1.

Un troisième et dernier fascicule donnera les tables des PREUVES.

DOUAI, IMP. L. CRÉPIN.

LA FÉODALITÉ DANS LE NORD DE LA FRANCE.

HISTOIRE
DU
CHATEAU
ET DE LA
CHATELLENIE DE DOUAI

PAR

Félix BRASSART,

douaisien.

PREUVES

Deuxième fascicule.

DOUAI
L. CRÉPIN, ÉDITEUR
23, rue de la Madeleine, 23.
1887.

PREUVES

DE

L'HISTOIRE

DU CHATEAU ET DE LA CHATELLENIE

DE DOUAI.

LA FÉODALITÉ DANS LE NORD DE LA FRANCE.

HISTOIRE

DU

CHATEAU & DE LA CHATELLENIE

DE DOUAI

DES FIEFS, TERRES & SEIGNEURIES TENUS DU SOUVERAIN DE CETTE VILLE

Depuis le Xe siècle jusqu'en 1789 ;

Avec de nombreux renseignements généalogiques et héraldiques,

Tirés des chartes et des sceaux

PAR

Félix BRASSART,

douaisien.

PREUVES

Deuxième fascicule.

DOUAI

L. CRÉPIN, ÉDITEUR

23, rue de la Madeleine, 23.

1887.

www.ingramcontent.com/pod-product-compliance
Lightning Source LLC
Chambersburg PA
CBHW070357230426
43665CB00012B/1158